Weiter Gehen
Eine Roadmap ins Offene

Weiter Gehen

Eine Roadmap ins Offene

Herausgegeben von Maria Elisabeth Aigner /
Christian Bauer / Birgit Hoyer / Michael Schüßler /
Hildegard Wustmans

echter

Die Publikation wurde gefördert von:

Universität Graz
Katholisch-Theologische Fakultät der Universität Graz
Institut für Praktische Theologie der Universität Innsbruck
Diözese Graz-Seckau
Caritas der Diözese Graz-Seckau
Diözese Innsbruck
Diözese Rottenburg-Stuttgart
Erzbistum Bamberg

KULTUM. Zentrum für Gegenwart, Kunst und Religion in Graz

Roadmap

Vorwort 9

A

Maria Elisabeth Aigner, Vom Anderen in mir 14

Regina Ammicht Quinn, Alles Theater? Überlegungen zu
    Inszenierungen von Vertrauen 20

B

Christian Bauer, Welten der Sehnsucht? Einladung zu einem
    Tischgespräch über Romantik 32

Ulrike Bechmann, Das Sparbuch (1904–1924) der Postbotentochter
    Elisabetha V. 52

Wolfgang Beck, „Überleben" – mit einem stillen Skandal hinter
    einem Verbrechen. Das Lernfeld der Parrhesia-Praxis eines
    norddeutschen Theaterprojektes. Ein Essay 67

Alexius Bucher, Der große Bruder. Oder: Marginalien zur
    wissenschaftlichen Biographie des Jüngeren 77

F

Ottmar Fuchs, „Maria vom guten Rat" auf Pilgerschaft 100

G

Katharina Ganz siehe: Andrea Qualbrink und Katharina Ganz

Anna Gläserer und Andreas Heller, Gastfreundschaft und
    Konvivialität. Diakonisch-spirituelle Praxis 114

Tanja Grabovac, Die Existenz eines Mannes 130

Isabella Guanzini, Theologie als symbolische Ressource.
  Zwischen weberianischer Wissenschaft und organisch-
  ideologischer Intellektualität.................................. 135

H

Andreas Heller siehe: *Anna Gläserer und Andreas Heller*

Michael Hoelzl und Ute Leimgruber, Ressentiment als
  pastoraltheologische Herausforderung......................... 146

Birgit Hoyer, Abwegig umherschweifen. Fragen-Proviant für
  Wandernde 161

J

Ursula Jüngst, Angelschnüre des Lichts.
  Malerei ein Experimentierfeld für Seinsfragen 178

K

Helga Kohler-Spiegel, „An der Seite des Menschen".
  Entwicklung und Entwicklungsaufgaben begleiten............... 202

Alen Kristić, The Fragments 209

Rainer Krockauer, Notizen zur Kunst des Abdankens.............. 217

Joachim Kügler, Von Afrika zu lernen heißt ... Erinnerungssplitter
  als Einladung zu praktisch-theologischer Internationalisierung ... 225

L

Karl Heinz Ladenhauf, Weiter / gehen.
  Zum 65. Geburtstag von Rainer Bucher 232

Ute Leimgruber siehe: *Michael Hoelzl und Ute Leimgruber*

Franziska Loretan-Saladin, Die Predigt gibt es nicht.
  Oder: Predigen mit Haltung und Stil........................... 236

N

Veit Neumann, Relektüre und der Zauber der Schwelle.
Zu Möglichkeiten und Grenzen, ein theologisches Leben
thematisch weiterzudenken 246

O

Martin Ott, Von Bayreuth nach Nürnberg. Eine psychoanalytische
Reminiszenz 254

P

Johann Pock, Klerus und Pastoral – und die Macht der
symbolischen Kommunikation 266

Uta Pohl-Patalong, Kirche ins Offene denken? Praktisch-
theologische Lehre als Förderung von Innovationskompetenz.
Ein Werkstattbericht 274

Q

Andrea Qualbrink und Sr. Katharina Ganz OSF,
Pastoraltheologischer Ungehorsam und seine fränkischen Quellen . 284

S

Hans-Joachim Sander, Die Macht der Pastoraltheolog:innen.
Ein Plädoyer für die Kunst der Revolte 294

Valeryia Saulevich, EVAlution. Frauen-Symbole belarussischer
Proteste 315

Annette Schavan, Laboratorien des Denkens und Glaubens 321

Michael Schüßler, „Gegen die Realität hilft kein Wünschen." Zur
gemeindetheologischen Karriere einer existenziellen Einsicht 326

Marion Schwermer, „Ihr Mächtigen, ich will nicht singen."
Gedanken zu einer wissenschaftlichen Pastoraltheologie, die
Menschen entfaltet 334

Matthias Sellmann, Von der „Wahrheit" zur „Bedeutung" kommen:
Pflicht oder Kür der Pastoraltheologie? 340

T

P. Mathew Thazhathukunnel MSFS, Der Begriff Zeit in Afrika 350

U

Marian Lukas Ureutz, Die Segel hissen. Oder: Eine persönliche
Spurensuche 360

W

Franz Weber, Rufzeichen und Fragezeichen. Ein Brief an Rainer
zum Amt des Ständigen Diakons 366

Melanie Wurzer, Über Aufforderungen und Heraus-Forderungen ... 374

Hildegard Wustmans, Besitz bindet. Kirchengebäude als Zumutung . 381

Bildteil

Ursula Jüngst, Feier des Lebens – Fiesta de la vida 185

Hermann Glettler, Freiräume sichten 193

Verzeichnis der Autorinnen und Autoren 388

Vorwort

Es gibt Phasen der Qualifikation, des beruflichen Aufstiegs auf der Karriereleiter – Sprosse um Sprosse, Funktion um Funktion, Jahr um Jahr. Studieren, forschen, lehren, dozieren, Bücher schreiben, Wissenschaft treiben, damit und dabei „eine Existenz aufbauen", menschlich wachsen, persönlich reifen – Erfolge feiern und den einen oder anderen Hieb einstecken müssen – all das gehört dazu. Und irgendwann kommt der Abschied von der aktiven beruflichen Phase – auch in der Wissenschaft. Wie geht es dann weiter? Wohin weiter gehen? Was heißt „weiter"?

Rainer Bucher wird seine akademische Laufbahn mit dem Sommersemester 2022 beenden. Was dann kommt, wie und wohin er weiter geht? Es ist offen. Für das Weitergehen, das weiter Gehen, bieten seine akademischen Schüler:innen, Kolleg:innen, Freund:innen, Gefährt:innen, Verwandten mit diesem Buch eine *Roadmap* für Kommendes an. Wörtlich handelt es sich dabei bekanntlich um eine Straßenkarte – einen vorgezeichneten Plan, der längerfristige Schritte strukturieren soll und dabei unsichere Variablen miteinbezieht. Wann, ob und wie oft so eine Karte aber verwendet wird, bleibt offen. Und offen bleibt auch, ob die darin skizzierten Wege tatsächlich befahren oder beschritten werden.

Dieses Offene eröffnet eine Weite, die sich wie die Weite des Himmels auftut, die einerseits vertraut ist, andererseits mit Ungewissheit konfrontiert. Den Koffer mit den beiden Löchern, der auf dem Cover abgebildet ist, hat Rainer Bucher zu seinem 60. Geburtstag geschenkt bekommen. Er bringt diese Erfahrung ins Bild: ein Koffer zum Festhalten, wenn es auf Reisen geht, ein Begleiter, der doppelt Durchblick verschafft, durch den sich das verändernde Wolkenbild und der tiefblaue Himmel offenbaren.

Weiter Gehen – dieser Titel signalisiert einerseits Kontinuität: Es geht weiter – wie auch immer es weiter geht: hoch oder tief, schnurstracks gerade, streunend, angestrengt oder beschaulich, mühevoll oder leicht.

Unter den Füßen, in der Bewegung entsteht der weiterführende Weg. Nur so wird auch etwas Anderes möglich, das auf kreativ Diskontinuierliches hin öffnet. Dazu gilt es, die Grenzen des Bestehenden auszuloten und bis zu dem Punkt hin zu überschreiten, an dem es heißt: Das geht zu weit.

Die Beiträge dieses Buches zielen daher nicht auf Bilanzierendes und Abschließendes, sondern auf Öffnendes und Weiterführendes. Der Blick der Autor:innen ist weniger rückwärts, sondern nach vorne gerichtet. Es geht um die Eröffnung eines Prozesses, in dem die Themen Rainer Buchers aufgegriffen, umgedacht oder weitergedacht werden und bei dem auch durch ihn inspiriert Neues in den Raum gestellt wird.

Das Buch ist nicht nur eine Einladung zur Lektüre, sondern will auch das Gespräch über seine theologischen Themen erneut initiieren und weiterführen – mit ihm und untereinander, kreativ und existenziell, vertraut kontrovers und in Begegnung. Dem Beschreiten neuer Formen, Settings, Räume, Orte und Zeiten sollen dabei keine Grenzen gesetzt sein – suchend und fragend, lustvoll und furchtlos.

Der Band bietet den Leser:innen also keine klassische Roadmap, sondern schickt sie ins Offene. Demnach sind auch die Beiträge nicht gegliedert, sondern entsprechend einer Landkarte alphabetisch angeordnet. Jede und jeder kann sich seinen/ihren eigenen Weg suchen und beobachten, auf wen er oder sie dabei stößt. Wer weiß, was sich daraus ergibt: Ein Gespräch mit Rainer Bucher? Die Idee für eine festliche Zusammenkunft? Der Plan für eine wissenschaftliche Auseinandersetzung der anderen Art?

Wir – seine ersten fünf Habilitand:innen und zugleich Herausgeber:innen dieses Sammelbands – danken all jenen, die mit ihren Beiträgen in Wort, Schrift und Bild das mosaikhafte Entstehen des Buches ermöglicht haben. Sehr herzlich danken wir David Gediga und Julius Kreiser (Tübingen) sowie Magdalena Pittracher (Innsbruck) für die redaktionelle Mitarbeit wie auch Ingrid Hable (Graz) für ihr Korrekturlektorat.

Das Buch ist Rainer Bucher zu seinem 65. Geburtstag gewidmet mit Dank für seine herausfordernde und inspirierende Art und Weise, wissenschaftlich Theologie zu betreiben, seine fortwährend erfrischende Begegnungsfreude und seine unumwundene Herzlichkeit.

Die Herausgeber:innen

Maria Elisabeth Aigner
Christian Bauer
Birgit Hoyer
Michael Schüßler
Hildegard Wustmans

Graz, Innsbruck, Berlin, Tübingen, Limburg,
Juli 2021

Vom Anderen in mir

Maria Elisabeth Aigner

Das Andere in mir ist vielleicht jene Seite, die ich der Welt nicht zeige. Oder es ist das Unentdeckte. Es ist vielleicht jenes, das mir widerfährt, das ich unbewusst suche oder das mich bewusst findet. Das Andere will sich entfalten, es will ausgewählt, bestaunt, erobert und keinesfalls links liegen gelassen werden. Das Andere winkt mir aus der Zukunft entgegen – es zeigt sich unverhohlen, wenn ich mich ihm nähere und eine Grenze überschreite. Im Tod wird es mir wohl in seiner Ganzheit gegenübertreten und sich in mir vollkommen realisieren. Wird es mich mitnehmen und aus meinem Bewusstsein hinauskatapultieren oder wird es sich in seiner Kraft offenbaren und mich in eine bislang nie erahnte Bewusstheit hineinführen?

Die katholische Kirche hat derzeit viele Probleme, die hatte sie aber historisch gesehen schon immer. Das Christ- und Christin-Sein, die Theologie und jene Menschen, die sie betreiben, sind eng mit ihr verwoben – ob gewollt oder nicht. In den biblischen Texten ist vom Leben und Glauben der Ahninnen und Ahnen zu lesen. Beides wirkt und zeigt seine Wirkmächtigkeit. Es gibt sie, diese Kirche: dort, wo sie Hunger stillt, Weinende tröstet, Elend beseitigt und für die Würde und Rechte der Menschen eintritt, sich für Barmherzigkeit und Gerechtigkeit verausgabt. Und sie zeigt eine abgrundtief hässliche Fratze, wenn das Dunkel von Missbrauch und Gewalt, endlich ans Licht gezerrt, sichtbar wird und auch das letzte bisschen Glaubwürdigkeit verraten ist, Banalität das Offenbarte schädigt oder elitäres Machtansinnen alles Lebendige zerstört.

Das Eine ist es, in dieser Kirche – ihren Kathedralen, ihrem in sich logischen Sinngefüge, ihren Ritualen und ästhetischen Ausdrucksformen – beheimatet worden zu sein und in ihr im Suchprozess – loyal, intellektuell, redlich und pointiert kritisch – mehr oder weniger frei und unabhängig zu verweilen. Das Eine zeigt aber auch die Grenzen: den

Abgrund, das Unverständnis, das Leiden am Verrat, die Kipppunkte. Anders, wenn dem Fortbestand die Selbstauflösung nebenan gestellt ist. Was, wenn das Lösen der Bindungen die Fahrt ins offene Meer anstößt, wenn erst die Abkehr Umkehr, Aufbruch und Einkehr bedeutet? Nicht selten leuchtet mir der Splitter im Auge der Kirche entgegen, ohne dass ich mir meines eigenen Balkens im Auge bewusst zu sein scheine. Ratio und kritische Reflexion bieten wenig an Schutzprävention, weil das Bild von den Splittern und Balken auf das Unbewusste in mir abzielt: das, was ich nicht wahrhaben will, das aber doch blockiert und irgendwo stört, und sei es nur im hintersten Winkel der Seele.

Die Kirche ist das Eine, der Glaube in mir das Andere. Die vielen Fragen, deren lehramtliche, dogmengeschichtliche, theologische, mystische, spirituelle Antworten nur bedingt greifen. Fragen, die mit dem Menschsein zu tun haben: Geburt und Tod, Macht und Gnade, Schuld und Vergebung, Zweifel und Glaube, Liebe und Verrat, Werden und Vergehen. Das Eine ist die Metaphysik, die Transzendenz, das Andere ist das Gewahrsein und Werden im räumlichen Diesseits, im zeitlichen Jetzt. Das Andere begegnet mir alltäglich. Die Erlebnisse und Widerfahrnisse – Tag um Tag, Monat für Monat, Jahr für Jahr. Sie kommen mir entgegen, holen mich ein und umfassen mich, drehen mich um, lassen mich straucheln, widersprechen und dagegen ankämpfen. Oder ich gewinne scheinbar die Oberhand und mache sie mir gefügig, gebe dem nach, dass sie mich verwandeln, zerbrechen und aufbrechen lassen. Ich gehe und lebe nach vorne, halte Ausschau, spüre, deute, bedenke, was das mit dem Glauben und dem Göttlichen zu tun haben mag, verstehe und begreife und erahne in der Rückschau – vielleicht.

In mir existiert eine bestimmte Wahrnehmung dieser kosmischen Welt heute im zeitlichen und räumlichen Gefüge. Auch wenn die Menschheit Wettläufe ins All vornimmt, weder Mondlandungen noch Annäherungsversuche an den Mars können mir irdischem Lebewesen auch nur annähernd begreiflich werden lassen, was das ganze Universum ausmacht. Sterne und Galaxien, Asteroiden und Planeten sind das Eine, der Blick in den Sternenhimmel – vor allem von jenen Punkten der Erde aus, die nachts noch wenig beleuchtet sind – ist das Andere. Der Sternenstaub womöglich die Verbindung von beidem – wenig erforscht, mit vielen offenen Fragen.

Der Blick auf die Welt im Jahr 2021 zeigt katastrophale Bilder. Klimawandel, Kriege, Verteilungskämpfe, Repressalien, politische Verfolgung, Hunger, Not, Elend, Flüchtlingsströme, kapitalistische Ausbeutung, Rechtspopulismus, Antigenderismus. Die Liste ist lang und sie wirkt wie ein Schlag, der stumpf und stumm macht, wütend und zornig werden lässt oder Resignation heraufbeschwört. Die Geschichte lehrt – sie lässt Analysen zu, erklärt, klärt auf, rückt zurecht, ordnet ein. Die Ohnmacht bleibt – breitet sich aus, steckt an und vergeht, kehrt erneut wieder. Herrschaftsmacht und ihr Zerfall, heroisches Aufstreben und bittere Erniedrigung – die Geschichte kennt alle wiederkehrenden Bewegungen dieser Art – in den Einzelnen, den Zusammenschlüssen und Verbänden, Kulturen und religiösen Gruppierungen. Die Demokratie – jung geblieben oder alt geworden birgt sie nach wie vor eine Fülle an Lernstoff und Lernaufgaben in sich. Neigt sie zum Suizid? Wer übernimmt Verantwortung in verantwortungslosen Zeiten? Wo ist sie, diese so notwendige Zärtlichkeit für alle Völker, und wie erlangt eine solche Solidarität Form, Struktur und Beständigkeit?

Die Theologie ist Wissenschaft. Andererseits ist sie verkörperte Realexistenz: nicht nur in Begriffen, Abhandlungen und Diskursen und dem damit verbundenen intellektuellen Vermögen, sondern auch im Tal der Tränen, in den riskierten Versuchen der Hingabe, im Kraftpotenzial der eigenen Existenz und der Schöpfung. Es gibt diese vielen Theologien – nicht nur die wissenschaftliche, sondern auch eine Ordens-, Lehramts-, Alltags-, Kindertheologie. Die Theologie der Sprachmündigen und -begabten, der Erfolgreichen und Gelehrten, derjenigen, die Autorität verkörpern und etwas zu sagen haben. Und es gibt auch die Theologie der Sprachlosen, Verstummten, Zerbrochenen, Missbrauchten, Depressiven, Alten, Verzweifelten, Dementen. Eine Theologie, die aufbrechen lässt und frei macht, und eine Theologie, die verschließt, weil sie verschlissen ist und erstickt statt Aufatmen in Gang zu setzen.

Da ist das Eine: Diese Sehnsucht nach den Hallen der Wissenschaft. Freimütig, elegant, eloquent, interessant, neugierig kommen sie den Forschenden und Lehrenden entgegen. Der Ort der theologischen Wissenschaft – dieser akademische, elaborierte, traditionsträchtige Ort, der doch für Innovation steht, zeigt Hallen mit Ecken, Kanten, Geröll und Schutt. Wie lässt es sich da hindurchtänzeln, zwischen Macht- und Alleinherrschaftsansprüchen, selbstbestimmten Eitelkeiten und Gestaltungswillen? Fallen die Themen vom Himmel oder liegen sie mir zugrunde? Begreife und ergreife ich sie oder bin ich von ihnen ergriffen? Was wird in dieser Wissenschaft thematisiert, was überthematisiert, was schlichtweg gar nicht zum Thema gemacht? Wo sind jene, die den Ton angeben, wer die „richtig Guten"? Wer ist interessant? Wo lasse ich mich neugierig ein und wo passiert es mir einfach im gewohnten reflexhaften Impuls: dem Gegenüber mein Klischee aufzuzwängen, um mich sicher zu fühlen? Ich halte mir den Inhalt vom Leib oder ich einverleibe ihn mir. Mein Denken prägt das Fühlen. Der Körper spricht Bände.

Es gibt sie, die begabten Denkerinnen und Denker in der theologischen Wissenschaft. Die Schärfe ihres Intellekts beinhaltet Eros und Lebenskraft. Sie pendeln zwischen Wissen und dem sich daraus entwickelnden strukturierten Nicht-Wissen hin und her. Es kann sein, dass sie ab und zu der Versuchung zur Selbstbezogenheit, zur Kunst als Selbstzweck – *l'art pour l'art* – nicht widerstehen können. Ihre Denkkraft löst Bewegung aus, hämmert am Verkrusteten, stößt Tore auf, mündet in Performation und Handlung. Das so generierte Wissen bleibt nicht kalt und lässt nicht kalt. Es entstammt kontrapunktischen Denkverläufen, risikoreichen Gedankenspielen, dem Mut, infrage zu stellen und zu zweifeln, ob alles gut ausgeht. Es leuchtet in die Dunkelheit und in den Abgrund, begibt sich auf die Gebirgsgrate und taucht ein in die Meerestiefen. Dieses Denken lässt – wenn es sein muss – auch den Spuk, die Geister und den Schalk zu. Es bürstet die Wirklichkeit jedenfalls genau, intensiv und vor allem gegen den Strich. Und es ist ein Freund der kleinen Veränderungen, der Mikrometerschraubenwindung, aber auch der Quantensprünge.

Die Theologie, insbesondere die wissenschaftliche, wird nicht müde zu betonen, wie bedeutsam für sie die Begriffe sind – vor allem wenn von Gott gesprochen werden soll. Wer nimmt heute das Wort Gott in den Mund? Wer versteht heute etwas von den Menschen? Ich möchte die Lebensgeschichten der Menschen lesen und begreifen – die kaum auslöschbare Sehnsucht und das in ihnen verborgene Glück, die tiefe Freude und den mühevollen Alltag und schließlich auch Verzweiflung und Tod – den bedrohlichen Abgrund menschlicher Existenz. Das Sprechen von Gott oder das Reden über Gott gehört zum Wesen der Theologie. Es ist schwierig, über Gott zu sprechen, ohne die Wirkmächtigkeit dieses Sprechens oder die darin verborgene kreative Lebensmacht zu verraten. Die Sprache verschlägt und überschlägt sich in den Brüchen des Lebens, in den Erfahrungen von Schmerz, Leid und Ohnmacht. Dort greift die theologische Begrifflichkeit zu kurz. Ich halte den Raum der Sprachlosigkeit aus und wiederhole mich dabei. Der Raum der Sprachlosigkeit, der mich sanft hinausschubst, gröber von sich stößt, dem ich trotzen muss. Die stumme Leere will durchschritten werden und es ist an jener Stelle auch noch nicht wirklich klar, ob das Suchen nach Bildern und Metaphern bereits angebracht ist. Das innerliche Ringen weicht dem Zu-Fall, einem Hinzukommen. Erst langsam kommt verbal, non-verbal, emotional, im Körper, mit dem Körper und durch den Körper zum Ausdruck, was unsagbar ist.

Im theologischen Gewand habe ich eine Stimme. Ich kann sie nutzen: laut oder leise, scharf und zärtlich. Ich muss sie nutzen, denn ich habe etwas zu verteidigen. Ich kann Geschichten erzählen, ich muss Geschichten erzählen: Geschichten voll von Wissen, Erfahrungen, Gefühlen und Werten. Theologie ist stark, aber auch zart. Sie öffnet verschiedene Welten, unbekanntes Land, das ich ohne sie vielleicht nie betreten hätte, in das ich eintauche und lerne, in Kontakt mit dem Geheimnis zu treten und das Unbegreifliche besser zu verstehen. Gott schenkt ein Leben voller Gnade.

Das Andere in mir schweigt manches Mal und wartet. Es scheint scheinbar nichts und dennoch alles zu geschehen. Oder war es die Andere? Oder der Andere? Ich gehe weiter, ordne ein, systematisiere, suche weitere Erklärungen. Im Alter reichen sie sich unverschämt einander die Hand: die Erfahrung und das Neue, die Resignation und der Aufbruch, das Einwilligen und das Fragezeichen. Mein Körper signalisiert mir so vieles und ich lege das Signal ab wie den Beipacktext des Medikaments.

Ich nicke gelangweilt und sehne die schmerzfreie Zeit herbei. Die Musik tönt in mir und weckt die Erinnerung. Ich fliege: höher, weiter, tiefer, im Sinkflug, beim Durchstarten – wieder und wieder. Dass die Luft trägt, ist nicht zu verstehen, dass ich es einmal den Vögeln gleichmache, wer hätte das gedacht? Die Straßenkarte gibt mir nur vermeintlich Sicherheit auf dem Lebensweg. Genug ist erreicht, so vieles getan, soviel gelungen, einiges auf der Strecke geblieben. Das Alte lässt sich nicht festhalten und das Neue hält sich noch in alten Kleidern versteckt. Was wird um die nächste Wegbiegung auf mich zukommen? Oder war es eine Luftlinie, weil doch vieles, alles sich zugleich so leicht anfühlt? Werde ich das bereits Gewordene erkennen, ihm ausweichen, voll Freude beschleunigen oder abwartend das Tempo verlangsamen? Es kommt eine Zeit, da gibt es weder das Eine noch das Andere – ratlos werde ich in die Transformation taumeln, mich fokussiert auf die Zukunft hin ausrichten, ohne die Vergangenheit zu verraten, mich der Fülle zwischen Vertrautem und Ungewissem hingeben. Und dem Anderen in mir trauen, ihm lauschen und von ihm träumen.

Alles Theater?
Überlegungen zu Inszenierungen von Vertrauen

Regina Ammicht Quinn

Die Theater waren geschlossen während der Pandemie.

* (Vertrauensfrage)

Die Pandemie brachte eine große Nachfrage nach Vertrauen und zugleich eine Krise dieses Vertrauens hervor, beides getrieben durch eine kolossale Verunsicherung. Bei unsichtbaren Gefahren, die von einer Minderheit für eine Mehrheit sichtbar gemacht, „übersetzt" und erklärt werden müssen, ist ein Vertrauensvorschuss besonders nötig. Bürger:innen können in der Regel nicht nachprüfen, wie genau die Informationen über und Vorhersagen für eine Pandemie zustande kommen. Diejenigen, die sich als vertrauenswürdig anbieten, können nicht diktieren, sondern müssen ... vertrauenswürdig sein. Oder scheinen.

Und so wurde Vertrauen inszeniert: Da gab es um Vertrauen werbende Kriegserklärungen („der Krieg" gegen ein Virus), Versicherungen der Fürsorge (wenig überraschend, aber doch verstörenderweise in der Regel von den Frauen an der Spitze einer Regierung, so als sei auch hier die Welt mal blau, mal rosa); es gab das als selbstverständlich vorausgesetzte Vertrauen in Rationalitäten (Modellierungen und Statistiken), das vorausgesetzte Vertrauen in die Vertreter, seltener Vertreterinnen, der Rationalitäten, es gab den Kampf um bessere Rationalitäten (den die BILD-Zeitung zu gewinnen suchte). Und schließlich gab es die Inszenierungen derjenigen, die Vertrauen nur noch in sich selbst setzen wollten; dies ist eine fragile Positionierung, die durch Verschwörungsideologien Stabilität gewinnen kann.

All diese Inszenierungen fließen ineinander und bedingen sich wechselseitig im Bemühen um eine Antwort auf die vehemente Frage, wem oder was man noch vertrauen kann und wer letztendlich Sicherheit gibt. Diese Fragen werden uns auch durch postpandemische Zeiten begleiten.

In vieler Hinsicht waren diejenigen, die Antworten gaben, um Vertrauen warben und Vertrauen einforderten, „die Virologen" und „die Wissenschaft". „Die Theologen" und „die Religion" waren kaum gefragt. Ein Wunder? Oder kein Wunder?

* (Obsession)

Die Historikerin Ute Frevert bezeichnet Vertrauen als „eine Obsession der Moderne"[1]. Diese „Obsession" kann als Begleiterscheinung der entstehenden Bürgergesellschaft gelesen werden[2], in der Individualisierungsprozesse in neue Beziehungsformen eingebettet werden müssen und das Leben immer komplexere Schichten bekommt. Vertrauen also wird zum Leitmotiv moderner und spätmoderner sozialer Interaktion.

* (Conmen)

Die Hauptfiguren in vielen Vertrauensdramen sind die *conmen*, *„confidence men"*, die *confidence* hervorrufen, um dieses Vertrauen zu missbrauchen. Die erste bekannte Verwendung des Begriffs *conman* geht auf die 1840er Jahre zurück, als William Thompson in New York City offensichtlich reiche Männer ansprach, so tat, als würden sie sich kennen, ein Gespräch begann und irgendwann sagte: „[H]ave you confidence in me to trust me with your watch until tomorrow?"[3]

Dies ist ein wunderbarer Satz, der zeigt, wie Vertrauen mit wirklichen oder imaginierten Beziehungen verbunden ist, wie Vertrauen von sozialen Ähnlichkeiten genährt wird, wie Vertrauen mit „jetzt" und „morgen"

---

1 Frevert, Vertrauensfragen.
2 Vgl. Frevert, Vertrauensfragen, 219.
3 New York Herald, „Arrest of the Confidence Man".

verknüpft ist, wie schnell es sich in Geld oder Status umwandeln lässt (oder den Mangel davon). Misstrauen also ist wichtig.

* (Gottvertrauen)

Eine Flugschrift aus dem Jahr 1633 warnt: „Traw! Schaw Wem: ein Juden bey seinem Eyd / ein Krämer bey seinem Gewissen / Soldaten auf den Auen / dem Pfaffen beiden Frauen"[4]. Dieses *Fide, sed cui vide* fungierte im 17. Jahrhundert als Kernstück der Moralphilosophie, immer wieder auch auf dem Wappen einer Familie. Nicht Vertrauen, sondern Misstrauen ist die leitende Haltung, wenn man der Welt gegenübertritt. Das „wirkliche" Vertrauen wird auf einer anderen Ebene etabliert: Dem Menschen ist zu misstrauen. Gott allein gebührt Vertrauen. Damit steht das Wort „Gottvertrauen" am Anfang eines Dreiklangs von Gott/Vertrauen/Sicherheit:

> *„Wer nur den lieben Gott lässt walten / und hofft auf ihn allezeit / den wird er wunderbar erhalten / in aller Not und Traurigkeit / wer nur dem Allerhöchsten traut / der hat auf keinen Sand gebaut.*
> *[...]*
> *Sing, bet und geh auf Gottes Wegen / verricht das Deine nur getreu / und trau des Himmels reichem Segen / so wird er bei dir werden neu / denn wer seine Zuversicht / auf Gott setzt, den verlässt er nicht."*

Georg Neumark hat dieses „Trostlied" 1641 gegen Ende des Dreißigjährigen Krieges geschrieben, die berühmtesten Bearbeitungen stammen von Johann Sebastian Bach. Für manche spricht dieses Trostlied auch heute. Es vermittelt aber nicht nur ein Gefühl des Aufgehobenseins, sondern auch ein perfektes Zirkelargument: Vertrauen erzeugt Sicherheit. Wenn die Sicherheit nicht eintritt, dann war das Vertrauen nicht groß oder gut genug. Wenn alles gut geht, dann erzeugt Vertrauen Sicherheit, Sicherheit Vertrauen. Und so weiter. Vertrauen also ist die Leistung der Frommen.

---
4 Frevert, Vertrauensfragen, 25.

* (Mütter und Gänse)

Es ist darum eigentlich kein Wunder, dass die Theologie, 400 Jahre später und an der Schwelle zu dem, was wir heute als Säkularisierungsfolgen identifizieren, wieder das Vertrauen in den Mittelpunkt stellt. Erik Eriksons „Urvertrauen"[5] mit seinem traditionellen Geschlechter- und Familienbild wird in den religiösen Glauben reintegriert. Dort verändert es zunächst sein Erscheinungsbild: Das Urvertrauen ist in der (protestantischen) Theologie des 20. Jahrhunderts zunächst auf die Mutter zentriert, taucht aber bald als Thema einer religiös begründeten Entwicklungspsychologie auf. Das Vertrauen ist, so z. B. Wolfhart Pannenberg, zunächst auf die Mutter gerichtet. Von der Mutter, der vorübergehenden Repräsentantin, muss es aber abgelöst und an Gott gebunden werden. Gott ist derjenige, der den Prozess der Identitätsbildung ermöglicht. Jeder Akt des Vertrauens ist nichts anderes als eine Aktualisierung eines unbegrenzten Vertrauens, das nur in Gott begründet sein kann.[6]

Als Eriksons Werk über „Kindheit und Gesellschaft" erschien, erholte sich Konrad Lorenz gerade von seiner Tätigkeit als Theoretiker der Rassenhygiene, fand sich in seiner neuen Rolle als Direktor des Max-Planck-Instituts für Verhaltenswissenschaften wieder und publizierte seine Forschungen über Prägung und Vertrauen.[7] Bei all der Freude über niedliche kleine Gänse wurde eine Frage *nicht* gestellt: Wenn jeder Mensch eine Mutter sein kann – was sagt das über Prägung, über Urvertrauen und über Gottvertrauen aus? Aus der Perspektive von Martina, dem Gänsemädchen: War Lorenz der ultimative *Conman*? Verkleidet als *ConMother*?

* (Gottes/Mutter/Vertrauen)

Für Pandemien aller Art scheint eine weitere religiöse Inszenierung relevant zu sein: Seit dem 13. Jahrhundert gibt es in der Westkirche so-

---

5 Vgl. Erikson, Kindheit.
6 Vgl. Pannenberg, Natur und Mensch, 159.
7 Vgl. Lorenz, Das Gänsekind.

genannte „Schutzmantelmadonnen"[8]. Die Madonna breitet ihren Mantel über den Schutzbedürftigen aus, während vom Himmel Pfeile herabregnen, die manchmal von Gottvater selbst abgeschossen werden. In diesen Fällen schützt Maria, die „Mutter Gottes", die Menschen vor Gott. Die Pfeile haben oft die Bedeutung von „Pestpfeilen"[9]. Diese „Schutzmantelmadonnen" waren nicht nur Altarbilder, vor denen Menschen knieten und beteten. Gläubige zeichneten auch kleine Schutzmantelmadonnen auf Zettel (oder kauften kleine Abbilder), „Pestzettel" genannt, die gesegnet und zum Schutz am Körper getragen wurden.

Nun könnte man einen schweren Fall von Naivität diagnostizieren: Schließlich schützt der Mantel der Madonna nicht „wirklich" vor der Pest, schon gar nicht, wenn es sich um ein Bild eines Mantels handelt, das von einem anderen Bild eines Mantels kopiert und in der eigenen Manteltasche getragen wird. Auf einer anderen Ebene sehen wir eine komplexe Inszenierung mit einer eigenen Rationalität. Diese Rationalität basiert auf dem Vertrauen darauf, dass die Leistung der Frommen (und sei es, das Bildchen in der Manteltasche zu tragen) eine Gegenleistung hervorruft.

Was also hat es mit dem Vertrauen heute auf sich?

* (bodenlos)

In zeitgenössischen Vertrauensdiskursen bleibt diese religiöse Vergangenheit meist unsichtbar – aber nicht ohne Wirkung. In religiösen Kontexten war Gott das ultimative Fundament des Vertrauens. Fällt dieses Fundament weg, wird Vertrauen zu einem boden-losen Konzept, zu einem Konzept, das endlos immer neue Schichten von Vertrauen braucht, um das fehlende Fundament zu überdecken.

---

8 Slump, Gottes Zorn.
9 Z. B. Simon von Taisten, 1460–1530, Pestbild in der Kapelle von Schloss Bruck; vgl. Slump, Gottes Zorn, 8–17.

* (Ambivalenzen)

Vertrauen ist ambivalent, notwendig und dennoch nicht einfach „gut", immer wieder manipulativ.

Vertrauen kann Unterschiede negieren: Insbesondere in Situationen großer sozialer Ungleichheiten entstehen leicht defensive Allianzen gegen diejenigen, die „nicht vertrauenswürdig" sind.[10] In Familien und Staaten kann die Vertrauenskrise durch Exklusion gelöst werden. Oder durch Exekution.[11]

Vertrauen kann an Gewalt gebunden sein: Das Gewaltmonopol des Staates schafft unterschiedliche Zonen erlaubter und nicht erlaubter Gewalt. Das Vertrauen in der Moderne ist auf die Stabilität dieser Zonen angewiesen. Der „moderne Feind" ist jedoch, wie Reemtsma hervorhebt, der „Feind der Moderne": der Barbar. Wenn man jemanden zum Barbaren erklärt, ordnet man ihn der Zone zu, in der Gewalt – noch – erlaubt und oft ratsam ist. So wechselte die deutsche Gesellschaft des Nationalsozialismus, wie Reemtsma es beschreibt, von der Normalität des Vertrauens in die Gewaltlosigkeit zum Vertrauen in die Gewalt, durch das die je eigene Welt aufrechterhalten wird.[12]

Vertrauen braucht Misstrauen. Demokratie kann als institutionalisiertes Misstrauen gesehen werden.[13] Damit brauchen viele der aktuellen Vertrauensthemen (z. B. Privatsphäre und digitale Sicherheit, genauso wie das Regierungshandeln in einer Pandemie) nicht in erster Linie vertrauensvolle Nutzer:innen, Kund:innen, Gläubige und Bürger:innen, sondern Kriterien für institutionalisiertes Misstrauen. In den meisten Fällen treffen wir auf hybride Situationen: Dann wird ein gewisses Maß an Vertrauen (in Prozesse und Institutionen beispielsweise) zur Voraussetzung für Misstrauen, das nach Regulierung und Kontrolle verlangt.

---

10 Reemtsma, Vertrauen und Gewalt, 30.
11 Vgl. Reemtsma, Vertrauen und Gewalt, 327–453.
12 Vgl. Reemtsma, Vertrauen und Gewalt, 433–451.
13 Vgl. Sztompka, Trust, sowie Endreß, Vertrauen, 77–80.

* (Und die Religion?) (nur noch Theater?)

Ist Religion – und hier Religion in ihrer als „westlich" verstandenen Ausprägung des Christentums – nur noch ein historisches Phänomen, das kulturelle Wahrnehmungen geprägt haben mag, dabei aber selbst keine unmittelbare Wirkung (mehr) hat? Oder nur noch dort, wo Menschen eine bruchlose Sozialisation erfahren haben, wo sie durch tiefe und nicht weiter erklärungsbedürftige Gefühle oder spezifische und schwer kommunizierbare Erfahrungen geprägt sind? Was geschieht in einer Situation, in der das Vertrauen in Prozesse, Institutionen und in die Repräsentanten religiöser Organisationen durch eine tiefgreifende Vertrauenskrise verschwunden ist? Was, wenn diese Vertrauenskrise auf der Verknüpfung von ungeprüften moralischen Ansprüchen an andere und uneingelösten moralischen Ansprüchen an sich selbst beruht? Was, wenn diese Spaltung zwischen Selbst- und Fremdbild das Bühnenbild der Inszenierung zerstört? Was, wenn Menschen – trotz und im Einklang mit einem tiefen Glauben – den öffentlich und „offiziell" Gläubigen und den offiziell religiösen Strukturen nur noch mit Misstrauen entgegentreten können? So als sei dies alles nur noch Theater?

* (Vertrauenstheater)

„Theater" gilt immer wieder als unwahre, betrügerische Inszenierung, die dazu dient, die Eltern/Familie/Bürger:innen entweder zu erpressen oder zu beschwichtigen. Mach doch kein Theater.

„Theater" aber hat seinen einzigartigen Platz in der Kulturgeschichte der Welt, wo die Interaktionen zwischen denen, die spielen, und denen, die zusehen (als Kompliz:innen oder in kritischer Distanz), eine Form der Katharsis erzeugen können. Theater ist in der Lage, seinen eigenen religiösen Ursprung und mögliche politische Zwecke zu integrieren.

Hamlet (Shakespeare, 1603) ist eines der eindrücklichsten Stücke des „westlichen" Theaters. Im ersten Akt hören wir als Zuschauer:innen: „Be careful then; best safety lies in fear." (Hamlet I, III) Sprecher dieser Zeilen ist Laertes, der seine Schwester Ophelia, die sich in einer Situation tiefster Verunsicherung befindet, in Liebesdingen berät: „Ich weiß nicht, Vater, was ich denken soll", sagt Ophelia wenig später zu ihrem Vater Polonius – denn sie kann Hamlets Liebeserklärungen schwer einschätzen. Und Polonius antwortet ihr im selben Duktus wie der Bruder: „Denkt, ihr seid ein dummes Ding" (so die Übersetzung von A. W. Schlegel), man könnte auch übersetzen: „Denkt, dass ihr nicht denken könnt" – im Englischen: „Think yourself a baby."

Bruder und Vater, Polonius und Laertes, bestehen darauf, dass Ophelia vertraut, weil sie unmündig ist, und unmündig bleibt, weil sie vertraut. Wir wissen, wie das in *Hamlet* endet: schlecht. Und natürlich gibt es den einen oder anderen Laertes und Polonius in unseren gesellschaftlichen, kirchlichen oder politischen Vertrauensinszenierungen – als Person oder als System. Diese Strategie hat einen Untertitel: „Sub tuum praesidium confugimus" – *Unter deinen Schutz und Schirm fliehen wir*, und schon haben wir einen Zettel in der Manteltasche.

Shakespeare macht Vertrauenstheater. Es ist aber Vertrauenstheater im Theater, und Shakespeare ist der Experte für Theater im Theater. Das Vertrauenstheater im Theater spielt mit Haltungen zu Vertrauen und deren Folgen: Aus vorgetäuschtem Wahnsinn wird echter gesellschaftlicher Wahnsinn und am Ende sind (fast) alle tot.

* (Wir leben noch)

Nicht die Zuschauer. Sie leben noch.

Das Theater im antiken Griechenland war eine kulturelle Form des „Sehens" (*theáomai*) und der Partizipation und damit integraler Bestandteil der griechischen Staatsbürgerschaft.

In dieser Tradition, vielfach weiterentwickelt, geht es um „Katharsis". Eine solche „Reinigung" wird erreicht, wenn Menschen „Rührung und Schrecken" oder „Mitleid und Furcht" sehen, miterleben, beurteilen.

„Mitleid" lässt sich übersetzen als Empathie, den Hinweis auf eine tiefe Verbundenheit und wechselseitige Abhängigkeit von Menschen. „Furcht" ist Furcht der anderen, um andere und um uns selbst. Denn wenn alles so weitergeht, wie wir hier sehen, geht es schlecht aus. Furcht hat einen subversiven Zug und ermöglicht die Kritik von Normalitäten, die, zu Ende gedacht, ins Unglück führen. Die Sprache von Vertrauen, deren Kategorien und unterliegende Ideologeme können offengelegt werden, Mechanismen, die „natürlich", „unvermeidlich", „alternativlos" erscheinen, können mit Alternativen ausgestattet werden. „Think yourself a baby" wird entlarvt.

Vertrauenstheater rahmt den Anspruch auf Vertrauenswürdigkeit, zeigt ihn in seinen Konsequenzen, verbindet ihn mit Mündigkeit und ermöglicht es, ihn zu verstehen, zu beurteilen und, hoffentlich, manchmal zu verändern.

* (wer übersetzt?)

„Furcht" und „Mitleid", Normalitätskritik und Verbundenheit, kann in religiöse Sprache übersetzt werden. Religion, wenn sie neu auf einer nackten Bühne inszeniert werden muss, weil das Bühnenbild zerstört ist, bekommt mit einer solchen Übersetzung eine neue Chance.

* Religion braucht ein Vertrauenstheater.

Literaturverzeichnis

Endreß, Martin: Vertrauen, Bielefeld 2002.
Erikson, Erik: Kindheit und Gesellschaft, Stuttgart 2005.
Frevert, Ute: Vertrauensfragen. Eine Obsession der Moderne, München 2013.
Lorenz, Konrad: Das Gänsekind Martina, Selbstverlag des Verfassers, 1954.
New York Herald: „Arrest of the Confidence Man", 1849, in: The Lost Museum Archive, online: http://chnm.gmu.edu/lostmuseum/lm/328/ [Zugriff: 2.7.2021].
Pannenberg, Wolfhart: Natur und Mensch – die Zukunft der Schöpfung (Beiträge zur Systematischen Theologie 2), Göttingen 2000.

Reemtsma, Jan P.: Vertrauen und Gewalt. Versuch über eine besondere Konstellation der Moderne, Hamburg 2008.

Slump, Franz: Gottes Zorn – Marias Schutz. Pestbilder und verwandte Darstellungen als ikonographischer Ausdruck spätmittelalterlicher Frömmigkeit und als theologisches Problem, 2000, online: http://www.slump.de [Zugriff: 15.1.2015].

Sztompka, Piotr: Trust. A Sociological Theory, Cambridge 1999.

B

Welten der Sehnsucht?
Einladung zu einem Tischgespräch über Romantik

Christian Bauer

„Komm! Ins Offene,
Freund!"[1]

In meinem Dienstzimmer hängt ein Plakat, das wie ein weiteres Fenster in ein anderes Land weist, hinaus ins Offene und Weite: „Welten der Sehnsucht" steht darauf. Es ist das Plakat einer Ausstellung der Wiener Albertina zur Romantik. Zu sehen sind gleich mehrere große, von Caspar David Friedrich gemalte Segelschiffe. Michel Foucault zufolge sind diese „Heterotopien schlechthin"[2], mit Narrativen von anderen Welten beladene „Imaginationsarsenale"[3]: „In Zivilisationen ohne Schiff versiegen die Träume, die Spionage ersetzt das Abenteuer und die Polizei die Freibeuter."[4] Über entsprechend heterotope Sehnsuchtswelten der Romantik würde ich mit Rainer Bucher gerne einmal ins Gespräch kommen. Denn ich meine nicht nur, dass er selbst so etwas wie ein ‚anonymer Romantiker' ist, sondern auch, dass die von uns beiden vertretene wissenschaftliche Disziplin – die Pastoraltheologie – durchaus noch etwas mehr spätmoderne Romantik vertragen könnte. Um diese Frage herum würde ich bei einem Bier, Wein oder Whisky gerne ein multidisziplinäres Tischgespräch mit dem Populärphilosophen Rüdiger Safranski und dem Kultursoziologen Andreas Reckwitz versammeln. Diese an sich sehr reizvolle Gesprächskonstellation ist jedoch nicht nur ziemlich männerlastig (obwohl es auch sehr prominente Romantikerinnen gab!), sondern leider auch höchst un-

---
1 Hölderlin, Der Gang aufs Land, 84.
2 Foucault, Des espaces autres, 1581.
3 Ebd.
4 Ebd.

wahrscheinlich. Daher behelfe ich mir im Folgenden mit einem imaginären Tischgespräch mit den Genannten – in der Hoffnung, dass sich daraus zumindest mit Rainer Bucher einmal eine physisch kopräsente Unterredung ergibt.

Spurensuche bei Rainer Bucher ...

Rainer Bucher sagt von sich, er sei „katholisch-südlich gestimmt"[5]. Das Katholische und das Südliche sind schon einmal gute Voraussetzungen für ein Gespräch über die Romantik – vor allem aber das Denken in existenziellen „Gestimmtheiten"[6]. Folgt man dieser Spur, so stößt man schnell auf Rainer Buchers spätromantische Fassung des „Sehnsuchtsbegriffs"[7] der Heimat, derzufolge „Heimweh"[8] das „eigentliche Heimatgefühl"[9] ist:

> „Heimat ist eine Leerstelle, in Heimat kann man immer nur zurückkehren. [...] Wahrscheinlich ist das Leben ein nie endender Versuch von Wieder-Beheimatung. Es ist eine der zentralen Aufgaben menschlicher Existenz, beides zu akzeptieren: die tiefe Sehnsucht nach Heimat und dass sie nie wirklich erfüllt wird. Sicher: Es gibt sie immer mal wieder, die Erfahrung von Heimat. Sie ist dann die Außenwelt als eigene Innenwelt, die eigene Innenwelt ins Außen verlängert. Das ist natürlich eine Illusion, aber eine schöne. Sie tut gut und macht glücklich. Heimat gibt es zwar nicht wirklich, aber wir sind immer mal wieder kurz in ihr. Aber sobald ‚Heimat' auch nur thematisiert wird, ist sie eigentlich schon verloren."[10]

Romantisch eingefärbte Passagen wie diese werden bei Rainer Bucher immer wieder durch andere, stärker wissenschaftlich distanzierende Textabschnitte balanciert – aber es gibt sie. Und zwar gar nicht

---

5 Bucher, „Herr, es ist Zeit". Ich teile die diesbezügliche Überzeugung, der Sommer sei die „natürliche, die eigentlich normale Jahreszeit, so, wie es immer sein sollte, aber in unseren Breiten halt nur für ein paar Monate ist." (Ebd.)
6 Vgl. Reckwitz, Das Ende der Illusionen, 68, sowie Bude, Das Gefühl der Welt.
7 Bucher, „Unruhig ist unser Herz, bis es Ruhe findet in dir".
8 Ebd.
9 Ebd.
10 Ebd.

einmal so selten.[11] Zahlreiche seiner theologischen Interessen wie Nietzsche[12], Wagner[13] und Hitler[14] sind davon berührt, aber zum Beispiel auch seine Analysen der pastoralen Gegenwart im Zeichen der Ruinenmetapher:

> „Ruinen fehlt der ursprüngliche Zusammenhang. Man kann ihn noch ahnen, aber er funktioniert nicht mehr. Zudem fehlt Ruinen das Dach: Sie konstituieren zwar noch einen eigenen Raum, sind aber zugleich Elemente ‚unter freiem Himmel' […]: Elementares und Subversives breitet sich aus. […] Ruinen künden von vergangener Größe und schaffen eine Landschaft von nostalgischem Reiz – besonders gerne für bildungsbürgerliche Besucher. Sie sind an ihrem alten Ort, kontextualisieren aber Altes völlig neu. Es gibt manches vom Alten noch, aber es ist nicht mehr dasselbe, manches funktioniert noch in ihnen, aber nichts mehr wie früher. Wer es sich in ihnen bequem macht, so malerisch sie sind, wird bald spüren, wie ausgesetzt er ist. Denn nichts Äußeres hält mehr zusammen, was einst so prachtvoll zusammengehörte, eine neue, eine situative Kohäsion muss imaginiert werden. Diese imaginäre Kohäsion ist reizvoll und setzt Phantasien frei, sie ist aber auch flüchtig und prekär und zudem etwas sehr Individuelles."[15]

Pastoral ist für Rainer Bucher denn auch ein „offener, risikoreicher, gewagter Prozess, unabgeschlossen und von Rückschlägen nicht frei, aber auch erregend und voller intensiver Erfahrungen"[16]. Dieser Prozess vermag noch immer Kräfte gegen die „gewinnorientierte Verwaltung der Welt"[17] zu mobilisieren: „Pastoral ist die kreative Konfrontation von Evangelium und Existenz – nicht von Evangelium und gebändigter, vorformatierter, abmoderierter, bereits domestizierter Existenz, sondern

---

11 Romantikspuren finden sich bei Rainer Bucher vor allem auf feinschwarz.net, weniger in seinen stärker analytisch-wissenschaftlich ausgerichteten Beiträgen.
12 Vgl. Safranski, Romantik, 276–301.
13 Vgl. Safranski, Romantik, 258–275.
14 Vgl. Safranski, Romantik, 348–369.
15 Bucher, Nicht in Idyllen flüchten.
16 Bucher, Über Kirchenmusik.
17 So der treffsichere Untertitel seines Buchs *Christentum im Kapitalismus* (Würzburg 2019).

Existenz, wie sie heute ist."[18] Das Cusanuswerk[19] dürfte der biographische Ort sein, an dem Rainer Bucher diese Pastoral wohl am intensivsten erfahren hat – im lebendigen und zugleich strukturierten Kontakt mit „kreativen, vitalen, intelligenten, phantasievollen, wahrnehmungssensiblen, mutigen und durchsetzungsstarken jungen Menschen"[20]. Auf der Suche nach dem pastoral Anderen finden sich bei ihm drei Subjektivierungstechniken romantischer Weltentgrenzung: Lesen von Texten, Hören von Musik und Betrachtung der Natur. Andreas Reckwitz profiliert deren „intensitätshungrige"[21] Existenzialität:

> „Im Feld der Selbsttechniken besteht die größte Nähe zur bürgerlichen Welt, deren Techniken der Lektüre und des Schreibens weitergeführt und umakzentuiert werden. Jedoch bringen die Romantiker auch neuere Technologien des Selbst hervor, die spezifisch […] erlebnisorientiert sind: die Praktiken des Musikhörens und der Naturbetrachtung."[22]

Zunächst zum Lesen von Texten. Ausgehend von einem älteren Beitrag Elmar Klingers[23], skizziert Rainer Bucher anhand seiner beiden theologischen Lehrer das Idealbild einer konstitutiv erfahrungsbezogenen Theologie, deren diskursive Subjektivierungstechniken „unabgesichert, risikoreich und experimentell"[24] sind:

> „Für mich aber eröffnete dieser Text Welten, wenn nicht sogar die Theologie. […] Er ist also so etwas wie eine Gesamtauseinandersetzung eines jungen Theologieprofessors mit seinem eigenen (Lebens-)Projekt. […] Es war eine Theologie, die sich aufs Spiel setzt, die nach vorne offen und waghalsig war und sich vor nichts scheute. Es war die Erfahrung einer Theologie, bei der es noch was zu entdecken gab. […] In meiner theologischen Sozialisation haben

---

18 Bucher, Über Kirchenmusik.
19 Als ‚doppelter Altcusaner' kann ich zustimmend bezeugen: Das Cusanuswerk ist ein Ort überzeugender katholischer Intellektualität, der auch existenziell Welten zu eröffnen vermag.
20 Bucher/Körner, Priestertum und Anerkennung, 206.
21 Safranski, Romantik, 357.
22 Reckwitz, Das hybride Subjekt, 224f.
23 Klinger, Theologie im Horizont der Politik.
24 Bucher, Elmar Klinger, 5.

sich [...] Theologie und persönliches Leben zweimal kurzgeschlossen: einmal hier und das andere Mal in der [...] praktisch-theologischen Konzeption der Studienbegleitung, wie sie Ottmar Fuchs in Bamberg konzipierte. Aber das ist eine andere Geschichte. Oder vielleicht doch nicht, sondern einfach die andere Seite der gleichen Geschichte: jetzt von der Praxisseite her. [...] Ich erlebte es als schutzlose Festigkeit im permanenten Experiment: für mich der Weg in die Theologie."[25]

Theologie als experimentelles, welteneröffnendes Lebensprojekt – entsprechend romantische Lese- und Schreibpraktiken versprechen ein alltagsnahes „Abenteuer um die Ecke, die kleine Revolution"[26] wenn schon nicht der Welt, so doch wenigstens des Diskurses: „Mikroabenteuer"[27] wie auch das Hören von Musik. Rainer Bucher nennt sie das „zugleich flüchtigste und intensivste Kunstmedium, das uns über die Ohren, dieses nicht-verschließbare Sinnesorgan, erreicht und anrührt in vorbewussten Zonen unserer Existenz"[28]. Musik stellt für ihn „intensivierte Welterfahrung"[29] dar: „ungebändigt und doch in höchster Intensität und Form, realistisch und nicht vorzeitig gezügelt und zurechtgestutzt"[30]. Gelingt das, so ermöglicht Musik die „größten, erschütterndsten, intensivsten Kunsterfahrungen des menschlichen Lebens"[31]:

> „In diesen Erfahrungen aber eröffnen sich Ahnungen, was es mit unserer Existenz auf sich hat. Das allein schon ist zutiefst christlich, denn es ist Annahme der Wirklichkeit [...] in all ihren himmlischen Höhen und diabolischen Abgründen. [...] Und dann gibt es noch Momente, [...] die ahnen lassen, was es auf sich haben könnte mit [...] jener Erlösung, nach der alle sich sehnen – und in der auf Erden, außer vielleicht in den wenigen Sekunden der wahren Empfindung, noch niemand wirklich war."[32]

---

25 Bucher, Elmar Klinger, 4f.
26 Safranski, Romantik, 52f.
27 Vgl. Humphreys, Microadventures.
28 Bucher, Über Kirchenmusik.
29 Ebd.
30 Ebd.
31 Ebd.
32 Ebd.

Ahnungen und Abgründe, Sehnsucht und wahre Empfindung – dieses durch und durch romantische Vokabular zielt auf das „Gefühl einer temporären Auflösung des Ichs in einer Sphäre, die über es selbst hinausgeht"[33]. Man muss dabei gar nicht erst an nächtliche Weihestunden mit Wagner in mittelrheinischen Burgkapellen denken:

> „Das Musikhören […] ist […] auf die Hervorbringung eines […] gefühlsmäßigen Erlebens gerichtet, in dem das Ich gewollt die Kontrolle über sich verliert und sich in einer […] als ‚ganzheitlich' empfundenen Stimmung aufhebt. […] Auch beim Musikgenuss geht es darum, sinnliche Wahrnehmungen […] dazu zu nutzen, einerseits die tiefe ‚innere Erschütterung' des Sublimen in sich hervorzurufen und gleichzeitig eine subjektive Beruhigung […] in reiner ‚Gestimmtheit' zu finden. […] Das Musikhören trainiert […] die Empfindungsfähigkeit des Subjekts."[34]

Vom Hören der Musik zur Betrachtung der Natur. Auch in dieser spiegeln sich für Rainer Bucher individuelle „Innenwelt"[35] und natürliche „Außenwelt"[36] wechselseitig. In seinem bisher wohl persönlichsten Text schreibt er:

> „In meiner Heimat gibt es […] viele Laubwälder. In hügeliger, von Tälern und Jurafelsen kleinteilig durchzogener Landschaft entwerfen sie im Herbst ein Farbenpanorama, dessen Intensität einfach überwältigt. […] Es ist […] eine Intensität des Späten, des beginnenden Verfalls. An die Stelle des Blattgrüns treten nach und nach gelbe und rote Farben […]. Wann herrscht im Leben Intensität? […] Wann spüren wir sie? Wenn es zu Ende mit uns geht? Viele berichten davon. Auch vorher schon? Sicher, wenn Neues, Vielversprechendes beginnt, bei Erfolgen im Beruf, im Geschenk der Liebe und Ekstase, im Erleben großer Kunst und, natürlich, im Naturerleben. Und auch in den kleinen Dingen des Alltags, wenn man aufmerksam und offen genug für die Stunden und Minuten der wahren Empfindung ist."[37]

---

33 Reckwitz, Das hybride Subjekt, 235.
34 Reckwitz, Das hybride Subjekt, 233–235.
35 Bucher, „Unruhig ist unser Herz, bis es Ruhe findet in dir".
36 Ebd.
37 Bucher, „Herr, es ist Zeit". Für Tieck und Wackenroder war Rainer Buchers Heimatregion Franken das „gelobte Land der deutschen Romantik" (Safranski, Romantik, 99).

Intensität – dieser auch philosophisch reflektierte Begriff[38] erinnert an den US-Romantiker Henry David Thoreau:

> „Ich ging in die Wälder, denn ich wollte [...] nicht in der Stunde meines Todes feststellen, dass ich eigentlich gar nicht gelebt habe. Ich wollte kein Leben führen, das nicht wirkliches Leben ist. [...] Intensiv leben wollte ich und das Mark des Lebens aussaugen [...]."[39]

Rainer Bucher selbst schreibt in biographischer Zuspitzung:

> „Der Herbst, so sehr er oft noch nach Sommer schmeckt, er ist auch die Zeit vor dem Winter. Ich bin bald 60 Jahre alt. Da stehe ich im Herbst meines Lebens, und alle die vielen Aktivitäten, zu denen ich Gott sei Dank noch fähig bin, [...] können darüber nicht hinwegtäuschen. Mein Herbst ist mein Herbst und niemand kann ihn mir ausreden. Langsam fange ich an, ihn zu genießen. Den Nachsommer, die Intensität, die Ernte sowieso und selbst die Stürme einer Zeit, in der ich realisiere, dass ich jetzt kämpfen muss, wenn ich überhaupt noch einmal wirklich für etwas kämpfen will. Und natürlich stellt sich dann die Aufgabe, auch den unaufhaltsam kommenden Winter zu akzeptieren."[40]

Bucher verknüpft diesen Gedanken mit einem persönlichen Bekenntnis:

> „Der Herbst war mir immer, von klein auf, die unfassbarste Jahreszeit. Er faszinierte und verstörte. Seine Ambivalenzen haben mich gefesselt und begeistert, manchmal auch erschrocken. Schon sein Anfang war merkwürdig: Fast unmerklich hatte der Sommer immer begonnen, nicht mehr Sommer zu sein, war in die helle, heiße Klarheit der Badetage langsam die abendliche Kühle gekrochen, hatte aber auch die Nachmittagssonne eine Fülle und Farbe gewonnen, die der Sommer noch nicht kannte. [...] Der Herbst schien alles aufzufächern: die Temperaturen, die Gefühle [...]."[41]

„Was die Signatur des Späten aufweist, atmet bereits den Geist des Kommenden"[42] – diese Einsicht ist vielleicht auch hier von tröstlicher Kraft:

---

38 Vgl. Garcia, Das intensive Leben.
39 Thoreau, Walden, 88.
40 Bucher, „Herr, es ist Zeit".
41 Ebd.
42 Striet, Zu Christian Bauers „Differenzen der Spätmoderne", 1.

„Der Herbst ist Nachsommer und er ist von diesem ‚Nach' bestimmt wie wenige Jahreszeiten. Der Herbst beginnt als Sommer im Abstieg und er ist daher erfüllt vom Hauch der *decadence*. Der Herbst [ist eine] [...] Differenzerfahrung, darin dem Frühling verwandt. Differenzen aber beeindrucken stärker als Kontinuität. Solche Zeiten schillern und flirren, verändern und wenn diese Veränderungen auch noch Rückzug signalisieren, dann berühren sie unmittelbar das Gemüt. Der herbstliche Nachsommer kennt Melancholie und Wärme, Geborgenheit und die Ahnung ihrer Gefährdung [...]. Der Herbst lässt spüren: Man kann den Intensitäten nicht entgehen, den schrecklichen nicht und auch nicht den herrlichen."[43]

... und eine theologisch-diskursive Einladung

Braucht die Pastoraltheologie mehr Romantik? – Das wäre eine im Sinne dieser Festschrift lohnende *quaestio disputanda*. Einen bekannten Untertitel von Ottmar Fuchs variierend, könnte man vom romantischen „Nachholbedarf"[44] einer systembewussten Pastoraltheologie sprechen. Pastoraltheologie darf nicht nur den Kopf ansprechen, sie muss auch zu Herzen gehen – und das am besten nie ohne ironisches Augenzwinkern. Denn der kühle Kopf der Systemtheorie und das heiße Herz der Romantik, analytische Distanzierung und spielerische Kreativität, empiriebasierte Erkenntnisse und freigeistige Spekulationen bedingen und ermöglichen sich wechselseitig. Es braucht daher auch in der Pastoraltheologie einen nichtidyllischen Romantikbegriff: Romantik ist kein Biedermeier. Zu ihr gehören auch Ambivalentes, Unheimliches und Negatives – denn sie führt dorthin, wo auch in der Moderne noch das „Geheimnis lockt wie ein dunkler Kontinent, an dessen Rändern wir siedeln"[45]. Sie ist we-

---

43 Bucher, „Herr, es ist Zeit".
44 Siehe Fuchs, „Es ändert sich ja doch nichts...!" (Vgl. die freundschaftliche Kontroverse mit Michael Schüßler in Schüßler, Dissonanzen zum „Sound der Sentimentalität", sowie Bauer, Sprachproblem oder Gottesfrage).
45 Safranski, Romantik, 58. Karl Rahner schreibt: „Man müßte [...] von [...] der Sehnsucht [...] sprechen [...]. So könnte man noch lange fortfahren und müßte man noch viel konkreter werden [...] in jener einfachen Dichte letzter und doch überall im Alltag gegebener Erfahrung, in dem der Mensch immer, mit den Sandkörnern

der Idylle noch Nostalgie – das erste wäre nämlich eine synchrone, das zweite eine diachrone Utopie. Romantik ist jedoch nicht utopisch, sie ist heterotop. Sie führt an Orte des Anderen[46], die in ihrer Ambivalenz irritieren und dennoch schön sein können. Mit Blick auf das Rainer Bucher wohlbekannte Gästehaus des Klosters Oberzell gesprochen: Romantik ist, wenn man frühmorgens am Main joggen geht und im Morgennebel sogar der kleine Würzburger Industriehafen für einen kurzen Moment einfach nur schön ist.

Romantik setzt Aufklärung voraus – nicht nur historisch, sondern auch systematisch. Denn Romantik ist eine über sich selbst aufgeklärte Haltung der Sehnsucht, die bei allem Enthusiasmus auch um die eigene Unerfüllbarkeit weiß – und daran aber nicht in stiller Duldsamkeit leidet, sondern vielmehr das eigene Leben aus dieser Erfahrung heraus schöpferisch gestaltet. Wie die Pastoraltheologie, so ist auch die Romantik ein Kind der Aufklärung, das es sich zur Aufgabe gemacht hat, mit der Moderne aufgebrochene Differenzen kreativ zu bearbeiten. Historisch betrachtet, sind Aufklärung wie Romantik raumzeitlich begrenzte Phänomene der Moderne, deren primärer Wirkungskreis auf die „bürgerliche Kultur in den Handels- und Universitätsstädten Westeuropas und der amerikanischen Ostküste"[47] beschränkt war und die folglich auch epistemisch zu „provinzialisieren"[48] wären. Beide sind Teil eines historisch spezifischen Modernisierungspfades im globalen Weltrahmen von *multiple modernities*. Die westliche Romantik ist dabei ebenso modern wie die westliche Aufklärung – nur eben anders:

> „Die Romantik demonstriert […], dass die Moderne keine einheitliche […] Lebensform, sondern einander widersprechende Subjektkulturen hervorbringt […]. […] Damit erhält die Romantik in der Theorie der Moderne einen ganz anderen Platz, als dies im Kontext von Theorien der Modernisierung im Sinne funktionaler Differenzierung und formaler Rationalisierung der Fall ist."[49]

---

des Strandes beschäftigt, am Rand des unendlichen Geheimnisses wohnt." (Rahner, Gotteserfahrung heute, 170).
46 Vgl. Bauer, Pastorale Andersorte.
47 Reckwitz, Das hybride Subjekt, 231.
48 Vgl. Chakrabarty, Provincializing Europe.
49 Reckwitz, Das hybride Subjekt, 214 [inkl. Fußnote Nr. 113].

Diese alternative Modernisierungstheorie macht ein Band romantisierender Gegenkulturen zum Mainstream der westlichen Moderne beschreibbar, das sich vom Beginn des 19. Jahrhunderts bis hinein in unsere Zeit spannt – also bis hin zu jener Entfesselung sozialer Bindungen nach 1968, die zu einer heutigen Freisetzung in die Weite einer offenen Welt führte, deren Ambivalenzen man nicht mehr souverän gestalten, sondern nur noch vorsichtig vorantastend durchleben kann. In ihrem enthusiastischen „Selbstgefühl des Neuanfangs"[50] waren die ersten Romantiker:innen freiheitsbewegte „Entfesselungskünstler"[51], die sich von den Zwängen der bürgerlichen Gesellschaft befreien wollten und deren „entfesselter Spekulationsgeist"[52] noch immer zu inspirieren vermag. Ihre „alternative Praxis der Subjektivierung"[53] macht sie zu Produzentinnen und „Produzenten eines neuartigen, gegenüber der bürgerlichen Subjektkultur antagonistischen kulturellen Codes der Subjektivität"[54]:

> „Im Vergleich zum empfindsamen bürgerlichen Subjekt trainiert sich das romantische Subjekt [...] in einer deutlich radikaleren Selbstemotionalisierung, die nicht durch Moral begrenzt ist und ihr Maß gerade in der potenziellen Grenzenlosigkeit ihrer eigenen Intensität findet."[55]

Wie die westliche Moderne insgesamt, so hat auch die Romantik einen diesbezüglichen Überhang im programmatischen Bereich, ist sie eher Zuflucht in die Theorie eines anderen Lebens als bereits dessen flächendeckend durchgesetzte Praxis.

Diese alternative Kulturtheorie der Moderne erlaubt es, die westliche Romantik als einen eigenen Modernisierungspfad zu begreifen, dessen Protagonist:innen schon früh an einer selbstreflexiven „Abklärung der Aufklärung"[56] arbeiteten, die auch die Schattenseiten einer nicht immer nur hellen und lichten Moderne in den Blick nimmt. Die Romantik

---

50 Safranski, Romantik, 11.
51 Safranski, Romantik, 12. Siehe für die metapherngleiche Wirkungsgeschichte der Romantik in den Gegenkulturen der 1970er Jahre auch Balzer, Das entfesselte Jahrzehnt.
52 Safranski, Romantik, 11.
53 Reckwitz, Das hybride Subjekt, 213.
54 Ebd.
55 Reckwitz, Das hybride Subjekt, 220.
56 Luhmann, Soziologische Aufklärung, 83.

feierte diese nicht nur freudentrunken als „Morgenröte der Freiheit"[57], sie wusste auch um ihre Nachtseite – Rainer Bucher spricht gerne von *the dark side of the moon*. Romantiker:innen wissen, dass die „Geschichte der planenden Vernunft aus dem Ruder läuft und eher unsere dunkle Natur als unseren hellen Verstand zum Zuge kommen lässt"[58]: „Das alles erschüttert das Vertrauen in ein aufgeklärtes Denken, das [...] unfähig ist, die Tiefe des Lebens und seine Nachtseiten zu erfassen."[59]

Dem entspricht die romantische Fähigkeit, in unauflösbaren Paradoxien[60] zu denken. Reckwitz zufolge basiert das „kontingenztheoretische Paradoxon"[61] der Romantik einerseits auf einer „*Öffnung* von individuellen Möglichkeiten"[62] und andererseits auf einer „*Schließung* dieser in den realen zeitlichen Akten"[63]. Diese prinzipiell unendliche Öffnung („potentia") und jene endlich begrenzende Schließung („actus") erzeugen ein existenzielles Spannungsfeld, das Maurice Blondel in der tatgenerativen Differenz von *volonté voulante* und *volonté volue* zum Ausgangspunkt seiner späteren Immanenzapologetik machte. Denn auch das romantische Individuum ist nicht unteilbar – ganz im Gegenteil: Es findet sich häufig zerrissen wieder, aufgespannt zwischen die verschiedensten Kräfte des Seins. Diese existenziell ‚zerspannte' Grundstruktur der menschlichen Sehnsucht ist von einem paradoxen Doppeleffekt geprägt:

> „Der Effekt [...] ist ein paradoxer doppelter und analog zu dem der romantischen Liebe: eine Bestätigung *und* Aufhebung der Individualität des Subjekts. Einerseits fühlt sich das betrachtende Ich kaum irgendwo sonst so als autonomes Individuum wie in der Einsamkeit der Naturbetrachtung. Andererseits findet durch das Erleben des Sublimen der Natur eine Dezentrierung des Ich statt."[64]

Auch die Romantik hat es dabei „mit den ersten und letzten Dingen zu tun [...], hat sie aber eben auch alles andere als in der Hand – und weiß

---

57 Georg Wilhelm Friedrich Hegel, zit. nach Vieweg, Hegel, 67.
58 Safranski, Romantik, 53.
59 Ebd.
60 Vgl. Bauer, Paradoxalität.
61 Reckwitz, Das hybride Subjekt, 224.
62 Ebd.
63 Ebd.
64 Reckwitz, Das hybride Subjekt, 232.

es auch noch"⁶⁵. Friedrich Schlegel spricht von einer „Poesie der Poesie"⁶⁶, einer Poesie zweiter Ordnung, die nicht nur bestimmte „erfundene Welten"⁶⁷ (= Poesie erster Ordnung) erfasst, sondern auch die poetische „Erfindung von Welten"⁶⁸ überhaupt. Eine entsprechend selbstreflexive Romantik kann sich zu ihren eigenen Sehnsuchtswelten noch einmal verhalten, denn sie ist zu produktiver Selbstdistanzierung fähig (= Poesie zweiter Ordnung): „Poesie, die sich reflektiert, wird ironisch"⁶⁹. Ironisch gebrochene Romantik jedoch ermöglicht einen spielerischen Umgang mit der eigenen Weltensehnsucht: „Das Spiel eröffnet Freiheitsräume."⁷⁰ Auch dieser Zusammenhang wird bei Caspar David Friedrich malerisch reflektiert, zum Beispiel in seinem *Wanderer über dem Nebelmeer* von 1818.

---

65 Bucher, Katholische Intellektualität, 162.
66 Safranski, Romantik, 67 [Kursivsetzung verändert].
67 Ebd.
68 Ebd.
69 Safranski, Romantik, 68.
70 Safranski, Romantik, 43.

Friedrich zeigt hier nicht die unvermittelte Totale eines überwältigend großen Ganzen, sondern vielmehr den punktuellen Ort eines Wanderers, mit dem der/die Betrachter:in in die zerklüftete Landschaft blickt. Mit dieser Verortung inszeniert er eine Beobachtung zweiter Ordnung: Man nimmt die *Perspektive* des Wanderers ein und weiß zugleich, dass es die Perspektive des *Wanderers* ist. Ohne diesen Verlust betrachterischer Unschuld gibt es keine Romantik. Denn sie ist nicht nur romantisch, sondern sie weiß es auch. Übrigens weist sein Gehrock den Wanderer als einen urbanen Zeitgenossen aus, der sich nicht nur nach der Mode der Zeit kleidet, sondern auch sicherlich nicht aus den nebelverhüllten Tälern stammt, in die er so sehnsuchtsvoll blickt: Romantik als *moderne* Subjektivierungspraxis. Der potenzielle Ironiegehalt dieser malerischen Selbstbeobachtung eines romantischen Naturbetrachters findet sich im Format moderner Fortbewegungstechnik auch bei Joseph von Eichendorff:

„An einem schönen warmen Herbstmorgen kam ich auf der Eisenbahn [...] dahergefahren [...]. Diese Dampffahrten rütteln die Welt [...] durcheinander wie ein Kaleidoskop, wo die vorbeijagenden Landschaften [...] immer neue Gesichter schneiden [...]. Diesmal blieb allerdings eine Ruine rechts überm Walde ganz ungewöhnlich lange in Sicht, [in der] [...] ein Einsiedler hause. [...] Eine Berliner Dame [...], die eben ihre Zigarette angeraucht, versicherte lachend, das sei ohne Zweifel der letzte Romantiker, der sich vor dem Fortschritt [...] in den mittelalterlichen Urwald geflüchtet."[71]

Aus meinem schulischen Deutsch-Leistungskurs ist mir von der Romantik Eichendorffs vor allem dessen Motiv des Am-Fenster-Stehens erinnerlich. Wie der in den gesellschaftlichen Zwängen seiner Zeit gefangene preußische Staatsbeamte[72], so steht auch das romantische Subjekt[73] am Fenster und träumt sich sehnsuchtsvoll hinaus ins Weite:

---

71 Eichendorff, Erlebtes, 3.
72 Vgl. Ziolkowski, Das Amt der Poeten.
73 Michel Foucault hat stets darauf hingewiesen, dass das moderne Subjekt im Doppelsinn von lat. *sub-jectum* nicht nur ein autonom selbstmächtiger, sondern auch ein heteronom unterworfener Mensch ist.

„Es schienen so golden die Sterne,
Am Fenster ich einsam stand
Und hörte aus weiter Ferne
Ein Posthorn im stillen Land.
Das Herz mir im Leib entbrennte,
Da hab ich mir heimlich gedacht:
Ach, wer da mitreisen könnte
In der prächtigen Sommernacht!"[74]

Das Eichendorffsche Motiv des Am-Fenster-Stehens und Sich-in-die-Weite-Träumens reflektiert die Situation eines Subjekts, das sich permanent durch moderne Systemwelten an seiner unbegrenzten Selbstentfaltung[75] gehindert sieht und die ersehnten Transzendenzen daher im Sinne eines romantischen „als ob"[76] in den Bereich der Immanenz verlegt: „Indem ich dem Gemeinen einen hohen Sinn, dem Gewöhnlichen ein geheimnisvolles Ansehn, dem Bekannten die Würde des Unbekannten, dem Endlichen einen unendlichen Sinn gebe, so romantisiere ich es."[77] Das gesamte prosaische Leben des modernen Menschen soll mithilfe dieser „qualitativen Potenzierung"[78] der immanenten Wirklichkeit „mit Poesie durchdrungen"[79] werden: „Es war, als hätt' der Himmel die Erde still geküsst."[80] Romantik ist eine entsprechende „Fortsetzung der Religion mit ästhetischen Mitteln"[81]. Ihre bereits auf Nietzsche vorausweisende „Heiligung des Diesseits"[82] zielt auf eine romantische Wiederverzauberung der Immanenz einer entzauberten, nicht nur religiös unmusikalisch gewordenen Welt. Webers bekannte Diagnose einer rationalisierenden „Entzauberung der Welt"[83] durch die Moderne ist gegen

---

74 Eichendorff, Werke Band I, 34.
75 Vgl. Reckwitz, Das Ende der Illusionen, 210–219.
76 Safranski, Romantik, 208. Siehe auch Agamben, Die Zeit, die bleibt, 35.
77 Novalis, zit. nach Safranski, Romantik, 13.
78 Novalis, zit. nach Safranski, Romantik, 115.
79 Safranski, Romantik, 59.
80 Eichendorff, Mondnacht, 9.
81 Safranski, Romantik, 393.
82 Safranski, Romantik, 298.
83 Weber, Wissenschaft als Beruf, 593; 611.

die ursprünglich christliche „Verzauberung der Welt"[84] gerichtet – wobei die erstgenannte Dynamik im 19. Jahrhundert eine moderne Entzauberung der Transzendenz bei gleichzeitiger romantischer Verzauberung der Immanenz hervorbrachte, die zweitgenannte im Übergang zum 20. Jahrhundert hingegen eine christliche Entzauberung der Immanenz bei gleichzeitiger antimodernistischer Verzauberung der Transzendenz. Eine zeitgenössisch-christliche Wiederverzauberung der Welt unter der Maßgabe ihrer akzeptierten Entzauberung[85] könnte poetisch bei Eichendorff anknüpfen:

> „Schläft ein Lied in allen Dingen,
> Die da träumen fort und fort,
> Und die Welt hebt an zu singen,
> Triffst du nur das Zauberwort."[86]

Spätmoderne Mythen wie Harry Potter[87] sind ein heutiger Ausdruck dieser Sehnsucht, deren versteckte Abenteuer nur eingefleischte Muggel ignorieren können. Sie verweisen auf eine mythische Weltverdopplung, deren Narrative eine hinter der eigentlichen Wirklichkeit verborgene Zauberwelt sichtbar machen. Eine christliche Theologie der Immanenz[88] jedoch kommt ohne diese Hinter-Weltler-Perspektive aus:

> „Aus alter metaphysischer Tradition vermutet die Theologie in diesem ‚Dahinter' eine wahre und echte Tiefe der Dinge und des Lebens. […] Ich würde dieses dualistische Denken gerne beiseitelassen. In einer flachen Welt, wie Bruno Latour sagt, ist die Gestaltung der zugänglichen Oberflächen genau das, was unsere Existenz ausmacht. […] Flach heißt hier nämlich nicht banal oder naiv, sondern meint eine nicht-hierarchische Perspektive auf die, nein, besser: *in* der Welt."[89]

John Milbank, der Anführer der angelsächsischen Bewegung *Radical Orthodoxy*, hingegen lehnt in *Beyond Secular Order* sowohl eine „ent-

---

84 Vgl. Lauster, Die Verzauberung der Welt.
85 Vgl. Bauer, „Normal halt".
86 Eichendorff, Mondnacht, 9.
87 Vgl. Bauer, Winter is coming.
88 Vgl. exemplarisch Justaert, Theology after Deleuze.
89 Schüßler, Welt(ent)werfen, 198.

zauberte Transzendenz"[90] als auch eine entsprechend „verzauberte Immanenz"[91] ab. Demgegenüber wären die immanenztheologischen Aufklärungsversuche einer kontinentaleuropäischen *Orthodox Radicality* stark zu machen, die radikale Zeitgenossenschaft in kreativer Weise mit der Tradition der Kirche verbindet und dabei auch eine marxistische Wendung des Romantischen einfordert: Romantiker:innen haben bisher nur die „Wirklichkeit poetisiert"[92], es kommt aber auch darauf an, die „Poesie zu verwirklichen"[93] – und zwar im vollen Wissen um ihre letztliche Undurchsetzbarkeit.[94] Michel Onfray skizziert eine entsprechend illusionslose „revolutionäre Romantik"[95]: „Dort, wo libertärer Zweifel und nietzscheanisches Denken, pragmatischer Wille und Wunsch nach Intensität zusammenkommen, gewinnt die Vorstellung von der Wiederverzauberung der Welt an Kraft."[96] Camille de Toledo sekundiert im Horizont eines neuen spätmodernen Existenzialismus:

> „Der Zynismus ist tot [...]. [...] Wir [...] öffnen die Welt wieder, nachdem sie lange geschlossen war. [...] Wir sind Romantiker der offenen Augen. [...] Romantik ist eine Sehnsucht [...], die die Menschen zerreißt, die für sie kämpfen [...]. Anders geht es gar nicht! [...] Ich glaube an die singuläre Revolte [...] des mediterranen Menschen eines Sommers à la Albert Camus, der sich [...] mit dem Körper der Gerechtigkeit vereinigt. Wir sollten wieder mehr Camus lesen."[97]

Rainer Bucher bekennt mit Blick auf die gefährdeten Errungenschaften der Demokratie, es sei nun „Zeit, für sie zu kämpfen"[98]. Ist auch er ein spätmoderner Romantiker, der ohne falsche Vereinfachungen theologisch für die Sache der Freiheit eintritt? Manches deutet darauf hin. In

---

90 Milbank, Beyond Secular Order, 7.
91 Ebd.
92 Safranski, Romantik, 241.
93 Ebd.
94 Auch hier führt eine Spur zu Blondel: „Es ist notwendig, und es ist unausführbar. Das sind, grob gesagt, die Schlussfolgerungen des [...] menschlichen Tuns." (Blondel, Die Aktion, 345).
95 Onfray, Der Rebell, 258.
96 Onfray, Der Rebell, 123.
97 Toledo, Archimondain, 155f.
98 Bucher, Angst und Ausschluss.

jedem Fall wäre er mit der Romantik in ein weiterführendes Gespräch zu verwickeln. Denn auch hier gilt: Weiter gehen, auf einer *road map* ins Offene ...

Literaturverzeichnis

Agamben, Giorgio: Die Zeit, die bleibt. Ein Kommentar zum Römerbrief, Frankfurt a. M. 2006.

Balzer, Jens: Das entfesselte Jahrzehnt. Sound und Geist der 70er, Berlin 2019.

Bauer, Christian: Sprachproblem oder Gottesfrage? Eine freundschaftliche Erwiderung auf Michael Schüßler, in: Bucher, Rainer – Krockauer, Rainer (Hg.): Gott. Eine pastoraltheologische Annäherung, Münster 2007, 169–177.

Bauer, Christian: Paradoxalität, in: Gärtner, Stefan – Kläden, Tobias – Spielberg, Bernhard (Hg.): Praktische Theologie in der Spätmoderne. Herausforderungen und Entdeckungen, Würzburg 2014, 101–106.

Bauer, Christian: Pastorale Andersorte? Eine kleine theologische Sprachkritik, in: Lebendige Seelsorge 66 (2015), 136–141.

Bauer, Christian: Winter is coming? Politisch-theologische Erkundungen in der Populärkultur, in: Beckmayer, Sonja – Mulia, Christian (Hg.): Volkskirche in postsäkularer Zeit. Erkundungsgänge und theologische Perspektiven. FS Kristian Fechtner, Stuttgart 2021, 143–160.

Bauer, Christian: „Normal halt...". Pastoraltheologie in säkularen Zeiten, in: Zeitschrift für Pastoraltheologie 40 (2020), 9–19.

Bleek, Wilhelm: Vormärz. Deutschlands Aufbruch in die Moderne. Szenen aus der deutschen Geschichte 1815–1848, München 2019.

Blondel, Maurice: Die Aktion. Versuch einer Kritik des Lebens und einer Wissenschaft der Praktik, Freiburg i. Br. 1965.

Bucher, Rainer – Körner, Bernhard: Priestertum und Anerkennung. Thesen zur Priesterausbildung, in: Diakonia 34 (2003), 205–208.

Bucher, Rainer: Katholische Intellektualität. Ein Versuch, in: Wort und Antwort 46 (2005), 158–164.

Bucher, Rainer: Elmar Klinger. Schutzlose Festigkeit im permanenten Experiment, in: Rothenfelser Burgbrief 02/2006, 4f., online: https://www.burg-rothenfels.de/fileadmin/Mediendatenbank/70_Wer_wir_sind/Burgbrief_konturen/konturen_Burgbrief_02_2006.pdf [Zugriff: 2.7.2021].

Bucher, Rainer: „Herr, es ist Zeit". Über den Herbst, online: feinschwarz.net, 7.11.2015, https://www.feinschwarz.net/herr-es-ist-zeit-ueber-den-herbst/ [Zugriff: 2.7.2021].

Bucher, Rainer: Angst und Ausschluss, online: feinschwarz.net, 14.3.2016, https://www.feinschwarz.net/glaube-und-heimat/ [Zugriff: 2.7.2021].

Bucher, Rainer: Nicht in Idyllen flüchten. Nochmals zur „Kurskorrektur" von Pfarrer Frings, online: feinschwarz.net, 2.6.2016, https://www.feinschwarz.net/nicht-in-idyllen-fluechten-nochmals-zur-kurskorrektur-von-pfarrer-frings/ [Zugriff: 2.7.2021].

Bucher, Rainer: Über Kirchenmusik. Inklusive dreier Bitten an KirchenmusikerInnen, online: feinschwarz.net, 13.5.2019, https://www.feinschwarz.net/ueber-kirchenmusik-inklusiver-dreier-bitten-an-kirchenmusikerinnen/ [Zugriff: 2.7.2021].

Bucher, Rainer: Kulturwissenschaft des Volkes Gottes, online: feinschwarz.net, 23.7.2019, https://www.feinschwarz.net/kulturwissenschaft-des-volkes-gottes/ [Zugriff: 2.7.2021].

Bucher, Rainer: „Unruhig ist unser Herz, bis es Ruhe findet in dir", online: feinschwarz.net, 6.11.2020, https://www.feinschwarz.net/glaube-und-heimat/ [Zugriff: 2.7.2021].

Bude, Heinz: Das Gefühl der Welt. Über die Macht von Stimmungen, München 2016.

Chakrabarty, Dipesh: Provincializing Europe. Postcolonial Thought and Historical Difference, Princeton 2000.

Eichendorff, Joseph von: Werke Band I, München 1981.

Eichendorff, Joseph von: Erlebtes, Berlin 2013.

Eigenmann, Urs – Hinkelammert, Franz J. – Füssel, Kuno (Hg.): Der himmlische Kern des Irdischen. Das Christentum als pauperozentrischer Humanismus der Praxis, Luzern – Münster 2019.

Foucault, Michel: Des espaces autres, in: ders.: Dits et Écrits II (1976–1988), Paris 2001, 1571–1581.

Fuchs, Ottmar: „Es ändert sich ja doch nichts ...!" Zum systemtheoretischen Nachholbedarf einer subjektempfindlichen Theologie, in: Pastoraltheologische Informationen 20 (2000), 90–111.

Garcia, Tristan: Das intensive Leben. Eine moderne Obsession, Berlin 2017.

Hölderlin, Friedrich: Der Gang aufs Land. An Landauer, in: ders.: Gedichte nach 1800 (Stuttgarter Ausgabe 2,1), Stuttgart 1950, 84.

Humphreys, Alastair: Microadventures. Local Discoveries for Great Escapes, New York 2014.

Justaert, Kristien: Theology after Deleuze, London – New York 2012.

Klinger, Elmar: Theologie im Horizont der Politik. Die Herausforderung Europas durch die lateinamerikanische Theologie, in: Castillo, Fernando u. a. (Hg.): Herausforderung. Die dritte Welt und die Christen Europas, Regensburg 1980, 47–63.

Lauster, Jörg: Die Verzauberung der Welt. Eine Kulturgeschichte des Christentums, München 2014.

Luhmann, Niklas: Soziologische Aufklärung 1. Aufsätze zur Theorie sozialer Systeme, Wiesbaden ^{8}2009.

Milbank, John: Beyond Secular Order. The Representation of Being and the Representation of the People, Oxford 2013.

Onfray, Michel: Der Rebell. Ein Plädoyer für Widerstand und Lebenslust, Stuttgart 2001.

Rahner, Karl: Gotteserfahrung heute, in: ders.: Schriften zur Theologie IX, Einsiedeln – Zürich – Köln 1970, 171–176.

Reckwitz, Andreas: Das Ende der Illusionen. Politik, Ökonomie und Kultur in der Spätmoderne, Berlin 2019.

Reckwitz, Andreas: Das hybride Subjekt. Eine Theorie der Subjektkulturen von der bürgerlichen Moderne zur Postmoderne. Überarbeitete Neuauflage, Berlin 2020.

Safranski, Rüdiger: Romantik. Eine deutsche Affäre, München 2007.

Schüßler, Michael: Dissonanzen zum „Sound der Sentimentalität". Eine Replik zu Christian Bauers „Gott am Lagerfeuer", in: Bucher, Rainer –

Krockauer, Rainer (Hg.): Gott. Eine pastoraltheologische Annäherung, Münster 2007, 159–167.

Schüßler, Michael: Welt(ent)werfen. Skizzen einer politisch-theologischen Designtheorie, in: Bechmann, Ulrike – Böhm, Manfred (Hg.): Fuchs, du hast die Gans gestohlen, gib sie nie mehr her. Was den Zeichner Ottmar mit dem Theologen Fuchs verbindet, Würzburg 2020, 195–202.

Striet, Magnus: Zu Christian Bauers „Differenzen der Spätmoderne", online: Münsteraner Forum für Theologie und Kirche, 25. März 2014, http://www.theologie-und-kirche.de/striet-differenzen-bauer.pdf [Zugriff: 2.7.2021].

Thoreau, Henry David: Walden. Life in the Woods, New Haven – London 2004.

Toledo, Camille de: Archimondain Jolipunk. Confessions d'un jeune homme à contretemps, Paris 2002.

Vieweg, Klaus: Hegel. Der Philosoph der Freiheit. Biographie, München 2019.

Weber, Max: Wissenschaft als Beruf, in: ders.: Gesammelte Aufsätze zur Wissenschaftslehre, Tübingen 1988, 581–613.

Ziolkowski, Theodore: Das Amt der Poeten. Die deutsche Romantik und ihre Institutionen, Stuttgart 1992.

Das Sparbuch (1904–1924) der Postbotentochter Elisabetha V.

Ulrike Bechmann

Kürzlich fiel mir bei einer Haushaltsauflösung aus dem Altpapier ein Sparbuch in die Hände. Es war ausgestellt „für die Postbotentochter Elisabetha V." in einer fränkischen Kleinstadt. 1904 begann die erste Einzahlung, 1924 endet das Sparbuch mit dem Stempel „zur Aufwertung angemeldet". Die Geschichte des Sparbuchs und seiner Inhaberin widme ich Rainer Bucher. Denn mehrfach verbindet sich diese Miszelle mit ihm. Seine nie verleugnete Herkunft aus einer fränkischen Kleinstadt (wobei das „klein" vielleicht diskutiert würde) prägt mit der Liebe zum Fränkischen mit allem, was dazugehört, von Bayreuth bis Bier, auch seine Lebenseinstellung und damit Theologie. Das Sparbuch einer fränkischen Postbotentochter greift Rainer Buchers Thema des Geldes und des Kapitalismus auf und führt es weiter, von der theoretischen Analyse hin zu einer Mikrostudie, wie sich Wirtschaft und Kapitalismus auf das Vermögen einer jungen Frau in fränkischen Landen auswirken. Thema und Reminiszenz an das Fränkische verknüpfen sich so auch noch mit einer weiteren Dimension aus Rainer Buchers Schaffen, der Genderthematik. Denn das Sparbuch wirft ein Licht darauf, wie Geldpolitik die Lebensperspektive einer fränkischen jungen Frau Anfang des 20. Jahrhunderts tangiert. Großpolitische kapitalistische Entwicklungen *en miniature*, in ihrem Sitz im Leben des Alltags, sozusagen.

1. Die soziale Situation der Postboten ab 1900 in Bayern

Die Postbotentochter Elisabetha V. stammte also aus eher kleinen, wohl aber zumindest abgesicherten Verhältnissen, die als erstrebenswert angesehen wurden. Immerhin hatte der Vater als Postbote eine Beamtenstelle.

Ein Spruch meiner Oma, zeitlebens in einem Geschäft als Selbständige den Wechselfällen der Wirtschaft (und verschiedenen Geldentwertungen) ausgesetzt, hieß: „A Beamtenjäggla is a engs, aber a warms (Ein Beamtenjäckchen ist ein enges, aber warmes)" oder: „Da hast dei Gwieß" (Da hast Du dein ‚Gewisses' [Einkommen])". Doch auch dieses sichere Einkommen war dann gegen Inflation, Kriegsfolgen und Geldentwertung nicht gefeit.

Die Familie von Elisabetha V. gehörte nicht gerade zu der wohlhabenden Schicht. Entsprechend bescheiden sind die Einlagen, die 1904 mit fünf Mark beginnen und die dann in fast jedem Jahr um ein paar Mark vermehrt werden. Denn sozialgeschichtlich gehören Postboten um die Jahrhundertwende zu den Unterbeamten[1], wobei die Beamtenstellen vordringlich ehemalige Angehörige des Militärs unterbringen sollten. Man konnte verschiedene Laufbahnen einschlagen. Bei den Briefträgern unterschied man zwischen Posthilfsboten und Postboten. „Die als Postboten anzunehmenden Personen müssen gesund und kräftig sein, das 20. Jahr vollendet haben, und dürfen in der Regel nicht älter als 25 Jahre sein."[2] Nach sechsmonatiger Probezeit wurde man mit vierwöchiger Kündigungsfrist angestellt.

> „Die Meldung zum Postboten geschieht beim Postamtsvorsteher, bzw. beim Hauptpostamte. Bewerber, welche Soldaten gewesen sind, erhalten den Vorzug. Die Tagegelder schwanken, je nach den Teuerungsverhältnissen der einzelnen Orte, zwischen 1,50 und 2,70 M. (Über 2,50 M. nur mit Genehmigung des R. P. A.) Nach 3 Jahren erhält der Postbote die erste Zulage, nach 6 Jahren die zweite und nach 8 Jahren die dritte Zulage von je 20 Pf."[3]

Als Unterbeamter konnte man nach acht Jahren einer tadellosen Arbeit eine gewisse Sicherheit in der Umwandlung in eine unkündbare Anstellung erreichen. Das Handbuch regelt genau die unterschiedlichen Dienst-

---

1 Ich danke Frau Wenke Wilhelm, Kustodin der Museumsstiftung für Post und Kommunikation, für die freundliche Zusendung der relevanten Dokumente und Frau Adelheid Waschka, Leiterin des Stadtmuseums Bad Staffelstein, für die Hilfe bei der Rekonstruktion von Lebensverhältnissen fränkischer Frauen.
2 Vilich, Vilichs Handbuch für Postunterbeamte, 197. Das R. P. A. ist das Reichspostamt.
3 Ebd.

grade bei Post und Telegraphenamt, die Zuwendungen, Bedingungen und Übertritte in je unterschiedliche Gehaltsklassen. Diese beginnen mit dem Staatssekretär und reichen weiter über „Geheime expedierende Sekretäre" und „General-Postkassenbuchhalter" bis hin zu „Kastellanen" und vielen weiteren höchst ausdifferenzierten Beamtenstufen.

Unterbeamte, zu denen die Postboten im inneren Dienst gehörten, verdienten in der vorletzten Gehaltsklasse 900 bis 1.500 Mark im Jahr, nur Landbriefträger und Telegraphenleitungsaufseher II. Klasse verdienten weniger (800–1.000 Mark). Je nach Zugehörigkeit steigerte sich das Beamtengehalt, das Höchstgehalt erreichte ein Unterbeamter nach 21 Jahren. Dazu kamen eventuelle Zulagen wie Wohngeldzuschuss, der 1873 schon eingeführt wurde, um einen Ausgleich für Preissteigerungen zu haben, für Postboten zwischen 100 und 150 Mark im Jahr, je nach Kosten für eine Wohnung in dem Dienstort.[4] Diese wurden in Teuerungsklassen eingeteilt. 1912 begann das Gehalt dann mit 1.200 Mark und konnte sich bis auf 1.700 Mark Höchstgehalt steigern.[5] Der Wohnungszuschuss dürfte für die fränkischen Lande zu den niedrigen Klassen gehört haben, er lag dann zwischen 300 und 400 Mark im Jahr.

Das bayerische Postwesen war im 19. Jahrhundert in der Hand der Fürsten Thurn und Taxis. Preußen übernahm am 1. Juli 1867 (zusammen mit anderen deutschen Ländern) die Post. „Gegen eine Entschädigung von 3 Millionen Talern ging die Thurn-und-Taxis-Post mit sämtlichen Immobilien, deren Inventar und dem gesamten Personal zum 1. Juli 1867 an den Preußischen Staat über."[6] Damit galten die Bestimmungen der Reichspost auch in Bayern. Es gab ein Nebeneinander von deutschen Postverwaltungen (Reichspost, bayerisches und württembergisches Postwesen), deren Beziehungen durch Verträge, den sogenannten „Deutschen Wechselverkehr" geregelt wurden, bevor das Postwesen 1920 gänzlich auf das Reich überging.[7]

Die Reichspost entwickelte früh Elemente der sozialen Absicherung für ihre Beamten, auch weil relativ bald Personalvertretungen entstanden

---

4 Ich danke Kustodin Wilhelm für diese Information.
5 Vgl. Henrichs Handbuch für Postbeamte, 819; Sautter, Geschichte, 368–389.
6 Behringer, Königgrätz, 56.
7 Vgl. Sautter, Geschichte, 60.

und mit dem Ausbau des Postwesens die Zahl der Beamten wuchs. Es entstand bald ein sehr differenziertes Beamtensystem mit Dienstklassen, entsprechenden Gehaltsklassen und Aufstiegsmöglichkeiten.

„Als in der Zeit um 1900 durch das Steigen der Preise und Löhne die wirtschaftliche Lage der Beamten sich zunehmend verschlechterte, dauerte es noch mehrere Jahre, bis im Reich sich eine grundsätzliche Neuordnung der Besoldung mit dem Ziel der Angleichung des Diensteinkommens der Beamten an die allgemeine Lebenshaltung der freien Berufe durchsetzte. [...] Der Hauptwert wurde auf eine erhebliche Aufbesserung der Unterbeamten gelegt. Kein Unterbeamter sollte künftig mit weniger als 1000 M und dem WGZ [Wohngeldzuschuss, U. B.] beginnen. Die Aufbesserung für sie betrug in fast allen Stufen 2000 M; teilweise, so namentlich im Endgehalt, ging sie weit darüber hinaus. [...] Von dem durch die Gehaltsaufbesserungen verlangten Mehraufwand erhielten im Reich die unteren Beamten 52,51 vH [...]."[8]

Während des Krieges verschlechterte sich – wie auch sonst – die Situation der Beamten, die mit Kriegszulagen etwas ausgeglichen werden sollte. Kinderbeihilfen für die unteren Beamten wurden eingeführt.

Wer lange keine Ansprüche hatte, waren erwerbsunfähige Töchter von Postbeamten. Eine eigene Sozialorganisation für verwaiste Postbotentöchter, die 1892 gegründete Stiftung „Posttöchterhort", entstand, der Kern der heutigen sozialen Stiftung Betreuungswerk der Post.[9]

„Ende des 19. Jahrhunderts suchte Postdirektor Rudolph Meyer aus Naumburg nach einer Lösung der Versorgungsprobleme alleinstehender, erwerbsloser Töchter verstorbener Postbeamter. Er sammelte unter Kolleginnen und Kollegen 100.000 Goldmark und legte damit den Grundstock für die am 14.05.1892 gegründete Stiftung für verwaiste Töchter von Reichs-Post- und Telegraphenbeamten, den ‚Töchterhort'"[10].

1919 mussten dann die Gehaltsfragen neu geregelt werden. Der Krieg, die Kriegsschulden, die Reparationszahlungen wurden durch die Ab-

---

8 Sautter, Geschichte, 371.
9 Vgl. https://www.betreuungswerk.de/ueber-uns/historie/ [Zugriff: 17.12.2020], dort auch zur weiteren Entwicklung der Stiftung. Vgl. auch Engelhardt/Stäbler, Postwaisenhort.
10 Ebd.

koppelung des Geldwertes von der Golddeckung jetzt nur durch Wechsel bei der Zentralbank gedeckt, was nicht lange gut ging. 1920 wurde eine neue Besoldung verhandelt, die „ein angemessenes Entgelt für die Leistungen und zugleich einen ausreichenden Unterhalt bieten sollte"[11]. Ein Ortszuschlag und, neu, ein Kinderzuschlag sowie ein Frauenzuschlag ab 1922 wurden beschlossen, ebenso ein Teuerungszuschlag, der aber bald wieder abgeschafft wurde. Beihilfen zu Kosten für Arznei, Krankenhaus, Arztbesuch, Geburt und Begräbnis wurden eingeführt, ebenso Förderungen für die Gesundheit. Eine Postbeamten-Krankenkasse für untere Beamte gründete sich in jedem Oberpostdirektions-Bezirk.

Der Vater von Elisabetha V., der 1904 als Postbote genannt wurde, konnte einen gewissen sozialen Aufstieg erreichen. Für 1928 ist er als Besitzer eines Hauses in der fränkischen Kleinstadt notiert. Am Ende seiner Berufszeit ging er als Postschaffner in den Ruhestand, wie bei der Eintragung des Todesdatums 1940 notiert ist.

2. Postsparbücher für Postbeamte

Möglicherweise bot sich dem fränkischen Postboten die Chance, für das Mädchen Elisabetha ein Postsparbuch anzulegen, durch die Post-Spar- und Darlehensvereine, so der Name ab 1903, deren Vorläufer die Post-Spar- und Vorschußvereine (ab 1872) waren. Ziel war es einerseits, die Versuchung zu minimieren, dass Postbeamte durch Griff in die Postgelder finanzielle Engpässe ausgleichen, andererseits dadurch „den Mitgliedern Gelegenheit zu sicherer verzinslicher Anlegung von Ersparnissen zu bieten und andererseits ihnen Darlehen zu günstigen Bedingungen zu gewähren. [...] Der größte Teil des Personals trat den Vereinen bei."[12] 1923 mussten durch den Währungsverfall diese Vereine ihre Tätigkeit aussetzen oder einschränken. 1924, das Jahr mit den letzten Einträgen im Postsparbuch, begann die Post mit dem Wiederaufbau, der auch mit einer Verkürzung der Bezüge des Personals verbunden war.

---

11 Sautter, Geschichte, 373.
12 Sautter, Geschichte, 415.

Zunächst blieb der Geldwert stabil, weil die Mark an die Goldreserven gebunden war. Man konnte also hoffen, mit einem Sparbuch doch etwas zur Seite legen zu können, um später darauf zurückzugreifen. Der Geldwertverfall von 1900 bis 1914, dem Beginn des ersten Weltkriegs, nahm noch nicht so dramatische Folgen an wie später die Hyperinflation 1923 und 1924. Dennoch traf man mit Beginn des Krieges die folgenreiche Entscheidung, dass Reichskassenscheine und Banknoten als gesetzliches Zahlungsmittel zugelassen wurden, gedacht als Notlösung, um die Goldreserven zu erhalten. Die Banken wurden angewiesen, Silber- und Kupfermünzen statt mit Goldmünzen in Reichskassenscheinen auszuzahlen. „Durch die Nichteinlösbarkeit der Reichskassenscheine und Reichsbanknoten wurden diese *echtes Papiergeld*."[13] Die Notlösung war, wie oft bei Provisorien, langlebiger als gedacht und galt noch lange nach dem Krieg, „in dem die Papiermark schließlich bis zu einem Billionstel ihres früheren Goldmarkwertes entwertet wurde."[14]

Dennoch: All diese Maßnahmen konnten mit der galoppierenden Inflation ab 1923 nicht Schritt halten. Die Regierung konnte nicht so schnell Geld drucken, wie benötigt wurde. Deshalb erreichte man Ende 1923, dass die Besoldung der Beamten von der Papiermark auf die Goldmark umgestellt wurde.[15] Aufgrund des Währungsverfalls kam es 1923 zu folgenden Änderungen: „die Tarifverträge zwanzigmal, das Besoldungsgesetz zwölfmal, die auswärtigen Bezüge dreiundzwanzigmal, die Arbeiterlöhne zweiundzwanzigmal, Reisekosten, Beschäftigungstagegelder, Frauenzuschlag, Nachtdienstentschädigungen je zwanzigmal."[16] Ich möchte noch einmal meine Oma als selbständige Kauffrau bemühen. Sie hatte als Rentnerin, die von ihrem Ersparten lebte, zeitlebens Angst, dass „das Geld kaputtgeht". Für uns als in den 1950ern und 1960ern geborenen Kinder eine absurde Vorstellung. Alles andere als absurd aber war die Angst, da sie, wie Elisabetha V. Ende des 19. Jahrhunderts geboren, verschiedenste Geldentwertungen als Geschäftsfrau selbst miterlebt

---

13 Michaelis, Das Aufwertungsrecht, 4. Im Original ist das Kursive gesperrt gedruckt.
14 Michaelis, Das Aufwertungsrecht, 5.
15 Vgl. Michaelis, Das Aufwertungsrecht, 375–377.
16 Sautter, Geschichte, 490.

hatte. 1924 war nicht die letzte Geldentwertung, die das wenige Ersparte der jungen Frauen damals gefährdete.

3. Das Sparbuch No. 2815 für die Postbotentochter

Das Sparbuch der Städtischen Sparkasse mit der No. 2815 hat einen einfachen, kartonierten braunen Umschlag. Das Deckblatt weist in schönem Bogen über dem Blatt die Städtische Sparkasse aus. „Sparbuch" steht in Frakturschrift und darunter die Nummer 2815. Die nächste Zeile nennt die Inhaberin: „für" ist vorgedruckt. Handschriftlich steht „die Postbotentochter Elisabetha V. von [Ort]".[17] Ausgefertigt, [Ort], den 5. Januar 1904. Der Stadtmagistrat, Die Sparkassenverwaltung.

Beglaubigt und unterzeichnet wurde es durch das Siegel der Stadt und die Unterschrift zweier Beamter. In das Sparbuch wurden hinten eingebunden: a) Die Satzung der Städtischen Sparkasse von 1895, b) die revidierte Satzung von 1900, und c) die wiederum neuere Satzung von 1912. An die Satzungen von 1895 und 1912 schließt sich jeweils eine Übersicht über die Kapitalentwicklung an. Drei Prozent Zinsen gab es für jede Mark 1895, dreieinhalb Prozent 1912.

1895 definiert die Sparkasse ihren Zweck in § 1 so: „Die Sparkasse der Stadt [...] hat den Zweck, den Bewohnern der Stadt und des Amtsbezirks [...] Gelegenheit zu geben, die Ersparnisse in kleineren Summen sicher und verzinslich anzulegen."

1912 heißt es: „Die städtische Sparkasse [...] hat den Zweck, zur bequemen, sicheren und verzinslichen Anlegung von Ersparnissen, von Mündelgeldern, sowie von sonstigen Geldbeträgen, die gleich Mündelgeldern anzulegen sind, Gelegenheit zu geben."[18]

Die Einlagen selbst finden sich eingetragen in die bekannten Blätter eines Sparbuchs mit sechs Spalten:

---

17 Stadt und Nachname sind aus Datenschutzgründen anonymisiert.
18 Quelle: Sparbuch. Zur Geschichte der Sparkassen der Gegend, vgl. Breunlein, Universalkreditinstitut.

1) Datum
2) Betrag der Einlage oder Rückzahlung in Buchstaben
3) Einlage (J-Nr. M. [Mark] [Pfennigzeichen])
4) Rückzahlung
5) Guthaben (auf Mark und Pfennig)
6) Unterschrift der beiden Kassabeamten

Die Mindesteinlage betrug laut in das Postsparbuch eingebundener Satzung sowohl 1895 wie 1912 jeweils eine Mark; die Höchstsumme, die verzinst wurde, belief sich 1894 auf 4.000 Mark, 1912 schon auf 6.000 Mark.

Eine kleine Teilhabe an dem großen Ganzen versprach so ein Sparbuch, dessen Anlage durch die Post gefördert wurde, war es doch die Möglichkeit von Menschen mit eher geringem Einkommen, sich etwas Kapital für die Zukunft zu sichern – wenn hier überhaupt das Wort Kapital angebracht ist, mit dem man eher Geld und Werte im höchsten Wertbereich assoziiert. Die Sicherheit wird betont. Mündelgelder waren Anlagen in festverzinslichen Werten, deren Verlust der Staat, hier die Stadt, praktisch ausschloss. So haftete auch laut Satzung die Stadt, die auch die Aufsicht über die Sparkasse führte. Diese versprochene Sicherheit war in der Zeit der Inflation relativ.

Die Recherche zu der Inhaberin des Sparbuchs bei Standesamt, kirchlichen Matrikeln und Stadtgeschichte ergab, dass Elisabetha V. 1901 geboren wurde. Sie war also drei Jahre alt, als das Sparbuch für sie angelegt wurde, vermutlich, um etwas Geld für die Heirat anzusparen. In dieser Zeit konnten junge Frauen nur heiraten, wenn sie zumindest etwas an eigenem Geld mitbrachten. Elisabetha blieb mit einer kurzen Unterbrechung in der fränkischen Kleinstadt. Sie wird im Häuserverzeichnis der Stadt von 1939 bis 1943 als „abwesend", in Nürnberg ansässig, vermerkt. Ob sie „in Stellung" in einen Haushalt ging oder als ledige Postbotentochter selbst Arbeit bei der Post fand, ist nicht bekannt. Möglich wäre eine Stelle bei der Post gewesen. Die Post bot ab Anfang des 20. Jahrhunderts zunehmend einen Arbeitsmarkt für Frauen. Ebenso wuchsen auch in anderen Bereichen Anfang des 20. Jahrhunderts die Möglichkeiten für Frauen, selbst erwerbstätig zu werden.[19] Elisabetha V. blieb

---
19 Vgl. Hindenburg, Erwerbstätigkeit.

Datum	Betrag der Einlage oder Rückzahlung in Buchstaben	Einlage		Rückzahlung	Guthaben		Unterschriften der beiden Kassabeamten
		J.-Nr	ℳ ₰	J.-Nr ℳ ₰	ℳ	₰	
1904 Jan. 5	Fünf Mark	66	5 00		5	00	Gräßel Guillot
	Zs. p. 31.XII.04				5	13	
1905 Jan. 7	Vier Mark	82	4 —		9	13	Gräßel
Okt. 3	Fünf Mark	225	5 —		14	13	Gräßel Jäger
	Zs. bis 31.12.06						
					14	84	
1907 Juli 4	Drei Mark fünfzig	100	3 50		18	34	Gräßel Jäger
	Zs. p. 31.XII.07					47	Kerl
	Zs. p. 31.12.08					63	
					19	46	
1909 Jan. 5	Fünf Mark fünfzig		5 50		24	96	Gräßel
Sept. 1	Fünf Mark	157	6 —		30	96	Gräßel
	Zs. p. 31.12.09						

Datum	Betrag der Einlage oder Rückzahlung in Buchstaben	Einlage		Rückzahlung	Guthaben		Unterschriften der beiden Kassabeamten
		J.-Nr	ℳ ₰	J.-Nr ℳ ₰	ℳ	₰	
					875	86	Transport
1919 Mai 4	Einhundert Mark		100 —		975	86	Gräßel
Juli 10	Einhundert Mark		100 —		1075	86	Gräßel
Sept. 7	Einhundert Mark		100 —		1175	86	Gräßel
Septbr.	Einhundertfünfzig Mark		150 —		1325	86	Gräßel
	Zins p. 31.12.19				87	47	Frankwald
					1363	33	
1920 Juni 25	Tausend Mark		1000 —		363	33	Gräßel Frankwald
	Zins p. 31.12.192				26	78	
	abz. 10% Kap.Ertr.Str.				1278		
	Zinsen 31.12.192				17 85		
	abz. 10% Kap.Ertr.Str.				12	78	
1923							
	abz. 10% Kap.Ertr.Str.						

Zur Aufwertung angemeldet
am 24. Nov. 1924

allerdings unverheiratet, sie lebte weiterhin in der fränkischen Kleinstadt. Ob sie wegen fehlenden Geldes nicht heiratete, bleibt offen. Ein Familienalbum ohne Beschriftungen der Bilder zeigt für die 1910er bis 1940er Jahre ein eher bürgerliches Umfeld der Familie, einen Ausflug in die direkte Umgebung, Faschingsfeiern und Hochzeitsbilder der Familie. Welches Auskommen sie auch immer fand, sie blieb in ihrem Heimatort. Elisabetha V. wurde 93 Jahre alt und in der fränkischen Kleinstadt auch beerdigt.

4. Die Entwicklung des Sparbuchs

1904: Mit fünf Mark Einlage beginnt das Sparbuch am 5. Januar 1904 und generiert im ersten Jahr 13 Pfennig Zinsen.

Ein Vergleich zeigt: 5 Mark war kein hoher Betrag. In der Geschichte des vielleicht ältesten noch gültigen Sparbuchs eröffnet der Patenonkel eines unehelichen Buben aus Oberfranken für sein Patenkind ein Konto mit 50 Mark, zehnmal so viel! „50 Mark sind damals viel Geld, die Währung stabil, schließlich hat Bismarck die Reichsmark 1871 schon an die Goldvorräte der Notenbank angebunden."[20] Man konnte für fünf Mark, den Start des Sparguthabens, vielleicht eine schöne Strickweste oder den Luxus von einem Kilo Kaffee bekommen. Aber es ist trotzdem der Beginn einer kleinen Rücklage.

1905–1909: Im Januar und im Oktober 1905 kommen einmal 4, dann einmal 5 Mark dazu. 14,84 Mark standen der Spargutinhaberin Ende 1905 zu. 1906 fehlt eine Einzahlung, erst im Juli 1907 können wieder 3,50 Mark zurückgelegt werden, was 1908 (ohne Einzahlung) dann 19,46 Mark ergibt. Auch 1909 können im Januar und Dezember 5 und 6 Mark eingelegt werden. 31,77 Mark beglaubigen die Sparkassenangestellten Ende 1909.

1910–1911: Auch die nächsten beiden Jahre bewegen sich in dem Tempo: 6 Mark 1910, 7 Mark 1911 – und dann der Sprung auf 18 Mark im Jahr 1912. Bescheidener geht es 1913 zu: Wieder werden einmal 5 und einmal 3,60 Mark eingezahlt. Im ersten Jahr des Ersten Weltkriegs

---

20 Wirtschaftswoche, Geschichte im Sparbuch.

kommen einmal 5, dann 18 Mark dazu. Am Beginn des Ersten Weltkriegs besitzt Elisabetha V. mit allen Zinsen 104,85 Mark.

1914: Während des Ersten Weltkriegs werden die Summen höher und die Einzahlungen geschehen öfters. 1916 gibt es sechs Einzahlungen, nahezu alle zwei Monate, deren Summen sich von 6,50 bis 21 Mark steigern, im November sogar 35 Mark. Damit hat das Sparbuch einen Wert von 243,58 Mark.

Bis 1914 werden also stabil nur kleinere Beträge eingezahlt. In manchem Jahr fehlt eine Einzahlung, es war wohl kein Geld übrig. Ab 1917 werden die Beträge größer, sie schwanken zwischen 35 und 50 Mark. Die Geldabwertung hatte auch zur Inflation und zur Verknappung von Gütern geführt, so dass 1917 die Gehälter bei kleineren Einkommen angepasst wurden. 1918 wurden vier Beträge zwischen 35 und 50 Mark eingezahlt.

Sprunghaft steigen die Einzahlungen 1919 an. Der Höhepunkt der Einzahlungen liegt 1919 bei 750 Mark. Für eine Postbotentochter wäre das eigentlich eine stattliche Summe gewesen. Doch 1919 war die Mark längst nicht mehr das wert, was sie 1909 war. Während des Ersten Weltkriegs war die Mark um die Hälfte der Kaufkraft entwertet worden. Zur Finanzierung des Krieges war die Goldbindung aufgehoben worden, die Entwertung war in vollem Gange. Armut nahm zu, erst recht, als Deutschland nach dem verlorenen Krieg die Reparationen zahlen musste, auf die man eigentlich als Einnahmen nach dem Sieg gesetzt hatte.

Viele fränkische Städte druckten damals ein Notgeld, z. B. die Stadt Lichtenfels (aber auch jede weitere Kleinstadt im Umland) von 1917 bis 1920. Manche Firmen druckten Firmen-Notgeld auf der Rückseite ihrer Prospekte „in Werten zwischen 20.000 und 1 Million Mark"[21], die baldmöglichst einzulösen waren. Irgendwann entsprach eine Billion Mark einer Reichsmark. Der Preis für ein Pfund Brot stieg laut Annoncen im Lichtenfelser Tagblatt im Juni 1923 von 2.000 Mark auf 400.000 Mark im September. Ein Liter Vollbier kostete im Juni 1.200 Mark, im November 290.000.000.000 Mark. Am Anfang der Inflation waren größere Summen

---

21 Zink, Notgeld, 474.

an Einzahlungen möglich. Insofern versuchte man möglicherweise, noch auf dem Sparbuch Geld zu haben, um es vor der Inflation zu sichern. Die festgeschriebenen Zinsen von 3 Prozent ergeben zum 31.12.1919 die Summe von 1.325,86 Mark, mit den Zinsen von 37,47 Mark hat Elisabetha V. 1.363,33 Mark zur Verfügung.

1920 war Elisabetha V. 19 Jahre alt. Trotz – oder vielleicht wegen der Geldentwertung – hob sie selbst oder wahrscheinlich ein Treuhänder am 25. Juni 1920 von den inzwischen 1.363,33 Mark die runde Summe von 1.000 Mark ab. Eigentlich garantierten die Sparkassen die Einlagen, bzw. die jeweilige Stadtgemeinde stand dafür ein (Abs. 1 der Satzung der Sparkasse), allerdings konnte man das nur bedingt hoffen. Darauf weist auch der Kommentar zu dem Aufhebungsgesetz hin,

> „namentlich sind die von Gemeinden gegründeten Sparkassen meistens mit der Bürgschaft der Gemeinden ausgestattet. [...] Auch die hierin begründete Sicherheit wird den Sparern entzogen, da sie die Bürgen (,Garanten') nicht zu einem höheren Betrage heranziehen können, als [...] auf ihren Anteil an der Teilungsmasse, wodurch die Bürgschaften völlig illusorisch geworden sind."[22]

Man hoffte, dass die Landesbehörden „den Einlegern, die zumeist dem verarmten Mittelstand angehören, eine Aufwertung über 12½ v. H. hinaus gewährt wird."[23]

Für den Rest von 363,33 Mark, die auch 1920, 1921 und 1922 nicht aufgestockt wurden, erhielt Elisabetha V. Zinsen, abzüglich 10 Prozent Kapitalertragssteuer. Dies ergibt bis 1924 die Summe von 416,44 Mark.

Um der Inflation Einhalt zu gebieten, wurden 1924 schließlich Regelungen für die Aufwertung des Geldes, der Hypotheken und der Guthaben erlassen. Sparkassenguthaben in Mark wurden nach rechtlichen Vorschriften, mindestens 12½ vom Hundert des Goldmarkbetrags, aufgewertet. Der Rest von 416,44 Mark wird am 24. November 1924 zur Aufwertung angemeldet. Voraussetzung für diese Möglichkeit war die Eintragung in ein Sparkassenbuch. Wie die Aufwertung ausfiel, bleibt

---

22 Michaelis, Das Aufwertungsrecht, 180.
23 Ebd.

offen. Sollten es die 12½ vom Hundert des Goldmarkbetrags gewesen sein, wären ihr 52,05 Mark geblieben.

Beständig blieb der zuständige Sparkassenangestellte, der möglicherweise der Kassier der Stadt war. Der gleiche Name, der bei der Eröffnung des Sparbuchs genannt ist, beschließt auch das Sparkassenbuch mit der Anmeldung zur Aufwertung. Zu Beginn der Entwicklung von Sparkassen waren diese im fränkischen Raum in den Gemeinden selbst untergebracht, die Kassierer der Stadt verwalteten auch die Spareinlagen. Hier enden die Eintragungen. Erst später, wann, lässt sich nicht bestimmen, mag das Sparbuch reaktiviert worden sein. Auf dem Deckblatt findet sich eingestempelt: Postscheckamt [Ort] und eine Konto Nummer. Dies war vermutlich die Kontoverbindung der Sparkasse, die jede Bank benötigte.

5. Ausblick

Es gibt unterschiedliche Wege, pastorale Situationen zu erschließen. Theoretische Erschließungen und die Entwicklung theologischer Prinzipien mögen ein Weg sein, um generelle Entwicklungen und ihre Wege und Irrwege zu beleuchten. Aber auch ein unscheinbares braunes Sparbüchlein, das gerade noch aus dem Altpapier gerettet wurde, erschließt die Lebenswelt von Menschen und ihre Affiziertheit von politischen, ökonomischen und sozialen Entwicklungen, wirft ein Licht auf deren Folgen für Menschen ohne Stimme und ließe Raum, um die pastoraltheologischen Konsequenzen zu bedenken. Kleine einfache Objekte des Alltags können zum Erschließungsort lebensrelevanter Wirklichkeiten werden. In der Miniatur findet sich die ganze Welt.

Literaturverzeichnis

Behringer, Wolfgang: Das „postalische" Königgrätz. Stephan und die Übernahme der Thurn-und-Taxis-Post durch Preußen, in: Beyrer, Klaus (Hg.): Kommunikation im Kaiserreich. Der Generalpostmeister Heinrich von Stephan, Frankfurt a. M. 1998, 53–56.

Breunlein, Josef: Von der „Sparcasse-Anstalt" zum Universalkreditinstitut. Die Entwicklung der Kreissparkasse Lichtenfels von 1840 bis 1990, in: Dippold, Günter – Urban, Jürgen (Hg.): Im Oberen Maintal, auf dem Jura, an Rodach und Itz. Landschaft Geschichte Kultur, Lichtenfels 1990, 495–518.

Engelhardt, K. – Stäbler, F.: 75 Jahre Postwaisenhort, in: Archiv für das Post- und Fernmeldewesen 19 (1967), Nr. 5.

Henrichs Handbuch für Postbeamte. Ratgeber und Nachschlagewerk. Zugleich Hilfsbuch zur Vorbereitung auf die Postassistenten- und Postsekretärprüfung. Enthaltend die Allgemeine Dienstanweisung für Post u. Telegraphie im Auszuge sowie verwandte Bestimmungen und Erlasse, neu bearbeitet von Franz Vilich, Dresden, 7. erw. und verb. Auflage 1912.

Hindenburg, Barbara von: Erwerbstätigkeit von Frauen im Kaiserreich und in der Weimarer Republik, in: Digitales Deutsches Frauenarchiv, online: https://www.digitales-deutsches-frauenarchiv.de/themen/erwerbstaetigkeit-von-frauen-im-kaiserreich-und-der-weimarer-republik [Zugriff: 17.1.2021].

Küsgen, Wilhelm u. a. (Hg.): Handwörterbuch des Postwesens. Mit 167 Abbildungen, Berlin 1927.

Michaelis, Richard: Das Aufwertungsrecht nach den Aufwertungsgesetzen und nach allgemeinem bürgerlichen Rechte. Kommentar zu den Gesetzen vom 16. Juli 1925 über die Aufwertung von Hypotheken und anderen Ansprüchen und über die Ablösung öffentlicher Anleihen, sowie systematische Darstellung des Aufwertungsrechts außerhalb dieser Gesetze, zweite, gänzlich überarbeitete Auflage des Kommentars zur dritten Steuerverordnung vom 14. Febr. 1924, Berlin – Leipzig 1926.

Sautter, Karl: Geschichte der Deutschen Post. Teil 3: Geschichte der Deutschen Reichspost (1871–1945), Frankfurt a. M. 1951.

Vilich, Franz: Vilichs Handbuch für Postunterbeamte zum Studium der postalischen Einrichtungen und Vorschriften. Zusammenstellung von Bestimmungen der Allgemeinen Dienstanweisung für Post und Telegraphie des Reichsbeamtengesetzes usw., Dresden 1907.

Wirtschaftswoche: Geschichte im Sparbuch, 25.12.2010, online: https://www.wiwo.de/finanzen/historisches-dokument-geschichte-im-sparbuch/5707416.html [Zugriff: 15.12.2020].

Zink, Robert: Notgeld in Lichtenfels, in: Dippold, Günter – Urban, Jürgen (Hg.): Im Oberen Maintal, auf dem Jura, an Rodach und Itz. Landschaft Geschichte Kultur, Lichtenfels 1990, 469–488.

„Überleben" – mit einem stillen Skandal hinter einem Verbrechen. Das Lernfeld der Parrhesia-Praxis eines norddeutschen Theaterprojektes. Ein Essay

Wolfgang Beck

Mit dem Begriff der „Parrhesia"[1], der offenen Rede, wird seit der Antike eine Praxis beschrieben, unangenehme Probleme zu benennen[2] und die öffentliche Wahrnehmung zu sensibilisieren. Die Parrhesia ist ein herausfordernder Bestandteil der kirchlichen Verkündigung. Sie ist unbequem, weil sie verdeckte Skandale ans Licht bringt. Deshalb bedarf sie der Pflege, eines parrhesiastischen Umfeldes, in dem sie geachtet wird. Und sie muss auch im Volk Gottes immer wieder neu erlernt werden, wozu es im Jahr 2020 eine besondere Gelegenheit gab:

Es ist ein Skandal hinter dem Skandal, ein Verbrechen hinter dem Verbrechen, das in einem Theaterprojekt in Oldenburg bearbeitet wird. In der abgelegenen Region nördlich von Bremen hatte ein Krankenpfleger in zwei Kliniken immer wieder Menschen ermordet. Schätzungen gehen von dreistelligen Opferzahlen aus. Nach ersten Gerichtsprozessen und Verurteilungen kommt es nach weiteren langwierigen Untersuchungen 2019 erneut zu einer Verurteilung wegen 85fachen Mordes. Die meisten Taten ließen sich nicht mehr eindeutig nachweisen, in der New York Times wird von mehr als 300 Opfern ausgegangen.[3] Es ist das größte Gewaltverbrechen eines Serientäters in der bundesdeutschen Nachkriegsgeschichte. Es sind Verbrechen in Krankenhäusern, an Orten also, an denen Menschen besonders schutzbedürftig sind und deren Funktio-

---
1 Brnčić, Parrhesia, 114.
2 Vgl. Foucault, Ästhetik, 284.
3 Vgl. New York Times, Hundreds of Bodies.

nieren auf Vertrauen basiert. Es sind Verbrechen, die weitreichende Erschütterung auslösen – könnten.

Dass diese Erschütterungen im konkreten Fall erstaunlich gering ausfallen, muss verwundern und lässt einen Skandal hinter dem Verbrechen erkennen. Dieser Skandal liegt in der Stille, in der beobachtbaren Gelassenheit eines gesellschaftlichen Umfelds, das die Aufklärung der Verbrechen begleitet.

Auch in den drei Gerichtsverfahren gab es schon im Jahr 2005 Hinweise darauf, dass es weit mehr Mitwisser:innen geben könnte, als offiziell verlautbart wurde. In den Städten Oldenburg und Delmenhorst wussten Menschen von dem mörderischen Tun ihres Kollegen und Mitarbeiters und griffen nicht ein, sprachen es nicht an! Einerseits lässt das Rückschlüsse darauf zu, dass Kliniken sehr viel stärker als Tatort zu identifizieren sind, als dies in den bisherigen Debatten deutlich wird. Pflegepersonal und Ärzt:innen überschreiten mancherorts die Grenzen ihrer Kompetenz und entwickeln aufgrund von Dauerstress, allgegenwärtigen Überforderungserfahrungen, fehlenden Beratungs- und Supervisionsangeboten und einer lähmenden und mittlerweile berüchtigten Hierarchie ein Selbstverständnis, das sich zur Hybris steigern kann: „Wir sind ja näher dran an den Patienten", heißt es dann. Oder: „Die Ärzt:innen haben ohnehin keine Ahnung, wir machen das hier einfach so." Was banal klingt, ist Indiz für eine Atmosphäre der Selbstüberschätzung. Sie bildet zusammen mit gesellschaftlichen Rahmenbedingungen und Tabuisierungen[4] den Hintergrund für die Annahme, dass Formen illegal praktizierter, aktiver Sterbehilfe weiter verbreitet sind[5], als in medizinethischen Debatten suggeriert wird.

1. Eine toxische Mentalität: „Wir gegen den Rest"

Zu dieser Atmosphäre gehört ein für die Gewaltverbrechen günstiges gesellschaftliches Umfeld. Kolleg:innen und Ärzt:innen in den Kran-

---

4 Vgl. Beine, Patiententötungen, 256.
5 Vgl. Beine, Patiententötungen, 221.

kenhäusern hatten von den Verbrechen Ahnung, eindeutigen Hinweisen ist niemand nachgegangen. Doch nicht nur das. Hier gibt es eine ehrgeizige Klinikleitung, die den weiteren Ausbau des Oldenburger Klinikums als Universitätsklinik im Verbund der „European Medical School Oldenburg-Groningen"[6] anstrebt – und deshalb wenig Interesse an dem offenen Thematisieren von Missständen zeigt. Negative Schlagzeilen sind zu meiden, wo allzu ehrgeizige Ziele gesetzt sind. Dabei wird ein institutioneller Corpsgeist etabliert[7], mit dem die Identifikation von Mitarbeiter:innen für die eigene Institution gesteigert, ein fulminantes „Wir-gegen-den-Rest"-Gefühl als Ideal installiert wird. Man mag sich bei dem priorisierten Schutz der Institution vor dem Schutz von Schutzbefohlenen an die Situation in der katholischen Kirche mit ähnlichen Strukturen erinnert fühlen. Das Ansprechen von Missständen wird in solch einem ambitionierten Umfeld mit elitärem Selbstverständnis zu unbotmäßigem Fehlverhalten. Kritiker:innen fungieren als „Nestbeschmutzer:innen" und abweichendes Verhalten wird schnell und effektiv im kleinen Kreis sanktioniert. Angesichts der Oldenburger Opferzahlen mit mehreren Tausend Angehörigen ist deutlich, dass die Geschehnisse nicht unbekannt bleiben konnten. Früh entstehen Gerüchte. Nach und nach erleiden die betroffenen Kliniken einen enormen Vertrauensverlust in der gesamten Bevölkerung. Es kommt vor, dass Unfallopfer im Rettungswagen die Sanitäter:innen anflehen, nicht in diese Kliniken gebracht zu werden. Das Theaterstück „Überleben" zeigt diese persönlichen und gesellschaftlichen Dimensionen des Skandals auf und lässt die Betroffenen selbst zu Wort kommen.

Zwar wurde auf Betriebsfeiern über die Probleme mit dem Mitarbeiter und die Taten in Andeutungen gesprochen. Doch lässt sich später beobachten, dass Absprachen dazu führten, sich gegenüber Staatsanwaltschaft und Gericht kollektiv lieber nicht an solche Gespräche zu erinnern.

Damit rückt die Ebene der staatlichen Justizbehörden in den Blick. Schon 2005 kam es hier zu ersten Feststellungen, dass der Täter nicht nur einen oder wenige Morde und Mordversuche zu verantworten hatte. Die

---

6 Vgl. Wissenschaftsrat, Stellungnahme.
7 Vgl. Beine, Patiententötungen, 253.

Statistiken der Kliniken, ihr Medikamentenverbrauch, der Abgleich von Dienstplänen hätten schon frühzeitig die enormen Dimensionen des Tatgeschehens hervorbringen können. Es brauchte zehn (!) weitere Jahre, in denen zunächst sogar weitere Taten erfolgten, um die wahren Zahlen ansatzweise benennen zu können. Damit liegt der Verdacht nahe, dass staatliche Behörden in einer Region nicht durch den Makel des größten Gewaltverbrechens der Nachkriegsgeschichte auffallen wollten. Auch staatliche Institutionen außerhalb der Klinken fungieren als Bestandteil eines toxischen, abgeschotteten Systems.

2. Keine kirchliche Initiative zu angemessenem Gedenken

Es scheint einen breiten, unausgesprochenen Konsens darüber gegeben zu haben, dass öffentliche Aufmerksamkeit zu vermeiden sei. Und damit werden Strukturen sichtbar, für die sich insbesondere die katholische Theologie zu interessieren hat. Die Klinikleitung vertuschte, der Polizei und der Staatsanwaltschaft wurden zögerliche Ermittlungen vorgeworfen.[8] Und auch im politischen Leben schien es Sorge zu geben, der Ruf der Städte und der ganzen Region könnte leiden. In derart verfestigten Strukturen erscheint öffentliche Aufmerksamkeit als bedrohlich.[9] Bis in die Gegenwart gibt es in Oldenburg und Delmenhorst keine akzeptable Form des öffentlichen Gedenkens und der Aufarbeitung der Ereignisse. Keine überzeugende kirchliche Initiative für eine rituell-liturgische Begleitung der Situation, wie sie sonst nach Großschadensereignissen üblich sind. Kirchliche Verantwortliche sehen sich an keiner Stelle veranlasst, zentrale Gedenkveranstaltungen zu initiieren. Diese sonst mit kirchlicher Euphorie gestalteten und liturgiewissenschaftlich als „Ris-

---

8 Vgl. Beine/Turczynski, Tatort Krankenhaus, 53.
9 Wie sehr dieses Verhältnis von verfestigten Strukturen und Öffentlichkeit auch für die katholische Kirche und ihre theologische Reflexion im Zentrum ihrer Verhältnisbestimmung zur Moderne steht, veranschaulicht das Positionspapier des Zentralkomitees der deutschen Katholiken, Aufbruch statt Rückzug.

kante Liturgien"¹⁰ reflektierten Gottesdienste dienen nach Abstürzen von Flugzeugen, nach Amokläufen und nach anderen Großschadensereignissen nicht nur dazu, den Angehörigen eine Gelegenheit zu gemeinsamer Trauer zu eröffnen. Öffentliche religiöse Gedenkveranstaltungen sind im Rahmen einer Public Religion auch von großem gesellschaftlichem Interesse. Solch ein öffentliches Gedenken ist auf die Stabilisierung einer verunsicherten Öffentlichkeit ausgerichtet. Zwar werden diese Liturgien auch von dem Verdacht begleitet, hier inszenierten gerade die krisengeschüttelten Großkirchen ihre gesellschaftliche Stellung[11], praktizierten „Relevanzerschleichungen"[12] oder manifestierten in einer religiös heterogenen Gesellschaft längst unangemessene Deutungshoheiten. Doch übernehmen sie damit auch Verantwortung über den begrenzten Kreis ihrer Kirchenmitglieder hinaus und stellen unter Beweis, dass sie ihre gesamtgesellschaftliche Verantwortung ernst nehmen.

Es sind Liturgien im Schnittfeld von gesellschaftlichen Öffentlichkeiten und kirchlichen Vollzügen.[13] In ihnen wird deutlich, dass selbst die zentralen kirchlichen Vollzüge einen gesamtgesellschaftlichen Dienstcharakter besitzen. Sie haben vor allem die Funktion, gesellschaftliche Stabilität zu erzeugen und den verunsicherten Öffentlichkeiten moderner Gesellschaften zu einem neuen Wir-Gefühl zu verhelfen. Doch bleibt bei dieser Bestimmung kirchlicher Gemeinwohlorientierung möglicherweise ein zentrales Element unberücksichtigt: Bräuchte es in Oldenburg und Delmenhorst möglicherweise ein öffentliches Gedenken und eine Glaubensverkündigung als Gegenwartsdeutung[14], von denen zunächst einmal eine Destabilisierung des Wir-Gefühls ausginge? Bedarf ein gesellschaftliches Gefüge, in dem stille Absprachen selbst Kapitalverbrechen an schutzlosen Menschen ermöglichen, nicht gerade des kirchlichen Einspruchs in der biblisch-prophetischen Tradition der Parrhesia?

Es ist still, ein stiller Skandal als gesellschaftliche Übereinkunft.

---

10 Vgl. diverse Publikationen zum Thema. Als Auswahl: Fechtner/Klie, Riskante Liturgien; Haunerland, Religiöse Trauerfeiern; Winter, An den Grenzen.
11 Vgl. Passior, Christliche Dominanzstruktur.
12 Meyer-Blank, Tsunami, 31.
13 Vgl. Saberschinsky, Gottesdienst, 101.
14 Vgl. Gräb, Falltüren, 429.

3. Ein Kulturprojekt avanciert zum öffentlichen Gewissen

Lediglich ein Theaterprojekt von Werkgruppe2[15] hat diesen stillen Skandal neben dem Verbrechen aufgegriffen. Das Kollektiv von Theaterschaffenden unter der Regie von Julia Roesler und Silke Merzhäuser greift die Situation im Umfeld der Kliniken von Oldenburg und Delmenhorst mit dem Theaterstück *Überleben*[16] auf. Zu seiner Entstehung wurden Gespräche mit Angehörigen der Mordopfer geführt, mit Mitarbeiter:innen der Kliniken, mit Überlebenden der Gewalttaten und mit Verantwortlichen in Justiz und Polizeibehörden. Dabei stand nicht der Täter im Mittelpunkt, der aufgrund der Monstrosität der Verbrechen ohnehin schnell die größte Aufmerksamkeit genießt.

Die Mitglieder von Werkgruppe2 stellen den vielschichtigen Skandal mithilfe von Originalzitaten von unterschiedlich Betroffenen auf der Bühne dar. Auch ihr Projekt, das am Staatstheater Oldenburg angesiedelt ist, wird von politisch Verantwortlichen kritisch beäugt und soll zeitweise verhindert werden. Es ist die bislang einzige Form der öffentlichen Thematisierung der Geschehnisse. Hier agiert Theater in seiner besten Form politisch, übernimmt die gesellschaftliche Funktion der Parrhesia und die Rolle der Anwaltschaft für Menschen, die zu Opfern geworden sind, weil die dafür prädestinierten Instanzen keine Zuständigkeit signalisieren.

Die Verantwortlichen von Werkgruppe2 schauen dorthin, wo lange Zeit niemand den Mut fand, Gewalt und Verbrechen anzusprechen. Sie gehen dorthin, wo kommunale und regionale Politiker:innen die öffentliche Beachtung lieber geringhalten wollen. Sie stellen auch die markante Frage, um die bislang alle einen weiten Bogen schlagen: Warum gibt es hier keine gestalteten Formen des Gedenkens an die Opfer, das über eine bloße Schweigeminute im Gerichtssaal hinausgeht? Warum kommt es hier nicht zu Initiativen von Seelsorger:innen sowie Verantwortlichen auf kirchenleitender oder auch kommunaler Ebene?

---

15 Vgl. www.werkgruppe2.de [Zugriff: 18.12.2020].
16 Vgl. https://werkgruppe2.de/website/index.php?id=158 [Zugriff: 8.12.2020].

Als am 29. Februar 2020 das Stück *Überleben* in Oldenburg Premiere feiert, sitzt kein Klinikchef, kein Landesbischof im Publikum, kein Bürgermeister sagt ein Wort des Dankes. Dabei hätte sich hier ein Lernfeld prophetischer Verkündigung im Sinne des von Michel Foucault bestimmten „parrhesiastischen Vertrags"[17] aufgetan, in dem Opfer zu Wort kommen und Machtstrukturen in ihrer Selbstsicherheit destabilisiert werden. Es hätte sich lernen lassen, wohltuende Verunsicherungen festgefügter Schweigekartelle zu erzeugen. Dazu bedarf es einer Haltung innerer Freiheit, aus der die Fähigkeit zu offener Rede entsteht. Diese Parrhesia baut theologisch auf Vertrauen auf:

> „Danach ist es gerade das unbedingte Vertrauen in Gott, die Zuversicht und unerschütterliche Freude des Glaubens, die zu einer souveränen Redefreiheit gegenüber den Menschen befähigt, die sich durch keine Art von Zwang oder Gewaltandrohung beeindrucken lässt."[18]

Im Blick auf die Verbrechen von Oldenburg und Delmenhorst und den Umgang mit dem stillen Skandal ihres gesellschaftlichen Umfelds bleibt das Theater die Instanz einer „Parrhesia-Kultur"[19], die das Risiko des persönlichen Einsatzes nicht scheut. Handelt es sich bei den anderen gesellschaftlichen Akteur:innen um ein markantes Beispiel des für soziale Gedächtnisse zentralen „Oblivionismus"[20], einer ignoranten Vergesslichkeit? Der Soziologe Oliver Dimbath analysiert mithilfe dieses Begriffes und in Auseinandersetzung mit dem systemtheoretischen Ansatz des „sozialen Gedächtnisses"[21] bei Niklas Luhmann das intentionale Vergessen[22], Verdrängen und Ignorieren als zentrale Säule autopoietischer Prozesse. Mit ihnen stabilisieren und erhalten sich soziale Systeme selbst. Dieser Ausrichtung steht ein Wahrnehmen und Erinnern entgegen, aus dem sich Destabilisierungen ergeben. Es handelt sich um „gefährliche" Erinnerungen, die in der Regel strategisch gemieden werden und eine

---

17 Foucault, Diskurs und Wahrheit, 30.
18 Schockenhoff, Entschiedenheit und Widerstand, 99.
19 Steinkamp, Parrhesia, 53.
20 Dimbath, Oblivionismus, 329.
21 Dimbath, Systemvergessen, 140.
22 Vgl. Dimbath, Oblivionismus, 178.

„Legitimierung der Ignoranz" erzeugen[23] – ein Phänomen, für das es auch in Theologie und Kirche anschauliche Beispiele gibt.

Beinhaltet die Erinnerungskultur der Gegenwartsgesellschaft des 21. Jahrhunderts markante Formen der Nicht-Erinnerung, um möglicherweise mit diesen Formen des Vergessens, der selektiven Wahrnehmung oder der Verdrängung besonders sensible Gesellschaftsbereiche in ihrer Funktion zu stabilisieren? Es wäre ein Vertauschen von Narkotisierung und Gemeinwohlorientierung. Es wäre ein fataler Dienst am Zusammenhalt, der sich vom Dienst an den Schwachen dispensiert.[24] Die Parrhesia, die heilsam destabilisierende Rede, ist je neu zu lernen – auch in Kirche und Theologie und manchmal mithilfe eines unbequemen Theaterprojektes. Ihre Grundlage ist der Seitenblick auf die Ereignisse abseits öffentlicher Empörung.

Literaturverzeichnis

Beine, Karl-Heinz: Sehen, Hören, Schweigen. Patiententötungen und aktive Sterbehilfe, Freiburg i. Br. 1998.

Beine, Karl-Heinz – Turczynski, Jeanne: Tatort Krankenhaus. Wie ein kaputtes System Misshandlungen und Morde an Kranken fördert, München 2017.

Brnčić, Jadranka: Die Parrhesia im Neuen Testament, in: Wort und Antwort 59 (2018), 113–120.

Dimbath, Oliver: Systemvergessen. Zur Vergesslichkeit sozialer Systeme, in: ders. – Wehling, Peter (Hg.): Soziologie des Vergessens. Theoretische Zugänge und empirische Forschungsfelder, Konstanz 2011, 139–166.

Dimbath, Oliver: Wissenschaftlicher Oblivionismus. Vom unbewussten zum strategischen Vergessen, in: ders. – Wehling, Peter (Hg.): Soziologie des Vergessens. Theoretische Zugänge und empirische Forschungsfelder, Konstanz 2011, 297–316.

---

23 Dimbath, Wissenschaftlicher Oblivionismus, 306.
24 Vgl. Wilfred, Unsere Städte transformieren, 227.

Dimbath, Oliver: Oblivionismus. Vergessen und Vergesslichkeit in der modernen Wissenschaft, Konstanz 2014.
Fechtner, Kristian – Klie, Thomas (Hg.): Riskante Liturgien. Gottesdienste in der gesellschaftlichen Öffentlichkeit, Stuttgart 2011.
Foucault, Michel: Diskurs und Wahrheit. Die Problematisierung der Parrhesia (6 Vorlesungen, gehalten im Herbst 1983 an der Universität Berkeley/Kalifornien), Berlin 1996.
Foucault, Michel: Ästhetik der Existenz. Schriften zur Lebenskunst, Frankfurt a. M. 2007.
Gräb, Wilhelm: Falltüren, Hochseilakte und Punktlandungen. Öffentliche Verkündigung in postmodernen Zeiten, in: Pastoraltheologie 92 (2003), H. 10, 420–435.
Haunerland, Winfried: Religiöse Trauerfeiern oder christlicher Gottesdienst? Kirchliche Rituale nach Großschadensereignissen, in: Stimmen der Zeit 142 (2017), H. 4, 247–256.
Meyer-Blank, Michael: Tsunami. Ökumenischer Gottesdienst im Berliner Dom anlässlich der Flutkatastrophe in Südostasien, in: Fechtner, Kristian – Klie, Thomas (Hg.): Riskante Liturgien. Gottesdienste in gesellschaftlicher Öffentlichkeit, Stuttgart 2011, 21–32.
New York Times: Hundreds of Bodies, One Nurse: German Serial Killer Leaves as Many Questions as Victims, 10.5.2019, online: https://www.nytimes.com/2019/05/10/world/europe/germany-serial-killer-nurse.html [Zugriff: 18.12.2020].
Passior, Anna-Lena: Christliche Dominanzstruktur birgt Verantwortung, in: feinschwarz.net, 4.12.2020, online: https://www.feinschwarz.net/christliche-dominanzstruktur/#more-29200 [Zugriff: 4.12.2020].
Saberschinsky, Alexander: Gottesdienst im Spannungsfeld von kirchlicher und staatlicher Feier. Ein Blick in die Werkstatt mit liturgietheologischem Interesse, in: Benz, Brigitte – Kranemann, Benedikt (Hg.): Deutschland trauert. Trauerfeiern nach Großkatastrophen als gesellschaftliche Herausforderung, Würzburg 2019, 95–110.
Schockenhoff, Eberhard: Entschiedenheit und Widerstand. Das Lebenszeugnis der Märtyrer, Freiburg i. Br. 2015.
Steinkamp, Hermann: Parrhesia – kreativer Weg zu mehr Vertrauen, in: Felder, Michael – Schwaratzki, Jörg (Hg.): Glaubwürdigkeit der

Kirche. Würde der Glaubenden (FS Leo Karrer), Freiburg i. Br. 2012, 48–54.

Wilfred, Felix: Unsere Städte transformieren. Die öffentliche Rolle von Glaube und Theologie, in: Vellguth, Klaus (Hg.): Urbanisierung. Gott in der Stadt entdecken (THEW 17), Freiburg i. Br. 2019, 223–239.

Winter, Stephan: An den Grenzen des Daseins ... Potentiale und Risiken gottesdienstlicher Feiern angesichts von Großschadensereignissen, in: Pastoralblatt für die Diözesen Aachen, Berlin, Hildesheim, Köln u. Osnabrück 70 (2018), H. 12, 374–379.

Wissenschaftsrat: Stellungnahme des Wissenschaftsrates zum Konzept der European Medical School Oldenburg-Groningen vom November 2010, online: https://www.wissenschaftsrat.de/download/archiv/10345-10.html [Zugriff: 18.12.2020].

Zentralkomitee der deutschen Katholiken: Aufbruch statt Rückzug. Die römisch-katholische Kirche in der Öffentlichkeit heute, November 2020, online: https://www.zdk.de/veroeffentlichungen/reden-und-beitraege/detail/Aufbruch-statt-Rueckzug-Die-roemisch-katholische-Kirche-in-der-Oeffentlichkeit-heute-448j/ [Zugriff: 18.12.2020].

Der große Bruder.
Oder: Marginalien zur wissenschaftlichen Biographie des Jüngeren

Alexius Bucher

1. „Was arbeitet ein Theologe?"

Rainers erste wissenschaftliche Frage als Achtjähriger an mich, den achtzehn Jahre älteren Bruder und angehenden Theologen, lautete: „Was arbeitet ein Theologe überhaupt?"

Arbeit kannte das Kind Rainer nur als Drohung: „Wenn Du nicht lernst, musst Du auf die Arbeit." Keiner in einer gutbürgerlichen fränkischen Familie arbeitete. Arbeiten: das machen die in der Fabrik.

Papa ging ins Büro, ein Bruder geht ,aufs Gymnasium', der andere ,hält Gottesdienste', die Schwester geht wieder in den Kindergarten, die Mutter bleibt daheim. Gemeinsam arbeitete die Familie Bucher manchmal im Garten. Einzeln charakterisierten uns ,unterschiedliche Tätigkeiten'.

Vielleicht liegt der Hauptunterschied zwischen meinem jüngsten Bruder und mir darin, dass ich seine Geburtsstadt Nürnberg noch als „Des Reiches Schatzkästlein" kenne; den Vater als Pilot im Krieg erlebte; unsere Mutter der Reichsfrauenschaft nicht beitreten sah.

Rainer kennt seine Geburtsstadt Nürnberg nur im schlecht restaurierten Glanz des Wirtschaftswunders; seine Eltern kennt er im Alter der Großeltern seiner Mitschüler, seinen ältesten Bruder als in den Ferien eingeflogenen Besserwisser.

Vielleicht liegt der Hauptunterschied aber auch in unserer kirchlichkatholischen Sozialisierung. Ich lernte Kirche als das „Erwachen der Kirche in den Seelen der Menschen"[1] in meiner Pfarrjugendarbeit kennen.

---

1 Guardini, Vom Sinn der Kirche. Der erste Vortrag „Das Erwachen der Kirche in der Seele" beginnt mit dem berühmt gewordenen Zitat: „Ein religiöser Vorgang von unabsehbarer Tragweite hat eingesetzt: Die Kirche erwacht in den Seelen."

Später erwachte meine Kritik am gloriosen Kirchenbild einer Gertrud von le Fort.[2] Im ersten Lebensjahr Rainers lese ich Hugo Rahner: „Die Kirche. Gottes Kraft in menschlicher Schwäche"[3]. Karl Rahner erzählte später die Anekdote, Papst Pius XII. hätte nach der Lektüre dieses Bandes geäußert: „Ihm sei die Kirche der Glorie doch näher"[4].

Meine Studien-Generation hat eine biblische Kirche gesucht und wurde dogmatisch zwischen Kirche als „Societas perfecta"[5] und „Kirche als mystischer Leib Christi" eingeschworen.[6]

Rainer konnte bereits Kirche und „Volk Gottes" kompatibel denken.[7] Vielleicht liegt der Hauptunterschied zwischen uns beiden Brüdern aber darin, dass ich als ordinierter Priester und pastoraler Praktiker mit voller theologischer Absicht Philosophie studierte, um die „Zeichen der Zeit" mit jener Disziplin zu er- und zu begreifen, die für Welt und Welterfahrung prädestiniert ist. Rainer dagegen erforscht als „Laie" mit beeindruckender theologischer Kompetenz die Zeichen der Zeit im Licht des Evangeliums und nutzt seine Erkenntnisse für pastorale Konzepte.

Meine theologisch motivierte Transzendenz zur Philosophie erfolgte schlüssig aus pastoraler Praxis als Priester an der Zonengrenze und in der

---

2 Le Fort, Hymnen. Das lyrische Ich der Autorin wird sich der Fremdheit der Kirche bewusst. Paradoxe Erfahrungen begleiten den steilen Weg ins Heiligtum.
3 H. Rahner, Die Kirche.
4 K. Rahner, Schriften, 381.
5 Papst Pius IX. und vor allem Leo XIII. in seiner Enzyklika *Immortale Dei* (1885) wenden diesen von Aristoteles geprägten Begriff auf die Kirche an. Bis zum Zweiten Vatikanischen Konzil war die Lehre von den zwei vollkommenen Gesellschaften in der von Leo XIII. aufgenommenen Fassung in der katholischen Theologie und dem katholischen Kirchenrecht bestimmend. Im neuen Kirchenrecht des CIC 1983 wird die Lehre von der *societas perfecta* nicht ausdrücklich erwähnt.
6 Die Bezeichnung der Kirche als „Corpus Christi *mysticum*" entstand um die Mitte des 12. Jahrhunderts, um zwischen der Eucharistie als *corpus Christi verum* („wahrer Leib Christi") und der Kirche als *corpus Christi mysticum* („mystischer Leib Christi") zu unterscheiden. Siehe: Pius XII., Enzyklika Mystici corporis.
7 Rainer Bucher in *Priester des Volkes Gottes* bietet eine kritische Analyse der aktuellen Lage des katholischen Priestertums. Vom Konzilsbeschluss *Gaudium et spes* ausgehend, entwirft er Perspektiven für die zukünftige Gestalt des Priestertums. Die Krise des Priestertums entlarvt Bucher als Krise des Volkes Gottes. Das Priestertum muss von seiner Dienstfunktion für das Volk Gottes her neu buchstabiert werden. Vgl. Bucher, Priester.

Diasporastadt Nürnberg. Über Rainers berufliche Entscheidung für die „Wissenschaft einer Pastoral" bin ich dafür von Herzen und aus Vernunft sehr dankbar. Als Rainer sich entschied, trotz fehlendem ‚Character sacerdotalis' sich in Theologie zu habilitieren, rieten ihm viele, er hätte als „Laie"[8] wohl in Kirchengeschichte oder Jura mehr Berufungschancen. Darauf Rainer: „Ich sehe in Pastoraltheologie die zentrale Disziplin theologischer Reflexion für eine Kirche der Zukunft." Mein Rat: „Wenn Du zu den zehn Besten deines Faches gehörst, wird die Kirche dich auf Dauer selbst in Pastoraltheologie nicht marginalisieren können."

In einer persönlichen Mail während der Coronakrise formulierte Rainer den Unterschied zwischen mir und sich so:

> „Unser beider konkrete biographische Beziehung zur Kirche unterscheidet sich bei aller Übereinstimmung in vielen theologischen und pastoralen Fragen. Du hast Dich als Priester in ganz anderer Weise auf diese Kirche biographisch eingelassen als ich, dem es schon nicht leicht gefallen ist, bei ihr auch nur zu arbeiten. Diese Differenz ist wichtig."[9]

Vielleicht liegt das uns brüderlich Verbindende in der gemeinsamen Lust – jener Kehrseite von erfahrenem Frust –, an der „Sache Jesu" mitzuarbeiten.[10]

2. Theologie als transzendentale Aufklärung

Als mein Bruder Rainer geboren wurde, war unsere Mutter bereits 42 Jahre. 1956 galt das noch als bedenkliches Gebäralter, gar nicht nur aus biologischen Gründen, sondern aus puritanischen, gesellschaftlichen Vorurteilen im fränkischen Katholizismus. Originalton einer Sopranis-

---

8 ‚Character sacerdotalis' ist nach traditionellem Verständnis der christlichen Sakramentenlehre ein Charakter indelebilis und bedeutet, dass der Priester unauslöschlich und unwiderruflich durch sein Weihesakrament „geprägt" ist, wie der Bildstempel den Wert einer Münze prägt.
9 Rainers Mail an mich vom 3. April 2020, 18:46.
10 Zur ‚Sache Jesu' siehe Marxsen, Die Sache Jesu.

tin im heimischen Kirchenchor: „Anni sollte sich schämen, in diesem Alter!"

Ich hörte vom erwarteten Familiennachwuchs am Kaffeetisch nach einer Fastenpredigt des Jahres 1956. Tante Maria, Mutters große Schwester, kommentierte: „Wenn das Kleine als Spätgeburt, wie man weiß, intellektuell das Gymnasium nicht schafft, dann kann er ja bei uns den Tante-Emma-Laden übernehmen." Meine Mutter weinte. Ihre Antwort: „Bei seinem Abitur bin ich über 60 Jahre." Rainers Ruf nach Graz durfte Mutter Anna noch miterleben.

Eine frühmittelalterliche Wanderlegende berichtet, dass Heilige bei ihrer Geburt bereits mit einem kräftigen Halleluja das Wasser der Taufe bejubelt hätten. Nicht so Rainer. Er lamentierte während des Bach-Chorals. Ich schlug die Orgel.

In seinem 5. Lebensjahr zog die Familie nach Bayreuth. Jetzt endlich erste Anzeichen künftiger ekklesiologischer Prägung. Wegen familiärer Arbeitsüberlastung während des Umzugs bugsierte ich den kleinen Störenfried in den nächstgelegenen Kindergarten unseres neuen Wohnortes. Als die Vinzentinerinnen den ihnen noch unbekannten Uhu entdeckten und nach seinem Namen fragten, soll er geantwortet haben „Rainer Maria Bucher". Die Schwestern glaubten sich verhört zu haben, fragten skeptisch nach. Rainer, genervt, reagierte: „Ich heiße Rainer, ‚Maria zu lieben' Bucher."[11] Über das Katholische Pfarramt wurde schließlich das Findelkind seiner Familie wieder zugestellt.

Rainer wuchs heran und nahm zu an Alter und Weisheit vor Gott und seiner kritisch beobachtenden Familie. Unseres Vaters Versuche, dass ich bei seinen nachgeborenen Kindern die schulische Kontrollaufsicht übernehmen sollte, scheiterten. Fast regelmäßig fielen deren schulische Leistungen angeblich dank meiner Nachhilfen unter den familienüblichen Durchschnitt.

Philosophische Hoffnung kam auf, als ich meine beiden Brüder beim Kant-Kongress in Mainz 1974 einsetzte. Zweihundertfünfzigster Geburtstag von Immanuel Kant. „Kritik der reinen Vernunft". „Kritik der

---

11 Marienlied „Maria zu lieben", Text und Musik: Verfasser unbekannt aus dem Paderborner Gesangbuch von 1765; traditionelles, weitbekanntes fränkisches Marienlied.

praktischen Vernunft"[12]. Während meine Mutter mit Hans-Georg Gadamer über Krieg und Nachkriegszeit angeregt parlierte – eine gelernte Schneiderin mit dem Autor von *Wahrheit und Methode* – staunte Rainer in meinem Oberseminar, „dass da jeder frei sagen durfte, was er dachte", und „selbst sein großer Bruder als Lehrer zuhören konnte".

War das Rainers Erwachen aus „nicht selbstverschuldeter Unmündigkeit"? Transzendentalphilosophischer Schock? Hermeneutik als kritische Methode? Kritik der praktischen Theologie? Aufklärung als theologischer Prozess?

Eine meiner ersten Predigten als Diakon hörte der spätere Ordinarius für „Pastoraltheologie und Pastoralpsychologie", einschließlich Predigtausbildung, mit sieben Jahren. Keine kritische Reaktion damals seinerseits. Anders dann in seinem neunten Lebensjahr: Die Hochzeit von Kana stand an. „So kindisch sei das und langweilig. „Papa erzählt viel spannender."

Später, ich war Kaplan in Nürnberg, Rainers Kritik: „Es wirkt aufdringlich, wenn du deine Ansprachen mit Jugend-Slang aufmotzt, und wenn du Sätze deines kleinen Bruders zitierst, dann bitte mit Quellenangabe und vorher mich um Erlaubnis bitten!"

Mir konnte und kann nichts Besseres passieren, als von Rainer und seiner theologisch-anthropologischen Kompetenz kritisch begleitet und bereichert zu werden. Mit meinem Bruder Heinrich, dem Mediziner, habe ich vereinbart: „Wenn du mir erklärst, ich sollte in meinem Alter besser nicht mehr Auto fahren, werde ich das Steuer aus den Händen legen." Mit Rainer habe ich vereinbart: „Wenn du mir sagst, ich sollte jetzt nicht mehr predigen, werde ich stante pede gehorchen!"

3. Dialektik überschneidender Kompetenzen

Wenn der priesterliche Bruder auf einen Lehrstuhl für praktische Philosophie berufen wird und der verheiratete Bruder auf einen Lehrstuhl

---

12 Kant-Kongress Mainz 1974; siehe Funke/Kopper, Akten.

für praktische Theologie, dann ergeben sich spannende Überkreuzungen im beruflichen Selbstverständnis. Einer, der gut singt, muss nicht unbedingt eine gute Theorie entwerfen können zu: „Wie, warum und wozu singen". Eltern, die ihr Kind beispielhaft erziehen, müssen nicht auch schon eine gute Pädagogik des Kindererziehens entwerfen können. Ich brauchte diesen Hinweis, weil ich der mehrmaligen Aufforderung des Kollegen Rainer Bucher, doch eine „Theorie und Praxis der Predigt" zu schreiben, nicht nachkommen kann. Vehement widersprach ich dieser wissenschaftlichen Zumutung Rainers.

Ich konterte Rainers Bitte mit der Gegenbitte, der er bislang auch nicht nachgekommen ist: „Vergib bitte ein Dissertationsthema oder eine Magisterarbeit mit der Aufgabe: ,Das Gottesbild unserer Bischöfe – wie es sich in ihren Hirtenworten zur Advents- oder Fastenzeit äußert', ergänzt durch ein zeitnahes Thema: ,Das Gottesbild unserer kirchlichen Institutionen – wie es sich in den Betriebsanweisungen der Ordinariate anlässlich Coronavirus SARS-CoV-e-Risikogruppe 3 dokumentiert, ergänzt durch bischöfliche Begleittexte.'"

Auch seine Frage, ob es besondere Techniken, Regeln, gar Geheimnisse für das Gelingen einer guten Predigt gäbe, konnte ich nicht beantworten. Die gängige These „Reden lernt man nur durch Reden" bzw. „Predigen nur durch Predigen" stimmt nur als sehr formales Prinzip.

Eine Predigt als Gemengelage von Glaubenszeugnis, allegorischen Geschichten, analogen Begriffen, dogmatischen Behauptungen, prophetischen Zusagen, historischen wie utopischen Sachverhalten braucht das Zusammenspiel eines ganzen theologischen Ensembles.

Und wenn eine Predigt als geistiger Dialog zwischen Prediger:in und Zuhörer:innen verstanden wird, braucht es auch anthropologische Kenntnisse, um „anzukommen". Dieses Zusammenspiel oft sehr disparater Kenntnisse hat selbst keinen dogmatisch unrevidierbaren Charakter. Die Bedingungen der Möglichkeit einer gelungenen und zu verantwortenden Predigt evaluieren stetig. Richtig und Richtiges zu predigen ist ein permanenter inhaltlicher wie methodischer Lernprozess. Mögen die Inhalte einer Predigt dem Prediger und dem Zuhörer zeitlebens ein Geheimnis bleiben, so sind die Konstruktions-Gesetze einer Predigt alles andere als ein Geheimnis. Im Dialog zwischen Rhetorik und Theologie sind jene Gesetze zu erforschen und je neu zeitbedingter Bewährung auszusetzen. Das Ziel einer Predigt muss sich einordnen können in die Bedingungen dessen, wozu Kirche existiert.

Predigt muss sich als pastoraler Vollzug der Kirche rechtfertigen. Predigt sollte ein hilfreiches Angebot sein, dem Menschen seine eigene Existenz zu deuten, indem im Wort der Verkündigung das Geheimnis Gottes als letztes Woraufzu der Menschen angeboten wird. Predigt leistet Inkulturation des Evangeliums. Will sie das leisten, ist sie neben ihrem ‚innertheologischen Diskurs' prinzipiell auf den Dialog mit den Kulturwissenschaften angewiesen, insbesondere jener, die „das Denken ihrer Zeit" auf den Begriff bringt, also Philosophie der Gegenwart.

Das Kirchenrecht stuft Rainer als ‚Laie' ein. Als Laie darf er nicht predigen.[13] Im Requiem für unsere Mutter hielt Rainer die Predigt. Alles andere als eine Marginalie. Eine Gnade.

Ich bin in meiner eigenen Predigtpraxis anfänglich gescheitert, weil ich der damals üblichen Ausbildungsthese glaubte, es ginge – ähnlich wie im Religionsunterricht – in einer Predigt nur um die Umsetzung dogmatischer, gar noch fundmentaltheologischer Lehrsätze in den Modus von Allgemeinverständlichkeit bzw. „Wie sag ich's meinem Kinde".

Erst als mir aufging: Nicht die Heilige Dreifaltigkeit ist das „Geheimnis des Glaubens", sondern Gott, konnte ich meine Predigten vom Kopf auf die Füße stellen. ‚Dreifaltigkeit' ist bereits der rhetorische Versuch, also „Predigttext", einem Glaubensgeheimnis mit den Begriffs- und Sprachmöglichkeiten der jeweiligen Zeit näher zu kommen. Was bedeutet das für die Glaubensvermittlung, also auch für die Predigt, wenn die begrifflichen, kulturellen Bedingungen einer Epoche sich ändern?

---

13 Die vom Vaticanum II als wesentlich erachtete Unterscheidung zwischen dem gemeinsamen Priestertum aller Gläubigen und dem Amtspriestertum – also Laie und Priester – beruht auf der Mitteilung amtlicher Vollmachten, der potestas ordinis und der potestas iurisdictionis (Lumen gentium 10 und 23). Laien können berufen werden zum Dienst am Wort, aber nicht zur Homilie (c 759,766 CIC; v. 767 CIC).

4. Pastoraltheologie, eine prophetische Disziplin?

Ich wurde am Ende des II. Vatikanischen Konzils in eine Kirche „hineingeweiht", die noch geprägt und strukturiert war vom I. Vatikanischen Konzil. Die Texte jugendlich französischer, deutscher und mancher südamerikanischer Konzilsväter und Berater erschienen meiner Weihegeneration utopisch bis prophetisch. Rainer betont gelegentlich: „Normalität ist der Zustand, von dem man vergessen hat, wie unnormal er ist!" Hier wird Normalität im Rückblick definiert. Prophetische Aussagen der Kirche zu erhoffen, bedeutet, eine Zukunft anzuvisieren, eine neue Normalität zu erhoffen, von der wir kaum eine Ahnung besitzen, wie sie sich selbst normiert. Das schürt auch Ängste. Für meine priesterliche Existenz in dieser Kirche hat das bedeutet: Die Gründe, die mich zur Weihe bewogen haben, sind nicht mehr die Gründe, die mich bei dieser Kirche bleiben ließen. Und die Kirche, der ich vor 55 Jahren mein „adsum" in bischöfliche Hände zusagte, ist nicht mehr die Kirche, mit der ich mich heute identifiziere.

Eine Pastoraltheologie, die sich der prophetischen Grundstruktur ihrer Botschaft bewusst ist, *kämpft* existentiell im Strudel der Tradition geschichtlich zerfließender kirchlicher Normalität. Mich würde brennend interessieren, wie sich Rainers dozierte Pastoraltheologie unterscheidet von einer Pastoraltheologie, die einer seiner besten Schüler, oder deren beste Schüler, schreiben werden und Rainer dann beurteilen müsste, ob diese Pastoraltheologie „an der Zeit ist".

Wenn Rainer mit gutem Recht Pastoraltheologie nicht als schlichte Anwendungskategorie versteht, dann wird er Verkündigung in Wort und Beispiel nicht auf eine Rezeptur dogmatischer Lehrinhalte im Dienste am gläubigen Volk Gottes verkürzen, sondern als zentralen Vollzug von Kirche unter Mithilfe eines großen Fächers universitärer gegenwartsspezifischer Erkenntnisse verstehen.

Diese Definition von Pastoraltheologie müsste den zukünftigen Diskurs der Pastoraltheologie entgrenzen. Es könnten ins Stocken geratene Prozesse zur Frage, welche Theologie an der Zeit ist, belebt und neue eröffnet werden. Rainer fordert von der Verkündigung, sie müsse wesentlich Zukunft gestalten, d.h. sie müsse prophetisch wirken. Welche

Impulse hätte die Pastoraltheologie etwa für die Exegese, für die Moral-, die Fundamentaltheologie und besonders dringlich für die Dogmatik? Welche Zukunftsfragen drängen sich mir auf, dem die Zukunft von praktischer Theologie und Kirche bei seiner Priesterweihe 1965 zum existentiellen Problem wurde?

Welche Zukunftsfragen drängen sich mir auf, den der konkrete pastorale Dienst in einer Pfarrei wieder zurück in die philosophische Erörterung der „Zeichen der Zeit" drängte?

Wenn die Gegenwart, speziell die Armen und Ausgeschlossenen, die Leidenden und in Angst Lebenden, der heilsgeschichtlich einzig mögliche pastorale Ort der Entdeckung von Sinn und Bedeutung des Evangeliums ist, dann ist pastorale Wissenschaft ein Entdeckungsprozess. Entdeckungsprozesse sind immer riskant, konkret-situativ und münden in neues Handeln. Sie erzwingen neue Projekte. Als spekulative, der Bewährung ausgesetzte Projekte sind sie notwendige Vorgaben jeder Pastoral: kreative und ergebnisoffene Konfrontation von Evangelium und Gegenwart.[14]

Mir legte meine bischöfliche Schulbehörde als Lehrmaterial den ‚grünen Katechismus'[15] aufs Gewissen. ‚Grün' verweist nicht auf besondere ökologische Nachhaltigkeit, sondern benennt ein grün gebundenes Schulbuch, das vorkonziliare Theologie in Frage und Antworten aufspaltete. Die Verwendung des Holländischen Katechismus[16] brachte mir eine Vorladung des Generalvikars ein. Um zumindest atmosphärisch in einer Kirche leben zu können, die Jahrzehnte später eine Theologengeneration

---

14 Vgl. Bucher, Nach der Macht, 289.
15 Der Katholische Katechismus der Bistümer Deutschlands war ein Katechismus, den die Deutsche Bischofskonferenz 1955 im Herder Verlag Freiburg i. Br. herausgab. Er wurde wegen der Farbe des Einbandes auch „Grüner Katechismus" genannt. Eine Kommission des Deutschen Katechetenvereins hatte ihn im Auftrage der deutschen Bischöfe erarbeitet und dabei den vorausgegangenen Einheitskatechismus vollständig neu gestaltet. Die eigentlichen „Väter" waren Franz Schreibmayr und Klemens Tilmann.
16 Der „Holländische Katechismus" (eigentlich *De nieuwe katechismus*, 1966) wurde im Auftrag der römisch-katholischen Bischöfe der Niederlande durch das Höhere Katechetische Institut Nijmegen mit vielen anderen Mitarbeitern erarbeitet und erhielt die kirchliche Druckerlaubnis (Imprimatur) durch Bernardus Kardinal Alfrink am 1. März 1966.

Rainers mitgestalten durfte, wurden meiner Priestergeneration nervenbelastende Anstrengungen abverlangt.

Eine kirchliche Institution, geprägt vom Geist vor dem II. Vatikanischem Konzil, beurteilte die Gegenwart aus der Perspektive einer bislang verwalteten, historisierenden Tradition. Die pastoralen Anweisungen meines zuständigen Generalvikars wirkten wie von ‚außerhalb' dieser erfahrbaren Gegenwart, so als würde Kirche und ihr verantwortliches Personal nicht zu dieser Gegenwart gehören. Eine derart positionierte Pastoral konnte nicht prophetisch sein; sie war nicht einmal theologisch; sie definierte sich exakt juristisch handlungsorientiert, ex effectu tödlich für eine Gemeindepastoral im Geiste des II. Vatikanischen Konzils. In den Karteikästen meiner ersten Pfarrstelle häuften sich Karteileichen jeden Alters, kurzzeitig gelegentlich revitalisiert zu traditionsverpflichteten pfarrlichen Events.

5. Impulse für einen jugendlichen Pastoral-Senior

Impuls: Realismusfähig

Zukunft denken aus der Perspektive einer lebensweltlich bewährten Tradition bedeutet, sich der Frage zu stellen: Was bewährt sich an- und fortdauernd im geschichtlich sich wandelnden Weiterreichen anvertrauter Gewissheit? Was könnten Kennzeichen, auch zukünftige Konstanten, jener Tradition sein, für die Kirche steht, entstanden ist und ihren geschichtlichen Weg angetreten hat?

Was müsste Kirche in ihrer prophetischen Funktion, sicher je unterschiedlich ausgeformt, in ihren jeweiligen institutionellen Strukturen, prägen?

Erstens: Ein realistischer Blick auf Welt und Gesellschaft – fernab aller idealistisch-romantischen Verklärung.

Zweitens: Dieser Realität müsste der Christ mit dem Primat der Nächstenliebe begegnen; individuell im Zeichen der Barmherzigkeit und sozial im Zeichen der Gerechtigkeit, nicht der römischen ‚justitia' – mit verbundenen Augen und Waage –, sondern der biblischen ‚zedaka' – der Barmherzigkeit Gottes, der „seine Sonne aufgehen läßt über Gerechte und Ungerechte" (Mt 5,45).

Drittens: Diese Begegnung könnte mit Gottvertrauen geschehen, einer starken Kraft, einer heilsamen Kraft! Weil der Christ seine Hinfälligkeit, sein Versagen und seine Sterblichkeit nicht verdrängen muss, sondern weil er um die Störanfälligkeit weiß und auf Gnade setzen darf.

Impuls: Beratungsresistenz

Wie sieht ein gläubiger Philosoph diese ekklesiologische Zukunft und wo könnte er sich prophetische Zulieferungshilfen seitens eines pastoralen Bruders erhoffen?

Weil Rainer bereits in seiner beruflichen Pflichtzeit immer wieder über den Tellerrand seiner Disziplin hinausspekulierte und forschte, kann ich mir nicht vorstellen, dass Rainer nach seiner Emeritierung sich von der Theologie loslöst.

Vielleicht genießt er die Zeit routinierter Entlastung und findet Freude an dem, was „noch an der Zeit ist".

Andererseits zögere ich, Rainer konkrete Vorschläge nahezulegen, wofür er seine nachwirkende berufliche Kompetenz in einer von beruflichen Pflichten befreiten Zukunft nutzen sollte. Wenn ich mich an die guten Ratschläge meiner akademischen Lehrer, meiner ehemaligen Pfarrer und bischöflichen Hirten erinnere, „was sie von mir noch erwarten" oder „wie von mir begonnene Projekte weitergeführt werden sollten", dann müsste ich mich erst recht dieser Vorschläge an Rainer enthalten.

Die Zeichen der Zeit sind nicht statisch in Stein gehauene Markierungen, sie sind historisch fluktuierende, kaum berechenbare oder gar vorhersehbare Herausforderungen für jede Pastoral.

Ich erinnere mich, nicht spöttisch, sondern dankbar, an Rainers Lächeln, wenn ich ihm begeistert von meinen als Kaplan begonnenen Projekten erzählte und er mir dann tröstend und verständlich entgegnete: „Ja, das war in einer Zeit unmittelbar nach dem Zweiten Vatikanischen Konzil absolut richtig, aber jetzt noch?"

Aus eigener wie Kollegen-Erfahrung weiß ich zudem: Kaum einer widmet sich in seiner Pensionszeit dem, was er „schon immer einmal tun wollte", aber wofür er bislang keine Zeit hatte.

Allerdings sich dem zu widmen, was einen nicht nur unterschwellig bereits in der Pflicht beschäftigte, sich dem jetzt in der Freiheit einer Kür zu stellen, das belebt.

Rainer liebte den inner-theologischen Diskurs und erkennt die Bedeutung des inter-disziplinären Dialoges mit allen Fakultäten einer Universität. Von außertheologischen wissenschaftlichen Fragestellungen ließ er sich genüsslich reizen und aufregend anregen, oft zum Heil und Nutzen seiner eigenen Disziplin. Wieviel verdanke ich allein Rainers Predigtkritik und Rainers innertheologischen Perspektiven!

Rainers Buch zu Hitlers Theologie und Veröffentlichungen zum Kapitalismus[17] las ich als Philosophiegeschichtler. In meiner eigenen Zeit akademischer Lehre war ich immer wieder enttäuscht darüber, wie selbst Experten ihrer eigenen Wissenschaftsgeschichte nur sehr selten komparatistischen Kontakt zu den Wissenschaftsgeschichten zeitgleicher Epochen benachbarter Disziplinen knüpften.

Impuls: Sprachkritik

Die Sprachphilosophie könnte Rainer locken, vor allem, wenn er mehr als früher bei Gottesdiensten konzentriert dem Verkündigungs-Sprech unseres kirchlichen Personals ausgesetzt ist, ohne als wohlbestellter Ordinarius lehrend oder korrigierend eingreifen zu müssen – was er aber tun sollte!

Bei meiner Priesterweihe und Primiz jubelte das feiernde Volk Gottes: „Wohl tobet um die Mauern, der Sturm in wilder Wut" – aber die Kirche wird diesen Sturm überdauern, auf festen Grund sie ruht. Rainer diagnostiziert ein halbes Jahrhundert später: „Kirche als Ruine?"[18]

Was denken gläubige Menschen, wenn sie den Priester sprechen hören: „Wir trinken das Blut Christi" oder „Seht den gebrochenen Leib Christi, das gebrochen Brot, unser Lamm Gottes, das all unsere Sünden hinwegnimmt?" Was meinen Gottesdienstbesucher, wenn sie antworten:

---

17 Siehe Bucher, Hitlers Theologie; Bucher, Christentum im Kapitalismus.
18 Die Ruinen-Metapher erörtert R. Bucher ausführlich in Bucher, Christentum im Kapitalismus, 75–77 bezugnehmend auf Simmel, Die Ruine. Vgl. auch: Bucher, Die Provokation der Krise.

„Herr, ich bin nicht würdig"? Was vermittelt einem modernen Menschen die Aussage: „Geboren von der Jungfrau Maria"? Hört er ein Zeugnis des Glaubens? Oder bewundert er eine biologische Rarität?

In der Epoche meiner Priesterweihe galt ‚Hierarchie' als Abbild himmlischer Herrschaftsstrukturen. Wie reagiert heute Theologie auf Hierarchie als Begriff einer historisch epochalen gesellschaftlichen Organisationsform? Flache Hierarchien werden gefordert, Hierarchieabbau als Möglichkeit höherer pragmatischer Effizienz. Wie effizient ist Pastoral unter den Bedingungen neuer gesellschaftlicher Organisationsformen?

Wenn wirklich nur Männer als Priester, gottgewollt, mit dogmatischer Hartnäckigkeit behauptet werden, welche Konsequenzen für die Pastoral der Kirche hätte es, wenn ernstzunehmende Dogmatiker:innen dieses Dogma mit guten Gründen verneinen?

Wie wirkt sich das Verhältnis von absoluten Glaubenswahrheiten und geschichtlich relativer Glaubenserklärung pastoral aus?

Wie reagiert ein Lehrstuhl für Predigt und Pastoral auf den Verlust einer traditionellen Verkündigungssprache bzw. einer Glaubenssprache?

Wie reagiert Pastoral auf den Bedeutungswandel zentraler Begriffe pastoraler Vollzüge?

Tradierte Inhalte dogmatischer Lehrbegriffe, die nach wie vor die Verkündigungssprache prägen, vermitteln sich heutigem Sprachgebrauch nicht mehr, entziehen sich zeitbedingter Sprachanalytik und bleiben gegenwärtiger Wissenschaftssprache unverständlich. Welchen Sprachspielen öffnet sich Pastoraltheologie der Zukunft, um einerseits als Wissenschaft gehört zu werden und *andererseits als Sprache der Kirche gelten zu können*?

Wer sichert unter veränderten Sprach- und Verstehens-Bedingungen die Glaubenstradition?

Bei den Juden versichert durch lebendiges Wort und symbolträchtige Handlungen der Hausvater die Glaubenstradition. Das Bild des Pfarrers als Vater der Pfarrgemeinde ist noch so gebräuchlich wie mehr und mehr unverständlich. Ein von der Würzburger Synode[19] geforderter ‚mündiger

---

19 Die Gemeinsame Synode der Bistümer in der Bundesrepublik Deutschland fand von 1971 bis 1975 in Würzburg statt. Aufgabe der Synode war es, die Verwirklichung der

Christ' einerseits, andererseits die Vorstellung einer Pfarrgemeinde im Bild einer Pfarrfamilie führt zu Widersprüchen im Selbstverständnis des Volkes Gottes ‚an der Basis'.

Als junger Kaplan 1965 habe ich noch gekämpft für das Modell einer schicksalhaft verbundenen Großfamilie; die Pfarrgemeinde als innovativer Gegenentwurf zu einer an der Modernität gescheiterten ‚pianischen kirchlichen Epoche'. Warum ist dieses Modell gescheitert? Lag es wirklich, wie Bischöfe immer noch behaupten, an der ‚Verdunstung des Glaubens' oder verhindert die paternalistische Führer-Struktur gegenwartstaugliches kirchliches Handeln?

Musste ich erst Philosophie studieren, um die Unheils-Zusammenhänge dieser innerkirchlichen Aporien zu erkennen?

Mein Studium der Philosophiegeschichte lehrte mich, wie sehr dieser Versuch, ‚Kirche in den Herzen engagierter Laien' zu verankern, scheiterte, weil die Zeichen der Zeit im angebrochenen 20. Jahrhundert nicht reflektiert wurden.

Ein angeblich nicht diskutierbares Monopol des priesterlichen Pfarrfamilienleiters führte nicht nur sprachlich in Aporien. Die Pastoralmacht[20] der Kirche geriert sich zwar selbstlos dienend, jedoch in ihrem totalisierenden Vollzug widerstrebt sie dem Selbstverständnis des modernen Menschen. Das allein müsste noch nicht gegen die pastorale Praxis sprechen, schließlich lebt der moderne Mensch in einer pluralistischen Gegenwart mit vielen Möglichkeiten sich entziehender Selbstbestimmung. Doch wäre es dann nicht Aufgabe der Kirche, diesen Anspruch entweder plausibel zu machen oder ihn unter den Bedingungen einer demokratischen Gesellschaft zu evaluieren?

Impuls: Liturgie

Nicht zuletzt der Gebrauch der Landessprache in der Liturgie musste den Pastoraltheologen ins Sprachspiel nicht nur mit dem Dogmatiker

---

Beschlüsse des Zweiten Vatikanischen Konzils zu fördern. Die Synode wurde von der Deutschen Bischofskonferenz im Februar 1969 einberufen. Präsident der Synode war Julius Kardinal Döpfner.

20 Vgl. Foucault, Macht, 248.

oder Religionspädagogen schicken, sondern in den Diskurs mit dem Liturgiker.

Achtzig Jahre nach einer einst freudig übernommenen Liturgie-Reform erweist sie sich dem heutigen Gottesvolk kaum mehr als Medium einer Glaubensverkündigung mit inhaltlichem Wahrheitsanspruch. Wie sehr hat sich meine Weihegeneration vor fünfzig Jahren gefreut, als die uns verschlossene Heilige Liturgie unserer Kindertage geöffnet wurde: eine verständliche Sprache und zaghafte Beteiligung des Volkes Gottes erschlossen uns neue spirituelle und intellektuelle Welten. Doch mehr und mehr zeigten sich auch die Grenzen dieser Liturgiereform. Sie war bis ins Mark monastisch geprägt: Lebensformen der Mönche, Weltabgeschiedenheit, gestufte, hohe Hierarchien, Gottesdienst, verstanden primär als Dienst vor und für Gott und nicht Dienst Gottes am Volk Gottes, Gott, der uns einlädt zum Mahl und uns seine Botschaft schenkt.

Während wir jungen, Banner tragenden Pfarrjugendführer der 50er Jahre uns begeistern ließen von den alttestamentlichen Lesungen der Osternacht und stolz mitsummten beim jubelnden ‚Exultet', können heutige Theologiestudent:innen mit der ‚glücklichen Schuld' und den ‚emsigen Bienen' kaum mehr religiös-glaubensorientierte Inhalte verbinden. Das Zugeständnis bei einer der letzten Liturgiereformen, die Anzahl der Psalmen auf ein ‚erträgliches Maß' zu reduzieren, dürfte zudem ein pastorales Eingeständnis sein, dass die Spiritualität der heutigen Kirchenbesucher:innen neue Ausdrucksformen notwendig braucht. Keine ‚Liturgie light' und keine Verkündigung in leichter Sprache sind gefordert, sondern eine Liturgie und eine Verkündigungssprache werden angestrebt, die beim modernen Menschen glaubensbezogene Spiritualität fördern.

6. Marginalisierte pastoraltheologische Forschung

Eine Roadmap ins Offene als Festschrift für Rainer Bucher, den Theologen, kann von seinem Bruder, dem Philosophen, nicht als bilanzierende Würdigung geschrieben werden. Meine Erfahrungen als Priester im Gefängnis, Krankenhaus, Schwesternheim und Seniorengottesdienst drängen mich eher dazu, Defizite der heutigen Pastoraltheologie zu beklagen.

Stöbere ich die Arbeitshilfen meiner kirchlichen Behörde durch, entdecke ich kaum Ergebnisse neuester pastoralpsychologischer Forschung. Wo werden in der Theologie die Zeichen der Zeit im Licht des Evangeliums reflektiert, wenn diese Zeichen im Modus selbst wiederum rasch variierender gesellschaftlicher Nischen sich tarnen? Krankenpastoral, Jugendpastoral, Seniorenpastoral: Hier ist viel pastorale Theologie investiert worden; kaum jedoch in den verschämten und verschmähten Nischen der Gefängnisse und des säkularen Strafvollzuges. Steht es mit der Militärpastoral besser?

Wie elitär ist moderne Pastoraltheologie?

Agiert sie am liebsten in selbstgewählten Sonderbereichen oder wird sie von der oberhirtlichen Hierarchie ihrer Kirche in diese Ecke gedrängt?

Lassen heutige Pastoraltheolog:innen mit ihren Kenntnissen die bischöfliche Hierarchie ‚außen vor' und gewollt oder ungewollt mit deren oft weltfremden pastoralen Anweisungen ‚ins Messer laufen'? Dringen zeiteffiziente Pastoralkonzepte zu jenen, die entscheiden, nicht vor? Werden Forschungsergebnisse nicht ernst genommen, sondern verharmlost und marginalisiert? Sind Disziplinierung und Strafmaßnahmen die gängige Reaktion?

Wer lässt sich von einer rasant anwachsenden Zahl der Kirchenaustritte noch erschrecken? Wer lässt sich von der fehlenden innerkirchlichen wie staatlichen Geschlechtergerechtigkeit, wer vom Bedeutungsverlust dieses Global Players ‚Katholische Kirche' noch aus seinem Fatalismus wachrufen?

Wenn es diskutable Strategien pastoraler Forschung über diese brennenden Probleme gibt, wie in den ‚Ruinen der heutigen Kirche' Botschaft verkündet und Glauben gelebt werden kann, warum greifen diese Konzepte nicht bzw. warum werden sie nicht aufgegriffen von jenen, die ihrer Selbstinterpretation gemäß ‚Letzt-Verantwortung' tragen für kirchliche Praxis?

7. Gnostizismusverdacht

Als Priester und Wissenschaftler beunruhigt mich eine fast „splended isolation" zwischen den theologischen Erkenntnissen bestallter Forschungs-Ordinarien und dem, was das ‚gläubige Volk' für wahr hält.

Als Wissenschaftler befürchte ich die Gnostizismus-Falle: Heilsrelevantes Arkanwissen für wenige Eingeweihte bzw. Ausgeweihte. Glaubenssätze und die Bedingungen der Möglichkeit ihres gläubigen Verständnisses bilden ein elitäres Wissen, zu dem nur besonders erwählte Personengruppen einen Zugang besitzen.

Was glaubt ein moderner Pastoraltheologe oder Dogmatiker oder Fundamentaltheologe, wenn er während einer Messe das Dogma bekennt: „geboren von der Jungfrau Maria", und was glaubt ein:e keineswegs ungebildete:r Besucher:in des Sonntagsgottesdienstes bei diesem Glaubenssatz? Kennt Pastoraltheologie diese Diskrepanz und was bedeutet sie für ihre Forschung? Es besteht eine pastoral-gnosiologische Differenz. Dabei wird das Glaubenswissen der Arkandisziplin ‚kirchliche Hierarchie' noch gar nicht in Frage gestellt in seiner größeren Nähe zum Glaubensverständnis des durchschnittlichen Kirchenbesuchers oder der Theologieprofis. Welchen und welchem Gott glauben Bischöfe, wenn deren Gottesbegriff in den Hirtenbriefen der Fastenzeit analysiert würden?

Wie sehr bedingen begriffliche Definitionshoheit und pastorale Macht einander?

Ein allen gemeinsamer Glaube, wie er von Kirche im Modus einer Theologischen Fakultät reflektiert wird und andererseits von der gleichen Kirche im Modus einer pastoral aktiven, kirchlichen Institution verkündet wird, driftet erlebbar auseinander.

Die meisten Prediger ahnen ihre pastorale Hilflosigkeit. Wer hilft ihnen?

Das Nebeneinander von oberhirtlich sanktionierter Pastoralmacht und akademisch angebotenem Glaubensverständnis scheint mir die härteste Herausforderung gegenwärtiger Pastoraltheologie zu sein.

Divergierende Verständnisebenen von dem, was es praktisch bedeutet, definierte Glaubenssätze für wahr zu halten, wirken sich entsprechend unterschiedlich auf konkrete kirchliche Praxis aus.

8. Eine Welt zum Erbarmen – eine erbärmliche Kirche?

Rainer ist in diese sich seit meinem Studium verändernde und veränderte Kirche hineingeboren worden; hineingeboren in eine Theologie des II. Vatikanums. Die personalen Spannungen meiner Priestergeneration mit ihren älteren Pfarrherren, Oberhirten und klerikalen Beamten der Diözesen haben die konkrete Pastoral meiner Kaplanszeit schwer belastet.

Durch die unerbittliche Konfrontation unserer pastoralen Arbeit mit dem nicht mehr zu leugnenden weltlichen wie innerkirchlichen Pluralismus unserer Lebenswelt – Darwin, Marx, Bultmann, Säkularisation, Wirtschaftsliberalismus, Konsum – brachen bislang vertraute und noch dozierte pastorale Praktiken fast über Nacht weg.

Die Erbärmlichkeit, Endlichkeit und Todesbedrohtheit der Welt verschanzte sich hinter politisch-wirtschaftlicher Macht und Herrlichkeit, während hinter der mühsam aufrechterhaltenen Macht und Herrlichkeit der Kirche mehr und mehr deren pastorale Erbärmlichkeit und Hilflosigkeit zum Vorschein kommt. Und wie schwer hatten es neue Reflexionen der Theologie dennoch, sich innerkirchlich Raum zu schaffen: Theologie der Befreiung, Theologie des Volkes Gottes, Theologie einer Inkulturation.

Hat der bürokratisch-hierarchische Sektor der Kirche nicht deswegen pastoral versagt, weil die berufenen Reflexions-Instanzen dieser Kirche, zu früh resigniert, ihre Aufklärungsverpflichtung stornierten?

Dieser Vorwurf trifft Rainer sicher am allerwenigsten. Ob seine professorale Arbeit wirksam oder wirkungslos für die ‚Bischofskirche' war oder ist, kann ich nicht beurteilen. Doch die katholische Kirche realisiert sich heute pastoral nicht nur und schon gar nicht ausschließlich als beamtete Hierarchie. Was Rainer auf diesem kirchlichen Sektor bewusst macht, davon profitiere nicht zuletzt ich ganz persönlich. Meine pastorale Arbeit im Gefängnis, in meinen Auslandsaufenthalten bei Gastprofessuren in muslimisch geprägten Ländern, meine Seniorenpastoral und der priesterliche Dienst, wie Papst Franz es nennt, an den Menschen in den Randzonen kirchlicher Aufmerksamkeit, den Geschiedenen, aus der Kirche Ausgetretenen, an den Zweifelnden, Zögernden, Misstrauischen,

Enttäuschten – ohne Rainers kompetente Hilfe wäre ich oft sprachlos, ideenlos, ahnungslos.

Das bewundere ich an Rainer besonders: dass er sich nicht entmutigen lässt von der Wirkungslosigkeit vieler pastoraler Anregungen bei den innerkirchlichen Entscheidungsträgern. Dort, wo er Kirche entdeckt und wofür Kirche dank Schrift und Tradition berufen ist, resigniert Rainer nicht in seinem Engagement. Das sind nicht immer jene Orte, die im traditionellen Bewusstsein einer säkularen Öffentlichkeit, auch nicht im selbstverständlichen Aktionskreis der Institution Kirche genannt werden. Aber es sind jene Lebenswelten, die „göttlicher Barmherzigkeit am meisten bedürfen" und wo nicht wenige Priester und Laien des „Volkes Gottes" urchristliche Basisarbeit leisten. Zudem dürfte sich Rainer nie verweigert haben, wenn die kirchliche Obrigkeit ihn von Fall zu Fall konsultierte.

9. Schluss mit dem Großen Bruder

Einer meiner erfahrungsgefestigten Glaubenssätze lautet: Die Botschaft Jesu kann auch heute als Frohe Botschaft verkündet werden. Es gibt keine gottlose Situation und kein Mensch ist gottverlassen. Die Theologie meiner vorkonziliaren Jugendzeit ist an diesem Glaubenssatz gescheitert. Die Theologie meiner eigenen pastoralen Arbeit ist diesem Scheitern entsprungen.

Doch nicht nur die reale Existenz unserer römisch-katholischen Kirche scheint in einem ruinösen Zustand. Auch diese so hoffnungsvolle Theologie einer Generation im Geiste des II. Vatikanischen Konzils wird in einer sich rasch wandelnden Zeit überholt werden. Geschichtlichkeit begleitet und bekleidet alle unsere Aktionen.

Nicht nur die Begriffe fluktuieren, auch damit formulierte Theologien werden im Ablauf der Zeit irritieren. ‚Wanderndes Gottesvolk', Communio, Hirte und Herde, Sohn Gottes und Gott ‚wie ein guter Vater, wie eine gute Mutter' werden ihrer historischen Einordnung nicht entgehen, überholt werden und der einen Wahrheit wegen neuen Begriffen weichen müssen.

Nun ist doch etwas passiert, was ich vermeiden wollte: Als großer Bruder falle ich zumindest abschließend leider zurück in die Attitüde früherer Jahre: Zeigefingergestus? Warnung?

Nicht in erster Linie und über persönlich-familiäres Interesse hinaus bedeutsam wird sein, in welche Richtung Rainers Weg nach seiner Emeritierung noch zeigen wird. Für diesen Weg gebe ich ihm meinen Segen und wünsche ihm Gottes Segen. Seit achtzehn Jahren kenne ich meinen eigenen Weg ins Offene einer emeritierten Existenz.

Doch bedeutsamer wird sein, in welche Richtung der Weg der Kirche, insbesondere der von Rainer erforschten Disziplin Pastoraltheologie, gehen wird, und ob und wie diese Roadmap tatsächlich ins Offene zeigen könnte.

Die Freiheit der Kinder Gottes darf sich keine andere Perspektive leisten als ins Offene der uns geschenkten Freiheit. Sie begnadet all unser Tun.

Was Rainer geleistet hat?

Gott-sei-Dank hängt das nicht davon ab, was sein älterer Bruder davon möglicher Weise ahnt. Jedenfalls genug, um mich bei ihm von Herzen zu bedanken.

Gern würde ich seine Epoche als Emeritus noch ‚eine kleine Weile' begleiten.

Literaturverzeichnis

Bucher, Rainer: Die Provokation der Krise. Zwölf Fragen und Antworten zur Lage der Kirche, Würzburg 2003.

Bucher, Rainer: Hitlers Theologie, Würzburg 2008.

Bucher, Rainer: Priester des Volkes Gottes. Gefährdungen. Grundlagen. Perspektiven, Würzburg 2010.

Bucher, Rainer (Hg.): Nach der Macht. Zur Lage der katholischen Kirche in Österreich (Theologie im kulturellen Dialog 30), Innsbruck – Wien 2014.

Bucher, Rainer: Christentum im Kapitalismus. Wider die gewinnorientierte Verwaltung der Welt, Würzburg 2019.

Foucault, Michel: Warum ich Macht untersuche? Die Frage des Subjekts, in: Dreyfus, Hubert – Rabinov, Paul: Jenseits von Strukturalismus und Hermeneutik, Frankfurt a. M. 1987, 243–259.

Funke, Gerhard – Kopper, Joachim (Hg.): Akten des 4. Internationalen Kant-Kongresses. Mainz. 6.–10. April 1974, Teil I: Kant-Studien-Sonderheft. Symposien, Berlin – New York 1974.

Guardini, Romano: Vom Sinn der Kirche. Fünf Vorträge, Mainz 1922.

Le Fort, Gertrud von: Hymnen an die Kirche. Neu herausgegeben und mit einem Nachwort von Gundula Harand ergänzt, Würzburg 2014.

Marxsen, Willi: Die Sache Jesu geht weiter, Gütersloh 1976.

Papst Pius XII.: Enzyklika Mystici corporis, 29. Juni 1943.

Rahner, Hugo: Die Kirche. Gottes Kraft in menschlicher Schwäche, Freiburg i. Br. 1957.

Rahner, Karl: Schriften zur Theologie, Bd. V, Zürich – Einsiedeln – Köln 1962.

Simmel, Georg: Die Ruine. Ein ästhetischer Versuch, in: Cavalli, Alessandro – Krech, Volkhard (Hg.): Georg Simmel. Aufsätze und Abhandlungen 1901–1908, Bd. II, Frankfurt a. M. 1993, 124–130.

F

„Maria vom guten Rat" auf Pilgerschaft

Ottmar Fuchs

Rainer Bucher hatte mich im Dezember 2019 in sein Hauptseminar zum Thema „Volksfrömmigkeit" eingeladen. Wegen eines Klinik- und Reha-Aufenthaltes konnte ich leider nicht teilnehmen. Mit meinem Beitrag möchte ich diese Lücke ein wenig sanieren, zumal mein persönlicher Ursprung zu diesen Gedanken just in Graz liegt, nämlich in der Ausstellung mit dem Titel „Irrealigious! Parallelwelt Religion in der Kunst" im Kulturzentrum bei den Minoriten in Graz im Herbst 2011. Bleibend beeindruckt hat mich eine Videoinstallation des albanischen Künstlers Adrian Paci, in der moderne Kunst der alten Volksfrömmigkeit sensibel auf die Beine hilft. Dies wäre überhaupt ein Themenbereich, den ich mit Rainer gerne noch vertiefen möchte: die synkretische, empathische und theologisch-generative Kraft der Spiritualitäten im Volk Gottes!

1. Von Shkodra nach Genazzano

Es war der 25. April 1467, als die Türken das nordalbanische Shkodra belagerten, da bewegte sich von dort, wo sich im Torbogen einer kleinen Kirche am Rande des damaligen Scutari ein Bild der Muttergottes mit ihrem Kind befand, dieses Fresko (auf hauchdünner Porzellanschicht), so erzählt die Legende, getragen von Engeln in den Himmel, über das Adriameer hinweg, und erschien gleichzeitig im italienischen Genazzano (nördlich von Rom) in der Mauer einer alten Kirche, die gerade renoviert wurde. Heute umwölbt dort eine Basilika dieses Gnadenbild in der Altarmauer. Hier wird das Fresko (40 × 45 cm) bis zum heutigen Tag verehrt.

Eine Legende sagt zwar, dass das Bild vorher aus Jerusalem gekommen war und 1260 nach der muslimischen Eroberung Jerusalems nach Albanien gebracht wurde, doch ist nach neueren Untersuchungen ziemlich sicher, dass der venezianische Künstler Antonio Vivarini (1410–ca. 1476),

in Murano geboren und Begründer der Muraner Malerschule, das Bild zwischen 1437 und 1448 gemalt hat.[1] Für Vivarini sind verschiedene Reisen belegt, auch in den Raum Venetiens und dass er dort in den Einfluss der byzantinischen Malerei kam. Interessant ist nun, dass Scutari seit 1436 unter venezianischer Herrschaft war, so dass der Entdecker der Maler-Signatur, P. Geremia Sangiorgio, vermerkt, dass „nichts einen Venezianer hinderte, in einer von der Lagune nicht weit entfernten Stadt [eben Scutari, O. F.] zu leben und zu arbeiten"[2]. Es kann also tatsächlich sein, dass dieses Bild für die besagte Kirche am Rande von Scutari in Albanien gefertigt wurde. Ob nun Vivarini „eine in Albanien verehrte ähnliche Ikone vor Augen hatte, als er seinen Auftrag [...] ausführte", oder ob er das Fresko direkt für die albanische Kirche gemalt hatte, muss allerdings offenbleiben.[3]

Jedenfalls gibt es mittels dieses Bildes eine ursprüngliche ikonografische Verbindung zwischen Shkodra und Genazzano. Shkodra ist heute Sitz einer Erzdiözese und das Zentrum der Katholik:innen Albaniens, die besonders im Norden Albaniens leben, zusammen mit orthodoxen und vor allem muslimischen Gläubigen. Der osmanische Sultan hat 1851 den Bau einer katholischen Kathedrale genehmigt,[4] auch als Ersatz für die ehemalige Stephanskirche auf der nahen Burg Rozafa, die aber zu einer Moschee umgewandelt war. Ob es sich bei der alten Stephanskirche in der Burg um das alte Heiligtum handelt, wo sich die Geschichte mit dem Gnadenbild ereignet hat, ist ungewiss. Es gibt jedenfalls eine Ruine in der Burg, die durchaus als Kirchenruine erkennbar wäre. Die Stephanskathedrale in Shkodra trägt übrigens seit ihrer Neueröffnung 1991 im Zentrum des Hauptaltars eine große Kopie des Gnadenbildes.[5] Hier war die Madonna also bereits zurückgekommen, aber noch nicht dorthin, von wo aus sie das Land verlassen hatte. Auch ist nicht klar, ob 1885 bei der ersten Eröffnung der Kathedrale darin bereits eine Kopie des Gnadenbildes aufgenommen wurde.

---

1 Vgl. Popp, Maria, 18.
2 Zitiert Popp, Maria, 19.
3 Ebd.
4 Zur Stephanskathedrale vgl. Peters, Katholische Kirchenbauten.
5 Vgl. Wikipedia, Stephanskathedrale (Shkodra), online: https://de.wikipedia.org/w/index.php?title=Stephanskathedrale_(Shkodra)&oldid=188616284 [Zugriff: 11.11.2020].

2. An heiligen Orten

Es ist bemerkenswert, dass sich an beiden Orten sog. „heidnische" Heiligtümer befanden. So kämpft beispielsweise Papst Markus (336) dafür, dass christliche Kolonisten das Latium von den Abscheulichkeiten der Venustempel reinigen sollten. Die Verehrung Marias an entsprechenden Orten wurde in diesen Jahrhunderten also auch deswegen gefördert, um das Andenken an Venus auszulöschen.[6] Man kann das selbstverständlich auch positiv sehen: Die christliche Volksfrömmigkeit vermag es, bei aller Differenz, die vor allem offiziell behauptet wird, sich mit den alten Verehrungen einer weiblichen Gottheit mittels Maria in Verbindung zu setzen und die spirituelle Energie dieser lokalen Aura auf die Verehrung Marias zu übertragen.

Mindestens genauso interessant und intensiv ist die entsprechende Verbindung in Shkodra, genauerhin auf der Burg Rozafa,[7] nahe der Stadt, wo sich auch das alte Marienheiligtum befunden hat. Die Festungsmauern stammen hauptsächlich aus venezianischer Zeit. Allerdings gibt es nur noch Ruinen. Nach der Sage wollten drei Brüder die Burg bauen, aber über Nacht stürzten die Mauern immer wieder ein. Ein alter Mann wusste, dass sie erst eine Frau einmauern müssten, damit der Burgbau gelinge. Die Frau, die am nächsten Tag als erste das Mittagessen bringen würde, sollte es sein. Die junge Rozafa war dann die „Auserwählte". Sie bejahte ihr Schicksal, allerdings unter der Bedingung, dass eine ihrer Brüste, ein Arm und ein Bein nicht eingemauert würden, damit sie weiterhin ihrem Kind die Brust geben, es streicheln und mit dem Bein die Wiege bewegen konnte. Es ist die Geschichte einer Frau, die sich aufopfert und selbst über ihren Tod hinaus ihre Mutterschaft behauptet. Es handelt sich zwar hier nicht um eine Göttin, aber doch um eine Frau, die sich dafür aufgeopfert hat, dass Menschen in Sicherheit leben können. So sorgt sie für ihren Sohn: mit ihrer Liebe und Ernährung genauso wie

---

6 Vgl. Popp, Maria, 13.
7 Vgl. Wikipedia, Rozafa Castle, online: https://de.wikipedia.org/w/index.php?title=-Rozafa&oldid=188502157 [Zugriff: 11.11.2020].

dafür, dass er in einer schützenden Burg glücklich lebt. Als solche wird sie bis heute dargestellt, verehrt und erinnert.

Dieses Motiv, dass Mütter ihren kleinen Kindern die Brust geben und sie mit ihrer Milch ernähren, geht seit alters her durch viele Kulturen und kann sich auch auf Muttergöttinnen beziehen, wie etwa auf die *Isis lactans*, auf die ursprünglich ägyptische Göttin Isis, die dem Kind ihre Brust gibt. Auch Maria wurde in der christlichen Kunst als die Mutter dargestellt, die Jesus die Brust und damit Nahrung gibt.[8] Es ist nicht abwegig, ähnliche Assoziationen zwischen der Legende und dem Marienbild zuzulassen und mitzudenken. Besondere Orte haben manchmal eine Tiefenschicht, die durch alle Transformationen hindurch nicht verlorengeht, sondern mitschwingt.[9]

3. Engel kehren zurück

Die Legende erzählt also, dass sich vor dem Türkeneinfall das Fresko von der Wand gelöst habe und dass Engel es waren, die das Bild nach Italien brachten und in die dortige Mauer der Kapelle einfügten, die man gerade wieder aufzubauen im Begriff war. Dadurch fehlte sie aber jahrhundertelang bis in die Gegenwart genau dort, wo sie weggenommen wurde. Es gab keine Engel mehr, die das Bild von Italien wieder zurückgebracht hätten.

Oder doch? Ein Künstler hat 2005 die „Funktion" der Engel übernommen. Adrian Paci, der selbst aus Shkodra in Nordalbanien stammt und in Mailand lebt, ist ein vielfältiger Künstler, der mit Filmen, mit Artefakten, Fotografien und Installationen dem Ausdruck gibt, was ihn bewegt und beschäftigt. Und so bewegt ihn das Anliegen, dass das Gnadenbild wieder zurückkehre, dass es wieder vom albanischen Volk erlebt werden kann.

Und dementsprechend entwirft Paci die Installation. Er installiert zwei Kamerateams, am Fuße der Burg in der Nähe des ehemaligen Heiligtums

---

8 Vgl. Kügler, Wunderschön Prächtige, Hohe und Mächtige.
9 Vgl. Bechmann, Gestörte Grabesruhe.

und in der Kirche zu Maria vom guten Rat in Genazzano. So wird auf einer großen Leinwand nahe dem alten Heiligtum unweit der Burg Rozafa ein Video vom Gnadenbild in Genazzano gezeigt, wie es sich dort öffnet, aber nicht den Gläubigen von Genazzano, denn ihre Kirche ist leer. Die Gläubigen sind jetzt nur die albanischen Menschen, die das Marienbild seit Jahrhunderten zum ersten Mal an diesem Ort wiedersehen, wie sie in Überraschung und Andacht schauen und zu beten beginnen. So wird über das auf der Leinwand sichtbare Gnadenbild wieder die Gnade dieses Bildes erfahrbar. Sie singen Marienlieder in ihrer Sprache.

Aber damit nicht genug: Auch Maria selbst wird in diese Begegnung eingebunden, denn in der Kirche ihr gegenüber wird ebenfalls eine Leinwand aufgestellt, auf der die Gläubigen in Albanien gezeigt werden, wie sie dort zum Gnadenbild wallfahrten und wie sie dort beten, sichtbar auf der Leinwand gegenüber dem Gnadenbild in der Kirche. Maria blickt damit in ihrer Kirche auf die Gläubigen auf der anderen Seite der Adria.

Die Kamera zeigt nicht nur die Gläubigen vor dem Gnadenbild, sondern spielt auch Szenen aus dem Leben dieser Menschen ein, von ihren Häusern und Straßen, von Menschen, die darin ihrem Alltag nachgehen, und vor allem auch von Kindern, die sich auf den Straßen finden und darin spielen. Von Schafen, die auf dem Gehsteig geführt werden, von einem Fischverkäufer, von Häusern, die nur halbfertig gebaut worden sind, von abgewrackten Autos und von einem Koffer in der Pfütze: Lebensverhältnisse, zum Teil in Armut, Bedrängnis und Trostlosigkeit. Die Gottesmutter muss sich dieses Volk und sein Leben direkt anschauen, sie nimmt es sensibel wahr und in sich auf.

Der Künstler beginnt sein Video, während die Menschen zum Heiligtum hinaufgehen und sich dort versammeln, mit den Worten:

> „Dies ist die Burg von Shkodra. In unmittelbarer Nähe dazu war das Heiligtum für Unsere Liebe Frau vom guten Rat. Der Legende entsprechend enthielt dieses Heiligtum ein kleines Gemälde, die Madonna mit ihrem Kind, sehr verehrt vom albanischen Volk. Als das Land von den Türken überfallen wurde, soll sich das Gemälde selber von der Mauer abgelöst haben am 25. April 1467. Die Legende erzählt, dass es hochgetragen wurde von Engeln in einer Wolke von Licht. Sie brachten das Bild in die Höhe hinweg zu einem Dorf in Italien namens Genazzano."

Dann ist auf dem Video zu sehen, wie sich die Verhüllung nach oben schiebt und dieses Bild in der Altarmauer zur Ansicht freigibt. Auch das Gitter dazu wird geöffnet, so dass der Blick ungehindert auf das Bild der Mutter Gottes fällt.

Die Installation endet damit, dass, immer noch gefilmt, die Leinwand in der Kirche abgebaut wird, dass nun auch das Gitter wieder geschlossen wird und die Schiebevorrichtung das Gnadenbild verdeckt.

4. PilgrImage ...

Der albanische Künstler, selbst mit seiner Familie in den späten neunziger Jahren aus Albanien nach Italien emigriert, bringt das emigrierte Gnadenbild wieder zurück in seine Heimat, als Erfahrung von Gnade, von Segen, von Wahrnehmung und Solidarität aus der Welt dieser mütterlichen Macht im Himmel, die sich auf der Seite dieser Menschen zeigt.[10] Das Ganze nennt Paci „PilgrImage", also die Wallfahrt zu einem Bild, aber auch die Wallfahrt eines Bildes zu den Menschen.[11] Ich habe dieses Video in der Ausstellung „Irrealigious! Parallelwelt Religion in der Kunst", zusammengestellt von Johannes Rauchenberger (im Kulturzentrum bei den Minoriten in Graz, 2011–2012), sehen dürfen und es bewegt mich bis heute.

Rauchenberger selbst schreibt zu der Installation von Paci:

> „Ein Madonnenfresko findet nach Jahrhunderten der Vertreibung mit den Mitteln der Kunst von Italien wieder nach Albanien zurück und stiftet eine heimatliche Identität [...] Das vierzehnminütige Video, das auch die Legende in Form einer Malereigeschichte zitiert, wechselt die beiden Schauplätze diesseits und jenseits des Meeres: Dort bewegen sich Pilger zu einem ausgesuchten Ort hin, hier wird das Innere der italienischen Kirche gefilmt, das ein Fresko birgt – gut gesichert von einem großen Eisengitter im Raum des Presbyteriums und einem kleinen Goldgitter, das elektrisch hochgefahren wird, wenn das Bild zur Ansicht frei-

---

10 Vgl. Fuchs, „Vas spirituale".
11 Vgl. dazu die Katalogbroschüre mit dem gleichen Titel, hg. von Johannes Rauchenberger, ohne Seitenzahl.

gegeben wird. Während das Zoom der Kamera über das Fresko streicht, wechselt der Realort in das albanische Dorf, wo Pilger und Pilgerinnen, von Paci durch Flugblätter eingeladen, ihre Madonna als Projektion ehrfurchtsvoll und mit südländischen Marienliedern aus der Volksfrömmigkeit begrüßen. Schließlich ist wieder die Kirche in Italien zu sehen, dieses Mal aus dem Blickwinkel der Madonna: denn die Projektion findet auch umgekehrt statt. Was die Albaner singen, wie sie das Bild anschauen und zu ihm beten, sieht die Madonna im fernen Italien. Und sie sieht noch mehr. Denn die albanische Kamera schwenkt auch auf die örtliche Situation hinaus, auf die Armut, die harte gesellschaftliche Realität des durch den albanischen Kommunismus unterentwickelten Landes, so als ob sich die Bitten jener Menschen nicht ganz wegwischen ließen: ‚Ad te clamamus, exsules filii Evae, ad te suspiramus, gementes et flentes in hac lacrimarum valle!'"[12]

So wie damals das italienische Volk in Genazzano mit diesem Gnadenbild letztlich wie durch ein Wunder beschenkt wurde, so geschieht es nun umgekehrt, gewissermaßen durch das Wunder moderner Medien und künstlerischer Kreativität. Paci steigt in die Legende hinein und schreibt sie, durchaus realistisch, weiter.

5. Ein alter Titel

Interessant ist, dass die alte Kirche in Genazzano den Namen „Maria vom guten Rat" trug. Das Wunderbild selbst hatte ursprünglich den schönen Namen „Maria vom Paradies". Spätestens im Jahr 1587 wurde auch das Gnadenbild „Maria vom guten Rat" genannt, weil die Kirche zu Genazzano, wo das Bild erschienen war, eben diesen Namen hatte. Bis Ende des 18. Jahrhunderts war die Marienkirche in Genazzano die einzige ihres Namens.[13]

Helga Popp hat in ihrer Monographie recherchiert, dass diese Namenstradition einen bestimmten theologischen Ursprung im 10. Jahrhundert hatte.

---

12 Ebd.
13 Vgl. Popp, Maria, 216.

> „Es darf daher mit an Sicherheit grenzender Wahrscheinlichkeit gesagt werden: *Nilus von Rossano* hat durch seine Konferenzen in Rom oder Latium um 980 den Ehrentitel ‚*Maria vom HeilRatschluss*' angeregt; jemand aus dem Zuhörerkreis hat ihn als Anstoß aufgenommen und auf eigenem Grund in Genazzano den Kirchenbau mit diesem Patrozinium gestiftet."[14]

Popp bezeichnet den Titel „Maria vom HeilsRatschluss" aufgrund seiner Verankerung in der Heilsgeschichte als „den allumfassendsten aller Ehrentitel Marias":

> „Gott, der sich in der Schöpfung den Menschen zum Partner gemacht hat, hat sich an die Freiheit des Menschen gebunden, auch wenn sein Ziel das der ganzen Menschheit angebotene Heil ist, die Berufung jedes Menschen zur Gottesschau. So läuft dieser unfassbare Ratschluss auf Maria zu, auf ihre in wissender Freiheit gegebene Zustimmung als Vertreterin der Menschheit."[15]

Diese theologiegeschichtliche Archäologie des Titels bedeutet erst sekundär, dass Maria mit einem guten Rat für das Leben aufwartet, sondern dahinter und dies ermöglichend gilt zuerst: Maria sagt zum göttlichen Heilsratschluss für die Menschheit Ja und ermöglicht dieses universale Heil stellvertretend für alle Menschen.

Dieser Titel verband nicht nur Maria mit dem Heilsgeschehen, sondern auch den lateinischen mit dem byzantinischen Ritus.[16] Dies wiederum entspricht fast fünfhundert Jahre später der Annahme, dass der Künstler, der das Bild gemalt hat, den byzantinischen Einfluss im venezianischen Bereich kannte und davon auch geprägt war. Überhaupt gab es auch in Unter- und Mittelitalien nach der Eroberung von Byzanz durch die Osmanen im Jahr 1453 eine beachtliche Zuwanderung aus dem östlichen Mittelmeerraum mit dem entsprechenden byzantinischen und griechischen Einfluss.

Ich finde die theologische Analyse von Helga Popp auch deswegen so interessant, weil hier die tiefere Grundlage dafür gelegt ist, dass Maria in der Volksfrömmigkeit für alle Menschen anghabar ist und für alle Men-

---

14 Popp, Maria, 250.
15 Popp, Maria, 219.
16 Vgl. Popp, Maria, 255.

schen wegbegleitend *da* ist. Ihre Stellvertretung hinsichtlich des Jawortes kann von jedem Menschen jeweils auf sich bezogen und erlebt werden. Auf diesem gnadentheologischen Hintergrund kann Maria dann schon eine Mutter vom guten Rat für die Menschen sein: etwas abweichend zu Popp, die, historisch nach ihren Recherchen wohl zutreffend, die heilsökonomische Bedeutung dieses Titels allzu scharf vom Titel der Mutter vom guten Rat absetzt. Dahinter mögen entstehungsgeschichtlich gute Gründe liegen, aber die Volksfrömmigkeit weiß beides kundig und gekonnt aufeinander zu beziehen und für das je eigene Leben fruchtbar werden zu lassen. Gerade weil es bei dem Titel um die Heilsökonomie Gottes überhaupt geht, gilt eben dann auch das andere, nämlich dieses Heil im Alltag in der ratgebenden Solidarität Marias mit dem eigenen Leben erleben zu dürfen.

6. Eine „wunderbare" Ikonographie

Das Bild hat tatsächlich etwas Ikonografisches, wie man es bis heute von den Ikonen der orthodoxen Kirchen kennt. Es hat nichts von einer Pieta, ist aber auch in keiner Weise lieblich. Der Jesusknabe hat den Ausdruck und vor allem die Augen jenes menschgewordenen Heilands, der mit erwachsenem Blick auf diese Welt genau weiß, was auf ihn zukommt und was Gott selbst das Heil aller Menschen kostet. Trotz der emotionalen Zurückhaltung ist viel Zärtlichkeit in diesem Bild, vor allem in der Art, wie Jesus Maria am Hals umarmt und mit seinen Fingern in jene Region unterhalb des Ohres tastet, die immer eine besonders zärtliche Berührung aufnimmt. Die Aktivität der Berührung liegt beim Jesuskind, die Arme der Maria sieht man nicht. Aber sie trägt das Kind und lässt es sich mit der anderen Hand, mit der linken, am oberen Saum, am Dekolletee ihres Kleides festhalten.[17]

In den folgenden Jahrhunderten nachträglich gemalte Kopien des Gnadenbildes in nicht wenigen Kirchen Europas mildern den Eingriff des Jesuskindes in Marias Dekolletee beträchtlich ab. Ein schönes Bei-

---

17 Vgl. dazu auch Popp, Maria, 21.

spiel ist dafür die Kopie des Gnadenbildes in der alten Spitalkirche in Innsbruck. Dezent, aber deutlich wird hier das Original korrigiert, indem die Hand des Kindes nur das Kleid unterhalb des Saums berührt. Auch die rechte Hand berührt nur den unteren Teil des Halses im Übergang zur Schulter und erreicht so nicht die sensiblere Region unterhalb des Ohres. Dem Maler des Originals dagegen schien dieser erotische Schimmer durchaus angemessen.

Der Gesichtsausdruck und auch die Haltung Marias nehmen dem Kind nichts von seiner eigenen Souveränität und Würde, aber ihr Ausdruck ist auch nicht unterwürfig, sondern einfach dem Kind nahe, sich mit den Wangen und den Schläfen berührend. Es gibt überhaupt keine symbiotischen Anwandlungen, keinen sentimentalen Zugriff. Alles bleibt klar in einer Distanz zueinander, die gerade deswegen sich so nahe sein kann. Auch Maria also erscheint hier souverän, als solche sagt sie ihr Jawort zum Heil der Welt. Und, wenn man es sehen will, sie lächelt dabei ganz zart und weise und erscheint mit diesem Gesicht als *Sedes sapientiae*, als Ausdruck der Weisheit. Im Kontrast dazu bleibt das Kind sehr ernst. Es erscheint hier wirklich „älter als die Zeiten".[18] Indem Menschen dieses Bild auf sich beziehen, es in sich aufleben lassen, wissen sie sich auch in ihrer eigenen Wichtigkeit ernst genommen, in ihrem Leid und ihrer Freude.

Auch die Farben sind etwas Besonderes, eindrücklich, aber nicht aufdringlich, ebenso milde wie unverkennbar zwischen Blau und Rosa und Gelb, mit vorsichtigen Gesichtsfarben und blauen Augen. Im Hintergrund die Heiligenscheine, die leicht geschwungenen Farben eines angedeuteten Regenbogens auf gelbem Hintergrund. Mit einem überraschenden Grün und Violett, ebenso matt wie deutlich. Wie der ganze Eindruck: eine eigenartige Kombination von stark und zart, von kräftig und milde. Und beides sich gegenseitig tragend und verstärkend. Das Farbenspiel selbst ist ein ganzes Universum.

---

18 Popp zitiert hier (21) Madey, Johannes: Marienlob aus dem Orient, Paderborn ²1982, 68.

7. Im Gebet

Johannes XXIII. hat das Gnadenbild am 25. August 1959 besucht und dort gebetet, wie viele vor und nach ihm:

O Maria, Mutter vom guten Rat,
du Ausspenderin aller Gnaden,
du Zuflucht aller Armen!
Dein Rat kann das Schlimmste zum Guten wenden,
deine erbarmende Liebe
stößt keinen Sünder und keine Sünderin zurück.
Blicke auf unsere Ratlosigkeit,
erbitte uns in Fülle die Gabe des Rates
vom göttlichen Tröstergeist.
Hab Mitleid mit unserer Hilflosigkeit
und wende alles zum Besten.
Denn du, o Mutter vom guten Rat,
hast noch keinen Menschen ohne Hilfe gelassen,
der voll Vertrauen zu dir gerufen hat.

Im gleichen Jahr hatte Johannes XXIII. am 25. Januar die Einberufung des Zweiten Vatikanischen Konzils angekündigt. Ob sich Johannes XXIII. für den diesbezüglich guten Rat bei Maria bedankt hat, ist allerdings reine Spekulation. Dass er für das Gelingen des Konzils gebetet hat, ist jedenfalls mündlich überliefert. Immerhin hat dieser Papst 1962, also drei Jahre später, am 11. Oktober, am *Fest der Mutterschaft der allerseligsten Jungfrau Maria*,[19] feierlich das Konzil eröffnet.

Literaturverzeichnis

Bechmann, Ulrike: Gestörte Grabesruhe. Idealität und Realität des interreligiösen Dialogs am Beispiel von Hebron / al-Khalil, Berlin 2007.

Fuchs, Ottmar: „Vas spirituale". Maria als Gestalt des Heiligen Geistes, in: Bauer, Alexandra – Ernst-Zwosta, Angelika (Hg.): „Gott bin ich und nicht Mann". Perspektiven weiblicher Gottesbilder, Ostfildern 2012, 105–133.

Kügler, Joachim: Wunderschön Prächtige, Hohe und Mächtige. Religionsgeschichtliche Notizen zur außerchristlichen Anreicherung des Marienbildes, in: Bibel und Kirche 4 (2013), 208–213.

Peters, Markus W. E.: Katholische Kirchenbauten in Albanien vom Mittelalter bis zur Gegenwart, in: Raunig, Walter (Hg.): Albanien – Reichtum und Vielfalt alter Kultur, München 2001, 90–99.

Popp, Helga: Maria vom Guten Rat. Ein verkanntes Patrozinium, Regensburg 2002.

Rauchenberger, Johannes (Hg.): Katalogbroschüre „PilgrImage". Eine Publikation des Kulturzentrums bei den Minoriten in Graz, 2011–2012.

---

19 Das Fest gab es bis zur Kalenderreform 1969 am 11. Oktober, dann ging es in das Hochfest der Gottesmutter Maria am 1. Januar über.

Gastfreundschaft und Konvivialität. Diakonisch-spirituelle Praxis

Anna Gläserer und Andreas Heller

> „Wir gestalten das Leben, und das Leben gestaltet uns. Beide widersprüchlichen Aspekte sind immer vorhanden, doch vergessen wir es oft. [...] Wir wissen, die alten Rezepte und Theorien stimmen nicht mehr. Wir müssen offen sein, unsere Gesellschaft verändern, uns mit wesentlichen Werten des Lebens stärker in Einklang bringen. Wir brauchen Zeit, uns selbst zuzuhören und uns mit etwas Tieferem zu verbinden. Für eine solche neue Entwicklung in uns selbst brauchen wir aber das Vertrauen in uns selbst, dass es immer wieder im Leben neue und überraschende Veränderungen gibt. [...] Ein Schritt, zu dem auch Mut gehört. Mut, den wir alle brauchen, wenn wir vermeintlich sichere Pfade verlassen. [...] [W]as wartet denn darauf, von mir noch gelebt zu werden?"

(Stéphane Hessel)[1]

Weltfremdheit

Von George Steiner, dem jüngst verstorbenen Universalgelehrten, stammt der wunderbare Satz: „Wir sind Gäste des Lebens, um weiterhin zu kämpfen, um die Dinge ein ganz klein wenig zu verbessern. Das Leben besser zu machen."[2] Diesen Satz kann man hören als eine Einsicht in den Geschenk- und Auftragscharakter des Lebens. Wir haben uns nicht selbst erzeugt. Wir finden uns vor, sind vom Leben mit Leben beschenkt und moralisch verpflichtet, Leben zu ermöglichen. Man kann den Satz auch lesen als eine Aufforderung zur *Humilität* (*humilis* bedeutet demütig), zu einer erdnahen Welt-Haltung, einer respektvol-

---

1 Das schreibt Stéphane Hessel, der in Berlin 1917 geborene, französische Résistance-Kämpfer, Überlebender des KZ Buchenwald und Diplomat, der mit 93 Jahren das Buch *Empört Euch* schrieb und der 2013 in Paris verstarb. Hessel, Vorwort, 10–11.
2 Steiner, Ein langer Samstag, 143.

len Verneigung in Bescheidenheit – im Wissen um unser Bezogensein aufeinander und auf die Welt.

Wir sind Gäste des Lebens und als solche sollten wir uns nicht als imperial-koloniale Herren der Welt aufführen, die andere unterwerfen, belehren, ausbeuten. *Gast* zu sein, ist eine Haltung der Weltbegegnung, des Umgangs mit den Menschen, dem Leben und dem Lebendigen, mit der Welt. Das ist in gewisser Weise, ohne es explizit zu machen, eine Resonanz auf Günther Anders, der in den 1930er Jahren der *Weltfremdheit des Menschen* auf den Grund gegangen ist.[3]

Heute erkennen wir immer mehr, dass wir als Gäste in einer Welt leben, in der wir verbunden und abhängig zugleich sind. Distanzen spielen kaum mehr eine Rolle. Die Überwindung von Zeitgrenzen wird im digitalen Zeitalter immer kleiner. Wir sind vernetzt, mehr als wir es uns vorstellen. Papst Franziskus beschreibt diese globalen Beziehungen, diese Verwobenheit alles Lebenden, als ein „Netz, das wir nie endgültig erkennen und verstehen"[4] können. Wir sind abhängiger und kontrollierter, als wir glauben, – und dies in globalem Ausmaß. Wir gehören zu der *einen* Welt, zur Weltgemeinschaft der Menschen, aber diese existiert nur gedanklich. Der überwiegenden Mehrzahl der Milliarden von Menschen auf unserer Erde werden wir nie begegnen. Sie bleiben Fremde für uns. Gleichzeitig können wir uns über die Massenmedien mit ihnen solidarisieren und identifizieren. Wir können ihr medial vermitteltes Schicksal empathisch mitvollziehen.

Die Situation, in der wir leben, ist neuartig anders, weil die Menschheit nicht nur größer ist als die imaginierte Gemeinschaft des Nationalstaats, sondern auch offener, unbestimmter, grenzloser. Der Nationalstaat, wie groß er auch immer ist, hat Grenzen. Die *Menschheit* hat keine Grenzen. Jeder, der ein Mitglied der Spezies *homo sapiens* ist, kann seine Rechte als Mitglied dieser Weltgemeinschaft einfordern. Das stellt uns vor neue Herausforderungen:

> „Zwar haben die Menschen bereits mehrere Male in der Geschichte große Schritte nach vorn getan. Anderseits sind wir gewissermaßen am Ende der Straße ange-

---

[3] Anders, Die Weltfremdheit des Menschen.
[4] Papst Franziskus, Enzyklika Laudato Si'.

kommen. Von uns wird etwas Neues verlangt: zu sagen, ich bin Bürger der Welt, und gleichzeitig dem Gedanken widerstehen, wie fremd mir die Mitbürger sind. Ich kann sie mir nicht mehr auswählen. Jeder um mich herum hat Anspruch darauf, als ein Mitglied dieser alle Menschen umfassenden Gemeinschaft betrachtet zu werden. So etwas gab es zuvor nie."[5]

Wir sind Gäste des Lebens in einer grenzenlosen Weltgemeinschaft. Wir sollen und müssen als Gäste des Lebens – in freier Entscheidung, Verantwortung zu übernehmen – verantwortlich, bezogen auf uns und andere, handeln. Es geht um eine globale Sorge, eine existenzielle Selbstverständlichkeit des Offenseins für die anderen, die immer auch die Fremden sind.

Gastfreundschaft

Wir sind Gäste des Lebens und vielleicht ist deshalb die hospizliche Haltung der Gastfreundschaft (Mt 25) eine Interpretation dieser Erfahrung, sich selbst als Gast in Relation zu setzen, zu relationieren und dem:der anderen Gast-Freundschaft zu schenken. Denn Gastfreundschaft ist eine Gabe, ein Geschenk. Das Verständnis der Gastfreundschaft als Gabe ist zu unterscheiden vom politischen Impuls „Wir schaffen das", der als Signatur der Kanzlerinnenschaft von Angela Merkel in Erinnerung bleiben wird. Ohne es zu ahnen und zu beabsichtigen, wurde das Geschenk des Willkommens hier zu einer *Leistung*, zu einer kollektiven Kraftanstrengung, ganz nach der Logik: „Es gibt ein Problem. Wir lösen das."

Aber Gastfreundschaft ist keine Leistung und ist nicht über Appelle herstellbar. Es geht nicht um *Produktionsbedingungen* von Gastfreundschaft. Gastfreundschaft ist eine existenziell-moralische, eine humanitäre Haltung, eine schenkende Existenzform des Menschlichen, die über mauernde Selbstverteidigungsinteressen hinwegträgt. Der:die andere, der:die Fremde, wird politisch zu einem Problem gemacht. Aber nicht die Fremden sind das Problem, sondern die Art und Weise, wie die europäische Politik angesichts ihrer xenophoben rechtsradikalen Erpressbarkeit damit umgeht. Die mediale Skandalisierung, die sich in Begriffsprägungen

---

5 Bauman, Das Vertraute, 112.

wie „Migrationskrise", „Flüchtlingswelle" oder „Asylproblematik" niederschlägt, kündigt eine der großen sozial- und demokratiepolitischen Aufgaben unserer Gesellschaften im 21. Jahrhundert an. Denn indem ich die anderen *als Problem* qualifiziere, verweise ich letztlich zurück auf meinen Beobachterstatus, der jemand oder etwas als Problem an-sieht. Die Beschreibung des Problemcharakters der Fremden verweist auf die Begrenztheit des:der Beobachtenden zurück. Denn es wird offensichtlich, dass ich in der Beschreibung eines Problems, indem *ich* etwas als Problem definiere, selbst Teil des Problems bin. Meine Sichtweise, die Art, *die Fremden* zu sehen, ist blind für die Erkenntnis, dass ich selber auch (immer wieder) Fremde:r bin.

Die vertikalen und horizontalen Mobilitätsdynamiken der modernen Gesellschaften sind Ausdruck eines sozialen Wandels, der tiefgreifenden Veränderungen der Welt. Längst leben wir gar nicht mehr in krisenhaften Gesellschaften, denn eine Krise hat einen Anfang und ein Ende. Wir befinden uns in dramatischen Transformationsprozessen – manche meinen auch in apokalyptischen, endzeitlichen Stimmungslagen und empirischen Existenzbedrohungen. Diese Prozesse bringen Unsicherheiten hervor, Selbstverteidigungsinteressen, kraftvolle Gewaltausbrüche, diktatorische Interventionen hin zu *illiberalen Demokratien*, aber auch Hilflosigkeits- und Ohnmachtsgefühle in kollektivem Ausmaß.

Nicht nur territoriale, sondern auch soziale und kognitive Mobilitäten lassen alte kulturelle Ängste aufbrechen: Der Kosmos der anderen ist fremd. Er ist anders als unserer: sprachlich, kulturell, religiös. Das war immer so. Deshalb war es in früheren (!) Kulturen nicht unüblich, die Fremden schonungslos zu vernichten, die Bedrohung, die sie darstellten, abzuwehren.

Gastfreundschaft ist eine uralte menschliche, individuelle und kollektive Haltung des Vertrauens, mit den Fremden umzugehen, ohne sie zu umgehen, ihnen Achtung entgegenzubringen, ohne sie umzubringen.

Im vorklassischen Latein bedeutet das Wort *hostis* „Fremder" und „Feind". Der:die Fremde ist ambivalent. Zu dieser Doppelgesichtigkeit muss ich mich verhalten, indem ich in ein Verhältnis, in ein Beziehungsverhältnis eintrete, mich ihm:ihr stelle, also buchstäblich Stellung beziehe. Das ist die ethisch-politische Herausforderung, das ist die hospizliche Haltung. Kultur- und religionsgeschichtlich führt die immanente Möglichkeit der Aggression gegenüber den Fremden dazu, die eigenen Bedrohtseins-Phantasien, die Tötungs- und Vernichtungsvorstellungen zu domestizieren, indem die Fremden zunächst tabuisiert werden. Sie stehen unter dem besonderen Schutz der Götter. Es entwickelt sich daher ein politisch und kulturell etabliertes Gastrecht, später ein Asylrecht. Bei den Griechen ist dann der *xenos* der Fremde, aber eben auch als Fremder der Gast. *Xenophilie* ist erforderlich, um miteinander leben zu können, also „Fremdenfreundlichkeit". Fremdenliebe, die Haltung eines nicht kriegerischen Zusammenlebens. Damit verbunden ist natürlich u. a. auch die Erfahrung, dass die Fremden nützlich sein können, dass es besser ist, sie nicht zu töten. Man kann von ihnen profitieren, indem man Waren, Informationen, Erfahrungen – sie können auch potenzielle Schwiegersöhne oder Schwiegertöchter sein – austauscht. *Xenophilie* ist nicht ganz uneigennützig – ein Gedanke, der auch in unseren Gesellschaften rationale Plausibilitäten hervorbringt.

Jacques Derrida hat in seinem Essay über die Gastfreundschaft die intellektuelle Provokation des Gastes als des Fremden formuliert, die in gewisser Hinsicht radikal ist:

> „[…] [I]st die Frage nach dem Fremden nicht eine Frage *des* Fremden? Eine vom Fremden kommende Frage? Als ob der Fremde zuallererst *derjenige* wäre, *der* die erste Frage stellt, oder derjenige, an den man die erste Frage richtet: Als ob der Fremde das In-Frage-Stehen wäre, die Frage selbst des In-Frage-Stehens, das Frage-Sein oder das In-Frage-Stehen. Aber auch derjenige, der, indem er die erste Frage stellt, mich in Frage stellt."[6]

Zusammenleben

Der:die Fremde stellt mich in Frage. Das wirft die Frage auf: Wie können wir überhaupt zusammenleben, wenn ein Zusammenleben ohne

---

6 Derrida, Von der Gastfreundschaft, 11–12. Es sei daran erinnert, dass der Trierer Pastoraltheologe Rolf Zerfaß Gastfreundschaft als Leitkategorie der Seelsorge schon früh thematisiert hat: vgl. Zerfaß, Seelsorge als Gastfreundschaft.

Fremde in der Weltgesellschaft nicht möglich ist und der:die Fremde mich in Frage stellt, also schon allein durch seine:ihre pure Existenz verunsichert? Wie können wir zusammenleben in einer Weltgesellschaft, ohne Freiheitseinschränkung, ohne Gewaltanwendung, in Respekt, Toleranz und nicht als ein Nebeneinander, sondern als Miteinander und Zueinander einer gastfreundschaftlichen, bereichernden, empathisch-interessierten, compathisch-sorgenden Lebensweise?[7]

Zusammenleben bedeutet in einer kosmopolitischen Weltgesellschaft, dass wir sozial und psychisch, individuell und kollektiv Fremde sind; nicht nur und nicht erst als Tourist:innen und Soldat:innen, als Gastarbeiter:innen, Auswanderer, Geflüchtete, sondern fundamental und existenziell: Fremdheit ist eine Kategorie unseres Lebens, unserer Existenz in der heutigen Weltgesellschaft, besonders dramatisch anschaulich in Migrationsschicksalen, wie etwa derzeit auf den griechischen Inseln.

Über Migration in der kosmopolitischen Gesellschaft schreibt Ulrich Beck:

„Die Provokation des durchschnittlichen Migranten für das nationale Denken liegt darin, dass er die gesellschaftliche und politische Ordnung, innerhalb derer immer und überall klar zwischen Ausländern und Inländern unterschieden werden kann, stört. In diesem Sinne transformieren die Migrationsströme das Selbstbild, das Gesicht, ja die Logik des Nationalen. Das Zusammenleben wird bunter, widersprüchlicher, konfliktvoller, reicher – mit einem Satz: Nationalgesellschaften werden kosmopolitisch."[8]

Als Fremde sind wir gezwungen, uns zu vermitteln, sind auf das Wohlwollen und die *Freundseligkeit* anderer angewiesen. Wir sind verwiesen aufeinander, uns in Interaktionen und Kommunikationen einen gemeinsamen sozialen Boden zu bereiten. Wie wollen wir zusammenleben in der kosmopolitischen Weltgesellschaft? Wie kann *Konvivialität* heute aussehen? Wie ist es möglich, Entwicklungen in einer Weltgesellschaft zu stimulieren, um eine humane, gastfreundschaftliche, demokratische Kultur zu befördern?[9]

---

7 Vgl. dazu Heller, Compathisch-sorgende Lebensweise.
8 Beck, Soziologie, 74.
9 Reimer Gronemeyer plädierte schon vor mehr als vierzig Jahren für autozentrierte, partizipative Entwicklungsmodelle. Vgl. Gronemeyer, Selbstbestimmung.

Konvivialität

In der neueren politik- und sozialwissenschaftlichen Reflexion zur Frage der *Konvivialität*[10] wird immer wieder verwiesen auf den Höhepunkt des „goldenen Zeitalters der Toleranz" im 11. und 12. Jahrhundert im südlichen Spanien. *Convivencia* bezeichnet die Epoche dieses friedlichen Zusammenlebens von Muslim:innen, Juden:Jüdinnen und Christ:innen im mittelalterlichen Spanien.[11]

Keine „Koexistenz", keine „Integration", keine „Multikulturalität" und auch kein „clash der Kulturen". Die teilnahmslos-deskriptiven Begrifflichkeiten moderner Sozialstrukturanalysen taugen nicht, um zu begreifen, was in der Blütezeit des mittelalterlichen Spaniens einmal möglich gewesen ist – auch wenn diese freundliche und weltoffene Gesellschaft der *convivencia* nach einer langen Periode innerer Konflikte und dynastischer Streitigkeiten brutal zu Ende ging. Das Jahr 1492 – in dem nach eurozentristischer Geschichtsschreibung die „Neue Welt" entdeckt wurde – markiert das Ende dieses wunderbaren Granada. Nach der grausamen *reconquista*, der Vertreibung der Muslim:innen und der Erlassung des Edikts zur Zwangsbekehrung der Juden:Jüdinnen, übernahm die katholische Monarchie die Herrschaft, die getragen war von der Idee der „Reinheit des Glaubens und der Reinheit des Blutes, der Rasse". Erstmals findet in dieser Zeit der bis dahin nur auf das Tierreich bezogene Begriff der „Rasse" Anwendung auch auf den Menschen. Später, im 18. Jahrhundert, begründet dann die Aufklärung den universalen Begriff der „Menschheit". Im Widerspruch zu den aufklärerischen Idealen von Fortschritt und Humanität, die mit der der Idee der „Menschheit" assoziiert werden, steht der brutale transatlantische Sklavenhandel, der – in modernisierter Form – bis heute fortbesteht. Weil die Unterjochung fremder Völker nicht gut mit dem Selbstbild der christlich-humanistischen, aufgeklärten Gesellschaft zusammengeht, braucht es zur Rechtfertigung die Rassentheorie, die den:die Fremde:n zum minderwertigen Wesen erklärt.

---

10 Vgl. Adloff, Politik der Gabe.
11 Vgl. Goddar, Modell für mehr Miteinander.

In der deutschen Kolonialgeschichte etwa führt die Rassendiskriminierung u. a. zum Bau von sog. Konzentrationslagern in Deutsch-Südwest-Afrika, dem heutigen Namibia.[12] Nach der Niederlage des ersten Weltkriegs und dem Verlust seiner Kolonien identifiziert das Deutsche Reich dann einen neuen „Rassenfeind" (die jüdische Bevölkerung) im eigenen Land.

Der Rassismusforscher Christian Geulen schreibt:

> „Rassismus und Fremdenfeindlichkeit [...] haben, ebenso wie der Antisemitismus, ein sehr viel längeres ‚ideologisches Gedächtnis' und ihre Entwicklungsgeschichte reicht tief in den Entstehungsprozess der Moderne zurück. Daher ist es durchaus vorstellbar, dass gerade die aktuellen Formen der Angst und Anfeindung gegenüber dem Fremden in einer globalisierten Welt auf Motive und Denkmuster zurückgreifen, die mehr mit der Verschränkung von Nationalismus, Kolonialismus und Rassismus im 19. Jahrhundert zu tun haben als mit deren Kulmination im Totalitären."[13]

Für die Idee einer Gesellschaft, die nicht auf Diskriminierung und Ausschließung nach innen oder außen gründet, hat die europäische Aufklärung – philosophisch und rechtlich – wichtige Grundlagen geschaffen. Der Humanist Jean-Jacques Rousseau veröffentlicht 1762 in Amsterdam seinen Vorschlag für einen gemeinwohlorientierten Gesellschaftsvertrag (*Du contrat social ou principes du droit politiques*). Noch im selben Jahr wurde das Buch in Frankreich, den Niederlanden, in Genf und Bern verboten, denn es stellt die herrschende Ordnung in Frage. Trotz Aufklärung und zahlreicher Bemühungen auch gegenwärtiger Rassismuskritiker:innen, wie Noah Sow oder Tupoka Ogette, bleibt der Rassismus ein intrinsisches Problem unserer Gesellschaften.[14]

---

12 Vgl. hierzu Olusoga/Erichsen, The Kaiser's Holocaust.
13 Geulen, Weltordnung und „Rassenkampf", 39.
14 Siehe: Sow, Deutschland Schwarz Weiß sowie Ogette, Exit Racism. Wie „implizit" rassistisch unsere Gesellschaften sind, versucht eine Studie der US-amerikanischen Universitäten Washington, Virginia, Harvard und Yale aufzuzeigen. Forscher:innen dieser Universitäten entwickelten einen Impliziten Assoziationstest, der nicht bewusstes Denken, sondern unbewusste Implikationen misst und damit nicht auf den Rassismus des:der Einzelnen hinweist, sondern auf ein strukturell gesellschaftliches

In jüngster Zeit thematisieren die französischen „Convivialisten" – ein Zusammenschluss von vor allem französischen Intellektuellen und Wissenschaftler:innen – neue Formen des gesellschaftlichen Zusammenlebens. Viele Bewegungen, Initiativen und Gruppierungen suchen nach alternativen Wegen, nach neuen Formen, miteinander zu leben (*convivere*).[15]

La physiologie du goût, ou Méditations de gastronomie transcendante, so lautete der Titel des Hauptwerks von Anthèlme Brillat-Savarin, das 1825 erschien. Als Gastwirt und Philosoph sieht Brillat-Savarin in der Gastronomie (der „Lehre vom feinen Essen"), in der Tischgemeinschaft, ein Modell für eine gastfreundschaftliche Kommunikation, für eine Existenzweise absichtsloser Freude am Beisammensein. Das Bild der Tischgemeinschaft wird auch von den französischen Konvivialisten aufgegriffen.

Wie ist das Wohl aller möglich in einer Gesellschaft der Konkurrenz, des Oben und Unten, der Ungerechtigkeit in der Verteilung der Lebenschancen? Es braucht eine öffentliche Politik, die vor allem die Sorge für andere anerkennt und würdigt. Jene, die sich in unserer Gesellschaft der Sorge und dem Dienst für andere verschrieben haben, müssen deutlicher unterstützt werden. Sorge bleibt aber die Aufgabe aller Menschen, auch wenn sie historisch vorrangig Frauen zugewiesen wurde. In der Sorge kommt zum Ausdruck, dass wir als Menschen aufeinander angewiesen sind. Das gilt auch im globalen Maßstab: Die großen Herausforderungen lassen sich heute nicht mehr national „lösen". Eine „Um-Care", eine „Care Revolution"[16] ist erforderlich – eine fundamentale Neuorientierung, die im Spannungsfeld von Individualität und Sozialität im Weltmaßstab anzusiedeln ist. Eine solche Sorgekunst braucht neue Formen sozialökologischen nachhaltigen Wirtschaftens und muss die Diktatur der neoliberalen Ökonomie brechen.[17]

Problem. Siehe dazu die Homepage des Project Implicit: https://implicit.harvard.edu/implicit/index.jsp [Zugriff: 29.3.2021].

15 Zum Begriff „Convivialität" vgl. Illich, Selbstbegrenzung (Originalausgabe: *Tools for Conviviality*, 1973).
16 Winkler, Care Revolution.
17 Vgl. Les Convivialistes, Das Konvivialistische Manifest. Vgl auch: www.diekonvivialisten.de.

Gastfreundschaft zu kultivieren ist eine schwierige Aufgabe und Herausforderung: Es bezieht sich auf *alle* Fremden und ist riskant: Es gründet in der Hoffnung, dass die Fremden das Vertrauen nicht missbrauchen. Vertrauen kann sich nur realisieren, „wenn der, dem vertraut werden soll, Gelegenheit zum Vertrauensbruch bekommt – und nicht nutzt. Dieses Risiko ist [...] nicht wegzudenken. Es kann aber auf kleine Schritte verteilt und dadurch minimiert werden."[18]

Der *hostis* wird zum *hospes*. Der semantisch angedeutete Ambivalenzcharakter des Gastes lässt sich existenziell und sozial nicht auflösen. Vielleicht ist es der zweite Wortbestandteil des Doppelbegriffs Gastfreundschaft, der einen Hinweis auf die entsprechende vertrauensvolle Haltung erlaubt. Es geht ja um die Einsicht, vertrauensvoll freundschaftlich Stellung zu beziehen. Man muss einen guten Grund und ein gutes Gefühl entwickeln, dass es sinnvoll ist, Vertrauen zu haben, also im Letzten sich selbst zu riskieren, statt die Gastfreundschaft im Selbstverteidigungsmodus abzuwehren. Vertrauen lebt im *Abrüstungsmodus*, in der *Entwaffnung* und ist Ausdruck der Angstüberwindung.

Hier liegt der tiefere Grund für die religiöse Weisheit der jüdisch-christlichen (theologischen) Tradition, Gastfreundschaft als Akt des Vertrauens, des Glaubens zu begreifen. Im Gast begegnet mir in der jüdisch-christlichen Vorstellung Gott selbst. Im Hebräerbrief heißt es: „Vergesst die Gastfreundschaft nicht; denn durch sie haben einige, ohne es zu ahnen, Engel beherbergt." (Hebräer 13,2) Dies impliziert eine Haltung des Vertrauens, des Glaubens, der hoffenden Erwartung. In der Rede Jesu über das kommende Weltgericht in Matthäus 25 wird Gastfreundschaft zu dem alles entscheidenden moralischen Tun. Stärker als im Matthäus-Evangelium kann die radikale Forderung zur Gastfreundschaftlichkeit religiös nicht formuliert und die Notwendigkeit, jeden Bruder und jede Schwester gastfreundschaftlich aufzunehmen, nicht begründet werden.

---

18 Luhmann, Liebe als Passion, 49.

Lernen

Die Idee des gastfreundschaftlichen Umgangs miteinander vollzieht sich im Modus der Gabe, des Geschenks. Der:die Gastgeber:in gibt, was notwendig ist, um einem anderen das Überleben zu ermöglichen. Er:sie gibt zu essen und zu trinken, Teilhabe an der Tischgemeinschaft. Das ist die materielle und ideelle Voraussetzung für die Begegnung. In der Gastfreundschaft lebt die Ahnung, dass wir selbst unser Leben und den Horizont unseres Denkens und Fühlens erweitern können, indem wir absichtslos interessiert sind an denen, die „auf Fahrt" waren, die sich aufgemacht haben und aufmachen mussten, weil sie ein Gelübde, ein Versprechen einlösten, weil sie fliehen mussten oder vertrieben wurden, oder weil sie einfach ein anderes, besseres, reicheres, bunteres, eigenes Leben suchten. Die Gäste kommen als *Erfahrene* in unser Leben und bringen den Reichtum ihrer Erfahrungen ein. Deshalb ist die Haltung der Gastfreundschaft eine, die die Tür öffnet; aber auch eine Haltung, die sich öffnet in der Bereitschaft zum Zuhören. Das Zuhören ermöglicht den Gästen, sich erzählend in Beziehung zu setzen. Gastfreundschaft ist eine Haltung gelebter und praktizierter, zuhörender Offenheit; der Bereitschaft sich einzulassen, Anteil zu geben und Anteil zu nehmen. Naheliegend und offensichtlich lässt sich Gastfreundschaft nicht in schulischen Programmen lernen. Gastfreundschaft ist kein Produkt von Erziehung, sie erwächst aus der Unmittelbarkeit der Beziehung, der Begegnung mit den Fremden und der Selbstverständlichkeit, sich unentrinnbar angesprochen zu erleben und sich diesem *An-Spruch* zu stellen.

Aber was heißt das für eine Universität? Was bedeutet das konkret für das Selbstverständnis eines christlichen Bildungsortes, einer Schule oder einer katholisch-theologischen Fakultät? Diakonie ist kein lehrplanadäquates Thema allein der theologischen Diskursivität und lässt sich nicht hinreichend, rein theoretisch als purer Barmherzigkeit-Diskurs abhandeln, ohne praktische Folgen. Um es mit Rainer Bucher zu sagen: Wir müssen den „wohlgepflegten Campus verlassen und ans Krankenbett von Müttern gehen, deren Kinder gestorben sind, oder an andere *hotspots* gegenwärtiger Existenz. Das sind die *loci theologici* der Gegenwart, an denen der Theologie Gott entgegenkommt"[19]. Es stellt sich also das uralte theologische Thema des Zusammenhangs von Orthodoxie und Orthopraxie. Oder anders: Können wir denn in unseren behaglich warmen Hörsälen Gastfreundschaft explizieren, während wir wissen, dass tausende Geflüchtete an den Grenzen Europas in Sommerzelten hausen, die gerade mit aufwändigen EU-Mitteln zu Dauer-Behausungen zementiert werden? Welche Zusammenhänge können hergestellt werden zwischen der Nächstenliebe als theologischer Lehre und dem eigenen institutionellen Selbstverständnis als öffentliche Universität? Inwieweit müssen Handlungsvollzüge einer Fakultät berührt und inspiriert werden von einem christlich-diakonischen Diskurs? Wie kann also an einer theologischen Fakultät die diakonische Praxis als gelebte Spiritualität einen Ort finden? Wie kann die leidige neokonservative Anfrage nach der Kirchlichkeit einer Fakultät dem Zusammenhang von Mystik und Politik, von Spiritualität und Diakonie handelnd einen Ort geben? Wie kann eine katholisch-theologische Fakultät die Aufgabe, sich politisch und gesellschaftlich zu verorten durch konkretes Handeln, durch eine konkrete Praxis, annehmen und ernst nehmen? Gastfreundschaft nimmt die Frage auf, die der:die Fremde stellt.

Freundschaft[20]

Wir kennen im Deutschen das Wort „Gastliebe" nicht. Wir sprechen von „Gastfreundschaft" und deuten hoffend an, dass aus Gästen manchmal Freunde, aus der Gastfreundschaft Freundschaft werden kann. Die neuere Soziologie definiert Freundschaft als eine „dauerhafte, in freiwilliger Gegenseitigkeit konstruierte, symmetrische, dyadische, persönliche Privatbeziehung zwischen Nicht-Verwandten, die sich durch Intimität und emotionale Nähe auszeichnet und auf der Erwartung generalisier-

---

19 Bucher, Christentum im Kapitalismus, 177.
20 Zum Thema Freundschaft vgl. z. B. Tyradellis, Freundschaft; Hénaff, Die Gabe der Philosophen; Plutarch, Von Liebe; Grayling, Freundschaft; Waldenfels: Topologie des Fremden; Yalom/Brown, Freundinnen.

ter Reziprozität basiert"[21]. Diese rein deskriptive Definition übersieht die Tatsache, dass wir in unserer digitalen Gesellschaft eine Transformation, eine schleichende Erosion der Freundschaft erleben. Byung-Chul Han beschreibt diesen Kulturbruch:

> „Das Wort ‚digital' verweist auf den Finger *digitus*, der vor allem zählt. Die digitale Kultur lässt den Menschen gleichsam zu einem Fingerwesen verkümmern. Die digitale Kultur beruht auf dem zählenden Finger. Geschichte ist aber eine Erzählung. Sie zählt nicht. Zählen ist eine posthistorische Kategorie. Weder Tweets noch Informationen fügen sich zu einer *Erzählung* zusammen. Auch die Timeline erzählt keine Lebensgeschichte, keine Biographie. Sie ist additiv und nicht narrativ. Der digitale Mensch fingert in dem Sinne, dass er ständig zählt und rechnet. Das Digitale verabsolutiert die Zahl und das Zählen. Auch Facebook-Freunde werden vor allem gezählt. Die Freundschaft ist aber eine Erzählung. Das digitale Zeitalter totalisiert das Additive, das Zählen und das Zählbare. Sogar Zuneigungen werden in Form von *Likes* gezählt."[22]

Gastfreundschaft und Freundschaft ereignen und erschließen sich in Räumen, die sich dem Quantifizierbaren versperren. Freundschaft ist nie das Ergebnis von linearer Berechenbarkeit, von Steuerbarkeit, Planbarkeit.

Yrvin Yalom, Jahrgang 1931, Psychiatrieprofessor an der Yale University und Vertreter einer existenziellen und relationalen Psychoanalyse, beschreibt den Geschenkcharakter von Beziehungen und Freundschaften:

> „In engen Beziehungen ist es für andere umso einfacher sich zu offenbaren, je mehr man von seinen eigenen inneren Gefühlen und Gedanken preisgibt. Selbstoffenbarung spielt in der Entwicklung von Intimität eine entscheidende Rolle. Generell bauen Beziehungen auf einem Prozess gegenseitiger Selbstoffenbarung auf. Die eine Person wagt den Sprung, enthüllt eine intime Angelegenheit und setzt sich damit einem Risiko aus; die andere schließt den Abgrund, indem sie sich mit gleicher Münze revanchiert; zusammen vertiefen sie die Beziehung durch die Spirale der Selbstoffenbarung. Wenn die Person, die das Risiko eingeht, ohne Erwiderung bleibt, gerät die Freundschaft häufig ins Wanken."[23]

---

21 Schobin, Konjunkturen, 28.
22 Han, Lob der Erde, 63–64.
23 Yalom, In die Sonne schauen, 130.

Gastfreundschaft hat womöglich immer zu tun mit dem Bestreben, die Enge unseres Denkens und Fühlens auszuweiten, uns zu riskieren, hoffnungslos hoffnungsvoll und von Angst befreit zu leben, indem wir Vertrauen aufbringen; uns dem anderen selbst erzählend ausliefern. Das ist nur möglich in einem Vertrauen, das uns geschenkt wird, das uns zufällt. Was wir brauchen, sind Vertrauensräume der Gast-Freundschaft – und wir brauchen Offenheit, Zeit, Vertrauen und Mut, um uns das Geschenk der Freundschaft zu erschließen, das vielleicht die einzige Quelle von Hoffnung ist.

Literaturverzeichnis

Adloff, Frank: Politik der Gabe. Für ein anderes Zusammenleben, Hamburg 2018.
Anders, Günther: Die Weltfremdheit des Menschen. Schriften zur philosophischen Anthropologie. Hg. v. Dries, Christian, München 2018.
Bauman, Zygmunt: Das Vertraute unvertraut machen. Ein Gespräch mit Peter Haffner, Hamburg 2017.
Beck, Ulrich: Soziologie. Gesellschaft im 21. Jahrhundert (Zeitakademie: Sektion Soziologie), Hamburg 2013.
Bucher, Rainer: Christentum im Kapitalismus. Wider die gewinnorientierte Verwaltung der Welt, Würzburg 2019.
Derrida, Jacques: Von der Gastfreundschaft (Passagen forum), Wien ^{4}2016.
Geulen, Christian: Weltordnung und „Rassenkampf". Zur Ideologischen Matrix des Kolonialismus, in: Deutsches Historisches Museum (Hg.): Deutscher Kolonialismus. Fragmente seiner Geschichte und Gegenwart, Darmstadt ^{2}2017, 33–39.
Goddar, Jeannette: Modell für mehr Miteinander, 20.12.2017 (veröffentlicht auf der Website der Max-Planck-Gesellschaft), online: https://www.mpg.de/11861991/convivencia [Zugriff: 29.3.2021].
Grayling, Anthony C.: Freundschaft. Über die Vorzüge eines erfüllten Lebens, Wien – Hamburg 2015.

Gronemeyer, Reimer: Selbstbestimmung innerhalb der Grenzen des Wachstums, in: Bahr, Hans-Eckehard – ders. (Hg.): Anders leben – überleben, Frankfurt a. M. 1977, 53–70.

Han, Byung-Chul: Lob der Erde. Eine Reise in den Garten, Berlin 2018.

Heller, Andreas: Compathisch-sorgende Lebensweise, in: Leidfaden. Fachmagazin für Krisen, Leid, Trauer 7 (2018), H. 4, 72–76.

Hénaff, Marcel: Die Gabe der Philosophen. Gegenseitigkeit neu denken, Bielefeld 2014.

Hessel, Stéphane: Vorwort, in: Winkler, Beate: Es ist etwas in mir, das nach Veränderung ruft. Der Sehnsucht folgen, München 2014, 10–11.

Illich, Ivan: Selbstbegrenzung. Eine politische Kritik der Technik, Reinbek bei Hamburg 1975.

Les Convivialistes: Das Konvivialistische Manifest. Für eine neue Kunst des Zusammenlebens. Hg. v. Adloff, Frank – Leggewie, Claus, Bielefeld 2014.

Luhmann, Niklas: Liebe als Passion. Zur Codierung von Intimität, Frankfurt a. M. 1982.

Ogette, Tupoka: Exit Racism. Rassismuskritisch denken lernen, Münster 2019.

Olusoga, David – Erichsen, Casper W.: The Kaiser's Holocaust. Germany's forgotten genocide and the colonial roots of Nazism, London 2010.

Papst Franziskus: Enzyklika Laudato Si'. Über die Sorge für das Gemeinsame Haus, 2015, online: http://www.vatican.va/content/francesco/de/encyclicals/documents/papa-francesco_20150524_enciclica-laudato-si.html [Zugriff: 29.3.2021].

Plutarch: Von Liebe, Freundschaft und Feindschaft, Wiesbaden 2010.

Schobin, Janosch: Die Konjunkturen der soziologischen Freundschaftstheorie, in: ders. u. a.: Freundschaft heute. Eine Einführung in die Freundschaftssoziologie, Bielefeld 2016, 23–37.

Sow, Noah: Deutschland Schwarz Weiß. Der alltägliche Rassismus, München 2018.

Steiner, George: Ein langer Samstag. Ein Gespräch mit Laure Adler, Hamburg 2016.

Tyradellis, Daniel: Freundschaft. Das Buch. Ausstellungskatalog zur Ausstellung im Deutschen Hygienemuseum Dresden, Berlin 2015.
Waldenfels, Bernhard: Topologie des Fremden. Studien zur Phänomenologie des Fremden, Frankfurt a. M. 1997.
Winkler, Gabriele: Care Revolution. Schritte in eine solidarische Gesellschaft, Bielefeld 2015.
Yalom, Irvin D.: In die Sonne schauen. Wie man die Angst vor dem Tod überwindet, München 2008.
Yalom, Marilyn – Brown, Theresa D.: Freundinnen, eine Kulturgeschichte, München 2017.
Zerfaß, Rolf: Seelsorge als Gastfreundschaft, in: ders., Menschliche Seelsorge. Für eine Spiritualität von Priestern und Laien im Gemeindedienst, Freiburg i. Br. 1985, 11–32.

Die Existenz eines Mannes

Tanja Grabovac

Die Aufgabe zu übernehmen, über das Leben, die Existenz von jemandem nachzudenken, ist sicherlich kein leichtes Unterfangen. Was macht das Leben von jemandem, die Biographie von jemandem, die Existenz eines Menschen aus? Was ist es, was die Biographie eines Menschen besonders, außergewöhnlich macht? Was bleibt von Bekannten, Nahestehenden, aber auch Fremden im Gedächtnis von jemandem übrig? Vor allem scheint sich das ganze Spektrum in Gedanken zusammenzufassen: ein Leben, eine Existenz, eine Erinnerung an das Leben.

Das Nachdenken über die Biographie eines Menschen scheint weit mehr Fragen aufzuwerfen als Antworten zu geben. Und in einem theologischen Sinn ist im Hinblick auf das menschliche Leben viel über das Leben als Geheimnis, über das Leben als Mysterium gesagt worden.

Auf der Suche nach einem einzigartigen Überblick über das Leben eines Menschen zerlegen wir sein Leben oft in viele grundlegende und weniger grundlegende Teile. Diese Komponenten können sich auf Altersepochen, auf das Berufsleben, auf das Privatleben, auf Hobbys, auf Lebensinteressen, Familienabstammung, Bildungsgeschichte, emotionale Entwicklung, Wendepunkte im Leben usw. beziehen. Auf der anderen Seite ergeben alle Aufschlüsselungen des eigenen Lebens zusammen ein vollständigeres Bild. Unser Leben besteht aus verschiedenen Teilen.

Es scheint sehr wichtig zu sein, darauf hinzuweisen, dass die Biographie eines Menschen, sein Leben nie eine abgeschlossene Geschichte ist und es keinen geschlossenen Schluss gibt. Nämlich, dass unsere Taten, unsere Gedanken, Aktivitäten, Inspirationen, Momente durch andere Personen weiterleben, als Existenz in Existenz, Geheimnis in Geheimnis. Das Ende einer Epoche des Lebens öffnet eine andere Epoche, eine andere Tür der Möglichkeiten.

Um jemanden besser zu verstehen, ist es auch notwendig, genau diesen Jemand zu fragen, nach seinem/ihrem Verständnis vom Leben zu fragen, welche Erinnerungen und Momente er/sie trägt, welche Inspirationen. Zu diesem Zweck ist der folgende Text ein Interview mit Univ.-Prof. Dr. Rainer Bucher.[1]

TG: Wenn Sie über das Geheimnis des Lebens nachdenken, über das Geheimnis der Existenz von jemandem, was sind Ihre Gedanken zur Frage des Lebens und der Existenz?

RB: Genau das: dass das Leben, dass der Mensch ein wundervolles, aber auch abgründiges Geheimnis ist, das man respektieren muss, aber nie ausloten kann.

TG: Sie haben in Ihrem Leben sicherlich viele Menschen getroffen, die unter der Inspiration Ihrer Mentoren, Professoren und Freunde und Bekannten aufgewachsen sind und sich entwickelt haben. Wessen Biographie, wessen Lebensaktivitäten haben Ihre persönliche berufliche und private Entwicklung beeinflusst?

RB: Ganz zentral war für mein Leben die Erfahrung, dass Theologie und Wissenschaft ein geradezu beglückendes Befreiungspotential haben. Meine Lehrer Elmar Klinger und Ottmar Fuchs haben das verkörpert. In der Kolonialisierung der Wissenschaften durch den akademischen Kapitalismus und der Theologie durch eine ängstliche Kirche wird dies leider oft verschüttet.

TG: Das Leben besteht aus vielen Wendepunkten. Welche Wendepunkte waren für Sie wichtig, und welche Botschaften haben Sie von wichtigen Wendepunkten im Leben mitgenommen?

RB: Ich habe an einigen Wendepunkten meiner Biographie nicht bekommen, was ich erhofft, dafür aber, was ich überhaupt nicht erwartet hatte. Gerade dieses Unerwartete hat sich dann als das Weiterführende erwiesen – wenn man es entschlossen annimmt.

TG: Viele besondere Momente und Erinnerungen prägen unser Leben. Welche Momente in Ihrer theologischen Berufslaufbahn tragen Sie in besonderer Erinnerung?

---

1 Das schriftliche Interview mit Univ.-Prof. Dr. Rainer Bucher wurde im Dezember 2020 geführt.

RB: Ich habe die Bilder heute noch im Kopf: ein Seminar bei den Germanisten Friedrich Kittler und Norbert Bolz, die erste fundamentaltheologische Vorlesung bei meinem späteren Promotionsbetreuer Elmar Klinger, meine erste pastoraltheologische Vorlesung bei Rolf Zerfaß und ein Besinnungswochenende mit meinem späteren Habilitationsbetreuer Ottmar Fuchs: Jedes Mal eröffneten sich mir ungeahnte Räume und Themen, die mich bis heute beschäftigen.

TG: Das Leben besteht auch aus unseren Entscheidungen. Manchmal leicht, manchmal schwer. Wenn Sie sich an die Momente erinnern, in denen Sie wichtige Entscheidungen in Ihrem Leben getroffen haben, wo haben Sie dann Klarheit, Hilfe, Hoffnung oder eine Richtung gefunden?

RB: Ich bin einem einfachen Schema gefolgt: Zuerst ausschließen, was die Vernunft verbietet, dann auf das Hören, was die Sehnsucht erhofft, und schließlich nie vergessen, dass unsere Entscheidungen so wichtig auch nicht sind, weil die Zukunft voller Überraschungen ist. Übrigens: Bei weniger wichtigen Entscheidungen habe ich andere um Rat gefragt, die wirklich wichtigen habe ich alleine getroffen.

TG: In der Theologie selbst ist viel über die wesentlichen moralischen Werte des Lebens gesprochen worden. Welche Werte machen Sie persönlich zum Anker des Lebens?

RB: Darüber zu urteilen, überlasse ich Gott. Ich hoffe, er ist gnädig.

TG: Errungenschaften, Anerkennungen und ganz allgemein die Früchte unserer Arbeit sind auch für unser Leben wichtig. Wo im Besonderen sehen Sie die Früchte Ihrer Arbeit? Welches Ergebnis macht Sie besonders glücklich?

RB: Dass ich an einige jüngere Theologinnen und Theologen weitergeben konnte und durfte, was mir wichtig ist an und in der Theologie und auch an der Art, Theologie zu treiben. Dass von diesen jüngeren Theologinnen und Theologen mittlerweile einige Lehrstühle und andere wichtige Positionen in Kirche und Gesellschaft ausfüllen, freut mich.

TG: Wenn wir über die Biographie eines Menschen nachdenken, denken wir oft an die Besonderheiten und den Erfolg seiner Arbeit. Was halten Sie für ein erfülltes und erfolgreiches Leben?

RB: Erfolg macht Freude, bestätigt den eigenen Weg und motiviert. Aber er bedeutet noch nicht selbstverständlich ein erfülltes Leben, dafür ist er sogar eine gewisse Gefahr. Ein erfülltes Leben, das ist lieben und geliebt werden.

TG: Es ist schwierig, sich Vollkommenheit/Perfektion vorzustellen, besonders in Menschenleben, Beziehungen, Strukturen, Staaten und Politiken. Aber wenn wir eine perfekte Kirche als Gemeinschaft schaffen könnten, eine perfekte Theologie, wie würde eine perfekte Kirche für Sie aussehen, und wie würde eine perfekte Theologie für Sie aussehen?

RB: Eine perfekte Kirche, eine perfekte Theologie könnte besser, gütiger, kreativer und vor allem nach klaren Regeln mit ihrer Unperfektheit umgehen.

TG: Auch Dankbarkeit ist ein wesentlicher Bestandteil des Lebens. Wofür sind Sie in Ihrem Leben besonders dankbar?

RB: Da muss ich ausholen. Dass ich so viele Gaben von meiner Herkunftsfamilie mitbekommen habe, dass ich theologische Lehrer hatte, die nicht Theologen waren, um Professoren zu sein, sondern Professoren, um Theologen zu sein, dass mir ein Kirchenhistoriker, Ernst Ludwig Grasmück, den Einstieg in die hauptberufliche theologische Wissenschaft ermöglichte, indem er mich auf volles Risiko hin zu seinem Mitarbeiter machte, dass eine christlich-soziale Politikerin, Annette Schavan, einige Jahre meine Chefin war, bei der ich so viel über Politik lernen konnte, dass ich in Graz eine so gute Arbeitsmöglichkeit an einem so kollegial-freundschaftlichen Institut erhalten habe: Dafür bin ich sehr dankbar. Aber am wichtigsten ist, dass meine Ehefrau und meine Töchter mein Leben nun seit vielen Jahren begleiten.

TG: Wie würden Sie kurz Ihre Existenz, Ihre Biographie beschreiben? Nämlich: Was macht Sie Ihrer Meinung nach besonders?

RB: Das zu beurteilen, überlasse ich lieber anderen.

TG: Auf globaler Ebene war das Jahr 2020 von vielen Krisen geprägt, von globalen Pandemien, wirtschaftlicher Instabilität, Protesten bis hin zu Wahlen in vielen Ländern. Wie sehen Sie die großen globalen Krisen? Wie kann man mit ihnen auf gesellschaftlicher Ebene umgehen, welche Gefahren sehen Sie, und was sollten die Gesellschaften lernen?

RB: Die Krisen werden nicht enden, aller Voraussicht nach sogar sich steigern. Es gibt nur einen Weg, mit ihnen umzugehen: Politisch braucht es Demokratie, Vernunft und Solidarität, persönlich braucht es gute Freunde und Freundinnen und – Gottvertrauen.

TG: Viele Male im Leben fragen wir uns, ob wir das Beste in unserer Macht getan haben. Wenn Sie könnten, würden Sie etwas in Ihrem Leben ändern? Und wenn ja, was genau?

RB: Natürlich habe ich eine Ahnung von dem, was ich falsch gemacht habe. Aber das ist eine Sache zwischen mir und Gott – und jenen Menschen, denen ich etwas schulde.

TG: Oft können wir weder wissen noch kontrollieren, was andere von uns als Inspiration nehmen. Aber wenn Sie könnten, was möchten Sie persönlich gerne, dass andere von Ihnen als Inspiration für ihre Arbeit nehmen?

RB: Dass die Theologie, bei allen Mühen, kein intellektuelles Glasperlenspiel ist, keine Demutsübung in akademischem Fleiß, auch nicht einfaches Nachsprechen der großen Tradition, sondern ein Projekt der eigenen Existenz.

TG: Durch Ihre Arbeit haben Sie einen großen Beitrag zum akademischen Bereich geleistet. Welche nächste Forschung und welche nächsten Projekte haben Sie im Plan? Was können wir in den nächsten Jahren von Ihnen erwarten?

RB: Ob mein Beitrag so groß ist? Ich weiß es nicht. Aber jetzt, gegen Ende meiner Berufstätigkeit, möchte ich die kommende Freiheit nutzen, um endgültig die Einschränkungen des Schulischen hinter mir zu lassen. Ob es etwas bringt? Auch das weiß ich nicht. Aber ich freue mich darauf.

Theologie als symbolische Ressource
Zwischen weberianischer Wissenschaft und organisch-ideologischer Intellektualität

Isabella Guanzini

1. Das Christentum als Ressource

Die Frage nach dem Christentum als symbolischer Ordnung, die nicht einfach eine kulturelle Identität, sondern eine gesellschaftskritische Vitalität mit theologisch-politischen, ethischen und anthropologischen Auswirkungen auf unsere Zeit erzeugt, kann ein möglicher hermeneutischer Schlüssel für den pastoraltheologischen Stil von Rainer Bucher sein. Diese Frage wird zugleich zu einer dringenden Verantwortung für die katholische Theologie der Gegenwart, wenn sie auch in Zukunft noch von Relevanz sein will. Denn das Christentum hat *Möglichkeiten des Geistes* freigesetzt, die auch in einer Zeit, in welcher es zunehmend zu einer Randerscheinung in den pluralen Gesellschaften der Gegenwart geworden ist, nicht zu verdrängen sind bzw. reaktiviert werden müssen.[1]

In diesem Horizont kann das Christentum in erster Linie als *Ressource* betrachtet werden, d. h. als etwas, das niemandes Eigentum ist und das niemandem gehört, sondern das allen zur Verfügung steht. „Das eigene einer Ressource ist, dass sie sich erforschen und ausbeuten lässt; und dass man sie, während man sie ausbeutet, noch erforscht"[2]. Das Christentum ist daher als etwas zu denken und zu praktizieren, das offen für alle ist, gerade weil es entdeckt und geteilt werden kann, weil es eine andere Praxis motiviert und Leben im Überfluss hervorzubringen vermag. Eine Ressource kann nicht einfach vollständig beschrieben oder definiert werden, da sie ein Potential beinhaltet, das nur in dem Maße existiert,

---
1 Vgl. Bucher, Christentum.
2 Jullien, Ressource des Christentums, 23.

in dem man es aktiviert und verwirklicht. Sie wird deshalb daran gemessen, inwiefern jemand sich bemüht, sie von Mal zu Mal neu in Anspruch zu nehmen, sie immer wieder zu erkunden und sie aufs Spiel zu setzen. Wenn dies nicht geschieht, wird sie zu einer leblosen und trägen Substanz, jeder Potenz beraubt, die zur gegenwärtigen Epoche nichts beizutragen hat; denn die Kraft einer Ressource ist eben nicht unantastbar, unverlierbar und unveränderlich. Die Potenz einer Ressource ist Prozessen der Veränderung oder der Herabwürdigung ausgesetzt, der Erschöpfung, aber auch einer möglichen tiefgehenden Verdichtung und unerwarteten Intensivierung.

Aus dieser Perspektive kann man es als eine wesentliche Aufgabe der Theologie betrachten, das Potential der Ressource, die das Christentum ist, nicht verarmen zu lassen, sondern seine prophetische und symbolische Kraft für den jeweiligen Zeitgeist lebendig und neu lesbar zu machen.

2. Die Ressource der Übersetzung

Eine der Möglichkeiten, durch die das Christentum zu einer wahren Ressource werden kann, ist, dass es in einen Prozess der Übersetzung und der Versetzung eintritt. Dank eines *produktiven Akts der Übersetzung* kann ein neues Paradigma entstehen, welches die Weiter- und Übergabe religiöser Begriffe und Narrative im Kontext der neuen gegenwärtigen Zusammenhänge erlaubt. Das bedeutet, dass eine gewisse Distanzierung oder Abwendung von der eigenen Überlieferung notwendig ist, um das humanistische und symbolische Potential ihrer Visionen und Ideen auch *jenseits* der Grenze der ungebrochenen Traditionslinie auf die Probe zu stellen. Insofern erscheint eine Entfernung/Entfremdung von der Tradition entscheidend zu sein, um die Kraft und die Universalität der Motive, welche sie tradiert, *für den anderen* freizusetzen. Nur wenn christliche Motive einer gewissen Zerstreuung und Dissemination ausgesetzt werden, vermögen sie heute gemeinsame Sinngebungen und ein geschichtliches Wort für den Glauben, die Hoffnung und die Liebe zu schenken.

Mit Judith Butler könnte man sagen, dass religiöse Ressourcen „tatsächlich erst eine gewisse zeitliche Bewegung durchlaufen haben" müssen, „um für die Gegenwart bedeutsam oder erhellend werden zu können; nur durch eine Reihe von Verschiebungen und Transpositionen wird eine ‚geschichtliche Ressource' für die Gegenwart relevant und anwendbar", wodurch sie „ihre Wirksamkeit erneuern [kann]"[3]. Deswegen muss eine Überlieferung eine ebenso zeitliche wie topographische Bewegung erfahren, um ihre Legitimation und Anerkennung in neuen geschichtlichen Gegebenheiten zu suchen, zu finden und von daher für die Gegenwart effektiv zu werden. In diesem Prozess der Über- und Versetzung konstituieren sich neue Konstellationen und können neue „geheime Verabredungen" zwischen Vergangenheit und Gegenwart stattfinden.

Das bedeutet allerdings nicht, dass eine Ressource aus dem religiösen in einen säkularen Diskurs unmittelbar übersetzt werden müsste. Bei der Übersetzung geht es folglich nicht um die Forderung, den religiösen Diskurs einfach in einen öffentlichen, demokratisch und reflexiv aufgebauten Diskurs zu transponieren. Eine solche Forderung würde davon ausgehen, dass es zum einen überhaupt möglich und zum anderen die notwendige Aufgabe des Übersetzungsprozesses wäre, die religiöse Sprache endgültig zu verlassen und die „Substanz" der Tradition in eine neutrale, laizistische und demokratische Rationalität zu übertragen. Solch ein Anspruch geht meist mit einem tribalistisch-primitiven Bild der Religion einher; mit einem Verständnis des Religiösen als eines abgrenzbaren und partikularistischen Phänomens. Mir scheint, dass solch eine paradigmatische Forderung, solch ein Denken, das die Existenz einer geteilten öffentlichen Sprache und Vernunft voraussetzt, einem radikal hegemonistischen und ideologischen Diskurs entstammt, der schon von Denkern wie Talal Asad[4] oder Charles Taylor[5] angefochten wurde.

Die Religion muss sich nicht einfach in eine Säkularität hinein übersetzen, sondern dem öffentlichen Raum *das* anbieten und zeigen, was ihr wirklich eigen ist, nämlich *ihre symbolische Kraft*, insofern gerade diese die Potenz darstellt, welche der öffentlichen Sphäre heute fehlt. Oder

---

3 Butler, Am Scheideweg, 17.
4 Vgl. Asad, Secular Translations; Asad, Formations.
5 Vgl. Taylor, Ein säkulares Zeitalter.

anders gesagt: Der öffentliche Raum ist gegenwärtig von einer tiefgreifenden symbolischen Misere geprägt.[6] Es geht daher um das Einbringen der symbolischen Ressourcen bzw. um die biblischen und theologischen Narrative, die gerade dann eingebracht werden können, wenn die Religion ihre ideologischen und identitären Ansprüche überwindet.

Zweitens eröffnet die Übersetzung der Tradition die Möglichkeit, ihren eigenen Horizont zu erweitern, indem sie ihr erlaubt, die Erfahrung der Andersheit zu machen, die im Zentrum eines jeden Übersetzungsprozesses steht. Es handelt sich um eine „asketische Enteignung", die dem Verzicht auf eine starre Selbsterhaltung sowie auf eine Überheblichkeit des Ichs entspricht und eine Selbstversetzung ermöglicht, die als eine ethische *Gastlichkeit ohne Eigentum* verstanden werden kann, nach der das menschliche Leben zutiefst verlangt. Durch die gastliche Übersetzung ereignet sich das Eintreten eines Dritten im Sinne eines „Weder-Noch", weder Eigenes noch Fremdes, weder „Ich" noch „Du", weder Eingeschlossenes noch Ausgeschlossenes. Sich-in-den-Anderen-Übersetzen bedeutet eine einzigartige Dislozierung des Subjekts, das nun weder selbstbezüglich noch selbstlos ist. Wie Hans-Dieter Bahr in großartiger Weise erklärt[7], entspricht die Figur des Gastes einer Topologie des „Dazwischen", die jenseits von Aneignung und Fremdheit steht und einen dritten Ort darstellt, der an der Schwelle zwischen „Bei-sich-Sein" und „Beim-Anderen-Sein" oszilliert, alle endgültigen Identifikationen vermeidet und nie in einem Raum fixiert oder verortet werden kann. In diesem gastlichen Austausch mit dem Anderen kann die Stimme der eigenen Tradition neu entdeckt werden – man stößt auf Ressourcen der eigenen Tradition, die davor außer Kraft (*inoperose*) gesetzt gewesen sind.

Außerdem erlaubt die Übersetzung eine Entprovinzialisierung der Muttersprache. Sie erlaubt es, sich eingeladen zu fühlen, die eigene Sprache als eine unter anderen Sprachen/Traditionen zu verstehen und – letzten Endes – sich selbst mit der eigenen Sprache als Fremde:r wahrzunehmen. Es handelt sich hier um einen theologischen Diskurs, der nicht in sich verhärtet, sondern der sich in einem pluralistischen und säkularen

---

6 Vgl. Stiegler, De la misère.
7 Bahr, Die Sprache.

europäischen Kontext in ständigen Übersetzungsprozessen befindet, in welchen *die Übersetzung selbst zur eigentlichen Muttersprache* wird.

3. Gegen den Populismus und die Sakralisierung der Muttersprache

Wo heute die Tradition ausschließlich als Stütze für identitäre Ansprüche verwendet wird – ein Traditionsverständnis, welches die Populismen gegenwärtig vorantreiben –, verliert sich ihre spirituelle Kraft. Je mehr die Kirche dazu neigt, aus politischen oder exklusivistischen Gründen eine spezifisch christliche Identität zu verteidigen, desto eher zeigt sich die Tendenz einer Entspiritualisierung der Tradition. Es treten dann jene materiellen Elemente in den Vordergrund, die der Hervorhebung der eigenen Identität bei gleichzeitiger Abgrenzung von den Anderen dienen: der Rosenkranz, das Kreuz, die Krippe, die Glocken, der Wein – jene berühmten *identity marker*, die der Apostel Paulus unermüdlich bekämpft hat. Demgegenüber ausgeschlossen werden die prophetischen und spirituellen Elemente, die nicht zuvorderst die kulturelle Dimension der Religion hervorheben, sondern vielmehr den Glauben grundlegend nähren.

Die populistischen Bewegungen und die rechtskonservativen politischen Bewegungen beschwören und befördern kämpferisch die „christliche Kultur Europas", vor allem in Absetzung zur islamischen Religion. Dieser Kulturkampf erscheint nicht zuletzt auch deshalb widersprüchlich, da viele Populist:innen der politischen Rechten in Bezug auf den religiösen Glauben vollkommen desinteressiert oder unbeeindruckt sind. Die religiösen Identitätsmarker produzieren eine fortschreitende Amputation, eine systematische Entleerung der spirituell-geistigen Sphäre, die dazu führt, dass der Knochen vom Geist losgelöst wird.[8]

So gesehen befinden wir uns einerseits vor dem Paradox einer identitären Verteidigung der Religion, die zu einer zunehmenden Säkularisierung der Gesellschaft beiträgt, da populistische Visionen die religiöse Tradition mit ihrem spirituellen Potential einfach außer Kraft setzen.

---

8 Vgl. Roy, L'Europe.

Andererseits sind wir mit einer massiven Folklorisierung der Religion konfrontiert, welche die Religion in ein kulturelles Objekt transformiert, das hauptsächlich noch von der Archäologie, der Philologie, der Religionssoziologie, der Ethnologie oder den Religionswissenschaften untersucht wird.

Meines Erachtens wäre es im Gegensatz dazu heute seitens der Kirche und der Theologie dringend notwendig, der Beziehung mit der Alterität, die für das heutige Christentum in Europa vor allem in der Form des Säkularen sowie im religiösen Bereich besonders im Islam bestimmend geworden ist, nicht auszuweichen. Vielmehr gilt es, die theologischen, ethischen und politischen Implikationen dieser Beziehung zur Alterität wirklich zu verstehen. Es geht um ein Ergreifen der evidenten Situation des Pluralismus, in welcher die Gegenwart des säkularen oder des religiösen Anderen sich nicht einfach abwechseln oder je neu gegenseitig ausschließen, sondern eine vollkommen neue europäische Konstellation hervorbringen.

Wenn Europa auf der einen Seite dem identitär-religiös populistischen Herrschaftsanspruch ausgesetzt ist und auf der anderen Seite einer laizistischen Offensive, die für den Ausschluss der religiösen Sphäre aus dem öffentlichen Bereich kämpft; wenn Europa also zwischen Populismus und Säkularisierung, Fundamentalismus und aufgeklärtem Zynismus zerrissen wird, dann wird Europa ohne symbolische Ressourcen, letztlich ohne jegliche spirituell-geistigen Horizonte zurückgelassen.

Das, was einer Tradition jedoch in der Tat Legitimität verleiht, ist das, was ihrer bloßen Behauptung oder ihrem unmittelbaren Anspruch widerspricht; es ist das, was eine oberflächliche Bejahung der Religion als Garantie von Identität oder auch die Ableitung eines unmittelbaren religiösen Machtanspruches bekämpft. Gegen die Sakralisierung der Muttersprache, die die christlich-religiösen Symbole in kulturelle Identitätsmarker umfunktioniert, sie loslöst von ihrem echten religiösen Gebrauch und sie stattdessen dazu verwendet, um religiöse Symbole anderer Konfessionen zu unterdrücken, drängt sich noch immer die öffentliche Verantwortung der Theologie auf.

4. Zwischen weberianischer Wissenschaft und organisch-ideologischer Intellektualität

In *The Second Coming* (1919) beschreibt der Poet William Butler Yeats eine geistige und geschichtliche Lage, die zwischen blutleeren, zynischen Bürgern und fanatischen religiösen Glaubenden aufgespalten ist: „The ceremony of innocence is drowned;/ The best lack all conviction, while the worst/ Are full of passionate intensity". Auf der einen Seite gibt es die aufklärerische Resignation und ironische Distanzierungssignale gegenüber Utopien, Revolutionen, Glauben und leidenschaftlichen Anhänglichkeiten. Auf der anderen Seite gibt es die fundamentalistischen Glaubenden. Diese sind insofern eine Bedrohung demokratischer Kultur, als sie ihre Glaubensüberzeugungen ernst nehmen und beanspruchen, einen direkten Zugang zum großen Anderen – zu Gott, zur Wahrheit der Geschichte und der Materie, bis hin zum Begehren ihrer Partner:in oder ihrer Kinder – zu haben. Religiöse/ideologische Fundamentalist:innen beanspruchen zu *wissen*, was Gott (oder die akademische Wissenschaft oder die Partei) denkt und von ihnen verlangt. Denn religiös-fundamentalistische und naturalistisch-szientistische Aussagen teilen den gleichen Diskurs des Positivismus sowie die Unfähigkeit zum Glauben, da sie jede Vorstellung und jede Meinung auf die gleiche Modalität eines positiven Wissens, das auf einer Kette von Schlussfolgerungen beruht, reduzieren.[9] Dieser Diskurs bringt eine „Leidenschaft für die Rechtfertigung" zum Ausdruck, die keine Transzendenz oder keinen Mangel erträgt, und neigt mit seiner Totalisierung (oder Verdrängung) des Sinns dazu, den *Zwischenraum* der symbolischen Erfahrung zu überschwemmen, also das zu verdrängen, das über positiv feststellbare Tatsachen hinausgeht.

Vor diesem Horizont kann die Theologie – manchmal bewusst, oft unbewusst – den Widerstand gegen ein fanatisches oder ideologisches Verständnis der religiösen Erfahrung darstellen. In diesem Sinne ist die Theologie dazu aufgerufen, ihr gesellschaftskritisches Potential immer neu zu bedenken und zu entwickeln und sich als eine anti-fundamentalistische sowie anti-positivistische eröffnende Ressource zu entdecken.

---

9 Vgl. Žižek, With or Without Passion.

Dieser Zwischenraum des theologischen Diskurses sollte von den institutionellen Kirchen und Glaubensgemeinschaften nicht verdrängt oder verlassen werden, weil er einen unausweichlichen Schutz in heutigen kulturellen Kontexten darstellt. Ohne diesen theologisch-kritischen Widerstand riskieren viele kirchlichen Gemeinschaften, sich in abgesonderte bzw. identitätsstiftende Gruppierungen zu transformieren, welche kein Bedürfnis mehr verkörpern, im öffentlichen Diskurs zu Wort zu kommen und Verantwortung gegenüber dem öffentlichen Raum wahrzunehmen. Gleichzeitig sind die Kirchen zunehmend der Gefahr ausgesetzt, auf das (folkloristische) Objekt eines ausschließlich ethnologischen, religionswissenschaftlichen oder historisch-philologischen Wissens reduziert und als Subkulturen betrachtet zu werden. Die Religion und der Glaube würden nicht mehr als Subjekte eines nicht-positivistischen, symbolischen Wissens angesehen werden, sondern als die Reste einer archaischen Kultur, die die Rationalisierung der Welt einfach ignorieren.

Vor diesem Hintergrund scheint das Subjekt dieser kulturellen Aufgabe weder der weberianische wissenschaftliche Arbeiter noch der organische Intellektuelle der Ideologie zu sein. Theologie soll weder der ersten noch der zweiten Figur entsprechen, sondern *dazwischen* bleiben. Sie ist weder eine neutrale, distanzierte Beobachterin/Exegetin religiöser Traditionen oder Phänomene, noch ein engagiertes ideologisches Subjekt, welches die Ideen einer bestimmten Gruppierung vertritt und reartikuliert. Theologie ist – wie die Philosophie und die Politik – eine geistige Arbeit als Beruf, die im Rahmen einer bestimmten symbolischen Ordnung an der Schwelle *zwischen Außen und Innen* denkt, um gesellschaftskritische und zugleich Zusammenhalt stiftende Symbole und Sinnhorizonte freizusetzen. Das Evangelium verpflichtet die Theologie auf eine Option für die Zukunft gegen alle zerstörerischen Tendenzen unserer Zeit. Sie muss deshalb ihre hegemoniale und selbstreferentielle Tendenz, die auf die Besiegelung ihres Untergangs hinarbeitet, beenden.

Eine Chance bietet hierfür auch die gegenwärtige Studiensituation: Im universitären Curriculum ist die Theologie heute oft zu einem *Zweit- oder Nebenfach* geworden. So stellt das Theologiestudium meist etwas Sekundäres im Leben der Theologiestudierenden dar. Dieses Element kann in einer gewissen Weise aber ein Glück für die Theologie bedeuten, denn dadurch spinnt sich ein interessantes Geflecht von Disziplinen, Zugängen und Erfahrungen, das die Theologie zwingt, über ihre eigene Sprache, ihre Grenzen und Aufgaben neu nachzudenken. Das, was beim Theologiestudium gehört und gelernt wird, wird unmittelbar in andere (wissenschaftliche, wirtschaftliche, soziologische, politische, ethische, pädagogische usw.) Diskurse und Praktiken verwickelt. Das könnte eine entscheidende Ressource für die Theologie darstellen und umgekehrt auch die Theologie zur Ressource für die Gegenwart machen. In dieser Konstellation muss sie aber den Mut haben, ihr gesellschaftskritisches und prophetisches Potential, das ihr ursprünglich inne war, kreativ aufs Spiel zu setzen, um ein lebendiges Wort der Vernunft, der Freiheit und der Prophetie für unsere Zeit auszusprechen.[10]

Literaturverzeichnis

Asad, Talal: Formations of the Secular. Christianity, Islam, Modernity, Palo Alto 2003.
Asad, Talal: Secular Translations. Nation-State, Modern Self, and Calculative Reason, New York 2018.
Bahr, Hans-Dieter: Die Sprache des Gastes. Eine Metaethik, Leipzig 1994.
Bucher, Rainer: Christentum im Kapitalismus. Wider die gewinnorientierte Verwaltung der Welt, Würzburg 2019.
Butler, Judith: Am Scheideweg. Judentum und die Kritik am Zionismus, Frankfurt a. M. 2013.
Jullien, Francois: Ressource des Christentums. Zugänglich auch ohne Glaubensbekenntnis, Gütersloh 2019.
Roy, Olivier: L'Europe est-elle chrétienne?, Paris 2019.
Stiegler, Bernard: De la misère symbolique, Paris 2013.
Taylor, Charles: Ein säkulares Zeitalter, Frankfurt a. M. 2012.
Žižek, Slavoj: With or Without Passion. What's Wrong with Fundamentalism? – Part I, online: https://www.lacan.com/zizpassion.htm [Zugriff: 10.5.2021].

---

10 Vgl. Bucher, Christentum, 150–178.

Ressentiment als pastoraltheologische Herausforderung

Michael Hoelzl und Ute Leimgruber

Wer Rainer Bucher kennt, kennt auch seine Vorliebe für aphoristische Definitionen. Eine dieser in Formeln gefassten Merksätze wissenschaftlicher Erkenntnisse blieben Ute Leimgruber und mir im Gedächtnis und wir verwenden sie, viele Jahre später, selbst in unseren Vorlesungen. Darum haben wir beschlossen, diese von Rainer Bucher formulierte Definition von „Ressentiment" zum Gegenstand unseres Beitrags zu der vorliegenden Festschrift zu machen. Wir wollen uns aus unterschiedlichen Perspektiven darüber austauschen, was Rainer Buchers Formel: *Ressentiment ist Selbstkonstitution durch Fremddenunziation* bedeutet, woher sie stammt und welche Relevanz diese von Nietzsche abgeleitete Erkenntnis einer Konstante der *conditio humana* heute hat. Um diese Fragen zu beantworten, haben wir einen Versuch gestartet. Wir stellten uns gegenseitig drei Fragen, deren Antworten zeitgleich, also ohne Vorwissen der Antworten des bzw. der anderen verfasst wurden. Das Ergebnis dieses Austausches bildet den zweiten Teil unseres Beitrags. Im ersten Teil soll die Nietzscheanische Lehre vom Ressentiment als psychologischer Triebkraft in Rainer Buchers Reformulierung und Interpretation von Ressentiment kurz erläutert werden. Eine text- und redaktionskritische Rekonstruktion von Nietzsches Theorie des Ressentiments, unter Einbeziehung der seit 1986 erfolgten Arbeiten zu dem Thema, sowie eine dem Stand heutiger Nietzscheforschung angemessene Behandlung[1] ist nicht Ziel

---

1 Erst kürzlich existiert mit der frei zugänglichen Datenbank http://www.nietzschesource.org eine Möglichkeit, die *Studia Nietzscheana* einzusehen, auf eine komplette *Digitale Kritische Gesamtausgabe* von Colli und Montinari (KGA) zuzugreifen sowie eine *Digitale Faksimile-Gesamtausgabe*, also auch die Faksimile- Reproduktion des gesamten Nietzschenachlasses zu studieren. Dieses Beispiel eines *digital humanities*-Projekts hat die Nietzscheforschung auf eine andere Ebene wissenschaftlicher Forschung gehoben. Zudem hat Andreas Urs Sommer mit der Reihe *Historischer und kritischer Kommentar*

dieses Beitrags und würde den Rahmen der Fragestellung bei weitem übersteigen.

I.

Rainer Buchers Formel des Ressentiments als Selbstdefinition durch Fremddenunziation geht auf seine 1986 bei Peter Lang verlegte Dissertation *Nietzsches Mensch und Nietzsches Gott: Das Spätwerk als philosophisch-theologisches Programm* zurück. In dieser von Elmar Klinger betreuten Dissertation, die den Eröffnungsband der von Klinger neu gegründeten Reihe *Würzburger Studien zur Fundamentaltheologie* bildet, erarbeitet Bucher

> „[...] den Beitrag Nietzsches zu einer christlichen Rede von Gott unter den Bedingungen der Moderne. Es soll der Nachweis erbracht werden, daß Nietzsche einen solchen Beitrag geleistet hat. Dieser betrifft das Problem des Personalen in der Rede von Gott."[2]

In Teil B der Arbeit unter dem Titel *Mensch und Gott in Nietzsches Kritischen Spätschriften: Das Christentum als Decadence-Religion* wird in einer kurzen und brillanten Analyse Nietzsches Ressentiment-Theorie erläutert und kritisch interpretiert.[3] Zuerst wird *Der Mensch des Ressentiment* vorgestellt und dann die uns hier betreffende Definition des Ressentiments rekonstruiert. *Fremddenunziation als Basis personaler Konstitution: die Genealogie der „Sklavenmoral"*, so lautet die Überschrift des kurzen Unterkapitels.[4] Dass diese relativ kurze Analyse von besonderer

---

zu Nietzsches Werken, die bei De Gruyter erscheint und noch nicht abgeschlossen ist, einen weiteren Meilenstein in der Nietzscheforschung gesetzt. Siehe für unser Thema: Sommer, Kommentar zu Nietzsche. Zu nennen ist auch die ebenfalls von De Gruyter vertriebene, wohl umfangreichste Datenbank zur Nietzscheforschung, *Nietzsche Online*. Abschließend sei zur Einführung in die Komplexität der text- und redaktionskritischen Nietzscheforschung auf das Vorwort von Mazzino Montinari in der kritischen Studienausgabe (KSA) Band 14 verwiesen: Montinari, Vorwort.

2 Bucher, Nietzsches Mensch, IX.
3 Bucher, Nietzsches Mensch, 54–67.
4 Bucher, Nietzsches Mensch, 60–67.

Bedeutung für den Ertrag der gesamten Arbeit ist, ergibt sich nicht nur aus der von Rainer Bucher oft zitierten Kurzformel für den Begriff des Ressentiments, sondern ist bereits im Vorwort der Arbeit erkennbar. Darin urteilt Bucher über Nietzsches Kritik am Christentum: „So sehr er das Christentum *denunziert*, so ernsthaft und differenziert behandelt er dessen Themen"[5]. Liest man das Vorwort im Lichte des Kapitels über die Analyse von Ressentiment als Selbstkonstitution durch Fremddenunziation, so scheint Bucher den Ressentiment-Vorwurf, den Nietzsche dem Christentum gegenüber erhebt, gegen diesen selbst zu wenden. Das würde bedeuten, dass Ressentiment die Triebfeder in Nietzsches Kritik am Kern des Christentums ist. Nietzsches eigenes Ressentiment gegenüber dem Christentum und seiner Moralvorstellung, die zu der Erfindung der Sklavenmoral, Impotenz zur Tat und schließlich der Konstruktion des Gegensatzes von Gut und Böse führt, wäre demnach Ausdruck eines von Nietzsche desavouierten psychologischen Mechanismus des Rachegefühls, von dem er sich selbst nicht lösen kann. Eine zugegebenermaßen plausible These. Die Substituierung der hehren moralischen Distinktion zwischen Gut und Schlecht durch die niedrige, der Sklavenmoral entspringende und auf Rache ausgerichtete Moralvorstellung von Gut und Böse hat Nietzsche bekanntlich in seiner *Genealogie der Moral* systematisch entfaltet. Diese im 10. Kapitel der ersten Abhandlung „*Gut und Böse*", „*Gut und Schlecht*" dargestellte Lehre vom Ressentiment ist die philosophische Basis für Buchers Formel für den Begriff des Ressentiments als Selbstkonstitution durch Fremddenunziation. Bucher schreibt:

> „Denn gerade im stets denunziatorischen Blick auf die anderen nur kann sich der Mensch des Ressentiments selbst konstituieren: Permanenz der Anklage anderer ist denn auch nach Nietzsche das herausragende Phänomen im Leben dieser Art von Menschen."[6]

Dem Menschen des Ressentiments, so Bucher in seiner Phänomenologie des Menschen des Ressentiment, „zeigte sich die Unfähigkeit gegenüber den Herausforderungen, die Gegenwart und Zukunft und auch Ver-

---

[5] Bucher, Nietzsches Mensch, IX [Kursivierung M. H.].
[6] Bucher, Nietzsches Mensch, 60.

gangenheit an den Menschen stellen, sich aktiv zu verhalten."[7] Mit der aus dem Studium Nietzsches gewonnenen Einsicht der Unfähigkeit des Menschen des Ressentiments zur aktiven Gestaltung der Gegenwart hat Bucher eine richtungsweisende Erkenntnis für seine späteren pastoraltheologischen Arbeiten bereits formuliert. Diese Einsicht kann als hermeneutischer Schlüssel zu der von Bucher vertretenen Pastoraltheologie gelten, zusammen mit der entschiedenen, nicht nur in moralischer oder pastoraltheologischer Hinsicht motivierten Abweisung der von Nietzsche diagnostizierten psychologischen Dynamik des Ressentiments. Die Kompatibilität dieser aus dem Studium Nietzsches gewonnenen psychologisch-philosophischen Einsicht mit der in der pastoralen Konstitution *Gaudium et spes* „über die Kirche in der Welt von heute" formulierten Botschaft ist nicht von der Hand zu weisen. In einer verantwortbaren Pastoraltheologie geht es im Grunde darum, dass eine Alternative zu dem Menschen des Ressentiments aufgezeigt werden kann. Denn der „Aufbau des Selbst geschieht im Menschen des Ressentiments von außen, erst die Denunziation des anderen ermöglicht es ihm, zu sich selber Ja zu sagen", wie Bucher schreibt.[8] Daher ist die Reflexion auf glaubwürdige, tätige Alternativen zu dieser Lebensform Kernkompetenz einer Pastoraltheologie, die sich als normative Wissenschaft mit praktischem Gegenwartsbezug versteht.

II.
Ute Leimgruber und Michael Hoelzl im Gespräch über die Bedeutung und Relevanz der Formel: „Ressentiment ist Selbstkonstitution durch Fremddenunziation"

Drei Fragen an Ute

1. Welche Rolle spielt *Ressentiment*, verstanden als „Selbstdefinition bzw. Selbstkonstitution durch Fremddenunziation" in der pastoraltheologischen Genderdebatte?

---
7 Bucher, Nietzsches Mensch, 61.
8 Bucher, Nietzsches Mensch, 63.

Wenn man Ressentiment versteht als „Selbstkonstitution durch Fremddenunziation", weist dies nicht nur auf individual-ethische Konzepte rund um Neid, Missgunst oder Argwohn, sondern auch auf sozialpolitische Debatten. Ich meine damit sozialwissenschaftliche Diskussionen um Definitions- bzw. Konstruktionsprozesse des „Eigenen" (= „selbst") mittels Beschreibung des „Anderen" (= „fremd"). Diese Diskussionen finden schwerpunktmäßig in jenen Diskursen statt, die aus Erfahrungen von Emanzipation und (Un-)Gerechtigkeiten bzw. aus der Reflexion von Diskriminierungen, Exkludierungen und Unterdrückungsmechanismen entstehen – namentlich Postcolonial Studies und Gender Studies. In den postkolonialen Theorien ist das sog. „Othering", zu deutsch: „Differentmachen", das v. a. durch Gayatry Chakravorty Spivak geprägt wurde, ein Schlüsselkonzept. „Othering is the process of casting a group, an individual or an object into the role of the 'other' and establishing one's own identity through opposition to and, frequently, vilification of this Other."[9] Es wird also ein andersartiges Gegenüber konstruiert, um das Eigene zu konturieren und zu festigen, schließlich wird, um die eigene Suprematie zu festigen, das Andere abgewertet. Es kommt zur Erzeugung von Subalternität und gesellschaftlichen Strukturen, die aus Gruppen von Herrschenden und Beherrschten bestehen. Solche Differenzpraktiken sind beispielhaft für hegemoniales Agieren, sie produzieren gewissermaßen das übergeordnete „Wir", von dem der/die/das „Andere" segregiert ist.

In *Die Herkunft der anderen* beschreibt Toni Morrison anhand von etlichen Beispielen die „Definition eines Außenseiters, um das eigene Selbstbild zu klären"[10] und fragt: „Wie wird man Rassist, oder Sexist? Niemand wird als Rassist geboren, und nichts bestimmt einen Fötus, sexistisch zu werden. Menschen zu anderen zu machen wird erlernt"[11]. Schließlich habe die Selbstdefinition durch Fremdabwertung eine gesellschaftliche und psychologische Funktion: Stabilisierung und Normalisierung des „Eigenen". Die Selbstdefinition des „Eigenen" durch Abwertung des „Anderen" ist also nicht ohne die Einordnung in Dominanzstrukturen zu sehen.

---

9 Gabriel, The Other and Othering, 213.
10 Morrison, Die Herkunft der anderen, 22.
11 Ebd.

Als Pastoraltheologin schätze ich die Praxis der Menschen als für die Theologie material und formal relevant ein und nehme dabei selbstverständlich auch jene Praktiken in den Blick, die von solchen hierarchisierenden und polaren Unterscheidungen geformt sind. Im *Religious Gender Discourse* kann das Verständnis des „Othering" die sexistische Gendersegregation in Tradition und Praxis der Kirche zu analysieren helfen. Frauen wurden in der Geschichte der christlichen Religion als andersartiges Gegenüber konstruiert. Und bis heute dient die sexistische Lesart der Geschlechterdifferenz als Legitimation einer androzentrischen Alltagsnormalität. Seit Jahren wird das Lehramt nicht müde, die *Gleichwertigkeit* der Geschlechter bei bestehender *Andersartigkeit* der Frau zu betonen und mit immer kruderen Argumenten zu versehen. Frauen sind „Andere Wesen"[12]. Rückgebunden wird das „Othering" der Frau u. a. an eine bestimmte Lesart der Schöpfungsordnung, die leicht der Versuchung unterliegen kann, die Binarität der Geschlechter als „Schöpfungstatsache" zu bezeichnen. Die Binarität wiederum – Schwarz und Weiß ohne Grauschattierungen – ist Voraussetzung für das polare „Wir" und „Nicht-Wir", die sich in einem Komplex von Narrativen, (kollektiven) Bildern und Erinnerungen, Institutionen und Texten entwickelt haben und bis heute Asymmetrien legitimieren und reproduzieren. Es sind Herabwürdigungsprozesse, die (nicht immer intentional, häufig subtil, gelegentlich offen-plump) in den Zuschreibungen des „Anderen" und den Bestätigungen des „Eigenen" geäußert werden und ihre Wirkung entfalten. Ähnlich wie im Rassismus-Diskurs wird auch im Gender-Diskurs auf körperliche Merkmale gezielt. Die jeweiligen Zuschreibungen stehen als Deutungsressourcen zur Verfügung. Mein Verständnis von feministischer Pastoraltheologie, die sich gleichzeitig mit den Thesen der postkolonialen Theorien, z. B. des „Othering", auseinandersetzt, ist so zu umreißen: Sie untersucht die Hintergründe, die Bedingungen, die Art und Weise und die Vielfalt der Zuschreibungen im Blick auf Genderdifferenz ebenso wie auf andere exklusivierende Systeme. Gender- und machtsensible Ansätze sind Analysekategorien, um schließlich Veränderungsoptionen und alternative Praktiken, die weniger „ressentiment-

---

12 Heimerl, Andere Wesen.

beladen" sind, zur Realisierung anzubieten. Dabei sollte nicht vergessen werden, dass nicht nur Sexismus zur Privilegierung einer bestimmten Gruppe auf Kosten einer als „anders" definierten Gruppe geführt hat, sondern dass daneben zahlreiche andere Privilegiensysteme entstanden sind, an deren Dekonstruktion die Pastoraltheologie mitzuwirken hat, z. B. Armut, Rassismus oder kulturelle Hegemonie.[13]

2. Wie kann man *Ressentiment* in ekklesiologischen und sozialen Ordnungen entgegenwirken?

Die Frage zielt auf konkrete Veränderungen. Ich denke, dass es zunächst einmal gut begründete Debatten braucht, um überhaupt die binären Konstruktionen von „Eigenem" und „Anderem" bzw. dem im Genderkontext häufig essentialistisch gedachten „Eigentlichen" und dem „Anderen" zu dekonstruieren. Binaritätskritische und machtsensible Genderdiskurse zielen auf die Analyse von hegemonialen bzw. imperialen Mechanismen und ihrer Wirkung in Lebens- und Denkwelten, die aufgrund von Hierarchisierungen und Sexualisierungen ein allen Menschen gleichermaßen zustehendes Anrecht auf ein selbstbestimmtes, würdevolles Leben behindern. Meine Pastoraltheologie, die mit Rückgriff auf Gender Studies arbeitet, hat immer eine sozialkritische Dimension, die selbstverständlich auch den Blick auf das ekklesiale Gemeinwesen beinhaltet. Mit Blick auf das Feld von Missbrauch an erwachsenen Frauen in der Kirche werden die Abgründe sichtbar. Missbrauch von Frauen ist nicht zu trennen von der Macht der Gendergrammatiken, die den Körpern und Identitäten der Menschen und Gesellschaften eingeschrieben sind. Und die Gendergrammatiken, wie sie die katholische Kirche festschreibt, sind nach wie vor binär und essentialistisch. Geschlechterfragen werden im Katholizismus weitgehend als Geschlechterantworten thematisiert; d. h. essentialistische Geschlechtertypologien werden nur wiederholt und nicht angefragt. Die Folge davon ist die fortgesetzte Legitimation einer klerikal-männlichen Herrschaft. Kirchliche Spitzentexte betonen die Gleichheit aller Menschen; das Zweite Vatikanische Konzil sagt:

---

13 Vgl. Rommelspacher, Wie christlich ist unsere Gesellschaft, 353.

„[J]ede Form einer Diskriminierung [...] in den Grundrechten einer Person, sei es wegen des Geschlechts oder der Rasse, der Farbe, der gesellschaftlichen Stellung, der Sprache oder der Religion muss überwunden und beseitigt werden, da sie dem Plan Gottes widerspricht."[14]

Und gleichzeitig mündet die gleiche Würde aller Menschen im Katholizismus nicht in gleichen Rechten, weil sich Frauen nach katholischer Auffassung wesentlich, d. h. unabhängig von kulturellen Zuschreibungen, von Männern unterscheiden und deswegen prinzipiell zu einer anderen Lebensform bzw. -führung berufen seien. Papst Franziskus schreibt z. B. in der Enzyklika *Evangelii gaudium*:

„Die Kirche erkennt den unentbehrlichen Beitrag an, den die Frau in der Gesellschaft leistet, mit einem Feingefühl, einer Intuition und gewissen charakteristischen Fähigkeiten, die gewöhnlich typischer für die Frauen sind als für die Männer. Zum Beispiel die besondere weibliche Aufmerksamkeit gegenüber den anderen, die sich speziell, wenn auch nicht ausschließlich, in der Mutterschaft ausdrückt."[15]

Ich denke, dass dieses Vorgehen, das das „Wesen der Frau" preist und sie auf ihren besonderen „Beitrag" verweist, der sich letztlich in ihrer (tatsächlichen oder ideellen) „Mutterschaft" bündelt, ein Beitrag zur fortgeführten Kontrolle der Frauen und zur Durchsetzung von patriarchalischen Ansprüchen ist. Ich nenne es paternalistische Unterdrückungsfürsorge. Im Normierungsverhältnis von Männlich-Universalem und Weiblich-Besonderem spiegelt sich aber die Struktur des Ressentiments wider. Die „Andersartigkeit" der Frauen wird zur Legitimierung ihrer Ungleichbehandlung herangezogen, und diese bestimmt die politische, kulturelle und soziale Architektur katholischer Kontexte. Wenn man nun auf die Fälle von Missbrauch in der Kirche sieht, bei denen erwachsene Frauen betroffen sind, wird die destruktive Macht der patriarchalischen Ordnung sichtbar. Sexueller Missbrauch und sexuelle Gewalt hängen eng mit dem Verständnis dessen zusammen, wie Geschlecht

---

14 Gaudium et spes 29.
15 Evangelii gaudium 103.

gedacht wird, wie Sexualität internalisiert ist und wie sich die Systeme, in denen die Personen agieren, dazu verhalten.

Um dem Ressentiment, das dem binär-differenzierenden Verständnis zugrunde liegt, in ekklesiologischen und sozialen Ordnungen entgegenzuwirken, braucht es unbedingt die Dekonstruktion dieser ideologischen Essentialismen, die die Geschlechtsunterschiede als „natürlich" und „gottgewollt" bzw. „schöpfungsgewollt" deklarieren und sie so als unausweichlich erscheinen lassen. Denn das Perfide dieser Positionen ist: Sie suggerieren, dass die Unterschiede zwischen Frauen und Männern gar nicht anders sein können und dass jeder Kampf dagegen aussichtslos (und v. a. einsichtslos) ist. Und hier gilt es anzusetzen. Denn die binär strukturierte Definition der „Anderen", verbunden mit der Aufwertung und Sicherung der Privilegien der Definierenden, gilt es kritisch zu hinterfragen und als das zu demaskieren, was es ist: die misogyne Durchsetzung einer patriarchalischen Ideologie.

3. In deinen früheren Arbeiten hast du dich mit dem Phänomen des Teufels in historisch-dogmatischer Sicht beschäftigt. Inwiefern kann man *Ressentiment* heute als diabolisch bezeichnen?

Ressentiment, also Selbstkonstitution durch Fremddenunziation, ist das Gegenteil einer konstruktiven Auseinandersetzung mit anderen Positionen, Denksystemen und -traditionen. Ich beobachte gerade im Gender- bzw. Machtdiskurs in der Kirche häufig, dass hier unter dem Deckmantel der Bewahrung einer gottgewollten Ordnung eine andere Position scharf abgegrenzt und denunziert wird. Man wirft den Genderdiskursen vor, sie würden die gottgewollte Ordnung zerstören. Ich denke, man kann durchaus sagen, sie werden dämonisiert. Denn das, was gemeinhin mit Dämonen und Teufel verbunden ist, wird auf eine bestimmte Vorstellung des Geschlechterverhältnisses projiziert. Dämonen stehen für eine übermenschliche Bedrohung, sie verbreiten Angst und Schrecken, nichts ist vor ihnen sicher. Und die Gefährdung der Sicherheit, der unbedingt zu verteidigenden Ordnung ruft nach einer Intensivierung der Abgrenzung und des Kampfs gegen das Bedrohungspotential – in unserem Beispiel sog. „Genderideologien" und „Genderismus". Die antifeministischen Koalitionen weisen weit über katholische Kreise hinaus – es ist ein Gleichklang von rechtspopulistischen Strömungen zu beobachten, die gegen den „Zeitgeist" und für die „natürliche Ordnung" in Familie und Gesellschaft eintreten.[16] Dabei ist gerade dieser genderfeindliche Diskurs eine Praxis der Dämonisierung der „Anderen" und damit „diabolisch" im Wortsinn: „zerwerferisch", spalterisch. Die Abwertung der „Anderen" durch Aufwertung des „Selbst" ist ein gängiges Muster der Selbst- und Fremddeutung.

> „Immer dann, wenn gesellschaftliche Ordnungen, in denen materielle und symbolische Privilegien differentiell zugewiesen sind, in Krisen der Funktionalität und der Legitimität geraten, ist die Dämonisierung der in der jeweiligen Ordnung als Andere Geltenden ein probates Mittel, die Ordnung zu stärken. […] Die Dämonisierung der Anderen […] dient dazu, Vorrechte zu schützen."[17]

Eine Konsequenz dieses dämonisierenden Ressentiments ist es, dass man härtere Mittel im Kampf gegen die „Anderen" fordert, schließlich habe man es mit einer Gefahr – und nicht einfach nur mit einer anderen Position – zu tun. Gefahren gelte es abzuwehren, je größer die Gefahr und je schützenswerter die zu verteidigenden Güter, umso härter. Ich denke, man kann innerhalb der katholischen Kirche bereits erste Ergebnisse der spalterischen Abgrenzung der einen von den anderen erkennen. Beispielsweise beim Synodalen Weg in Deutschland, bei dem sich die katholikalen Akteure als Retter des „eigentlich Wahren und Eigenen" und als Märtyrer in einem – beinahe schon als „Endkampf" stilisierten – Konflikt darstellen. Das Szenario, das unaufhörlich in den dazugehörigen rechtskatholischen Medien verbreitet wird, ist: Der Untergang des wahrhaft Katholischen droht, die gottgewollte Ordnung ist in höchster Gefahr. Letztlich liegt darin die Weigerung, das Verhältnis von „Wir" und „Nicht-Wir" anders zu sehen denn als abwertend und hierarchistisch. Es ist die Weigerung, sich auf ein plurales Christentum einzulassen; die Weigerung, mit den unumgänglichen Zumutungen, die die gegenwärtige Gesellschaft für die Kirche und ihre Traditionen eben mit sich

---

16 Vgl. Leimgruber, Hostility toward Gender.
17 Mar Castro Varela/Mecheril, Die Dämonisierung der Anderen, 8.

bringt, konstruktiv umzugehen. Wer mit den hochkomplexen und widersprüchlichen Anforderungen, denen sich Kirche und Theologie im 21. Jahrhundert ausgesetzt sehen, nicht anders als mit Ressentiments, mit Simplifizierungen oder Dämonisierungen umzugehen weiß, wer keinen Widerspruch und keine Grauschattierungen duldet, betreibt selbst das Geschäft, das er seinen Gegner:innen vorwirft: Spaltung.

Drei Fragen an Michael

1. Die „Theorie vom guten Hirten" ist für dich gekoppelt mit dem Wissen um pastorale Herrschaft – angelehnt an den Appendix in deinem Buch: *„mit und gegen Nietzsche"*?

In der *Theorie vom guten Hirten* habe ich versucht, eine kurze Geschichte pastoralen Herrschaftswissens interpretativ darzustellen. Der Begriff pastoralen Herrschaftswissens wurde dabei mit und gegen Max Weber, Max Scheler und Michel Foucault formuliert. Friedrich Nietzsche war natürlich immer als überzeugendster und psychologisch raffiniertester Kritiker pastoraler Herrschaft präsent, auch wenn er nicht dezidiert vorkommt.

Ich wollte aber nicht die Schattenseiten des Wissens um pastorale Herrschaft untersuchen, sondern eine Tradition des Wissens der Herrschaft von Menschen über Menschen, die sich auf eine Spiritualität der Herrschaft gründet. In deren Mittelpunkt steht der Begriff der Demut als Tugend, die erlernt, kultiviert, praktisch bewiesen, und auch permanent trainiert werden muss.

Diese Spiritualität der Herrschaft, die nicht der Grammatik von Befehl und Gehorsam folgt, kann man tatsächlich in der christlichen Praxis der Pastoral finden. Es ist also die kurze Geschichte einer spirituellen Herrschaftsform, die frei ist von Ressentiment. Das heißt, eines hierarchisch strukturierten Zusammenlebens von Menschen, in dem eben keine Freund-Feind-Distinktion notwendig ist, um Gemeinschaft und Einheit zu erzeugen. Es ist sozusagen der Gegenentwurf zu Nietzsches Ressentiment: der Selbstkonstitution durch Fremddenunziation.

Pastoral wurde, historisch gesehen, verstanden als fürsorgende Leitung und leitende Fürsorge zum Zweck des Seelenheils (*cura et regimen animarum)*. Nicht mit Gewalt und Angst, sondern mit diskursiven Mitteln. Natürlich ist das faktisch nicht immer ohne Zwang geschehen und psychische und physische Gewalt wurden und werden angewendet. Das ist die diabolische Seite pastoraler Herrschaft.

Um nun auf Nietzsche zurückzukommen. Ressentiment hat ja auch immer etwas Kreatives. Der „Erzapostel der Rache", wie Nietzsche Paulus nannte, hat das Christentum als Weltreligion erst ermöglicht. Darin waren sich Nietzsche und sein vielleicht einziger Freund Franz Overbeck einig. Paulus ist der Organisator der christlichen Idee und schaffte die nachhaltige Institutionalisierung des Glaubens an diese Idee. Die ekklesiale Institutionalisierung des christlichen Glaubens war möglich aufgrund des Wissens um pastorale Herrschaftstechniken, deren Energie, so Nietzsche, eben aus dem psychologischen Mechanismus des Ressentiments stammt. Das hat Nietzsche ja insgeheim auch bewundert.

Die positive Seite pastoraler Herrschaft, wie die gelebte Praxis der Lehre von der altruistischen Nächstenliebe und Barmherzigkeit, haben beide aber nicht gesehen, oder sehen wollen. Daher glaube ich nicht, dass Nietzsches Ressentiment-Vorwurf gegenüber dem Christentum als solches heute noch unkritisch vorgebracht werden kann. Dazu gibt es meines Erachtens zu viel Gutes, das kirchlich institutionell, aber auch aus persönlicher religiöser Überzeugung getan wird. Es ist doch erstaunlich, dass nicht nur in allen christlichen Denominationen, aber auch in allen (Welt-)Religionen karitative Tätigkeit geleistet und auch moralisch eingefordert wird.

2. Wie kann man *Ressentiment* in philosophischen und politischen Ordnungen entgegenwirken?

Das ist eine schwierige Frage und sie erinnert mich an den Briefwechsel zwischen Albert Einstein und Sigmund Freud, der im Juli 1933 vom Institute of International Intellectual Cooperation initiiert wurde. Das Projekt bestand darin, führende Geistesgrößen der damaligen Zeit miteinander ins Gespräch zu bringen. Man hat also Albert Einstein gebeten, eine Frage an einen der für ihn wichtigsten lebenden Wissenschaftler zu stellen. Einstein schrieb an Freud und stellte ihm die Frage: „Why

War ... Is there any way of delivering mankind from the menace of war?" Um es vorwegzunehmen, Freuds Antwort fiel nicht gerade optimistisch aus. Er meinte, dass es in der Natur des Menschen liegt, zwischen Freund und Feind zu unterscheiden. Es gibt nur einen Ausweg und der besteht in der Kultivierung dieser negativen Energie, die sich ja auch im Ressentiment als psychologischer Motor jeder Gewaltentfaltung erweist.

Das ist die psychologische Deutung. Du hast mich aber gefragt, wie man in philosophischen und politischen Ordnungen dem Ressentiment entgegenwirken kann. Philosophische und politische Ordnungen sind nicht gleichzusetzen. Ganz im Gegenteil, wann immer eine absolute philosophische Ordnung in eine politische umgesetzt wurde, so hat es ein schlimmes Ende genommen. Das kann man von Plato lernen, aber auch bei Hannah Arendt und Karl Popper nachlesen.

Gegenwärtig scheint mir populistische Politik individuelles und kollektives Ressentiment wieder salonfähig gemacht zu haben. Populismus baut auf die negative Kraft des Ressentiments, indem der Pluralismus liberaler politischer Ordnungen denunziert und auch bekämpft wird. Da wird Einheit und Solidarität generiert durch die Konstruktion eines gemeinsam anerkannten Fremden oder feindlichen Anderen, von dem man sich unterscheidet, in moralischer, weltanschaulicher wie auch in politischer Hinsicht.

Ressentiment entgegenwirken zu können, ist meines Erachtens eine Frage der Haltung und der Fähigkeit zu Empathie. Was aber nicht heißt, keine Feinde haben zu dürfen. Im täglichen Leben wäre das nicht nur naiv, sondern wahrscheinlich auch fatal. Es kommt darauf an, aus welchen Gründen man einen Feind als solchen definiert. Entweder wird der Feind aus Ressentiment, dem Gefühl der Rache oder aus einer konkreten Situation der Notwehr definiert, um nur die zwei extremen Gegenpole der Feinddefinition zu benennen.

3. Du hast viel über politische und Politische Theologien nachgedacht. Hängt die mangelnde Demokratiefähigkeit in der Kirche auch mit *Ressentiment* zusammen?

Die Debatte um die Demokratiefähigkeit oder sogar der Demokratisierung der Kirche hat ihre Ursprünge in der 1968er Bewegung. Es ist daher nicht verwunderlich, dass namhafte Theologen wie Karl Rahner, Harry Hoefnagels, Karl Lehmann oder Lothar Roos sich dazu äußerten. Rahner war gewissermaßen ein Vorreiter in der Diskussion mit seinem Buch *Das Dynamische in der Kirche* von 1958. Die Forderung einer Demokratisierung ist also keineswegs neu und der Blick in die Geschichte dieser Forderung ist meines Erachtens sehr aufschlussreich.

Allen diesen theologischen Autoren ist die Überzeugung gemeinsam, dass Wahrheit nie demokratisch erhoben werden kann. Ratzinger hatte damals darauf hingewiesen, dass die Wahrheit des Glaubens nicht Subjekt einer Volksabstimmung sein kann und darf.

Lothar Roos hat die Unterscheidung zwischen Demokratie als Herrschaftsform und Demokratie als Lebensform vertreten. Demokratie ist einerseits als ein bureaukratisches Organisationsmodell politischer Ordnung zu sehen, anderseits muss auf den ihr zugrundeliegenden moralischen Wertekanon geachtet werden. Um das an einem Beispiel zu verdeutlichen: Wenn jemandem vorgeworfen wird, undemokratisch zu handeln, so ist es ein moralischer Vorwurf, der die Missachtung des Gleichheitsprinzips, selbstbestimmter Freiheit oder den fehlenden Willen zur Kooperation meint. Diese politisch-moralische Grundhaltung, die Demokratie als Lebensform impliziert, wird zumindest seit dem Zweiten Vatikanum auch in namhaften Theologien vertreten. Johann-Baptist Metz' Projekt einer *Politischen Theologie* ist das wohl bekannteste Beispiel.

In diesem Sinne ist die Kirche zwar keine Demokratie, aber auch nicht undemokratisch. Kirche ist, wie Rahner es nannte, eine *Demokratie eigener Art*. Trotz all den synodalen Strukturen, Partizipationsrechten und -pflichten sowie der Lehre vom *sensus communis* oder der *Volk-Gottes-Theologie* bleibt die Kirche eine nicht demokratisch organisierte Institutionalisierung einer Glaubensgemeinschaft. Dialektisch gesehen, besteht darin auch eine ihrer Stärken. Sie kann als Gegenpol und Kooperationspartner demokratischen Gesellschaften Kritik und Alternativen bereitstellen, die nicht demokratisch generiert und legitimiert sind. Denn nicht nur faschistische oder totalitäre Systeme, sondern auch nationalstaatlich und parteipolitisch organisierte liberale Demokratien zeigen die Tendenz, Einheit und Solidarität durch Ressentiment, also Selbstkonstitution durch Fremddenunziation, zu befördern.

Literaturverzeichnis

Bucher, Rainer: Nietzsches Mensch und Nietzsches Gott. Das Spätwerk als philosophisch-theologisches Programm (Würzburger Studien zur Fundamentaltheologie 1), Frankfurt a. M. u. a. 1986.

Gabriel, Yiannis: The Other and Othering, in: ders., Organizing Words: A Critical Thesaurus for Social and Organization Studies, New York 2008, 213–214.

Heimerl, Theresia: Andere Wesen. Frauen in der Kirche, Wien u. a. 2015.

Hoelzl, Michael: Theorie vom guten Hirten. Eine kurze Geschichte pastoralen Herrschaftswissens, Wien u. a. 2017.

Leimgruber, Ute: Hostility toward Gender in Catholic and Political Right-Wing Movements, in: Religions 11 (2020), H. 6, 301, online: www.mdpi.com/2077-1444/11/6/301 [Zugriff: 5.7.2021].

Mar Castro Varela, María do – Mecheril, Paul (Hg.): Die Dämonisierung der Anderen. Rassismuskritik der Gegenwart, Bielefeld 2016.

Montinari, Mazzino: Vorwort, in: Kommentar zu Band 1–13 (KSA 14), New York 1988, 7–35.

Morrison, Toni: Die Herkunft der anderen. Über Rasse, Rassismus und Literatur, Reinbek bei Hamburg 2018.

Rommelspacher, Birgit: Wie christlich ist unsere Gesellschaft? Das Christentum im Zeitalter von Säkularität und Multireligiosität, Bielefeld 2017.

Sommer, Andreas Urs: Kommentar zu Nietzsche Zur Genealogie der Moral (Historischer und kritischer Kommentar zu Nietzsches Werken 5/2), Berlin – New York 2019.

Abwegig umherschweifen.
Fragen-Proviant für Wandernde

Birgit Hoyer

1. Wegkreuz

1988 haben sie sich zum ersten Mal gekreuzt, die Wege von Rainer Bucher und mir – in der Einführung ins wissenschaftliche Arbeiten an der Universität Bamberg zum Start des Studiums der Katholischen Theologie. An diesen Startpunkt hatte mich die religiöse Sozialisation meiner Familie geführt: die Gebete zu Mittag und Abend, der katholische Kindergarten bei Sr. Rosemarie, die selbstverständlichen Sonntagsgottesdienste, der dienstägliche Kindergottesdienst mit Sr. Bergit, die Jugendarbeit in Pfarrei und Dekanat, die Touren mit Rucksack und Zelt zu Fuß nach Assisi oder mit dem Rad durch die Toscana, organisiert vom kirchlichen Jugendpfleger. Die schulische und später die Hochschulbildung durchkreuzten diese Glaubensbildung: Der Biologieunterricht in der 5. Klasse mit dem Thema „Evolution", die Kirchengeschichtsvorlesungen bei Prof. Grasmück – und die Seminare bei seinem Assistenten Rainer Bucher: nicht glauben, denken, alles ist geworden im Durchdenken, im Theologie- und Politik-Treiben. Aufgerissen die Frage: Gibt es da einen Zusammenhang zwischen Glaube und Theologie? Darf es ihn geben? Macht Glaube Theologie unwissenschaftlich und Theologie Glaube zunichte? Theologie als wissenschaftliche Reflexion des Glaubens? Kann das tatsächlich gelingen? Wissenschaftlich und persönlich? Wo in der Geschichte der Kirche ist es gelungen? Priester als Prototyp des Wissenschaft und Spiritualität selbstverständlich verknüpfenden Theologen?

> „Was mich unablässig bewegt, ist die Frage, was das Christentum oder auch wer Christus heute für uns eigentlich ist. Die Zeit, in der man das den Menschen durch Worte – seien es theologische oder fromme Worte – sagen könnte, ist vorüber, ebenso die Zeit der Innerlichkeit und des Gewissens, und d.h. eben die

Zeit der Religion überhaupt. Wir gehen einer völlig religionslosen Zeit entgegen; die Menschen können einfach, so wie sie nun einmal sind, nicht mehr religiös sein."¹ (30.04.1944)

Das schreibt der evangelische Theologe Dietrich Bonhoeffer, der 1945 im Konzentrationslager Flossenbürg von Nationalsozialisten brutal ermordet wurde. Er ist überzeugt, „daß man erst in der vollen Diesseitigkeit des Lebens glauben lernt [...], nämlich in der Fülle der Aufgaben, Fragen, Erfolge und Mißerfolge, Erfahrungen und Ratlosigkeiten [...], ich denke, das ist Glaube, [...] und so wird man ein Mensch, ein Christ"² (21.7.1944). Auch Theologie? Der Erkenntnisgewinn des Studiums legt den Schluss nahe, Theologie lässt sich nur in den Diesseitigkeiten des Lebens, der Wissenschaften, der Politik, der Kirche entwerfen. Aber was ist der Gegenstand der Theologie? Die Kirche? Christliche Religion? Der Glaube der Kirche? Wer lernt eigentlich glauben? Bonhoeffer

> „geht es um den Anspruch Christi auf unser *ganzes* Leben, auf unsere Welt insgesamt, nicht nur auf unsere Frömmigkeit, sondern auch auf unser gesellschaftliches und politisches Handeln, unsere Solidarität und Mitmenschlichkeit. Nach seinem Abschied von der individualistischen Seelenheilreligion des bürgerlichen deutschen Protestantismus wird Bonhoeffer über die Jahre gerade in dieser Frage immer klarer und radikaler."³

Seelenheilreligion! Auch dieses Alarmsignal entnehme ich der Lehre Rainer Buchers, bei dessen Erklingen es gilt, umgehend kirchenpolitisch umzusteuern: Mit der Pastoralkonstitution *Gaudium et spes* bricht das Zweite Vatikanische Konzil mit der Engführung der Kirche auf die cura animarum, die Seelsorge durch Kleriker, und verpflichtet die Jüngerinnen und Jünger Christi auf die Freude und Hoffnung, Trauer und Angst aller Menschen, besonders der Armen und Bedrängten. Pastoraltheologie hat damit die Verpflichtung, diese Konstitution von Kirche wissenschaftlich zu entwerfen und zu reflektieren. Kirche im Lernen des Glaubens begleiten? Kirche als gesellschaftliche Vision formulieren?

---

1 Bonhoeffer, Widerstand, 138–139.
2 Bonhoeffer, Widerstand, 195.
3 Zitiert nach Reck, Religiös.

2. Landschaft

Diese Perspektive lässt sich analog zu den Aussagen von Papst Franziskus zur Synode der Menschen in Amazonien als soziale Vision beschreiben: eine Gesellschaft, die alle Menschen integriert und fördert, damit sie das „buen vivir" – das „Gute Leben" – dauerhaft verwirklichen können. „Es ist jedoch ein prophetischer Schrei und mühsamer Einsatz für die Ärmsten notwendig."[4] Denn obschon die Welt vor einer ökologischen Katastrophe steht, muss darauf hingewiesen werden, dass „ein wirklich ökologischer Ansatz sich immer in einen sozialen Ansatz verwandelt, der die Gerechtigkeit in die Umweltdiskussionen aufnehmen muss, um die Klage der Armen ebenso zu hören wie die Klage der Erde"[5]. Wie entsteht eine Vision vom guten Leben? Worin gründet sie?

Offensichtlich sind es diese Fragen, die über die Religionen hinweg Menschen verbinden.

> „Immer mehr Menschen suchen nach geistiger Orientierung, innerer Einkehr und nach Wegen zum eigenen Ich. Andere sehnen sich danach, zeitlich begrenzt aus den Alltagszwängen auszubrechen und in eine andere Welt einzutauchen. Dabei können Kirchen und Dome, Klöster und Wege helfen, Geistiges unmittelbar erlebbar zu machen. Die Motive für religiös orientierte Reisen sind vielfältig."[6]

Diese Feststellungen traf der damalige Minister für Wirtschaft und Arbeit des Landes Sachsen-Anhalt, Rainer Haseloff, anlässlich des Kongresses „Heilige Orte, sakrale Räume, Pilgerwege. Möglichkeiten und Grenzen des Spirituellen Tourismus" im Jahr 2006. Grundlage und Anlass der Tagung war die Studie „Spiritueller Tourismus in Sachsen-Anhalt" der Theologin und Kunsthistorikerin Karin Berkemann im Auftrag des genannten Ministeriums. Berkemann stellte fest:

> „Der Blick auf die *Geschichte* ausgewählter ‚spiritueller' Entwicklungen und Themen zeigt, dass die Menschen durch die Jahrhunderte jeweils ihre individuelle, künstlerische oder liturgische Form gefunden haben, geistliche Inhalte zu leben:

---

4 Papst Franziskus, Querida Amazonia, 8.
5 Papst Franziskus, Enzyklika Laudato si, 49.
6 Ministerium für Wirtschaft und Arbeit Sachsen-Anhalt, Heilige Orte, 7.

> Von den ersten geistlichen Gründungen der Christianisierung und dem Aufblühen einer ‚spirituellen' Kultur in der Mystik über die ‚Demokratisierung' von ‚Spiritualität' in der Reformation und der ‚Heiligung des Alltags' im Pietismus bis hin zur geistlichen Rückbesinnung angesichts der Säkularisierung und zu ‚spirituellen' Aufbrüchen des 20. Jahrhunderts. Gemeinsam ist all diesen Stationen ‚spirituellen' Lebens jedoch, dass sie nicht allein in der Verinnerlichung und Weltflucht verharren, sondern sich mitteilen, das Gespräch."[7]

Raum gewordene Religion als ideelle und wirtschaftliche Ressource guten Lebens, die nicht nur geografische, sondern geistige Orientierung bietet? Was oder wer gibt Orientierung? Kann Glaube Orientierung bieten? Soll Glaube tatsächlich orientierend durch das eigene und gesellschaftliche Leben leiten? Was, woran muss eine/r glauben, damit Lebensentscheidungen leichter getroffen werden können? Steckt hinter dem Wunsch nach Orientierung durch Glauben nicht einfach der nach Reduktion von Komplexität, nach klaren Vorgaben, nach Nicht-selbst-entscheiden-Müssen? Das ist wohl nicht der Glaube, von dem Bonhoeffer spricht, der sich in der „vollen Diesseitigkeit" erlernen lässt.

Diesseitigkeit ist nicht das Gegenteil von Jenseitigkeit, sondern eine komplexe Verflochtenheit verschiedener Räume. Diese Komplexität der sozialen und räumlichen Herausforderungen lässt sich mit dem Begriff der Landschaft einfangen. Der Begriff umfasst Städte, Infrastrukturen, Landwirtschaft, Wälder, Seen etc. „Da Landschaften durch Wachstum, Schrumpfung, Bewirtschaftung, Bebauung usw. ständig neu entstehen und sich in Bewegung befinden, bezeichnet Hille von Seggern Landschaft als *Raumgeschehen*."[8] Landschaft, Raum ist immer in Bewegung. Landschaftsarchitekt:innen weisen darauf hin, dass sich selbst die vermeintlich „harten" physischen Landschaftsbestandteile wie Wasser und Vegetation verändern – mindestens im Jahresverlauf und in der Wahrnehmung der Menschen. Sie prägen Situationen durch alltägliches und politisches Handeln und durch ihre Deutung und Wahrnehmung.[9] Dieses Landschaftsverständnis beschreibt also

---
7 Ministerium für Wirtschaft und Arbeit Sachsen-Anhalt, Heilige Orte, 39.
8 Schultz, Landschaften, 29.
9 Vgl. Wolfrum, Architektonische Urbanistik, 115.

nicht mehr ein statisches Bild, sondern ein komplexes, wandelbares Geschehen, das nie hundertprozentig vorhersehbar ist. Seel definiert Landschaft als „Erscheinen eines unüberschaubaren Raums. [...] Landschaft als Ganzes [entsteht] im Blick des Betrachters."[10] In dieser Unüberschaubarkeit ereignet sich Raum in Prozessen, in denen sich Menschen als ein Element unter anderen Elementen der Landschaft erfahren.[11]

Menschen sind das komplexeste Element der Landschaften: „Menschen sind es, die Landschaftsbilder in ihren Köpfen produzieren, gleichzeitig Landschaft konstruieren und Teil von ihr sind."[12] „Landschaften transportieren Wunschvorstellungen und erscheinen dabei häufig als Gegenwelt zum Alltag: Draußen in der Natur – drinnen am Schreibtisch."[13] Gleichzeitig sind Landschaften wahrnehmbare und beschreibbare physische Objekte ohne scharfe Grenzen. Der Landschaftsbegriff wird also charakterisiert durch Unvorhersehbarkeit, Prozessualität, Relationalität. Glauben lernen in der Diesseitigkeit, in der Komplexität von Landschaften? Glaubensräume für die theologische Reflexion gesellschaftlicher Realitäten? Sozialräume als Lernräume des Glaubens, der Kirche und der Theologie? Dazu braucht es einen differenzierten Blick, einen anderen Blick, einen landschaftlichen Blick, der Komplexität nicht reduziert oder beherrscht, sondern mit komplexen Landschaften entwerfend umgeht, die Verflochtenheit von Glaube, Theologie, Kirche, Gesellschaft etc. als Landschaft im komplexen Sinne entwirft.

Glaube – nicht als Vereinfachung und klare Anweisung, sondern in seiner Abwesenheit bzw. Verborgenheit – reflektiert der Theologe und Soziologe Tomáš Halík in Geschichte und Situation Tschechiens als „Labor der Säkularisierung"[14]. Der tschechische Historiker Petr Fiala hat diesen Begriff geprägt.

---

10 Seel, Landschaft als Geschehen, 134.
11 Seggern u. a., Creating Knowledge, 20.
12 Schultz, Landschaften, 32.
13 Schultz, Landschaften, 28.
14 Fiala, Labor der Säkularisierung, 93.

> „Nirgendwo in Europa ist die Säkularisierung so weit fortgeschritten wie in der Tschechischen Republik. Wie in einem Laboratorium lässt sich dort beobachten, was es heißt, wenn die Religion aus dem öffentlichen Raum verschwindet und immer weniger Menschen sich zu einem Glauben bekennen."[15]

Glauben beschreibt Halík im Laboratorium eines säkularen Europas als „Kunst, mit dem Geheimnis und mit den Paradoxien des Lebens zu leben."[16] Das Paradoxon wird für ihn zur Verbindung zwischen spannungsreichen und widerstreitenden Polaritäten, Theologie zur differenzsensiblen, multiperspektivischen, resilienten Brückenwissenschaft in Korrelation zu den gesellschaftlichen Realitäten. Für den Kulturgeografen Werner Bätzing ist Entgrenzung das zentrale Phänomen der Paradoxien des Lebens in der gegenwärtigen Diesseitigkeit. Gegensätzliches bleibt bestehen, wird aufeinander bezogen und zugleich überstiegen.

> „Die vertrauten Alltagswelten in ihren gegensätzlichen Ausprägungen und ihren historisch gewachsenen Unterschieden wie jenen zwischen Stadt und Land, Regionen, Staaten, Kontinenten lösen sich auf – die Welt wird zum globalen Dorf, in dem alles vergleichzeitigt und vergleichgültigt ist und das durch ortlose Strukturen bestimmt ist."[17]

Regionalentwicklung schult in der Betrachtung dieser paradoxen Diesseitigkeit. Bei aller analytischen Schärfe ist zu akzeptieren, dass, je größer der betrachtete Raum ist, ein zunehmender Rest an Unschärfe, an Undefinierbarem, Überraschendem bleibt. Glaube als Hoffnung, Vertrauen, Mut, sich in die Paradoxien der Welt zu stürzen – im Denken der Möglichkeiten vieldimensionaler Entgrenzung? Eine Möglichkeit, nicht einfach im Vertrauten zu schwelgen und darüber unbeweglich zu bleiben, könnte ein landschaftlicher Blick sein, wie ihn Henrik Schultz beschreibt und der in Bewegung entsteht. Als Voraussetzung für Ideenentwicklung in großräumigen Landschaften nennt er die intensive Beschäftigung mit dem Raum, die Ansprache der Intuition und die regelmäßige Reflexion. Er schlägt das Wandern vor, um diesen Blick zu entwickeln und zu üben:

---

15 Ebd.
16 Halík, SpielArten, 287.
17 Bätzing/Hanzig-Bätzing, Entgrenzte Welten, 9.

„Intuitive, kognitive und körperliche Prozesse kommen in iterativen Passagen zusammen, sodass Ideen entstehen. Landschaftlicher Blick bedeutet nicht, nur mit den Augen wahrzunehmen, sondern eine Form der Wahrnehmung, die sich aller Sinne und des Körpers bedient."[18] Beweglichkeit im Wandern und im Betrachten – und das hat weltweit in Alltag, Religion und Philosophie Geschichte:

> „Wandern, Reisen, Pilgern diente und dient dazu, innere wie äußere Räume zu lesen, eine Ordnung zu finden, Raum zu begreifen. [...] Die Ureinwohner Australiens, die mehrere Jahrhunderte als Nomaden gelebt haben, stellen sich Australien als ein Netz aus *Songlines* vor. Dieses Netz aus Wegen, genannt *Walkabout*, verbindet für ihre Ahnen bedeutsame Orte und durchzieht feinmaschig den gesamten Kontinent. [...] Der Journalist und Romanautor Bruce Chatwin beschreibt die Wanderungen der Aborigines als rituelle Reisen und als Ausdruck religiösen Lebens. Ziel des *Walkabouts* ist es, das Land so zu erhalten wie es war, sowohl im Bewusstsein als auch in seiner physischen Gestalt (Chatwin 1992: 25). [...] Wandern wird beim *Walkabout* also zur Raumerschließung im Sinne einer *Raumerzählung*, die Vergangenes und Aktuelles verknüpft."[19]

„Wandern ist Raum aneignen, jedoch nicht in Besitz nehmen."[20] Der Philosoph Hans-Georg Gadamer sagt über das Erlaufen von Architektur: „Da muß man hingehen und hineingehen, da muß man heraustreten, da muß man herumgehen, muß man allmählich erwandern und erwerben, was Gebilde einem für das eigene Lebensgefühl und seine Erhöhung verheißt."[21] Glaube, Theologie als Entwicklung im Wandern und Umherschweifen? Von Landschaftsarchitekt:innen mit landschaftlichem Blick lässt sich lernen, dass erfinderisches Erkennen des Ganzen dadurch befördert wird, dass der Betrachter, die Betrachterin ständig zwischen Perspektiven wechselt und unterschiedlich große Ausschnitte des Raumes in den Fokus nimmt. Der französische Künstler und Landschaftsarchitekt Bernard Lassus spricht von „subtilen Spielen zwischen dem Verborgenen und der Erscheinung, dem Nahen und Fernen"[22].

---

18 Schultz, Landschaften, 35.
19 Schultz, Landschaften, 55–57.
20 Schultz, Landschaften, 69.
21 Gadamer, Aktualität des Schönen, 60.
22 Schultz, Landschaften, 36.

„Der Ideenfindung geht stets ein hoch motiviertes, leidenschaftliches, ausdauerndes Kreisen um eine Frage, ein Gefühl der Aufregung und des beinahe Verlorengehens voraus. [...] ein übender Gang durch die Leere (Seggern 2008: 71f). [...] ‚Entwerfen ist ein springendes Vorgehen, kein lineares, kein deduktives'. [...] Umherschweifende Aufmerksamkeit [...] Einübung ins Ungewisse nennen es Auböck und Karasz [...] Ohne genau zu wissen, wonach er sucht, lässt sich der Entwerfer auf einen ungewissen Prozess ein, in dem seine Neugier gegenüber den Eigenarten eines Raumes die Suche nach Fragestellungen und relevantem Wissen bestimmt."[23]

3. Brücke

Leben werden in diesen Landschaften, in engen Tälern und weiten Ebenen, subtil spielend entworfen, überspannen das Verborgene und die Erscheinung, das Nahe und das Ferne – gleichzeitig, mal orientiert an Wegweisern, mal ins Offene, immer unscharf, meistens paradox. Der Philosoph Michel Foucault hat bereits 1967 – interessanter Weise vor Architekten – gesagt:

„Wir sind in der Epoche des Simultanen, wir sind in der Epoche der Juxtaposition, in der Epoche des Nahen und des Fernen, des Nebeneinander, des Auseinander. Wir sind, glaube ich, in einem Moment, wo sich die Welt weniger als ein großes sich durch die Zeit entwickelndes Leben erfährt, sondern eher als ein Netz, das seine Punkte verknüpft und sein Gewirr durchkreuzt."[24]

Die Pandemie potenziert Unschärfen und Paradoxien, verschärft Krisen und das grundsätzlich Krisenhafte, Unplanbare des Lebens. Werte

---

23 Schultz, Landschaften, 40–43.
24 Dieser Vortrag wurde von Michel Foucault in Tunesien geschrieben und vor dem *Circle d'études architecturales* am 14. März 1967 gehalten. Kurz vor seinem Tod wurde der Text veröffentlicht in der Zeitschrift *Architecture, Mouvement, Continuité* vom 5.10.1984, 46–49. Er war kurz darauf Teil einer Installation in einer Berliner Ausstellung und wurde seitdem in zahlreichen Kontexten wiederverwendet. Der französische Originaltext findet sich in Foucault, Dits et écrits, 752–762. Die deutsche Übersetzung stammt aus dem Ausstellungskatalog von Frölich/Kaufmann, Idee Prozeß Ergebnis, 337.

wie Nächstenliebe und Solidarität rücken in ihrer Bedeutung, aber auch in ihrer Fragilität ins gesellschaftliche Bewusstsein. Werte orientieren, zeigen freiwillige oder sanktionierte Handlungskorridore guten Lebens auf. Aber machen Werte schon einen Glauben? Das Denken in Paradoxien kann die notwendigen Brücken schlagen zwischen als gegensätzlich Empfundenen – bis hin in Transzendenzen. Richard Mark Sainsbury definiert die Paradoxie als „eine scheinbar unannehmbare Schlussfolgerung, die durch einen scheinbar annehmbaren Gedankengang aus scheinbar annehmbaren Prämissen abgeleitet ist."[25] „Paradoxien erzeugen einen gedanklichen Überhang, der sich nicht völlig in die menschliche Vernunft einholen lässt. Der Unterschied zwischen Gott und Mensch lässt sich so (theologisch) bearbeiten"[26], führt Jonas Maria Hoff in einem Beitrag auf feinschwarz.net aus und weist mit Dominik Arenz auf die Paradoxalität theologischen Denkens hin, die immer von der Inkarnation ausgeht: „Christus selbst ist das erste und grundlegende dogmatische Paradox."[27] Glaube, Gesellschaft und Theologie – unvermischt und ungetrennt – jeweils in sich und als Trilogie paradox, und in ihrer Paradoxalität potenziert in einer Kirche, die „in Christus gleichsam das Sakrament, das heißt Zeichen und Werkzeug für die innigste Vereinigung mit Gott wie für die Einheit der ganzen Menschheit" (Lumen gentium 1) ist und sich mit der Gesellschaft zu einer komplexen Wirklichkeit verdichtet:

> „Die mit hierarchischen Organen ausgestattete Gesellschaft und der geheimnisvolle Leib Christi, die sichtbare Versammlung und die geistliche Gemeinschaft, die irdische Kirche und die mit himmlischen Gaben beschenkte Kirche sind nicht als zwei verschiedene Größen zu betrachten, sondern bilden eine einzige komplexe Wirklichkeit, die aus menschlichem und göttlichem Element zusammenwächst." (Lumen gentium 8)

Charles Sanders Peirce hat mit den Vorgehensweisen des Musing und der Abduktion eine (Wissenschafts-)Theorie für die Entdeckung dieser

---

25 Sainsbury, Paradoxien, 11–12.
26 Hoff, Dynamik verstetigen.
27 Arenz, Paradoxalität, 114.

Wirklichkeiten erdacht, die Glaube, Theologie, andere Wissenschaften, gesellschaftliche und individuelle Diesseitigkeiten, Kirche und Spiritualität in Abhängigkeit voneinander zu betrachten und überraschende Verknüpfungen und Schlüsse zu ziehen vermag. Das Paradoxe dieser komplexen Wirklichkeit gereicht allerdings nicht allein zur theoretischen Betrachtung, sondern birgt die Freiheit und die Energie zur Transformation, die „Enge der Lebensführung zu sprengen und vor allem die emotionalen und intuitiven Kräfte freizusetzen und in das spirituelle Ganze einzubringen."[28] Heraustreten aus der Enge der Lebensführung im Glauben, dass der Mensch „sich in die Rolle des Christus hineinzubegeben, der Botschaft [auszusetzen hat] [...], daß dieser Christus fortan in jedem Menschen existiert"[29]? Der Glaube an die Existenz Christi in jedem Menschen als ein ständiges Einüben in die Freiheit, sich als freier Mensch zu verhalten und Gott in dieser Freiheit zu denken? Glaube als Ausgang und Ziel? Gefühl und Intuition als Entgrenzung der Theologie, um in ein spirituelles Ganzes überzugehen? Theologie als notwendiger intellektueller Durchgang von einem tradierten Glauben in einen (glaubens-)freien Glauben? Joseph Beuys formuliert seine Vorstellung dieses Glaubens so:

> „Nach dieser Zuspitzung des menschlichen Intellektes muß wieder eine Anknüpfung an das Spirituelle gefunden werden, aber jetzt nicht mehr aus tradierter Kraft, sondern aus eigener Kraft, d. h. aus der Kraft des Selbst, des Ich. Während das alte Christentum eine gemütsmäßige Seeleneigenschaft der Menschen war, um über die Glaubenskräfte Verbindung zu bekommen in der empfindenden Seele, ist durch die Abnabelung von dieser Tradition Großartiges geschehen, etwas Positives, ja etwas Christliches, als dem Menschen dadurch gesagt wird: Wenn du einfachhin so glaubst, bist du kein Christ. Du mußt versuchen, ‚exakt' zu ‚glauben'; du mußt erst deinen Glauben verlieren, so wie Christus für einen Augenblick seinen Glauben verloren hat, als er am Kreuz war. [...] In der Tiefe der Nacht, in der Tiefe der Isolation, in der vollständigen Abgeschiedenheit von jedem Spirituellen vollzieht sich ein Mysterium im Menschen, welches in Gang gebracht wird durch die Wissenschaften und nicht durch die tradierten Institu-

---

28 Mennekes, Joseph Beuys, 101.
29 Joseph Beuys im Interview mit Gertrud Pfister (Mennekes, Joseph Beuys, 87).

tionen des Christentums. [...] [Gott] ist tot insofern, als er nie mehr von selbst kommt und den Menschen da irgendwie unter die Arme greift. Das tut er nicht. Sondern das ist ja längst im Menschen drin. Der Mensch muß sich gewissermaßen selber mit seinem Gott aufraffen."[30]

Glaube als Glaube an sich selbst, als Abnabelung von der Enge der eigenen Lebensführung, als Glaubensverlust, als Offenheit, Musing, Warten auf Wandlung. Die Abwesenheit des Glaubens als einzige Möglichkeit, glauben zu lernen? Theologie als Freiheit der Wissenschaft, die sich die Relation zu diesem Glauben erlaubt. Musing und Abduktion als wissenschaftliche Denkformen wurden nicht von ungefähr von Charles Sanders Peirce entwickelt, der als „überragender Wissenschaftstheoretiker und Lebensphilosoph, ein leidenschaftlicher Logiker, philosophisch gebildeter Naturwissenschaftler und unermüdlicher Verteidiger des religiösen Glaubens"[31] charakterisiert wird. Jo Reichertz betont, dass der Begriff der Abduktion selbst bei dem „Kronzeugen [Charles S. Peirce] ambivalent bis widersprüchlich" ist, „gerade weil er immer wieder versuchte, seine Idee von der Abduktion für sich selbst zu klären"[32], den Begriff abduktiv zu entwickeln. Die besondere Leistung dieser Art des Schlussfolgerns liegt für Peirce in ihrer Kreativität, eine neue Idee hervorzubringen. „Forschung hat ihren Ausgangspunkt in einer *überraschenden Erfahrung*."[33] Obwohl Peirce im weiteren Umgang mit dieser Erfahrung durchaus von einer Zuordnung von Ereignis und Regel spricht, bezweifelt Reichertz, dass „die Abduktion mit Begriffen der klassischen Logik zu beschreiben ist"[34]. Peirce selbst plädiert dafür, dass die Regeln des abduktiven Schlussfolgerns recht wenig von der Logik behindert werden sollen bzw. (in der Übersetzung von Reichertz) sehr wenig mit logischen Regeln zu tun haben.[35] Ein Wahrnehmungsurteil stellt sich für Peirce als Ergebnis abduktiven Schließens unverhofft wie ein Blitz ein. Abduktion, so definiert er selbst,

---

30 Mennekes, Joseph Beuys, 33.
31 Deuser, Peirce, 13.
32 Reichertz, Abduktion, 13.
33 Deuser, Peirce, 374.
34 Reichertz, Abduktion, 54.
35 Vgl. Reichertz, Abduktion.

„‚is that kind of operation which suggests a statement in no wise contained in the data from which it sets out. There is a more familiar name for it than abduction; for it is neither more nor less than guessing' (Peirce MS 692:23–1901). Abduktion ist in dieser Bestimmung nicht mehr und nicht weniger als *Raten*. […] ‚*The business of a man of science is to guess*, and disprove guess after guess, being guided by the particular way the last guess failed in a forming the next one' (Peirce NEM III, 2: 893–1908; Hervorhebung im Original)."[36]

Für den Prozess der Abduktion ist die Phase des Musing notwendig, die ein Sich-Aussetzen ermöglicht. Hans-Joachim Sander beschreibt Musing als „nicht unmittelbar zielbezogenes oder direkt zielführendes Nachhängen über ein Problem, das jemanden beschäftigt."[37] Peirce verortet im Musing das Problem, noch bevor es sprachlich fassbar ist.

„Am Anfang steht nicht die Einsicht in eine mögliche oder tatsächliche Falschheit, sondern die Überforderung durch überraschende Daten, Ereignisse, Begegnungen. […] Es ist eine intellektuelle Zumutung und eine geistige Erfahrung von Ohnmacht. Beides, Zumutung und Ohnmacht, sind jedoch nicht lähmend, sondern stacheln an. Sie sind in diesem Fall gleichsam Elixiere für einen kreativen Ortswechsel."[38]

Anlass des Musing und Grundlage für die Möglichkeit der Abduktion ist Sprachlosigkeit, Handlungsunfähigkeit, eine Differenz zwischen Sagbarem und Unsagbarem. Aus dieser Differenz, an dieser Grenze „entsteht die Not, etwas Neues durchzuspielen; ohne die Konfrontation mit einem Ort, der zunächst einmal überfordert, hätte man gar keinen Grund dazu und würde es sich auch nicht zumuten."[39] Musing gibt Gelegenheit, in dieser Haltung an der Grenze zu verweilen, denn auf der Grenze kann –

---

36 Reichertz, Abduktion, 58. Als Fazit zieht Reichertz: „Abduktionen ereignen sich, sie kommen so unerwartet wie ein Blitz, sie lassen sich nicht willentlich herbeizwingen, und sie stellen sich nicht ein, wenn man gewissenhaft einem operationalisierten Verfahrensprogramm folgt. Wenn auch nicht ohne feste Form, so richten sie sich dennoch nicht nach den Gesetzen der formalen Logik. Sie verdanken ihre ‚*Zuverlässigkeit*' weder der Logik noch der Magie, sondern der Phylogenese der Menschheit."
37 Sander, Gotteslehre, 24.
38 Sander, Gotteslehre, 27.
39 Ebd.

durch die Provokation der Grenze – Neues entstehen. An die Grenzen gehen zu können, gar über Grenzen, in das Zwischen zu gehen, zwischen Menschen, Stadt und Land, Leben und Tod, am Zwischenort zu sein, dünnhäutig zu sein – genau darin liegt die wissenschaftliche Freiheit der Theologie. Ihre Stärke ist die Unbefangenheit – im wörtlichen und übertragenen Sinne –, methodisch und inhaltlich frei mit Grenzziehungen umzugehen und mit Neuem zu experimentieren. Theologie kann damit zum Angebot an das abgegrenzte Individuum werden, sich selbst neu zu denken.[40] Kirche wird in diesem Kontext im wörtlichen wie übertragenen Sinne zum Haus inmitten von Häusern[41], das Tiemo Rainer Peters so charakterisiert:

> „Wer das Reich Gottes zu identifizieren und auf den Begriff zu bringen versucht, erkennt, dass es nichts anderes ist als das Reich der politischen Verhältnisse und Organisationen, aber wahrgenommen aus einer besonderen Blickrichtung. […] Das Reich Gottes ist nichts, das neben oder über den anderen Reichen der Welt schwebte. […] Es liegt vielmehr, deutlich unterschieden und für jeden Aufmerksamen sichtbar, inmitten der globalisierten Welt, ein Gegenbild alles Verachteten, Unterdrückten und Vernichteten. Das Reich Gottes ist die Antigeschichte des Leidens, wie sie im Blick derer entsteht, die betroffen sind und die sich betreffen lassen. […] Das Reich Gottes, zeigt sich nun, ist immer schon da, weil die Armen gekommen sind, die die Gleichgültigkeit ihnen gegenüber als das entlarven, was sie ist: Struktur gewordene Gewalt."[42]

In der Diesseitigkeit glauben lernen und gläubig unglauben lernen? Freigehen und sich verstricken im Geflecht der Abhängigkeiten zwischen Glaube, Theologie, Gesellschaft, Kirche, Menschen. Brücken schlagen in und über Paradoxien hinweg. Im Musing verweilen, sich auf Abwege begeben: Ein Theologe, ein Glaubender, ein

---

40 Vgl. Hoyer, Seelsorge.
41 Vgl. Papst Franziskus, Instruktion, Nr. 29, https://www.vaticannews.va/de/vatikan/news/2020-07/vatikan-wortlaut-instruktion-pastorale-umkehr-pfarrgemeinden-deu.html (abgerufen 15.04.2021).
42 Peters, Entleerte Geheimnisse, 36–37.

„Mystiker ist, wer nicht aufhören kann zu wandern und wer in der Gewissheit dessen, was ihm fehlt, von jedem Ort und von jedem Objekt weiß: Das ist es nicht. Er kann nicht hier stehenbleiben und sich nicht mit diesem da zufrieden geben. Das Verlangen schafft einen Exzess. Es exzediert, tritt über und lässt die Orte hinter sich. Es drängt voran, weiter, anderswohin. Es wohnt nirgendwo."[43]

Glaubende Theologie im Exzess, ein Immer-weiter-Gehen, ohne zu wissen, wonach man sucht? Leben entwerfen als ungewisser Prozess, in dem die Neugier gegenüber den Eigenarten der Diesseitigkeiten, der Landschaften, der Menschen „die Suche nach Fragestellungen und relevantem Wissen"[44], nach buen vivir bestimmt. Gutes Leben im ökologischen wie sozialen Sinne sehen, hören, riechen, schmecken, tasten im Umherschweifen [...] und zuweilen blitzt etwas auf: buen vivir.

Literaturverzeichnis

Arenz, Dominik: Paradoxalität als Sakramentalität. Kirche nach der fundamentalen Theologie Henri de Lubacs, Innsbruck 2016.

Bätzing, Werner – Hanzig-Bätzing, Evelyn: Entgrenzte Welten. Die Verdrängung des Menschen durch Globalisierung von Fortschritt und Freiheit, Zürich 2005.

Bonhoeffer, Dietrich: Widerstand und Ergebung. Briefe und Aufzeichnungen aus der Haft, Neuausgabe München 1985.

Certeau, Michel de: Mystische Fabel, Frankfurt a. M. 2010.

Fiala, Petr: Labor der Säkularisierung. Kirche und Religion in Tschechien, in: Osteuropa 59 (2009), H. 6, 93–100.

Foucault, Michel: Dits et écrits, Bd. IV, Paris 1994.

Frölich & Kaufmann, Idee – Prozess – Ergebnis. Die Reparatur und Rekonstruktion der Stadt. Katalog zur Internationalen Bauausstellung, Berlin 1987, 337–340.

Gadamer, Hans-Georg: Aktualität des Schönen. Kunst als Spiel, Symbol und Fest, Ditzingen 1977.

---

43 De Certeau, Mystische Fabel, 474.
44 Schultz, Landschaften, 40.

Halík, Tomáš: SpielArten des Atheismus, in: Lebendige Seelsorge 65 (2014), H. 4, 285–288.

Hoff, Jonas Maria: Dynamik verstetigen? Bischof Voderholzer und die Paradoxie als Denkform, in: feinschwarz.net, 12.4.2021, online: https://www.feinschwarz.net/dynamik-verstetigen-bischof-voderholzer-und-die-paradoxie-als-denkform/ [Zugriff: 15.5.2021].

Hoyer, Birgit: Seelsorge auf dem Land. Räume verletzbarer Theologie, Stuttgart 2011.

Mennekes, Friedhelm: Joseph Beuys. Christus denken, Stuttgart 1996.

Ministerium für Wirtschaft und Arbeit Sachsen-Anhalt: Heilige Orte, sakrale Räume, Pilgerwege. Möglichkeiten und Grenzen des Spirituellen Tourismus (Tourismus Studien 24, Bensberger Protokolle 102), Magdeburg – Lutherstadt Wittenberg – Bensberg 2006, online: https://tma-bensberg.de/wp-content/uploads/2015/10/430_bepr_102.pdf [Zugriff: 2.8.2020].

Papst Franziskus: Enzyklika Laudato si. Über die Sorge für das gemeinsame Haus, 2015.

Papst Franziskus: Querida Amazonia. Nachsynodales Apostolisches Schreiben, 2019.

Papst Franziskus, Die Instruktion zur pastoralen Umkehr der Pfarreien, 2020, online: https://www.vaticannews.va/de/vatikan/news/2020-07/vatikan-wortlaut-instruktion-pastorale-umkehr-pfarrgemeinden-deu.html [Zugriff: 15.4.2021].

Peirce, Charles Sanders: Religionsphilosophische Schriften. Hg. v. Deuser, Hermann (Philosophische Bibliothek 478), Hamburg 1995.

Peters, Tiemo Rainer: Entleerte Geheimnisse. Die Kostbarkeit des christlichen Glaubens, Ostfildern 2017.

Reck, Norbert: Religiös? Gott bewahre. Zum 75. Todestag von Dietrich Bonhoeffer, in: feinschwarz.net, 9.4.2020, online: https://www.feinschwarz.net/religioes-gott-bewahre-zum-75-todestag-von-dietrich-bonhoeffer/#more-25426 [Zugriff: 8.4.2021].

Reichertz, Jo: Die Abduktion in der qualitativen Sozialforschung, Opladen 2003.

Sainsbury, Richard Mark: Paradoxien. Übers. v. Müller, Vincent C. und Ellerbeck, Volker, Stuttgart ^{4}2010.

Sander, Hans-Joachim: Einführung in die Gotteslehre, Darmstadt 2006.
Schöbel-Rutschmann, Sören: Landschaftsurbanismus, in: Wolfrum, Sophie – Nerdinger, Winfried (Hg.): Multiple City, Berlin 2008, 14–18.
Schultz, Henrik: Landschaften auf den Grund gehen. Wandern als Erkenntnismethode beim Großräumigen Landschaftsentwerfen, Berlin 2014.
Seel, Martin: Landschaft als Geschehen und Natur in der Stadt, in: Wolfrum, Sophie – Nerdinger, Winfried (Hg.): Multiple City, Berlin 2008, 134–138.
Seggern, Hille von u. a.: Creating Knowledge. Innovationsstrategien im Entwerfen urbaner Landschaften, Berlin 2008.
Wolfrum, Sophie, Architektonische Urbanistik, in: dies. – Nerdinger, Winfried (Hg.): Multiple City, Berlin 2008, 114–117.
Wolfrum, Sophie – Nerdinger, Winfried (Hg.): Multiple City, Berlin 2008.

J

Angelschnüre des Lichts
Malerei ein Experimentierfeld
für Seinsfragen

Ursula Jüngst

Es war ein quadratisches Gemälde in kräftigen, energiegeladenen Rottönen, darin wie fliegend eine dunkle, abstrakte Form. Ich hatte dieses Werk während meines Studienaufenthaltes in Barcelona gemalt. Ausdruckssuche für Gefühle von Liebe, Kraft und Irritation. Zurück in Nürnberg besuchte mich Rainer Bucher mit seiner Familie. Sie erwarben dieses Bild. Einer meiner ersten Sammler und Verfolger meiner Malerei seit gut 30 Jahren.

Angeregt, zu dieser Festschrift einen Beitrag zu schreiben, habe ich mir Gedanken zu meiner Malerei gemacht. Dabei möchte ich auf zwei meiner Gemälde: „Feier des Lebens" und „Zum Abschied schenk ich dir das Meer" näher eingehen. Es ist mir wichtig, zu betonen, dass bei allen Worten, die ich gefunden habe, als erstes immer meine Malerei war.

Malerei ist höchst verdichtete Lebenszeit. Jedes einzelne meiner Bildwerke ist über einen längeren Zeitraum entstanden. Dabei haben sich die Tage verändert, die Lichtsituationen, meine Stimmungen, mein Wissen, meine Ängste und Hoffnungen. Lebenszeit ist nicht festzuzurren. Es braucht eine Spanne an Zeit, Lebenszeit, um ein Bild auf den Punkt zu bringen. Gestaltete und damit auch sichtbar gemachte Lebenszeit. Malerei ist geschenkte Zeit. Akzentuiertes Leben, das durch die Betrachtung weiter und immer wieder neu pulst. Lebenszeit zum Blühen bringt. Ein Gemälde, habe ich es mir als Betrachter einmal erschlossen, lässt mich die gesammelten Erfahrungen im Moment abrufen und öffnet sich mir in seiner ganzen Fülle. Vergangenheit, Gegenwart und Zukunft verschmelzen zur „Jetzt-Zeit".

Malereierfahrung ist durch keine wissenschaftliche Erfahrung zu ersetzen. Die Intuition nimmt im Gestaltungsprozess eine wichtige Funktion ein, und mit Malerei können auch Menschen erreicht werden, die fern von Bildung sind. Malerei zu erleben, schenkt Freude und macht Leben spürbar. Malerei spendet Trost und zeigt Hoffnung und wir können uns in ihr wiederfinden.

„Feier des Lebens" heißt mein Glasgemälde, das ich für die Taufkapelle der Pfarrkirche Allerheiligen in Nürnberg gestaltet habe und das 2020 eingebaut wurde (siehe Abb. 1 und 2)*. Über drei Jahre hatte ich an diesem Glasgemälde gearbeitet. Es war meine erste Glasmalerei. Ein Abenteuer hin zum Licht.

Die Taufe ist ein Willkommensfest. Eine wunderbare, fröhliche, lebensbejahende Feier symbolisieren in einzigartiger Weise die Farben Blau und Gelb in all ihren Nuancen vom Zitronengelb bis hin zum Maisgelb, vom Himmelblau bis hin zu warmem Ultramarin. Auch verbinden sich im Blau und Gelb das Irdische mit dem Transzendenten.

Blau steht stellvertretend für das Wasser der Taufe und den Fluss des Lebens. Darüber hinaus verkörpert Blau Verehrung, Treue, Sehnsucht und Hoffnung. In der christlichen Kunst verbindet man mit der Farbe Blau – in Anlehnung an den blauen Mantel Marias – auch Schutz und Geborgenheit.

Gelb erinnert an die Sonne, ihre lebensspendende Wärme, an das Licht, leuchtende Energie, die uns wachsen lässt, beglückt und Zuversicht ausstrahlt. Im übertragenen Sinn bedeutet Gelb Erleuchtung, die positiven, geistigen Kräfte, die uns von Gott geschenkt sind. Wie dies in der Handlung der Taufe geschieht, wo der Täufling die Wärme des göttlichen Lichts empfängt.

Warmes Sonnengelb, lebensfrohes Zitronengelb, mutiges Indischgelb und leichtes Neapelgelb wirbeln fröhlich von oben nach unten, steigen dann gleich zarten Flügeln wieder empor, durchstrahlen den Raum und verschenken ihre glückhafte, lebensgestaltende Energie.

Von unten erheben sich vertrauensvolles Ultramarin, keckes Coelin, zuversichtliches Kobaltblau, neugieriges Azurblau, beschützendes Vio-

---

* Während ich dies schreibe, erhalte ich die erfreuliche Nachricht, dass das Fenster „Feier des Lebens" in den USA beim Codaward (Wettbewerb in den Kategorien: Architektur, Design, Kunst) von einer internationalen Fachjury zu den Top-Finalisten gewählt ist.

lett. Gelb und Blau tanzen und spielen miteinander, sie verbinden sich mit leisem Weiß, hier und da mit Grün, der Farbe der beginnenden Liebe. Gelb und Blau begegnen vergnügtem Orange und mutigem Rot und stärken sich gegenseitig.

Die Farben sind in Ihrer Bewegung frei und erschaffen sich in Zeit und Raum immer wieder neu. Leuchten. Energie. Freude. Hoffnung. Leben. Empfangen. Verschenken.

Farben sind wie eine Sprache, die es vermag, über politische und kulturelle Grenzen hinweg, Menschen im Herzen zu berühren. In all ihren Nuancierungen sind die Farben unendlich und sind so facettenreich wie unsere Gefühle. Philipp Otto Runge hat einmal gesagt, die Farben seien die göttlichen Boten des Lichts. Und alles Licht strebt nach der Ewigkeit.

Komponiert ist das Glasgemälde „Feier des Lebens" aus vielen verschiedenen Pinselstrichen, die ähnlich in Länge und Breite sind. Diese Pinselsetzungen transportieren Erfahrungen und Empfindungen und sind weder zeitlich noch räumlich fest verortet. Jeder Pinselstrich ist anders, so wie wir Menschen auch alle verschieden sind. Zart, durchscheinend oder kräftig, beschwingt und selbstbewusst, sensibel zugeneigt oder auch mal etwas schroffer. Schnell und langsam, zögerlich, bewegt, verhalten. Kommend aus verschiedenen Richtungen, einzeln oder in Gruppen, unterschiedlich im farblichem Nuancenspiel. Gemeinsam im Zusammenspiel entwickeln sie den Klang und stärken sich in ihrer Wirkung.

Während des Schaffensprozesses befrage ich die Farbsetzungen, beispielsweise, ob sie an der jeweiligen Position einen Sinn machen, wie sie den Blick leiten, ob der jeweilige Strich farblich noch differenzierter sein könnte, um ihm möglicherweise eine andere Bewegungsrichtung zu geben. Die Komposition entschieden auszuloten ist mir wichtig. Keiner der Striche ist wegzudenken, ohne dass dies nicht Auswirkungen auf das Gesamtgefüge der Komposition hätte. Meine Pinselsetzungen könnte man stellvertretend für Menschen sehen, und übertragen auf uns Menschen zeigt deren Vielfalt die Einzigartigkeit eines jeden und dessen Wirkkraft. Wäre ein Pinselstrich anders oder ganz fort, wäre alles anders. Übertragen auf die Weltgemeinschaft wird sichtbar, vor welch großer Herausforderung und Verantwortung sich jeder von uns befindet.

Bei der Übertragung eines Bildes auf Glas reicht normalerweise als Vorlage ein Karton im Maßstab 1:10. Doch gerade weil die einzelnen Pinselakkorde, ihr Farbspiel, ihr Richtungsschwung, ihre Größe und der Ort ihrer Setzung so maßgeblich für den Gesamtklang meiner Bildwerke sind, lassen sie sich nicht einfach vergrößern. Schließlich sollten aus den Strichen keine beliebigen Balken werden. Das bedeutete nun für mich, dass ich als Vorlage für die Gestaltung des Glasgemäldes zuvor ein Gemälde in Öl auf Leinwand im Maßstab 1:1 ausgeführt habe. Das reine Bildmaß beträgt vier Meter an Höhe und sechs in der Breite. Ich fand keinen geeigneten hohen Arbeitsraum und so ließ ich eine Mauer meines spanischen Ateliers hochbauen und gestaltete an dieser Außenwand „Fiesta de la vida" (siehe Abb. 5). In Zusammenarbeit mit der Firma Derix wurde dieses Gemälde dann auf Glas übertragen.

Das faszinierende Zusammenspiel der tanzenden Farbformkörper wird durch das Glas noch gesteigert. Aufgebaut ist das Fenster „Feier des Lebens" aus 120 einzelnen mundgeblasenen Scheiben, davon sechzig in Ultramarin und sechzig in Gelb. Die verschiedenen Nuancen der gelben bzw. blauen Farbtöne wurden durch eine sehr aufwändige Ätzung des 'Überfangs´ erreicht. Das Zwischenergebnis war ein schlichter Farbentanz in Gelb und Blau. Für mich ist das Leben allerdings viel reicher, als dass es nur zwei Töne hätte. Es ist unermesslich und schillernd in immer wieder neuen Farben, Möglichkeiten, Entdeckungen und Abenteuern. Mein Anliegen war es, dass jeder bei der Betrachtung des Tauffensters eine Ahnung erfährt, wie schön die Schöpfung ist, wie wunderbar Leben sein kann. Dazu gehören eine Vielzahl von Farben. Diese, wie beispielsweise grün, gelb, violett, magenta, coelin, zitron wurden in weiteren Arbeitsgängen auf das Glas gemalt. Dabei trugen wir Farben sowohl auf der Vorderseite wie auf der Rückseite der Scheibe auf, wohl darauf achtend, wie sich die einzelnen Farbsetzungen in der Durchsicht vermischen. Die Komplexität dieser Aufgabe war noch dadurch gesteigert, dass wir am Ende die blauen vor die gelben Scheiben montiert haben. Dadurch bekam das Fenster Tiefe.

Das Fordernde und gleichzeitig Faszinierende an der Übertragung des Gemäldes auf Glas war, dass jede einzelne Pinselsetzung von uns ernst genommen, mehrfach betrachtet und bearbeitet worden ist. Dieser Gedanke des Ernstnehmens und Respekts ist mir sehr wichtig, denn durch dieses Vertrauen kann in vielen Bereichen Großes entstehen. Wir waren Eltern und Paten für die Gestaltwerdung der einzelnen Striche und haben sie mit vielen Spuren der Liebe versehen.

Diese Spuren sind auch haptisch zu fühlen. Streicht man mit der Hand über das Glas sind an einzelnen Stellen Strukturen des Pinselstrichs zu ertasten. Selbst an transparenten Stellen. Hier bricht sich das durchscheinende Licht und zaubert Geheimnisvolles. Also selbst da, wo scheinbar nichts ist, ist doch etwas, verleiht dem Gesamtgefüge Energie. Und vereint Erinnerung und Zukunft.

Bei jedem Standortwechsel zeigen sich neue Durchsichten, Überlappungen, Farbadditionen und öffnen einen scheinbar unendlichen Kosmos an Begegnungen, möglichen Lebenswegen. Das einfallende Licht zaubert mit dem farbigen Glas Musik für unsere Augen und lässt uns den unermesslichen Reichtum und die Schönheit der Schöpfung erahnen. Erfüllt von farbigem Licht wird der Raum zu einem Erlebnis lebendigen Glaubens, die Taufe zum Fest, einer Feier des Lebens.

In der Taufkapelle werden die einzelnen Striche zu Paten des Täuflings, die ihn willkommen heißen in einer freudvollen, lebensbejahenden Gemeinschaft und eine Fülle von Möglichkeiten, Begegnungen und Perspektiven zeigen. Partituren für Leben. Exemplarisch greife ich noch eine kleine Stelle im unteren Bereich des Glasgemäldes heraus (siehe Abb. 4). Zarte, himmelblaue Pinselstriche schwingen mit tiefem, reifem Blau. Sie berühren und überlappen sich und intensivieren sich in ihrer Wirkung. Im Schutz von warmem Ultramarin beginnt Rot zu leuchten, zu glühen und gewinnt an Stärke. Dieses Rot, obgleich unten allein, hat solch eine Energie, dass es die Komposition des Glasgemäldes in diesem Bereich maßgeblich trägt. Bleibe ich bei dem experimentellen Gedankenbild, meine Pinselstriche könnten stellvertretend für Menschen mit all Ihren Gefühlen und Erfahrungen stehen, macht dies sichtbar, wie Stärke durch Geborgenheit wachsen kann. Letztlich ist der von mir als Modul eingesetzte Pinselstrich auch Symbol der Überzeugung, dass der Welt eine universelle Ordnung zugrunde liegt. Eine Welt, der es gelingt, im Vertrauen auf die Schönheit und den Sinn der Schöpfung die Willkür zu überwinden.

Und dann kam die Corona-Pandemie. Spätestens jetzt ist doch für uns alle zu spüren, wie global wir Menschen miteinander verbunden sind, dass wir nur mit gegenseitiger Verantwortung als Menschheit weiter bestehen werden. Begegnungen sind kompliziert geworden. Abstand als Nächstenliebe? Meine Gemälde habe ich als eine Landkarte der Begegnungen beschrieben. Wie jetzt begegnen? Malerei ist für mich eine Möglichkeit, über die Welt nachzudenken. Neues zu entdecken und zu erfahren, zu erinnern und zu klären. Zu versuchen, dem Sein auf den Grund zu gehen. Dabei entwickelt sich das Bild im Gespräch zwischen den Farben, dem Farbträger und mir. Durch die Erfahrungen des Lockdowns und die damit verbundenen Konsequenzen, dass es beispielsweise auch verboten war, schwerkranke Angehörige zu besuchen, ist mein demokratisches Grundgefühl durcheinandergeraten. Mein Pinselstrich, meine künstlerische Weltformel, kam ins Rutschen. Der Baustein meiner Kompositionen wackelte. Meine Pinselsetzungen bekamen Tränen und begannen zu fließen.

Das Gemälde „Zum Abschied schenk ich dir das Meer" entstand im Mai 2021 (siehe Abb. 6). Stille, leise Fließspuren in Nebelgrün, Rot und Taubenblau lassen den Malgrund erschrocken zittern. Dann kräftige Pinselhiebe in Elfenbeinschwarz. Auch sie beginnen zu fließen, stipsen leicht die eindeutigen Pinselsetzungen an, umfließen sie an anderer Stelle oder laufen mit Schwung über den breiten Pinselstrich hinweg. Begegnungsspuren. Nerviges kommt ins Bild, Klangseiten, die von den breiten Pinselsetzungen ins Vibrieren gebracht werden. Die schwarzen Fließspuren verleihen den düsteren Pinselakkorden beinahe etwas zerbrechlich Filigranes und werden neben dem hellen Neapelgelb zu Angelschnüren des Lichts.

Malerei ist aktuell und existentiell, indem sie den Gefühlen unserer Zeit, unserer Gesellschaft einen Ausdruck gibt und ein Gegenüber ist. Ich bin überzeugt davon, dass sich durch das Erleben von Malerei Ideen zum Lösen von Konflikten in unserer Gesellschaft finden lassen. Malerei in all ihren unendlichen Ausdrucksformen macht sichtbar, wie schön Schöpfung ist und dass es trotz allem Sinn macht, sich dafür einzusetzen.

Abb. 1 Ursula Jüngst, Feier des Lebens, mundgeblasenes Glas, geätzt und bemalt, Taufkapelle der Pfarrkirche Allerheiligen, Nürnberg 2020

Abb. 2 Ursula Jüngst, Feier des Lebens, Taufkapelle der Pfarrkirche Allerheiligen, Nürnberg 2020

Abb. 3 Nahaufnahme aus dem Glasgemälde „Feier des Lebens"

Abb. 4 Nahaufnahme aus dem Glasgemälde „Feier des Lebens"

Abb. 5 Ursula Jüngst, Fiesta de la vida, Öl/Lw, 2018, 400×600 cm

Abb. 6 Ursula Jüngst, Zum Abschied schenk ich dir das Meer, 2021, Öl/Lw, 160 × 120 cm

Freiräume sichten*

Bildbearbeitungen und Bildinterventionen von

Hermann Glettler

---

* Die abgebildeten Objekte und Rauminstallationen auf den folgenden Seiten stammen aus unterschiedlichen Werkphasen. Alle Rechte zur weiteren Veröffentlichung beim Künstler. Fotos: Roland Sigl und Johannes Rauchenberger. Weitere Informationen unter: www.hermannglettler.com

CUT OUTS, 2009/2015: Konzentrierte Bildeingriffe in der Billigware Hochglanzposter, gekauft in türkischen Läden. Bildmotive? Das anatolische Hochland im Verschnitt mit Schweizer Bergidyll, Kühen und Fremdenzimmer. Zwischendurch verblasste Palmen,

sonnengebleicht in den Auslagen der einschlägigen Lokale. Internationaler Kitsch-Transfer aus dem digitalen Fotoshop. Eine Authentizitäts-Bemühung im Multi-Kulti-Kontext © Hermann Glettler.

carry on, 2016/2020: Tragetaschen skulptural bearbeitet, ihrer Nützlichkeit entledigt. Überführung des Marktsymbols Shopping Bag in das private Subjektbild. Geschaute Leere ikonisiert. Eine Übung zur Entlastung – wegtragen, austragen. Fortsetzung folgt, carry on! Ein Versuch, das Loslassen zu beschleunigen und Verluste zu begünstigen. Kugelsichere Weihnachtsfeier. Fragiler Dekor, sensible Kommunikation. Theologie möglicherweise zu spät © Hermann Glettler.

Crossfit, Box 4, 2019: Kunststoffkreuze verschweißt, Glasvitrine, 100 × 100 cm. Ein Netzwerk der Verstorbenen, dreidimensional. Ein solidarischer Tanz der Kreuzkörper und Kreuzschalen. Eine nicht unsportliche theologische Übung, ein Gebet, das sich in seiner ursprünglichen Anordnung über einen ganzen Raum erstreckt hat. Geblieben sind Reliquiare in modellhafter Anordnung, um nicht zu vergessen: *Alle sind gehalten* – an den Stellen ihrer Verwundungen © Hermann Glettler.

WHOLLY REAL, 2010, beschnittene Orient-Teppiche, Ausstellungsansicht: IRREALIGIOUS!, Parallelwelt. Religion in der Kunst (2011/12). Bildverweigerung und Bildverletzung – Bodengestaltung im Kunstraum mit verbindlicher Erinnerung an die muslimische Community im Hinterhof. Verunsicherung im privaten Gebrauch und in der religiösen Repräsentation. Die Teppiche stehen nicht mehr zur Verfügung © Hermann Glettler.

Soziales Tourismus Jagd, 2019: Ausstellungsansicht Kunstforum Kramsach, Tirol. Eine Realien-Ausstellung mit stümperhaften Verständnis-Übungen für das globale Unterwegssein. Die Entfremdung von Heimat kommt nicht zu kurz. Gejagte. Wir alle sind Jägermeister. Realien vermitteln Kenntnisse über die Beziehung des Menschen zur Gesellschaft. Gott kommt nicht eigens vor © Hermann Glettler.

K

„An der Seite des Menschen"
Entwicklung und Entwicklungsaufgaben begleiten

Helga Kohler-Spiegel

1. Zugang

> „Freude und Hoffnung, Trauer und Angst der Menschen von heute, besonders der Armen und Bedrängten aller Art, sind auch Freude und Hoffnung, Trauer und Angst der Jünger Christi. Und es gibt nichts wahrhaft Menschliches, das nicht in ihren Herzen seinen Widerhall fände." (Gaudium et spes 1)

Wenn das Handeln von Kirche ausgerichtet ist an „Freude und Hoffnung, Trauer und Angst der Menschen von heute", dann geht es um den Menschen im Kontext seiner lebensweltlichen, sozioökonomischen und sozialen Bedingungen, um Möglichkeiten und Einschränkungen, um gesellschaftliche und kirchliche Strukturen, um strukturelle Ungerechtigkeiten bis hin zu Gewalt in all ihren Formen. Im Blick auf die einzelne Person geht es um Entwicklungsaufgaben und Entwicklungsmöglichkeiten, um Entwicklungschancen und -einschränkungen aufgrund innerer und äußerer Bedingungen. Der Blick auf den Menschen und alles „Menschliche" sowie auf die Strukturen – das zeigt sich durchgängig im Schaffen von Rainer Bucher.

2. Der Blick auf den Menschen und seine Entwicklung

Entwicklungspsychologie befasst sich mit altersbezogenen Veränderungen im Erleben und Verhalten des Menschen, über die gesamte Lebensspanne hinweg. Entwicklung wird heute sehr individuell und ungleichzeitig in der einzelnen Person und zwischen Personen gesehen.

Das heißt: Während ein Kind z. B. in der emotionalen Wahrnehmung und im sozialen Verhalten zahlreiche Fähigkeiten entwickelt hat, kann es im räumlichen Denken weniger differenziert entwickelt sein. Diese Heterogenität gilt auch innerhalb der Gleichaltrigen-Gruppe.

3. Abgrenzung des Jugendalters

Die Veränderung der Gesellschaft in allen Bereichen hat auch zu einer Veränderung der Lebensphasen geführt. Während sich Kindheit und Erwachsenenalter verkürzt haben, haben sich das Jugendalter und die Zeit als Senior:in verlängert. Als Kindheit bezeichnet man den Zeitraum im Leben eines Menschen von der Geburt bis zur geschlechtlichen Entwicklung. Das Jugendalter wird verstanden als die Zeit zwischen dem Eintreten der Pubertät, ausgelöst durch den Botenstoff Neurokinin B, und der Übernahme autonomer beruflicher und gesellschaftlicher Rollen, damit ist dann der Übergang ins Erwachsenenalter angesetzt.

4. Grundlegend: Entwicklungsaufgaben

Robert Havighurst (1900–1991) nennt für jeden Lebensabschnitt spezifische Entwicklungsaufgaben, die zu lösen sind.

> „Eine ‚Entwicklungsaufgabe' ist eine Aufgabe, die in oder zumindest ungefähr zu einem bestimmten Lebensabschnitt des Individuums entsteht, deren erfolgreiche Bewältigung zu dessen Glück und zum Erfolg bei späteren Aufgaben führt, während das Misslingen zu Unglücklichsein, zu Missbilligung durch die Gesellschaft und zu Schwierigkeiten mit späteren Aufgaben führt."[1]

Zentrales Merkmal der Entwicklungsaufgaben – im Anschluss an Erik Erikson – ist diese Interdependenz: Damit ist gemeint, dass die Bewältigung oder Nichtbewältigung einer Entwicklungsaufgabe einer früheren Stufe Auswirkungen auf die Lösung von Entwicklungsaufgaben späte-

---
1 Havighurst, Developmental Tasks, 2.

rer Stufen hat. Entwicklungsaufgaben hängen also zusammen. Manche von ihnen sind einmalig im Leben, manche treten wiederholt auf und sind immer wieder zu lösende Entwicklungsaufgaben. Entwicklung ergibt sich aus der Diskrepanz zwischen dem jetzigen Entwicklungsstand und einem erwünschten, aktiv vorweggenommenen Zustand. Entwicklung wird also verstanden als Resultat vergangener Ereignisse und zugleich aus vorweggenommenen künftigen Geschehnissen.

Manche Kinder, Jugendliche und Erwachsene werden mit Zuwendung und Orientierung in ihrer Entwicklung unterstützt, andere müssen ihre Entwicklungsaufgaben früh, oft viel zu früh alleine lösen. Manche stellen sich ihren Aufgaben mit viel Energie, manche fordern Autonomie ein, um die Schritte selbst zu erproben, andere wiederum orientieren sich an Bezugspersonen, nutzen Anstöße und Begleitung, häufig entwickeln Menschen Mischformen für die Bewältigung ihrer Entwicklungsaufgaben, diese können sich auch im Verlauf des Lebens verändern.

5. Exemplarische Entwicklungsaufgaben bis in die Postadoleszenz

Kindheit

Bei Kindern ist noch klar, dass jeder Lebensabschnitt bestimmte Entwicklungsaufgaben hat. Während das Baby Bindungsverhalten, Objektpermanenz, sensumotorische Intelligenz u. ä. entwickelt und Gefühle wahrzunehmen und auszudrücken lernt, muss das kleine Kind seine (motorische) Selbststeuerung lernen sowie die Sprache, das Spiel und die Fantasie entwickeln … Je älter wir werden, desto unterschiedlicher und differenzierter werden auch die eigenen Entwicklungsaufgaben. Denn je älter wir werden, desto weniger prägen die biologischen Reifungsprozesse und die psychischen Veränderungen diese Entwicklungsaufgaben, vielmehr werden sie von sozialen und gesellschaftlichen Erwartungen sowie von individuellen Wünschen, Zielen und Werten der einzelnen Person geprägt. Die Erfahrungen des Lebens stellen die Herausforderungen – und es ist die Aufgabe der einzelnen Person, der Familie oder

Gemeinschaft, damit umzugehen, Schritte und Wege zu finden, nicht destruktiv, sondern sinnvoll darauf zu reagieren und zu „antworten". Das englische Wort „to respond" macht dieses Tun deutlich.

Jugendalter

In der Pubertät führt neben den körperlichen Veränderungen die neurobiologische Umstrukturierung im Gehirn zu einer Reihe weiterer Phänomene: Die Entwicklungen im limbischen System (v. a. beteiligt an der Verarbeitung von Emotionen) und im frontalen Kortex (zuständig für Handlungsplanung und Handlungskontrolle) erfolgen später und dauern länger. Dies kann zu vorübergehenden Problemen in der Emotionsverarbeitung und der kognitiven Handlungssteuerung führen. Der Glaube an die Einzigartigkeit des eigenen Denkens und Handelns steht häufig im Vordergrund und ist oft verbunden mit dem Empfinden, nicht verstanden zu werden. Hinzu kommt eine Abnahme der Serotoninausschüttung, damit werden negative Gefühlszustände sowie geringere Motivation wahrscheinlicher, das Selbstwertgefühl nimmt ab. Mittelfristig aber kommt es wieder zu einer Beschleunigung der Entwicklung.

„Typisch für das Jugendalter ist, dass junge Frauen und junge Männer keine volle gesellschaftliche Verantwortung übernehmen müssen […], zugleich aber in vielen gesellschaftlichen Bereichen vollwertig partizipieren können."[2] Verlängerte Ausbildungszeiten führen dazu, dass junge Menschen länger wirtschaftlich abhängig sind, zugleich sind sie z. B. im Bereich von Mode, Musik, Unterhaltung, Medien, Freizeit und Beziehungsgestaltung sehr frei. Die vollumfängliche Übernahme der Erwachsenenrollen bzw. -aufgaben wie z. B. Berufseinstieg, Familiengründung findet häufig später als in der Elterngeneration statt.

Veränderte Ablöseprozesse

Im Jugendalter steht die Identitätsbildung, d. h. die Entwicklung und Konstruktion von „Ich-Identität" sowie die Ablösung von elterlichen

---

2 Hurrelmann/Quenzel, Lebensphase Jugend, 22.

Personen und ihren Bezugssystemen, im Vordergrund. Die jüngste Shell Jugendstudie zeigt dazu aber interessante Ergebnisse:

> „Geborgenheit spielt, wie die Befunde belegen, im Verhältnis der Jugendlichen zu ihren Eltern eine zentrale Rolle. Und die Eltern scheinen dieses emotionale Wohlfühl- und Sicherheitsbedürfnis ihrer Kinder so gut und umfassend zu befriedigen, dass die Partnerschaften davon quasi entlastet sind. Das verschafft Jugendlichen, wie es scheint, Freiheitsgrade, sich ganz auf das aufregend Neue in ihren Beziehungen zum anderen Geschlecht zu konzentrieren, ohne Einbußen an Geborgenheit, die ja durch die Familie abgesichert wird, befürchten zu müssen."[3]

Dies verändert die Lösung vom Elternhaus und die weitere Entwicklung.

Übergang zum Erwachsenenalter

Der Übergang ins junge Erwachsenenalter kann nicht punktuell definiert werden, er ist fließend, in der amerikanischen Jugendforschung wird dies als „Emerging Adulthood" bezeichnet. Rechtlich sind die jungen Menschen volljährig, zugleich sind aber Partnerschaft und Erwerbsarbeit, Wohnort und Lebensform u. a. häufig noch nicht festgelegt. Vom Übergang des Jugendalters in das Erwachsenenalter kann gesprochen werden, wenn die zentralen Entwicklungsaufgaben des Jugendalters (Identität entwickeln, sich ablösen und den eigenen Weg gehen, Partnerschaft und Familie, Beruf und freie Zeit gestalten, eigene Werte und Normen sowie religiöse Vorstellungen entwickeln und entfalten …) bewältigt sind.

6. Damit Entwicklungsaufgaben nicht zum Problem werden

Vieles lässt sich über Entwicklungsaufgaben in den verschiedenen Lebensabschnitten, über entwicklungsfördernde und entwicklungshemmende Aspekte nachdenken, auch für die besonderen Herausforderungen in der langen Phase des Erwachsenenlebens bis ins hohe Alter. Viele dieser Entwicklungsaufgaben kommen von außen auf den Men-

---

3 Albert/Hurrelmann/Quenzel, Jugend 2015, 296.

schen zu, verbunden mit persönlichen, sozialen und sozioökonomischen Bedingungen, manche sind Folgen des eigenen Tuns, häufig sind es Mischformen. Erst spät habe ich verstanden, dass Entwicklungsaufgaben „Aufgaben" sind. Nicht Probleme, sondern Aufgaben. Wenn Entwicklungsaufgaben aber nicht angegangen werden, wenn die Beschäftigung und Auseinandersetzung mit ihnen fehlt oder verneint wird, wenn Entwicklung stagniert und Veränderungen nicht integriert werden (können), dann werden Entwicklungsaufgaben zum Problem. Dies ist über alle Lebensphasen, beim Baby und Kind ebenso wie bei jungen Eltern, in der Lebensmitte, am Ende der Erwerbsarbeit und im hohen Alter sichtbar: Entwicklungsaufgaben sind Herausforderungen. Sie zu verschleppen, auszublenden, zu ignorieren u .ä. lässt sie zum Problem werden.

Nicht immer ist das Leben freundlich, manchmal häufen und verdichten sich diese Entwicklungsaufgaben so sehr, dass es (fast) zu viel wird, sie zu bewältigen. Manchmal ist es die Aufgabe, sich Herausforderungen und Konflikten zu stellen, manchmal ist es genau die Anforderung, anzunehmen, nicht (mehr) klären und verändern zu können, und loszulassen. Manchmal würde man sich jemanden, den man verloren hat, an der Seite wünschen, um eine Entwicklungsaufgabe anzugehen – und es ist genau die Aufgabe, diese Schritte ohne einen geliebten Menschen an der Seite tun zu müssen.

7. Schluss

Entwicklung meint den Prozess der Entstehung, der Veränderung und des Vergehens eines Organismus im Laufe des Lebens, sie spannt sich über alle Lebensabschnitte. Jeder Lebensabschnitt hat spezifische Entwicklungsaufgaben, Entwicklungspotential und Vulnerabilität liegen oft nah beieinander. Es ist eine Chance, das ganze Leben hindurch bei sich selbst Entwicklungsaufgaben wahrzunehmen, sie an- und aufzunehmen und zu gestalten. Es ist eine Chance für die einzelne Person, für Gesellschaft und Kirchen, andere in diesen Entwicklungsaufgaben zu begleiten. Der Auftrag von *Gaudium et spes* kann bis heute den Blick für die pastorale Reflexion und Praxis öffnen und Orientierung geben: Möge es nichts Menschliches geben, das nicht in unseren Herzen seinen Widerhall findet.

Literaturverzeichnis

Albert, Mathias – Hurrelmann, Klaus – Quenzel, Gudrun: Jugend 2015. 17. Shell Jugendstudie, Frankfurt a. M. 2015.

Havighurst, Robert J.: Developmental Tasks and Education, Boston ³1976.

Hurrelmann, Klaus – Quenzel, Gudrun: Lebensphase Jugend. Eine Einführung in die sozialwissenschaftliche Jugendforschung, Weinheim ¹³2016.

The Fragments
(The Agonies – A Theopoetics of the Bodily-political)

Alen Kristić

o lord	gospode
when you	kad si izborom
choosing a male	muškog mesije
messiah	u svom
in your mental	misaonom
world	svijetu
aborted	abortirao
the feminine	ženskog
did you know	jesi li znao
that the church will	da će crkva
on this stalk	na toj stabljici
graft	nakalemit
a pretend	pijetvoran
reel	kalem
of the exclusion	isključenja
of women	žena
with castrating	s kastrirajućim
finial	vrškom
in your	u tvom
churchly	crkvenom
portrait	portretu

o lord	gospode
when the proud	kad je ponosita
jewess miriam	židovka mirjam
said her yes	izrekla svoje da
did you know	jesi li znao
that the church will	da će crkva
with the corset	steznikom
of male theology	muške teologije
suffocate in her	u njoj ugušit
the flame of bodily	oganj tjelesno
political passion	političke strasti
under her dress	pod njezine haljine
deftly hide	vješto skriti
the phallus of male	falus muške
repression	represije
with handcuffs	lisicama
of decency	pristojnosti
mercilessly	nemilosrdno
tame	kroteć
women	žene

o lord	gospode
when jesus	kad isusa
by jewish	po židovskom
law	zakonu
was circumcised	obrezaše
in the temple	u hramu
did you know	jesi li znao
that in the laboratory	da će u laboratoriji
of church antisemitism	crkvenog antisemitizma
the demons of Auschwitz	murtirat demoni
will mutate	Auschwitza

o lord	gospode
when you in jesus	kad si u isusu
desired	zaželio
to become	postat
man	čovjek
did you know	jesi li znao
that christians will	da će kršćani
fetishize	fetišizirat
hissex	njegov
	spol
the whiteness	bjelinu
of his	njegove
skin	kože

o lord	gospode
while jesus	dok je isus
as a refugee child	ko izbjeličko dijete
grew up in the land of the pharaohs	rastao u zemlji faraona
did you know	jesi li znao
that the west will	da će zapad
worried about	zabrinut za
christian values	kršćanske vrednote
indifferently hand over	izbjegličku djecu
refugee children	morskom bezdanu
to the sea abyss	ravnodušno izručit
o lord	gospode
when jesus	kad je isus
called his own	pozvao svoje
be	poput djece
like children	budite
did you know	jesi li znao
that thousands	da će tisuće
of church officials	crkvenih činovnika
under the sacred frock	pod sakralnim plaštem
will soullessly defile	djetinja tijela
children's bodies	bezdušno oskvrnjivat
with the complicit silence	uz zavjereničku šutnju
of church structures	crkvenih struktura

o lord	gospode
when to jesus	kad je isusu
veronica	veronika
gave	pružila
her kerchief	rubac
with feminine	ženskom
bravery	smjelošću
around herself	oko sebe
dispelled	rastjerala
the intoxicating	opojnu
mist	sumaglicu
of lynching	linča
did you know	jesi li znao
that the church will	da će crkva
unscrupulously	jaram
lower	metafizičke
the yoke	krivnje
of metaphysical	beskrupulozno
blame	strovalit
on women's	na ženska
shoulders	pleća

o lord when thomas with doubt touched the wound on jesus' side	gospode kad je toma s nevjericom dotakao ranu na isusovom boku
did you know how many times will sufferers vainly seek wounds on the polished side of the church body	jesi li znao koliko će puta patnici uzalud tražit rane na ulaštenom boku crkvenog tijela
o lord do you still struggle with the first edition of your memoirs	gospode mučiš li se još s prvim izdanjem svojih memoara
with the dates whose banks the boat of godly providence irreversibly broke …	nadnevcima o čije se sprudove nepovratno razbila brodica providnosti božanske …
6 august 1945 hiroshima 9 august 1945 nagasaki 26 april 1986 chernobyl 13 july 1995 srebrenica 11 september 2001 new york …	6. kolovoz 1945. hirošima 9. kolovoz 1945. nagasaki 26. travanj 1986. černobil 13. srpanj 1995. srebrenica 11. rujan 2001. new york …

o lord	gospode
did the photograph album	je li ti poštom
of srebrenica victims	stigao album
arrive to you by post	srebreničkih žrtvi
do you cry	plačeš li
inconsolably over it	nad njim neutješno
or do you still	il se još uvijek
defend yourself from this	od njega braniš
with theological excuses	uz teološke izlike
bureaucratically skillful	birokratski vješto
o lord	gospode
does the grimacing nothingness	sasiječe li
of the pit	i u tvom pogledu
sewn by the cynical logic	snopove svjetla
of the bosnian war	nacereno ništavilo jama
chop up	zasijanih ciničnom logikom
beams of light	bosanskog rata
also in your view	

o lord	gospode
if you again	kad bi iznova
desire to become	zaželio postat
man	čovjek
on whom will	na koga bi
the dice	kocka
fall	pala
on a sudanese woman	sudanku
in a refugee	u izbjegličkom
camp	kampu
on a palestinian woman	palestinsku
without a homeland	bez domovine
on a desperate syrian woman	u ruševinama
in the ruins	alepa očajnu
of aleppo	sirijku

Translated by Brett Donohoe

Notizen zur Kunst des Abdankens

Rainer Krockauer

Der Begriff des „Abdankens" markiert pointiert den Prozess des Abschieds aus dem Berufsleben. Als Abschiednehmen von einer beruflichen Position und Aufgabe ist es in vielen Fällen „ein selbstbestimmter Akt", so der Sozialpsychologie-Professor Rolf Haubl.[1] In einem Interview, in dem er auch auf seine eigene Pensionierung zurückblickt, spricht er allerdings auch von einer besonderen „Kunst des Abdankens", welche beim Übergang von der Arbeitswelt in den Ruhestand gefragt ist. Den Hinweis auf dieses Interview habe ich vor nicht allzu langer Zeit von einem Kollegen zugesteckt bekommen, der, etwa im gleichen Alter wie ich, damit begonnen hatte, sich gedanklich auf diesen in den nächsten Jahren anstehenden Vorgang einzustellen. Mich hat das nachhaltig angeregt, so dass ich diesen Impuls auch an den Kollegen Rainer Bucher weitergeben möchte – wohlwissend, dass dieser Vor- und Übergang bereits hin und wieder Thema unserer Gespräche gerade der letzten Jahre war. Ich verknüpfe damit die Ahnung, dass ein recht verstandenes Abdanken als besondere Chance gesehen und entdeckt werden könnte, in der treffenden Formulierung von Tomáš Halík:

> „*Der chronos*, die Zeit, die vom Diktat der Uhrzeiger und vom Dickicht der Eintragungen in einem überfüllten Terminkalender rhythmisiert wurde, ist plötzlich zu einer Gelegenheit geworden – zum *kairos*."[2]

Vor diesem Hintergrund verbinde ich mit den nachfolgenden, sehr fragmentarischen Notizen den Hinweis auf einen dreifachen möglichen Kairos – die Gelegenheit zum *biographischen Bilanzieren* (1), zum *theologischen Spurenlesen* (2) und die Gelegenheit für *neue Freundschaften* (3).

---

1 Haubl, Die Kunst des Abdankens, 84.
2 Halík, Die Zeit, 29.

1.

Rolf Haubl unterstreicht in seinem Interview die Bedeutung des *„biographischen Bilanzierens"* und bekräftigt, welch große Rolle dieses beim Abschied aus dem Beruf und Übergang in den Ruhestand besitze:

> „Was ist aus mir geworden? Was kann aus mir noch werden? Bilanz zu ziehen und sich neu auszurichten, ist nicht unproblematisch, gehört aber unbedingt zusammen."[3]

Dieser Prozess ist in vielen seiner erforschten Biographien mit einer erlebten „Zäsur" verbunden: „Vor allem für Menschen, die sich mit ihrer Arbeit identifizieren, ist das ein spürbarer Einschnitt."[4]

Eine biographische Bilanzierung in dieser spezifischen Lebensphase kann es also in sich haben. Schmerzvolle Verlusterfahrungen reihen sich vor dem eigenen Auge an nachhaltig tragende Erfolgsgeschichten, Zeiten des Trauerns an die zahlreichen Glücksmomente in Leben und Beruf und die zahllosen persönlichen Begegnungen und Kontakte, gerade im beruflichen Leben, verknüpfen sich rückblickend mit Erfahrungen dynamischer struktureller Transformationen wie Verwerfungen in Kirche wie Gesellschaft. Vor dem Hintergrund, dass die eigene Erwerbsbiographie (einschließlich der damit verbundenen Ausbildungszeiten), gerade in dieser Altersphase, oft mehr als zwei Drittel der eigenen Lebenszeit ausgemacht und den eigenen Lebensstil nachhaltig geprägt hat, birgt folglich der „Ausstieg aus dem ausgefüllten, für manche erfüllten Berufsleben", so Haubl, Chancen und Risiken:

> „Eines müssen wir festhalten, es ist eine hoch vulnerable Situation, in die wir geraten, wenn wir abdanken oder in Rente gehen."[5]

Es erleichtert zweifelsohne den Ausstieg, „„wenn man schon eine Vorstellung für das weitere Leben entwickelt"[6], noch mehr, so der Grundtenor

---

3 Haubl, Die Kunst des Abdankens, 83.
4 Ebd.
5 Haubl, Die Kunst des Abdankens, 85.
6 Ebd.

dieses Interviews, wenn das biographische Bilanzieren schon vorher Teil der eigenen Lebens- und Gesprächskultur geworden ist.

Auf die besondere Bedeutung des biographischen Bilanzierens, gerade im Entdecken der eigenen Lebensspur und Botschaft, bin ich in den zurückliegenden Jahren insbesondere durch die Begegnung mit hochaltrigen Zeitzeuginnen und Zeitzeugen der Schoah und des Widerstands gegen den Nationalsozialismus aufmerksam geworden. Was zählt, und was bleibt im Lebensrückblick festzuhalten? Wofür lohnt es, sich weiter einzusetzen? Das sind deren zentrale Leitfragen in den vielen Gesprächen mit Studierenden gewesen. Ihre Hochbeschäftigtheit bis ins fortgeschrittene Alter hinein hat im Wesentlichen damit zu tun, dass sie etwas Essentielles, den lebenslangen Aufstand gegen Unrecht und Einsatz für Humanität, weiterzugeben und zu erzählen haben. Benjamin Ferencz, einst amerikanischer Chefankläger bei den Nürnberger Prozessen und Augenzeuge unbeschreibbarer Gräueltaten, resümiert als Hundertjähriger:

> „Man könnte meinen, dass ich mit dem Alter müde oder zynisch geworden wäre, doch in Wahrheit habe ich mehr Energie denn je, und ich kann nur hoffen, dass das Feuer, das in mir lodert, auf andere Menschen übergreift."[7]

Ferencz betont, an seine Leser:innen gerichtet, „die Älteren in den hinteren Reihen sollten nicht aufgeben. Lass dir von niemandem erzählen, deine Zeit sei vorbei."[8]

Erhellend ist: Aus der Perspektive von hochaltrigen Zeitzeugen verschwindet die berufliche Zeit und Tätigkeit hinter die Botschaft ihres Zeugnisses und die dementsprechend erzählte Biographie, im Falle von Ferencz' plakativer Botschaft: „Sag immer Deine Wahrheit." Der Beruf, hier der des Juristen, kann wie bei ihm damit im Zusammenhang stehen, oft genug spielen jedoch, so meine Erfahrungen, die erwerbsberuflichen Aktivitäten von Zeitzeugen auch keine hervorgehobene Rolle für die eigene biographische Bilanzierung, womöglich eher die dahinterstehende Berufung. Es zählt entscheidend bei dem, was man getan hat,

---

7 Ferencz, „Sag immer Deine Wahrheit", 143.
8 Ferencz, „Sag immer Deine Wahrheit", 142.

was einem wichtig und bedeutsam war und ist und als Leidenschaft und Berufung, kurzum als das, was einem am Herzen liegt, wichtig und bedeutsam bleibt.[9]

2.

Zur Bilanzierung gehört für Berufstheologinnen und -theologen auch das *theologische Spurenlesen*, verbunden mit der Frage, was für einen in entscheidenden Momenten theologisch zählt und zu denken bleibt. Auf die Relevanz dieser Frage hat Rainer Bucher mich indirekt aufmerksam gemacht. In seiner theologischen Bilanzierung[10], „was mir am Christentum wichtig wurde"[11] bzw. was theologisch für ihn zu denken bleibt, ist mehrfach davon die Rede, sich praktisch-theologisch „dem Druck des herrschenden Kapitalismus zu entziehen"[12] bzw. dem Kapitalismus zu entkommen, „der doch unübersehbar die Welt und manchmal eben auch uns zu verwüsten droht."[13] Es sei neben der Kunst und dem Gottesdienst drittens „der Blick auf die Armen, so schwer er uns Reichen fällt, der rettet"[14] und der ihm am Christentum wichtig wurde. Bucher verweist auf die Rede von Paul VI. vor Landarbeitern und Tagelöhnern, in der dieser im Gegenüber zu ihnen auf das „Sakrament" der lebendigen und realen Gegenwart Christi auch und gerade in ihnen verweist. „Nähme man das ernst, man wäre dem Kapitalismus entkommen"[15] und im Raum einer anderen Logik angekommen, die er in einem Gedicht von Madeleine Delbrêl wiederfindet:

> „Gib, dass wir unser Dasein leben, nicht wie ein Schachspiel, bei dem alles berechnet ist, nicht wie ein Wettkampf, bei dem alles schwierig ist, nicht wie einen Lehrsatz, bei dem wir uns den Kopf zerbrechen, sondern wie ein Fest ohne Ende,

---

9 Vgl. Krockauer, Immer weiter.
10 Vgl. Bucher, Christentum im Kapitalismus, 179–185.
11 Bucher, Christentum im Kapitalismus, 181.
12 Bucher, Christentum im Kapitalismus, 136.
13 Bucher, Christentum im Kapitalismus, 185.
14 Bucher, Christentum im Kapitalismus, 184.
15 Bucher, Christentum im Kapitalismus, 185.

bei dem man dir immer wieder begegnet, wie einen Ball, wie einen Tanz in den Armen deiner Gnade, zu der Musik allumfassender Liebe."[16]

Als Diakonietheologe steht mir dieser Denkansatz nahe. Es sind nicht die Landarbeiter und Tagelöhner, sondern u. a. die Pflegebedürftigen, Schwerstkranken und Sterbenden und alle mit ihnen sozialprofessionell Solidarischen, die meiner praktischen Theologie in Lehre, Forschung und konkreter pastoraler Tätigkeit spirituelle Nahrung und Stoff zum Denken geben. Es bleibt in meinen Augen wichtig, im Denken wie Handeln, in Theologie wie Pastoral, mit wachem Auge und Herzen an deren Seite zu treten und zu ihrem Gegenüber zu werden, jenseits der alles ergreifenden kapitalistischen Verrechnungslogik, nicht nur um den drohenden Verwüstungen zu entkommen, sondern auch um der eigenen Theologie einen angemessenen Ort und eine nachhaltige Präsenzform zu ermöglichen. Es gilt in der Tat:

> „Theologie ist viel zu wichtig, um sie im Getto der professoralen Wissenschaft zu belassen. Denn sie hat die Kraft, das, was sie stark macht, in das freie Feld des ungewissen Lebens einzubringen: Ernsthaftigkeit, Kreativität und Hingabe."[17]

Vor diesem Hintergrund verbinde ich mit Buchers Bilanzierung den eigenen Versuch einer explorativen Diakonie und Diakonietheologie in fragmentarisch-experimentellen Projekten.[18] Er hat, meine ich, recht:

> „Vielleicht ist dies ja tatsächlich die privilegierte Gestalt jener prophetischen, abenteuerlichen, subversiven, experimentellen Ereignisdynamik, die das Christentum heute braucht, um im hegemonialen Kapitalismus bestehen zu können, ohne ihm zu verfallen."[19]

Explorativ meint, sich ungeschützt mit der eigenen Theologie unter die Leute zu mischen, konkreter, in Anknüpfung an Rolf Zerfaß' Postulat, es künftig konkret zu riskieren und zu lernen, „von einer Pastoral der Eroberung Abstand zu nehmen zugunsten einer Pastoral der Präsenz

---

16 Bucher, Christentum im Kapitalismus, 139.
17 Bucher/Krockauer, Vorwort.
18 Vgl. Krockauer/Feeser-Lichterfeld, Explorative Diakonie.
19 Bucher, Christentum im Kapitalismus, 136.

unter den Anderen, besonders den Armen"[20], beispielsweise unter den Pflegebedürftigen und ihren zahlreichen Begleiterinnen und Helfern. Die interessante Erfahrung: Theologie wird dann dort nicht mehr nur das Privileg der Studierten, sondern eine „kollektive Aufgabe"[21] vieler, situations- und anlassbezogen, gemeinsam mit den dort unter ihnen präsenten Theologinnen und Theologen: „So ist die Gesamtheit [hier: der dort professionell Tätigen, R. K.] das Subjekt ihrer Theologie als des Moments der Erhellung in ihrer Praxis und in ihren Problemen."[22]

3.

Es gilt also zusammenfassend, die Gelegenheit beim Schopf zu ergreifen, Leben in einer kommunikativen Bilanzierung der eigenen Lebensspur zu verstehen, und es gilt ferner, zu versuchen, mit der eigenen Theologie im wortwörtlichen Sinne auf den Punkt zu kommen. Zur Kunst des Abdankens wird aber schließlich auch gehören, dankbar zurück- und hinzuschauen, was im Übergang zählt und bleibt, natürlich in erster Linie die Familie, und dann Gesundheit, aber vor allem eben auch Freundschaften. Die bleiben, und deswegen zählen sie bleibend. Die Gelegenheit für *neue Freundschaften* könnte ein letzter Kairos sein, eine besondere Gelegenheit.

Auf das Stichwort „Freundschaft schließen" bin ich neu und auf ungewohnten Denkwegen durch die Thesen von Simone Horstmann im Blick auf unsere Freunde, die Tiere, gekommen. Sie haben mich an die einprägsamen Einsichten meiner eigenen tierethischen und tierpastoralen Lehrveranstaltungen erinnert. Dort teile ich die von Horstmann vertretene Option für die Entwicklung einer interspeziesistischen praktischen Theologie, die damit beginnt, „die Angst vor einem Verlust der Tiere – als Individuen, als Arten, als den ganz Anderen und den ganz Vertrauten – in ihrer existentiellen Bedeutung zu erfassen."[23] Darauf

---

20 Zerfaß, Volk Gottes unterwegs, 175.
21 Boff, Theologie hört aufs Volk, 117.
22 Boff, Theologie hört aufs Volk, 118.
23 Horstmann, Was fehlt, 14.

aufbauend davon zu reden, Freundschaft mit Tieren zu schließen[24] und diese Freundschaften pastoral zu denken und zu organisieren, stößt nicht nur auf meinen Erfahrungshintergrund als Hundefreund, sie provoziert meine Theologie auch im Blick auf ein von mir gedanklich bisher wenig beschriebenes Blatt:

> „Mit Tieren Freundschaft zu erfahren, Freundschaft zu schließen, ist kein ethisches oder ökologisches Kalkül, sondern die schlichte Erfahrung, dass die außermenschliche Welt eine Bedeutung hat, die der Erfahrung der eigenen, unbedingten Bedeutsamkeit in Nichts nachsteht. Für die Frage der Zukunft des Menschen auf diesem Planeten dürfte es vielleicht mitentscheidend sein, ob wir bereit sind, diese Erfahrung zuzulassen."[25]

Für eine Roadmap von Zukunftsaufgaben der Pastoraltheologie, nicht nur von Rainer Bucher, gilt von daher, darauf aufbauend, das Postulat, sich noch mehr von den Fesseln binnenkirchlich verengter Diskurse zu lösen und sich ganz in die neuen Diskurse und solidarischen Aufbrüche, beispielsweise der Hospizbewegung, der Caring-Community-Bewegung, der Klimaschutzbewegung oder eben auch der Tierschutzbewegung, zu begeben und sich ihren Diskursen auszusetzen. Es bleibt hier gottseidank viel zu denken und zu tun. Und vor allem: Hier bieten sich Gelegenheiten für neue Freundschaften.

Einige Bruchstücke dieser Notizen sind Teil des freundschaftlichen Gesprächsfadens mit Rainer Bucher. In besonderer Weise verbinde ich damit die jährlichen Tageswanderungen um den Rursee (Eifel), bei denen nicht nur heiter-nachdenklich, sondern durchaus auch spitzfindig Gesprächsthema war, was zählt und bleibt, weil es für einen über lange Zeit wichtig und wesentlich ist, und wofür man folglich weiter ungebrochen einzustehen versucht. Das bleibt! Und das zählt!

---

24 Vgl. Horstmann, Was fehlt, 211–222.
25 Horstmann, Was fehlt, 212–213.

Literaturverzeichnis

Boff, Leonardo: Theologie hört aufs Volk. Ein Reisetagebuch, Düsseldorf 1982.

Bucher, Rainer: Christentum im Kapitalismus. Wider die gewinnorientierte Verwaltung der Welt, Würzburg 2019.

Bucher, Rainer – Krockauer, Rainer: Vorwort, in: Bucher, Rainer (Hg.): Es geht nichts verloren. Ottmar Fuchs im Gespräch mit Rainer Bucher und Rainer Krockauer, Würzburg 2010, 7–8.

Ferencz, Benjamin: „Sag immer Deine Wahrheit". Was mich 100 Jahre Leben gelehrt haben. Verfasst von Nadia Khomami, aus dem Englischen von Elisabeth Schmalen, München ⁴2020.

Halík, Tomáš: Die Zeit der leeren Kirchen. Von der Krise zur Vertiefung des Glaubens, Freiburg i. Br. 2021.

Haubl, Rolf: Die Kunst des Abdankens. Von Abschieden und Übergängen. Interview mit Ulrike Jaspers, in: Forschung Frankfurt 1 (2017), 82–87.

Horstmann, Simone: Was fehlt, wenn uns die Tiere fehlen? Eine theologische Spurensuche, Regensburg 2020.

Krockauer, Rainer: Immer weiter – mit Leidenschaft und Gelassenheit, in: Bechmann, Ulrike – Böhm, Manfred (Hg.): Fuchs, du hast die Gans gestohlen, gib sie nie mehr her. Was den Zeichner Ottmar mit dem Theologen Fuchs verbindet, Würzburg 2020, 108–120.

Krockauer, Rainer – Feeser-Lichterfeld, Ulrich: Explorative Diakonie – ein Werkstattbericht, in: Koch, Christiane – Hobelsberger, Hans (Hg.): Mehr als Leitbilder. Ansprüche an eine christliche Unternehmenskultur, Freiburg i. Br. 2021 (im Erscheinen).

Zerfaß, Rolf: Volk Gottes unterwegs, unter den Völkern, in: Haslinger, Herbert u. a. (Hg): Handbuch Praktische Theologie, Bd. 1: Grundlegungen, Mainz 1999, 167–178.

Von Afrika zu lernen heißt ...
Erinnerungssplitter als
Einladung zu praktisch-theologischer
Internationalisierung

Joachim Kügler

Von Afrika[1] zu lernen, heißt nicht, den alten kolonial-hegemonialen Belehrungsakt, der den „unterentwickelten"[2] Unterworfenen immer beibringen wollte, dass sie am besten so sein sollten wie der glorreiche Westen, jetzt einfach umzukehren. Wer koloniale Muster nicht in der Umkehr wiederholen will, darf nicht „wie Afrika werden" wollen. Auch wenn die exotistische Verklärung für viele verführerisch sein mag, ist sie doch in der Regel nur die Spiegelung kolonialer Rassismen und Abwertungen. Es geht zukünftig hoffentlich weder in kolonialer noch in anti-kolonialer Richtung um das Angleichen und Kopieren. Pastorales Lernen in Theorie und Praxis sollte sich stattdessen als Erkennen in einem weiteren Sinne entwerfen, als Bemühen, an und mit den Anderen zu lernen, wie christliches Leben heute in Kirche und Gesellschaft hineinbuchstabiert werden kann – und wie eben nicht. Das überraschend Andere, das Abstoßende, Konfliktträchtige und Kritikwürdige hat ein ebenso hohes Lernpotential wie das Plausible, Einladende und Schätzenswerte.

Im Sinne solchen Lernens sollen hier als Einladung (nicht nur) für die Praktische Theologie einige wenige Beobachtungen angeführt werden.

---

1 Wenn ich vollmundig von „Afrika" spreche, dann meine ich selbstredend nicht den riesigen Kontinent insgesamt, sondern nur die wenigen Länder, auf die sich meine Eindrücke beziehen: Im Westen sind dies Elfenbeinküste, Ghana und Nigeria, im südlichen Afrika sind es Botsuana und vor allem Simbabwe, das sich in den letzten Jahrzehnten zu einem Hotspot Kontextueller Bibelwissenschaft entwickelt hat. Da ich diese Länder, von denen ich auch nur urbane Zentren kenne, nicht immer aufzählen will, erlaube ich mir die unscharfe Bezeichnung „Afrika" und bitte die Lesenden, immer mitzudenken, welch kleinen Ausschnitt ich damit meine.
2 Zur Problematik des Begriffs vgl. Chitando/Gunda/Togarasei, Introduction.

1. Das liebe Geld

Zu meinen besonders eindrücklichen Erfahrungen gehört ein Heilungsgottesdienst in Ghana, den ich 2013 mit Studierenden besuchte. Während der mehrstündigen Veranstaltung standen immer wieder Anwesende auf und legten Geldspenden in bereitgestellte Körbe. Wenn diese voll waren, wurden sie von Helfern weggebracht und immer wieder durch leere ersetzt. Man tat das keineswegs verschämt, sondern offensichtlich mit Stolz. Später wurden wir sogar eingeladen, in der Zählkammer die beeindruckenden Geldstapel zu bewundern. Das Geld wurde als direkter Ausdruck des göttlichen Segens und damit als Bestätigung der Sendung des Heilers, Propheten, Evangelisten oder Apostels gesehen. Das ist recht typisch für viele afrikanische Kirchen. Nicht nur in den „money churches", die überwiegend zum Geldverdienen da sind, sondern auch in den meisten traditionellen Kirchen gilt Wohlstand als Folge göttlichen Wohlgefallens[3] und Geld wird nicht als „Mammon" verteufelt. Die Geldverliebtheit war für mich zunächst eine hässliche Seite afrikanischer Christlichkeit, zumal dabei viele selbst vor der gezielten Ausbeutung von Armen nicht zurückschrecken. Trotz aller berechtigter Kritik bin ich inzwischen da etwas demütiger. Immerhin steckt im „gospel of wealth" ja der Anspruch an Gott, dass sein Heil sich nicht erst nach dem Tode zeigen möge und die Fülle des Lebens bitte doch schon hier beginnen soll, was der Botschaft Jesu von der Basileia in der Spannung von „doch schon" und „noch nicht" auch dann nicht widerspricht, wenn der eschatologische Vorbehalt des „noch nicht" recht kurz kommt.

Zudem lebe ich als „Staatstheologe" ja auch nicht schlecht von der Religion und dem Reden darüber. Hauptamtliche in der Pastoral der großen Kirchen in Deutschland und vergleichbaren Ländern gehören in der Regel nicht zu den Armen im Lande, und die wenigsten von uns haben das Bedürfnis, andauernd das Kreuz von Leid und Armut unserem Heiland hinterherzutragen. „Limburg" ist, so gesehen, überall – nur eben mal mehr, mal weniger.

---

[3] Vgl. dazu: Chitando/Gunda/Kügler, Prophets, Profits. Sowie Wessels, Offering the Gospel.

2. Konfessionalismus, „freedom of choice" und postmoderne Hybridität

Zu Gast beim Festakt eines überkonfessionellen Bible College in Simbabwe. Der Festredner rühmt sein Institut wortreich und selbstbewusst, unter anderem mit der Aufzählung von Berühmtheiten, die dort ausgebildet wurden. Unter den Ehemaligen seien zahlreiche „professors, pastors, church leaders" und sogar „church founders". Bei „Kirchengründer" schrillen in meinem Kopf unwillkürlich alle Schisma-Alarmglocken. Um mich herum aber lächeln alle, nicken anerkennend. Kurze Zeit später werde ich zum dritten Geburtstag einer neuen Kirche eingeladen, Abspaltung einer Abspaltung von einer „alten" Pfingstkirche, die schon zu Beginn des 20. Jahrhunderts gegründet wurde ...

Man spricht oft von „mushroom churches", weil neue Kirchen in Afrika wie Pilze aus dem Boden schießen. Natürlich sehen die älteren Kirchen, etwa die Anglikanische oder die Katholische, die – mal enger, mal lockerer – mit dem Kolonialismus verwoben sind, das eifrige Gründen neuer Kirchen überaus kritisch, zumal die Neuen in der Regel ihre Mitglieder ja nicht durch Neubekehrungen gewinnen, sondern von anderen christlichen Kirchen abwerben. Trotzdem gibt es auf der Ebene der Gläubigen kaum Konfessionskonflikte, was Hahnenkämpfe der Kirchenführer im Ringen um Macht und öffentlichen Einfluss natürlich nicht ausschließt. Die weitgehende konfessionelle Friedfertigkeit liegt zum einen daran, dass der offizielle Kirchenaustritt kaum eine Rolle spielt. Die Hinwendung zu einer neuen Kirche zwingt nicht zur förmlichen Abwendung von einer anderen. Viele kirchliche „start-ups" kommen dem auch noch dadurch entgegen, dass sie sich gar nicht als Alternative zu anderen Kirchen entwerfen, sondern als Zusatz-Angebot der Intensivierung und Vertiefung. Das ist naheliegend bei den „money churches": Wer etwa sein Geld mit dem Angebot von religiösen „success seminaries" (z. B. vier Wochenenden à 1000 USD) verdient, begründet keine Gemeinde, sondern einen Kundenkreis ohne Exklusiv-Mitgliedschaft. Der Verzicht auf Exklusivitätsansprüche ist aber auch außerhalb des rein ökonomisch motivierten Religionsmarktes anzutreffen. So konnten wir bei einem (unveröffentlichten) Lehr-Forschungsprojekt im

Raum Tema-Ashaiman (Ghana) ganz unterschiedliche Formen von Kirchenmitgliedschaften feststellen: Menschen, die nicht getauft waren, sich aber als „proudly Catholic" präsentierten, katholisch Getaufte, die neben dem gelegentlichen Besuch der Sonntagsmesse häufiger Heilungsgottesdienste einer Neukirche aufsuchten, um dort Gegenstände zu erstehen, die segensreiche Wirkungen versprachen, und viele Kombinationen mehr. Die Hybridität, welche die Kirchenbezüge der Durchschnittsgläubigen prägt, beruht vermutlich auf dem Konzept einer hinter den Konfessionen liegenden Grundeinheit des Christlichen. So wird oft einfach von „*the* Church" gesprochen, wenn es nicht um konfessionelle Differenzierungen geht. Die Kirche Christi, so die Botschaft, existiert in vielen Formen und Spielarten und alle dürfen sich in dieser bunten Fülle den persönlich geeigneten Ort suchen, zusammenstellen oder neu schaffen. Das gilt selbstverständlich auch für Frauen.

3. Frauen mit Römerkragen

Eine afrikanische Großstadt ist in der Regel zugepflastert mit religiöser Werbung. Und ich habe noch nie in meinem Leben so viele Frauen in klerikaler Kleidung gesehen wie bei meinen ersten Reisen nach Ghana. Als die erste Frau im Römerkragen mich von einem Plakat herab anlächelte, dachte ich noch, dass ich eine wichtige Nachricht aus Rom verpasst hätte, aber es ging nicht um eine katholische oder anglikanische Priesterin, sondern um eine Kirchengründerin, die für ihre eigene Kirche warb. Als ich dann später einer Bischöfin (in klassisch katholischer Gewandung mit Stab und Mitra) begegnete, die ihre eigene Kirche führte, war ich schon nicht mehr sehr überrascht, obwohl die Konstruktion dieser bettelarmen Unternehmung in einer Art Slum mir schon zu denken gab. Der gesamte Klerus bestand aus einem Ehepaar: sie war die Bischöfin und ihr Mann war der „Senior pastor". Er durfte predigen, aber sie war die Chefin und befasste sich mit den wichtigen Dingen (Heilungen und Seifen-Verkauf). Nicht gerade die Machtverteilung zwischen den Geschlechtern, die man so im westlichen Kopf hat, wenn man an Afrika denkt. Selbstredend ist das Klischee der unterdrückten afrikanischen

Frau nicht ganz falsch.[4] In vielen Kirchen sind Frauen von Führungsrollen ausgeschlossen und haben drastisch reduzierte Rollen im Gottesdienst. In Kirche, Gesellschaft und Familie gibt es große Probleme mit misogyner Gewalt[5] und sexuellem Missbrauch. Aber es gibt eben auch die Kritik an überkommenen Geschlechtsrollenzuweisungen, es gibt vielfältigen Protest von Frauen gegen misogyne Strukturen, es gibt die Frauen, die in ihren Kirchen aufbegehren, und es gibt jene, die ausziehen und ihre eigenen Kirchen aufmachen. Die Kämpfe sind hart, aber in manchen Punkten, etwa bei der Leitung von Kirchen, sind einzelne Afrikanerinnen weiter als ihre europäischen Schwestern. Das liegt natürlich auch daran, dass mit der HIV/AIDS-Problematik ein vitales Interesse am Wandel von Geschlechterrollen gegeben ist. Für viele Frauen sind Emanzipationserfolge schlicht eine Frage des Überlebens.

Nur drei Punkte von vielen, an denen sich mir Afrika als Lernort Kontextueller Bibelwissenschaft gezeigt hat und sich auch der Praktischen Theologie zeigen kann. Viele andere Punkte ließen sich anführen, um unsere afrikanischen Nachbar-Christentümer als Schule von Konkurrenz, Vielfalt und Integration, als Kampfplatz zwischen Marginalisierungs- und Katholisierungsprozessen, als Katalysator für Erkenntnis und Selbsterkenntnis, als Einladung zur Umkehr deutlich werden zu lassen, mit Bedeutung weit über den Bereich der Theologie hinaus. Waren uns Länder wie Kamerun und Namibia im 19. Jahrhundert nahe genug, um sie zu Objekten unseres Imperialismus zu machen, dann sollten sie im 21. Jahrhundert nicht zu weit entfernt sein, um die Menschen südlich der Sahara zu Partner:innen im Lernen zu machen. Das gilt umso mehr als manche von ihnen ja auch den Weg zu uns finden. Die Probleme Nigerias lassen sich heute auch in der Aufnahmestelle vor Ort mit Asylsuchenden besprechen. Hören wir ihre Geschichten? Auch wenn Menschen aus Afrika nur einen kleinen Teil der Migrationsbewegungen[6] in Deutschland und Österreich ausmachen, gehören sie doch zu der einen Kirche

---

4 Vgl. Kügler/Gabaitse/Stiebert, The Bible.
5 Vgl. Hunter/Kügler, The Bible and Violence.
6 Vgl. dazu Polak, Migration.

Christi, zumindest dort, wo „katholisch" nicht nur als Konfessionsetikett dient, sondern ein Wesenszug jeder christlichen Kirche ist, die sich darauf einlässt, „Sakrament der Menschenliebe Gottes" zu sein, und deshalb teilnehmen will am befreienden und heilenden Suchprojekt Gottes (Lk 15,4–9), das Jesus Königsherrschaft Gottes[7] nennt.

Literaturverzeichnis

Chitando, Ezra – Gunda, Masiiwa Ragies – Kügler, Joachim (Hg.): Prophets, Profits and the Bible in Zimbabwe (BiAS 12), Bamberg 2013.

Chitando, Ezra – Gunda, Masiiwa Ragies – Togarasei, Lovemore: Introduction. Religion and Development in Africa, in: dies. (Hg.), Religion and Development in Africa. In cooperation with Joachim Kügler (BiAS 25 / ERA 4), Bamberg 2020, 13–35.

Hunter, Johannes – Kügler, Joachim (Hg.): The Bible and Violence in Africa (BiAS 20), Bamberg 2016.

Kügler, Joachim: Das Reich Gottes auf den Dörfern. Ein bibeltheologischer Essay über die Politik der Pastoral Jesu, in: Bucher, Rainer – Krockauer, Rainer (Hg.), Pastoral und Politik. Erkundungen eines unausweichlichen Auftrags (Werkstatt Theologie 7), Münster 2006, 5–21.

Kügler, Joachim: Gottes Königsherrschaft als „Rahmenmythos" der Pastoral Jesu, in: Bucher, Rainer – Krockauer, Rainer (Hg.), Gott. Eine pastoraltheologische Annäherung (Werkstatt Theologie 10), Münster 2007, 11–38.

Kügler, Joachim – Gabaitse, Rosinah – Stiebert, Johanna (Hg.): The Bible and Gender Troubles in Africa (BiAS 22), Bamberg 2019.

Polak, Regina: Migration, Flucht und Religion (Praktisch-Theologische Beiträge, 2 Bde.), Ostfildern 2017.

Wessels, Johannes M.: Offering the Gospel ΑΔΑΠΑΝΟΝ. An interpretation and application of 1 Corinthians 9:18. Edited and provided with a foreword by Joachim Kügler (BiAS 19), Bamberg 2015.

---

7 Vgl. dazu Kügler, Gottes Königsherrschaft; Kügler, Das Reich Gottes.

L

Weiter/gehen
Zum 65. Geburtstag von Rainer Bucher

Karl Heinz Ladenhauf

Lieber Rainer!

Um mich mit wissenschaftlichen Überlegungen an einer Dich würdigenden Festschrift beteiligen zu können, ist mein Abstand zum pastoraltheologischen Diskurs zu groß geworden. Seit meiner vor nahezu zehn Jahren beendeten Tätigkeit am Institut nehme ich zwar weiterhin mit Interesse Anteil an den spannenden Entwicklungen der Pastoraltheologie, an denen Du ja ganz wesentlichen und prägenden Anteil hast, in meinem Leben haben aber andere Themen Priorität gewonnen. Was mir allerdings immer noch nahe und präsent ist, sind die vielen Erfahrungen mit Dir als Leiter des Instituts und als freundschaftlich verbundenem Kollegen.

Deine Berufung nach Graz war ein Glücksfall. Dabei denke ich nicht an den Anteil, den glückliche Zufälle an allen Berufungsvorgängen haben, auch für so ausgezeichnet qualifizierte Bewerber wie Dich. Dass Du Dich nach Graz beworben und den Ruf auch angenommen hast, war und ist ein Glücksfall für die Fakultät und die Universität, für die steirische katholische Kirche, für die intellektuelle Landschaft der Stadt Graz und des Landes. Ein Glücksfall war und ist es hoffentlich auch für Dich, immer wieder vielleicht auch für Deine Familie! Ganz besonders aber war Deine Berufung ein Glücksfall für unser Institut und für mich persönlich. Das mag für Außenstehende pathetisch klingen. Für mich ist es das nicht. Es ist der aus meiner Erfahrung und deren Deutung angemessene Ausdruck des Dankes für die gemeinsame Zeit.

Als Du im Jahr 2000 nach Graz kamst, waren wir am Institut in einer Aufbruchsstimmung. In den Jahren meiner interimistischen Leitung war es mit tatkräftiger Unterstützung des Dekans Maximilian Liebmann möglich geworden, eine weitere Stelle für eine wissenschaftliche Mitarbeiterin für die Pastoraltheologie zugeteilt zu bekommen. Maria Elisabeth Aigner konnte so eine sehr erfolgreiche, für Fakultät und Universität bedeutende wissenschaftliche Karriere ermöglicht werden.

Mit Dir kam ein hervorragend qualifizierter Wissenschaftler in unser Team, der ganz neue pastoraltheologische Horizonte aufzuspannen vermochte. Aber eben nicht nur das. Mit Dir kam eine Persönlichkeit ans Institut, die souverän war. Und das ist sehr viel mehr als ein starkes Selbstbewusstsein. In Deiner persönlichen Souveränität warst Du frei und fähig, Deine Leitungsfunktion am Institut in einer höchst wertschätzenden, anerkennenden, freundlichen und freundschaftlichen Weise auszuüben. Gerade als „Alteingesessener" und auch an Jahren Älterer war und bin ich Dir für diese gelebten Haltungen dankbar. Deine, in einer weitgespannten Kompetenz gegründete, Begleitung meiner pastoralpsychologischen Arbeitsbereiche habe ich immer wieder als Rückhalt und Anregung empfunden. Damit hast Du wichtige Weiterentwicklungen im Bereich der Pastoralpsychologie ermöglicht, immer im Respekt vor meiner Zuständigkeit. Exemplarisch denke ich dabei an unsere – mit Peter Ebenbauer gemeinsamen – Bemühungen um ein qualifiziertes, die Teilnehmenden förderndes und forderndes Pastoralpraktikum. Die Chancen für eine (pastoral-)theologisch und pastoralpsychologisch fundierte Qualifizierung der zukünftigen Pastoralassistent:innen und Priester, die sich durch Deine Beiträge wesentlich erweitert hatten, wurden von der Kirchenleitung leider nur zum Teil genützt. Deine Fähigkeit, diese Realität kritisch zu benennen und die erlebten Grenzen in Souveränität zur Kenntnis zu nehmen, war eine Entlastung. Deine Bereitschaft, Projekte unterstützend zu begleiten, obwohl sie nicht im unmittelbaren Kernbereich Deiner wissenschaftlichen Arbeit lagen, hast Du auch in der Durchführung des Masterstudienlehrgangs Pastoralpsychologie erwiesen. Er hätte ohne Dein nachdrückliches organisatorisches wie wissenschaftliches Engagement wohl nicht durchgeführt werden können.

Mit Dir als Leiter des Instituts war das letzte Jahrzehnt meiner Mitarbeit an der Fakultät das bereicherndste und befriedigendste für mich. Das verdanke ich der Atmosphäre der wechselseitigen Aufmerksamkeit und Wertschätzung, die sehr wesentlich durch Dich geprägt war und ist. Dass Du mir, zusammen mit Maria Elisabeth Aigner, Ingrid

Hable und Hans-Walter Ruckenbauer, das unglaubliche Geschenk einer Festschrift und einer berührenden Abschiedsfeier bereitet hast, war dann der verdichtete Ausdruck dafür, wie Du die Beziehung zu mir gestaltet hast.

Das alles schreibe ich Dir hier nicht als eine vorweggenommene Laudatio, wie Du sie in der Festschrift für mich in berührender Weise verfasst hast. Die Würdigung Deines Lebenswerkes werden andere Kolleginnen und Kollegen umfassend formulieren. Ich schreibe diese Zeilen als einen ganz persönlichen Dank für Dich als einen Menschen, mit dem ich erleben konnte, dass er seine Stärken und Fähigkeiten souverän dazu einsetzt, andere zu stärken.

Die Begegnungen und die Beziehung mit Dir haben mich durch Deine Wertschätzung und Achtung immer wieder aufatmen lassen. Ich-Werden kann man nur am Du. Das hat uns Martin Buber gelehrt. Du, lieber Rainer, bist jemand, der es lebt.

Die älteren Menschen in der Steiermark, zu denen ich inzwischen gehöre, verwenden dafür einen einfachen Ausdruck: *„Vergelt's Gott!"*

Karl Heinz

PS: Wenn ich es richtig spüre, war und ist Graz und die Steiermark für Dich und Deine Familie immer mehr gewesen als ein Arbeitsplatz, an den zu reisen es mitunter mühsam ist. Daher gebe ich Dir das Gedicht eines großartigen Poeten mit auf den Weg, den ich noch persönlich kannte und der in seiner Verwurzelung auch im slowenischen Stajerska nicht „steirischer" hätte sein können:

Alois Hergouth (1925 – 2002)

> Es führt kein Weg zurück
> Und doch muss alles münden
> In dem was aller Wege
> Anfang war –

Dies unser Erbteil: diesseits:
Tag aus Nacht und Tag
Geburt des Lichts
Verfall und Wiederkehr –
Licht aus dem Aufgang aller Sonnen
Licht aus dem Untergang
Heimkehr des Lichts
Zum Ursprung aller Tage

Die Nacht im Rücken wächst
die Schattenspur die uns entließ –
helldunkle Leere Abgrund Übergang –
nimmt zu mit jedem Schritt
Mit jedem Schritt voran
mehrt sich Vergangenheit
Der abgewandte Raum

Dies was wir lassen: diesseits:
Der Anteil Blut aus Blut
Der Anteil Traum –
den Weg zu gehen
der in das Freie führt –
durch Tag und Nacht und Tag
der Spur des Lichts zu folgen

inmitten sein:
unsterblich Teil an allem
was zeugend und gebärend untergeht
um neues Leben freizugeben

Hergouth, Alois: Stationen im Wind, Graz: Styria 1973, 2

Die Predigt gibt es nicht.
Oder: Predigen mit Haltung und Stil

Franziska Loretan-Saladin

Sich im universitären Umfeld theoretisch mit der Predigt zu befassen und Studierende beim Predigen-Lernen zu begleiten, scheint in der Zeit der Pandemie beinahe so nebensächlich wie die Reiseberatung im Tourismusbüro. Im Corona-Lockdown im Frühjahr 2020 konnten die Kirchen keine Gottesdienste mehr öffentlich feiern. Viele Gottesdienste wurden – und werden auch in der zweiten Welle mit eingeschränktem Gottesdienstbesuch – gestreamt. Da werden auch Predigten mitübertragen. Die Qualität dieser Übertragungen ist sehr unterschiedlich, wie erste Reflexionen dazu zeigen.[1] Eine zehnminütige Predigt in einem digitalen Gottesdienst anzuschauen, braucht jedenfalls viel Wohlwollen auf Seiten der Hörenden sowie eine hohe Predigtqualität.

Hat die Predigt Zukunft?

Diese Situation im Hinterkopf blicke ich zurzeit mit noch mehr Fragezeichen auf mein Fach. Braucht es die Predigt überhaupt noch? Für wen ist sie relevant? Wie könnte die Zukunft der Predigt aussehen? Mit Rainer Bucher habe ich – wenn auch nur am Rand und nicht oft – über Möglichkeiten der Predigtausbildung gesprochen. Daran möchte ich anschliessen und weiterdenken.

Rainer Bucher wird nicht müde, an die Aufbrüche des II. Vatikanums zu erinnern. Auch die Predigt erhält vom Konzil bis heute aktuelle Impulse. Ich sehe besonders die Offenbarungskonstitution und die Pastoralkonstitution als Impulsgeberinnen für die Hermeneutik. Die Aufgabe

---

1 Vgl. Schweizerisches Pastoraltheologisches Institut/Pastoralinstitut der Theologischen Hochschule Chur, Corona und Kirche, bes. 10–12 (Themenfeld Liturgie).

der Predigt ist in diesem Sinne eng verbunden mit dem Auftrag der Kirche, „die Welt, in der wir leben, ihre Erwartungen, Bestrebungen und ihren oft dramatischen Charakter zu erfassen und zu verstehen", nach den jeweiligen „Zeichen der Zeit zu forschen und sie im Licht des Evangeliums zu deuten" (Gaudium et spes 4).

Nach „Zeichen der Zeit" in der Welt, in der ich lebe, zu forschen, begleitet mein theologisches Denken und homiletisches Suchen von Anfang an. Immer wieder finde ich Anregungen in Disziplinen, die primär nichts mit der Predigt zu tun haben. Zu Beginn meiner homiletischen Auseinandersetzung war es die Literatur, genauer die Poesie, die zum Nachdenken über die Sprache der Predigt anregte.[2] Im Laufe der Jahre kam die Dramaturgie dazu, vor allem über die Dramaturgische Homiletik von Martin Nicol[3], welche mich inspirierte für andere Gestaltungsmöglichkeiten der Predigt.

Eine Neuentdeckung

Meine neuste Entdeckung, die ich hier ins Gespräch einbringen möchte, ist das Buch des Schweizer Journalisten und Autors Constantin Seibt: *Deadline. Wie man besser schreibt*[4]. Vordergründig geht es darin auch um Sprache, genauer das Schreiben, also nicht direkt übertragbar. Es geht mir aber auch weniger um die praktischen Anleitungen, sondern einige grundsätzliche Überlegungen vor allem im Blick auf die Person, die journalistisch schreibt bzw. eine Predigt hält.

Auf das Buch aufmerksam geworden bin ich im Lockdown-Frühling, als ich das Online-Magazin *Republik*[5] vermehrt zu lesen begann. Ich gebe zu, ich bin nicht unbedingt eine Freundin und schon gar keine Kennerin des digitalen Journalismus. Im Grunde halte ich lieber die

---

2 Vgl. Loretan-Saladin, Dass die Sprache stimmt.
3 Vgl. Nicol, Einander ins Bild setzen; Loretan-Saladin, L'homélie comme événement.
4 Seibt, Deadline. *Deadline* bedeutet gemäss Duden: 1. letzter [Ablieferungs]termin [für Zeitungsartikel]; Redaktions-, Anzeigenschluss; 2. Stichtag; 3. äusserste Grenze.
5 Republik. Das digitale Magazin für Politik, Wirtschaft, Gesellschaft und Kultur. Finanziert von seinen Leserinnen, https://www.republik.ch/.

papierene Zeitung in der Hand als das Smartphone. Doch die *Republik* unterscheidet sich von den anderen Medien, die ich kenne, nicht hauptsächlich wegen der – auch gut gewählten – Inhalte, sondern vor allem im Stil der Beiträge. Constantin Seibt gehörte zum ersten Redaktionsteam der *Republik*.[6] In seinem Buch entdecke ich Parallelen und vielleicht auch Ursprünge des journalistischen Selbstverständnisses des Online-Magazins.

Stil und Haltung im Journalismus

In 15 Thesen zur Lage des Journalismus im 21. Jahrhundert[7] gibt der Autor dem Stil ein besonderes Gewicht. Er bezeichnet ihn als „eines der letzten Tabus und eine der grossen unerschlossenen Ressourcen im Journalismus". Stil sei „ein eleganter, energischer Weg [...], die drei zentralen Probleme im heutigen Journalismus gleichzeitig anzugehen: die angeschlagene Glaubwürdigkeit, die in Routine erstarrten Redaktionsstrukturen, das alternde Publikum."[8]

- Im Blick auf die Glaubwürdigkeit bezeichne Stil, was von Journalist:innen in dieser Zeit gefordert ist: Klarheit, Entschiedenheit, Aufrichtigkeit, Kompetenz statt Meinung und Behauptung. Stil sei ein Massanzug für die Fakten.
- Im Blick auf Routine fördere Stil Erneuerung. Denn Stil sei im Kern Haltung, und zwar als Ergebnis von Versuchen, Irrtümern und harten Debatten bis hinein in die Fragen von Ziel, Absicht, Methoden und Strukturen.
- Im Blick auf das Publikum seien ein klarer Stil und Haltung genau das, was fasziniert.[9]

---

6 Vgl. auch das Manifest der *Republik*: https://www.republik.ch/manifest [Zugriff: 8.7.2021].
7 Vgl. Seibt, Deadline, 18–24.
8 Seibt, Deadline, 22.
9 Vgl. Seibt, Deadline, 22–23.

Damit schaffe der Stil eine „überzeugte Gruppe von Lesern, eine zahlende Community"[10], was für eine Zeitung überlebenswichtig ist.

Eine weitere These finde ich – noch immer mit Kirche und Predigt im Hinterkopf – bedenkenswert: „Autismus können sich nur Sieger leisten."[11] Daher soll „der Leser" involviert werden. Dies geschieht zum einen dadurch, dass ein Blick in „Küche und Kochbuch" gewährt sowie Fehler, Unsicherheiten und leere Flecken zugegeben werden. Fragen der Leser:innen werden regelmäßig beantwortet, und noch wichtiger: Von Zeit zu Zeit werden ihnen Fragen gestellt, echte Fragen, denn nichts erobere Menschen leichter.[12]

Assoziationen und Fragen im Blick auf die Predigt

Glaubwürdigkeit, Strukturfragen, alterndes „Publikum" – damit schlägt sich auch die katholische Kirche herum. Aber kam schon jemand auf die Idee, diesen Herausforderungen mit „Haltung und Stil" zu begegnen und damit gemeinschaftsbildend zu wirken? Die Menschen involvieren durch Transparenz, Eingeständnis von Fehlern und Unsicherheiten sowie echte Fragen – auch dies ließe sich meines Erachtens gut in pastorale Leitlinien übersetzen.

Im Blick auf die Predigt nehme ich außerdem gerne den folgenden Satz ins Repertoire möglicher Innovationen auf: „Wie wäre es, wenn wir es ganz anders machten?"[13]
– Wie sieht Predigt-Verkündigung mit Haltung und Stil aus? Wäre ganz anders zu predigen? Seibt gibt in seinem Buch konkrete praktische Hinweise, bekannte und erfrischend andere.[14]

---

10 Seibt, Deadline, 23.
11 Ebd.
12 Ebd.
13 Seibt, Deadline, 15. Dies sei übrigens die zentrale Frage seines Buches, die entscheidende Überlegung in jeder Situation, beim Schreiben, beim Nachdenken über die Haltung, bei der Konzeption.
14 Etwa in den „Storyideen": Wie man das Unbekannte im Bekannten entdeckt (Seibt, Deadline, 57–62) oder unter „Tricks und Techniken": Wie man im Notfall mit zu viel

Weiter: Könnte auch das Motto „Sagen, was ist" passen? Dazu zitiert Seibt Hannah Arendt: „Wer es unternimmt, zu sagen, was ist, kann nicht umhin, eine Geschichte zu erzählen, und in dieser Geschichte verlieren die Fakten bereits ihre ursprüngliche Beliebigkeit und erlangen eine Bedeutung, die menschlich sinnvoll ist."[15]

- Sagen, was ist, in der Predigt: Mit einem großen Ohr auf die Erfahrungen der Menschen hören: Leid und Freude, Einsamkeit und Miteinander, verwundet und geheilt werden, nachdenken und singen und weinen und jubeln und – zugleich hinschauen, was die grossen Geschichten der Bibel davon erzählen, wie Jesus gesagt hat, was ist. Und nach der Bedeutung fragen.

Im Journalismus heißt dies „recherchieren": nach außen die Fakten, nach innen, was die Fakten bedeuten. Die zweite Recherche sei nicht weniger kompliziert. „Zu wissen, was man eigentlich gesehen hat, ist oft geradezu lächerlich schwierig. Es ist aber unverzichtbar."[16] Die Frage nach Sinn und Dringlichkeit muss beantwortet werden, weil „Kommunikation eine verblüffend einfache Sache ist: Ein Mensch spricht von etwas, was ihm wichtig ist. Und dann hört der andere fast immer zu."[17] Weiter gehe es beim Hören nach innen darum, den Grundton und den wirklichen Inhalt des Textes zu finden, und zwar nicht nur bei Kommentaren, Kolumnen und Porträts. „Seien Sie ein eiskalter Profi, und hören Sie auf ihr Herz."[18]

- Was für Journalisten gilt, trifft auch für Predigerinnen zu. Ist die Predigerin, die das Wort Gottes verkündigt, zuerst selbst davon getroffen? Hat sie im Hören auf ihr Herz den Inhalt für heute und den Grundton, das Ziel ihrer Predigt gefunden? Hat die Predigt, die bewegen will, davor den Prediger bewegt?

Material umgehen kann (Seibt, Deadline, 91–92) sowie das Kapitel „Die schwarze Liste" mit den „Scheiss-Detektoren" für die Überarbeitung (Seibt, Deadline, 129–152).
15 Hannah Arendt, Wahrheit und Politik, zitiert in: Seibt, Deadline, 40f.
16 Seibt, Deadline, 27
17 Seibt, Deadline, 28.
18 Seibt, Deadline, 30

Verantwortung

In einer ebenfalls im Buch *Deadline* abgedruckten Rede spricht Seibt von seiner wichtigsten Aufgabe als Journalist: „mein Service an die Öffentlichkeit: präzise die Grundlagen für Diskussionen zu liefern."[19] Seiner Ansicht nach ist es die Aufgabe der Presse, in der Öffentlichkeit „einen Mainstream herzustellen: eine holprige, vage, aber dennoch brauchbare Einigung über Fakten und Einschätzungen, auf deren Fundament man debattieren kann."[20] Das Gegenteil davon sei das Lagerdenken in *wir* und *ihr*, wie es in den USA durch Fox News für alle Medien, die politischen Einfluss suchen, vorgezeigt werde. Was daraus folgt, sei der Realitätsverlust.[21]

Wozu das Streben nach politischem Einfluss und die Unterstützung demokratiefeindlicher Propaganda führen kann, wurde der Welt in den Januartagen 2021, am Ende der Präsidentschaft Trump in den USA, erschreckend vor Augen geführt.

Gewiss ist die Gefahr nicht zu unterschätzen, dass es auch Prediger (mehrheitlich Männer in entsprechenden kirchlichen Communities) gibt, die zu solchem „Lagerdenken" in *wir* und *ihr* beitragen. Auch der katholischen Kirche war – und ist zum Teil leider noch immer – ein dualistisches Welt- und Menschenbild nicht fremd. Es kann sich subtil in Predigten einschleichen, vor allem dort, wo mit Attributen wie gut und böse, diesseits und jenseits, Kirche und Welt, Glauben und Unglauben usw. scharfe Gegensätze aufgebaut werden, statt die Widersprüchlichkeit und Ambiguität von Erfahrungen wahrzunehmen und zur Sprache zu bringen.

Die publizistische Perspektive hat Johanna Haberer schon früher im Blick auf die Predigt ins Spiel gebracht.[22] Dazu gehört unter anderem als Zielsetzung für eine relevante Predigt, dass sie den *Shalom* der Gesell-

---

19 Seibt, Das Anti-Mainstream-Konzept, 288.
20 Seibt, Das Anti-Mainstream-Konzept, 290.
21 Vgl. Seibt, Deadline, 291. Davon spricht Seibt schon am 9. November 2012.
22 Vgl. Haberer, Die Predigt; vgl. auch dies., Gottes Korrespondenten.

schaft im Blick hat und einen Beitrag zur Balance gesellschaftlicher Diskussionskultur sowie zum friedlichen Austausch von Positionen leistet.[23]

Schluss: Magie oder das Unverfügbare

„Das Verblüffende im Leben ist ja, dass die Dinge, die wirklich zählen, nicht zuverlässig fabrizierbar sind. Sie sind Geschenke."[24] Davon kann wohl jede Predigerin ein Lied singen. Daher ist Predigen sowohl Handwerk als auch Kunst, harte Arbeit und unverhofftes Geschenk.

Ob die Predigt Zukunft hat? Vielleicht in neuen Formen, über andere Kanäle, an anderen Orten? Für mich ist gewiss: Einen wesentlichen Anteil daran haben die Prediger und Predigerinnen. Wagen sie es, sich die Zeichen der Zeit zur Herzenssache zu machen und sie im Licht des Evangeliums zu deuten, entstehen Predigten mit Haltung und Stil.

Die Predigt gibt es nicht.

Literaturverzeichnis

Haberer, Johanna: Gottes Korrespondenten. Geistliche Rede in der Mediengesellschaft, Stuttgart 2004.

Haberer, Johanna: Die Predigt in publizistischer Perspektive, in: Evangelische Theologie 66 (2006), 357–369.

Loretan-Saladin, Franziska: Dass die Sprache stimmt. Eine homiletische Rezeption der dichtungstheoretischen Reflexionen von Hilde Domin, Freiburg i. Ue. 2008.

Loretan-Saladin, Franziska: L'homélie comme événement (Predigt als Ereignis), in: Lumen Vitae. Revue Internationale de Catéchèse et de pastorale 69 (2014), H. 2, 187–195.

Nicol, Martin: Einander ins Bild setzen. Dramaturgische Homiletik, Göttingen 2002.

---

23 Vgl. Haberer, Die Predigt, 364.
24 Seibt, Deadline, 312.

Schweizerisches Pastoraltheologisches Institut – Pastoralinstitut der Theologischen Hochschule Chur: Corona und Kirche. Krisenbewältigung, Lernerfahrung und Kirchenentwicklung. Bericht und Ergebnisse der Austauschtagung vom 26. Oktober 2020, online: https://spi-sg.ch/corona-und-kirche-zwischenhalt-und-perspektiven/#close [Zugriff: 8.7.2021].

Seibt, Constantin: Deadline. Wie man besser schreibt, Zürich – Berlin 2013/14.

Seibt, Constantin: Das Anti-Mainstream-Konzept. Eine Rede vor den Aktionären der Basler Zeitung, in: ders.: Deadline. Wie man besser schreibt, Zürich – Berlin 2013/14, 287–295.

Relektüre und der Zauber der Schwelle
Zu Möglichkeiten und Grenzen,
ein theologisches Leben thematisch
weiterzudenken

Veit Neumann

1. Einführung

Das Herausgebergremium hat angeregt zu reflektieren, welche Themen Rainer Buchers auf welche Weise weiterzudenken und welche unbearbeiteten Themen durch ihn künftig anzugehen sein könnten. Herausforderung ist es, einen Modus zu finden, diese Fragen zu bearbeiten, ohne einerseits ins bisher vorliegende Œuvre des in Frage Stehenden durch Interpolation unangemessen einzugreifen sowie ohne anderseits nichtssagend zu sein. Das Problem thematischer (Dis)Kontinuität, das sich auftut, wird versucht zu bewerkstelligen durch Überlegungen zu forschungsbezogenen Rollen im wissenschaftlichen Feld sowie zu Möglichkeiten, eine anstehende Schwelle zu überschreiten, die Rainer Bucher absehbar in ein neues Lebensalter führen wird (Ruhestand). Ohne Anspruch auf Vollständigkeit stelle ich sodann drei theologisch zu betrachtende Komplexe kurz zur Diskussion, die R. Buchers Themenkarriere angemessen (dis)kontinuieren könnten, um den riskanten Ort der Schwelle zu bearbeiten. Dabei wird von der Annahme ausgegangen, dass Rollen- und lebensbewältigendes Verhalten des praktischen Theologen in einen Zusammenhang mit seinem bisherigen wie auch dem künftigen thematischen Agieren zu bringen sind. Nicht geht es darum, Ratschläge auf ungesichertem Terrain zu geben, sondern darum, thematische Möglichkeiten auszuloten, die eventuell eine Weiterführung finden. Gerahmt sind die Ausführungen durch die etwas eigenwillige Analogie mit der Kommunikation, die das Poesiealbum kennzeichnet.

2. Das Poesiealbum und der Blick auf eine akademische Karriere

Das Poesiealbum ist ein Ort der biographischen Relektüre. Gelegentlich finden sich dort die Worte Hermann Hesses auf den Lebensweg mitgegeben: „Und jedem Anfang liegt ein Zauber inne, der uns beschützt / Und der uns hilft, zu leben." Diese Worte verweisen auf die kurzfristige und die langfristige Funktion des Poesiealbums selbst. Als ein Medium sui generis ist es der Ort einer Kommunikation, die in der frühen Jugend (Zauber, der beschützt) stattfindet und die sich mit dem sich wandelnden Blick auf die im Poesiealbum festgehaltene Jugend langfristig entwickelt (Zauber, der zu leben hilft). Der Reiz des Poesiealbums (wird ein solches heute überhaupt noch geführt?) liegt dort, wo seine Aussagen und Beziehungen in folgenden Jahrzehnten neue Bedeutung in gereifter Wahrnehmung gewinnen. Der oder dem Jugendlichen, der/die ein Poesiealbum führt, ist der Blick auf die künftige Retrospektive unmöglich. Poesiealbum-Kommunikation – unsteuerbar wie sie ist – ist riskante Kommunikation.

Auch Karrieren von Forschungsthemen im Rahmen von Karrieren in der Wissenschaft können mit Blick auf vollbrachte Lebensabschnitte, wenn sich eine Emeritierung nähert, wiedergelesen werden. Vergleichspunkt mit dem Poesiealbum ist die biographische Relektüre. Mit dem Reifen von Karriere in der Wissenschaft, von Leben und Persönlichkeit erscheinen die Themenbearbeitungen von Mal zu Mal transparenter und, wenn es gut geht, folgerichtig. Gute Themenkarrieren sind schlüssig, aber, wollen sie gut bleiben, nicht abgeschlossen. Die Qualität von Themenkarrieren äußert sich darin, dass sie weitergedacht werden können, ohne dem somit Beschriebenen zu nahe zu treten. Hier ist nicht der Ort, Rainer Buchers bisherige zentrale Gebiete der theologischen Forschung und Lehre in thematischer Hinsicht in der Weise einer Verlängerung zu interpolieren. Was dann? Um Themenentwicklungen über die Schwelle hinaus zu eruieren, bedienen wir uns formaler Aspekte der Rollengestaltung (3, 4). Auf dieser Grundlage werden drei thematische Bereiche (6, 7) in Augenschein genommen: öffentliche theologische Rede, Franken, Romantik. Zunächst zu den Grundlagen.

3. Rollen im wissenschaftlichen Feld

Eine Typologie von Rollen bei der Verwirklichung von (thematischen) Ambitionen im wissenschaftlichen Feld ist angezeigt. Dies geschieht mit der zunehmend möglichen Retrospektive anhand der Entwicklungen der bearbeiteten Themen in den beforschten Feldern. Konkret gibt es in Feld und Community den Generalisten/die Generalistin (1), die Spezialistin/den Spezialisten (2), den Kulturalisten/die Kulturalistin (3) sowie den Politikisten/die Politikistin (4). Typen 3 und 4 sind Neologismen in Anlehnung an die Wortbildung bei den Typen 1 und 2. Kombinationen der genannten Verwirklichungen sind möglich. Rainer Bucher steht am Kreuzungspunkt der vier Rollen und hat einen darüber hinausgehenden leichten Hang zum Politikisten. Das ist mit seiner Verortung, an der Peripherie eine zentrale Position für die gesamte (pastoraltheologische) Szene einzunehmen, in Verbindung zu sehen. Die Spannung dieses Oxymorons erzeugt Kreativität. Der Neologismus des Politikisten verdeutlicht, dass dem souveränen Bewältigen konkreter Umstände der wissenschaftlichen Produktion wachsende Bedeutung zukommt. Damit ist die politische Fähigkeit angesprochen, die strukturell gegebene und zum Beharren neigende Wissenschaftsverwaltung (Universitätsapparat) erfolgreich zu behandeln. Ein Politikist mag gute Beziehungen zu Sphären der Wissenschafts- und Bildungspolitik unterhalten, dennoch ist dies erfahrungsgemäß von einer kreativen Differenz getragen. Die Zusammenarbeit mit Annette Schavan, um es zu konkretisieren, hat Rainer Bucher mitgeprägt. Aufzurufen ist sein Wirken als Referent der Graduiertenförderung des Cusanus-Werks, als A. Schavan deren Geschäfte führte. In der Folge wirkte er selbst dort in maßgeblicher Position. R. Bucher ist deshalb nicht gleich ein Politiker, vermag jedoch sehr wohl politisch zu denken und zu agieren. Die Tendenz zur typischen Rolle des Politikisten mag von einer erfolgreichen Handhabung des Verwaltungsapparats als politisches Knowhow inspiriert sein, steht aber, was die Theologie betrifft, noch mehr in Beziehung zum Dasein als Theoretiker und Praktiker der öffentlichen theologischen Rede. Durch Reflexion diverser Rollen ist mithin die Ausprägung der Rolle R. Buchers ansatzweise bestimmt. Hier wird bei der Diskussion von Themen angeschlossen.

4. Weitermachen, anknüpfen, neu beginnen

Walter Hömberg räsoniert über Typen von Professorinnen und Professoren, die in den Ruhestand verabschiedet werden. Er identifiziert den Weitermacher, den Anknüpfer und den Neubeginner.[1] Der Weitermacher macht schlicht weiter, geht weiter in sein Institut, als hätte sich nichts geändert. Jemand vom Lehrstuhl signalisiert nach Leidensfrist der Betroffenen im Auftrag des Nachfolgers oder der Nachfolgerin dem Weitermacher, dass die Zeiten weitergegangen sind. Der Anknüpfer dagegen lehnt Anfragen nach Gutachten, Vorträgen, Moderationen und Rezensionen lächelnd ab, es sei denn, es handelt sich um Lieblingsthemen oder reizvolle Herausforderungen.[2] Der Neubeginner schließlich schultert den Rucksack und geht auf die immer wieder verschobene Weltreise: „Laientheater, Chorgesang, Ehrenamt – es gibt viele Möglichkeiten zum Neubeginn".[3] Ich erinnere mich eines Professors der Soziologie, der im Ruhestand mitteilen ließ, er befinde sich auf Weltreise und habe mit der Soziologie abgeschlossen.

Angesichts der beschriebenen Habitus lässt sich erschließen: Rainer Bucher ist (voraussichtlich) weder klassischer Weitermacher noch radikaler Neubeginner. Seine peripher-zentrale Position in Feld und Community, mit Kreativitätspotential ausgestattet, sowie seine Rolle als Politikist versetzen ihn am besten in die Lage, als Anknüpfer praktisch wie thematisch die anstehende Schwelle gestaltend zu überschreiten. Die abgeschlossene Rollen- und Positionsbetrachtung ist die Grundlage, durch einen kurzen Blick auf bisher hauptsächlich bearbeitete Themen die Bewältigung der Schwelle in thematischer Hinsicht möglichst behutsam zu konturieren.

5. Vorläufiges Ergebnis

Wir sind damit unterwegs, neue Orte der Themenkarriere bei Rainer Bucher an der Schwelle von Lebensalter zu Lebensalter zu erkunden. Es

---
1 Vgl. Hömberg, Emeritus.
2 A.a.O.
3 A.a.O.

zeigt sich: Weder schlichtes thematisches Weitermachen noch radikaler Abbruch sind gefragt, um die Schwelle zu konzipieren. Um uns den Anknüpfungsmöglichkeiten zu nähern, sind Prozesse einer Relektüre bisherigen Tuns hilfreich, die analog zur riskanten Poesiealbum-Kommunikation (besser) zu verstehen sind. Um die Schwelle anknüpfend zu gestalten, bedarf es der komplexen Kombination aus Kontinuität und Diskontinuität, der kreativen Neubestimmung des Verhältnisses von Identität und Differenz. Bisheriges hat in Neues überformt zu werden, ohne was war über Bord zu befördern.

6. Öffentlichkeit

Anspruch des Buchprojekts ist es zu bestimmen, wie maßgebliche Themen Rainer Buchers weitergedacht werden können: Nietzsche, Kirchenentwicklung, Hitler, Kunst, Zweites Vatikanisches Konzil, Kapitalismus. Auch wenn „Kirchenentwicklung" ad intra gerichtet scheint, wird gerade der Aspekt ad extra nicht fehlen, beim Konzil ist dies grundlegend. Also fällt auf, dass all die genannten Themen, so sie nicht bereits ohnehin mit Blick auf die Öffentlichkeit behandelt worden sind, mit diesem immer politischen Thema problemlos kombiniert werden können. Theologie in der und für die Öffentlichkeit kann bei Rainer Bucher weithin als de facto praktizierte thematische Querschnittsmaterie bestimmt werden, als konkrete Äußerungspraxis nicht weniger.[4] Die teils verstreuten Vorgänge der Relevanzgenerierung theologischer Produktion – das ist die Exponierung theologischer Produktion in der Öffentlichkeit – gilt es künftig weiter zu reflektieren. Ein weiteres Bearbeiten öffentlichen theologischen Redens bzw. der Theologie als öffentliche Rede ist wünschenswert.

---

4 Ein bekannter Journalist bezeichnete R. Bucher in einem Interview 2016 als „öffentlichen Theologen". Es ist daran zu erinnern, dass dieser weit über die Fachtheologie hinaus in öffentlich relevanten Medien publiziert und Interviews gibt bzw. sich an Podiumsdiskussionen beteiligt.

7. Franken

Durch Franken blasen die Winde aus den vier Himmelsrichtungen. Der Franke gilt als ein „Gewürfelter"[5] (Hin- und Hergeworfener). Das gilt auch für Rainer Bucher, der nach Nordwesten ins Rheinland bzw. nach Südosten in die Steiermark migriert ist. Frankesein hört nicht einfach auf. Franken ist der Ort geschichtlich erlittener und erstrittener Vielfalt. Das liegt auch an der Benachbarung zur bayerischen Vereinheitlichung. In Franken ist Differenzerfahrung als Identitätserfahrung gut möglich. Anhand von Differenzerfahrungen entfalten sich thematische Karrieren. Womöglich darauf geht Frankens theologische und ökumenische Vielfalt zurück, zu denken ist allein an die Hervorbringungen von Andreas Osiander, Ignatz Döllinger, Wilhelm Stählin, Gerhard von Rad, Rudolf Graber, Elmar Klinger, Johanna Haberer ... Frankens Vielfalt prägt theologisch. Das Fränkische hinsichtlich der Theologie bei Rainer Bucher erscheint weniger als thematisch bearbeitete denn vielmehr als existenzielle Querschnittsmaterie; auch im Sinn von Anschlussfähigkeit: Das fränkische Wappen befindet sich dezent am Türstock des Dienstzimmers R. Buchers an der Fakultät. Es trägt die Farben rot und weiß. Das sind auch die Farben Österreichs.

Der Romantik („Herzensergießungen eines kunstliebenden Klosterbruders", 1796) ist die Entdeckung Frankens als wertzuschätzende Region zu verdanken. Die Grenze und eines der großen Probleme der Romantik ist es jedoch, Vielfalt kulturell, kaum politisch zu begreifen. Wer sich eingehend mit Richard Wagner und Bayreuth und verhängnisvollen Folgen dazu befasst hat, wird diese Problematik kennen. Immerhin geht die Frankenhymne „Wohlauf, die Luft geht frisch und rein" auf den Romantiker Viktor von Scheffel zurück. Es lässt sich gut vorstellen, dass Rainer Bucher, einer Passage des Gesangs entsprechend, über das Maintal blickt. Dennoch wird empfohlen, sich eher an die Themen Öffentlichkeit und Franken zu halten. Die Entdeckung interessanter Interdependenzen beider ist nicht ausgeschlossen, soll aber hier allein als Vermutung ausgedrückt sein.

---

5 Aufseß, Der Franke ist ein Gewürfelter.

8. Nochmals: das Poesiealbum

Forschungsbezogene Themenkarrieren sind, wie das Poesiealbum, riskante Kommunikation. Nicht immer kommen sie forschungspolitisch an, wie einem dies als wünschenswert erschiene. Anders als das Poesiealbum können sie aber weitergeführt, ergänzt und vertieft und mit den vorangegangenen Jahren unserer Prägungen verbunden werden. Hier könnte R. Bucher eine thematische Relektüre seiner ersten beiden großen Lebensphasen vornehmen: der Jugend und des aktiven Berufslebens; Relektüre passend zu seinem Verständnis von Vielfalt (der Lebensregungen; vgl. Prägung in der katholischen Jugendarbeit) und Offenheit (der Argumente) in der Öffentlichkeit, passend auch zu seiner Kreativität zugunsten der praktischen Theologie an der durch Franziskus zu neuer Aufmerksamkeit gekommenen Peripherie und nicht weniger passend zur Tendenz des Politikisten.

W. Hömberg sagte gelegentlich, wenn etwas Angenehmes und Erfreuliches bedauerlicherweise abgeschlossen werden sollte: Jedem *Ende* liegt ein Zauber inne. Wir aber sagen noch lieber: Jeder *Schwelle* liegt ein Zauber inne, denn Schwelle bedeutet weder Anfang noch Ende. Ob nun Zauber oder nicht: Anknüpfer sind am besten geeignet, Schwellen nicht nur zu nehmen, sondern in Auseinandersetzung von Identität und Differenz kreativ zu gestalten – auf der Grundlage dessen, dass die bisherigen großen Themen neue Bedeutung gewinnen, und das in bereits gereifter Wahrnehmung sowie als weiterer Reifungsprozess.

Literaturverzeichnis

Aufseß, Hans Max von: Der Franke ist ein Gewürfelter. Essays, Hof 1984.
Hömberg, Walter: Emeritus – ein schöner Beruf?, in: Aviso. Informationsdienst der Deutschen Gesellschaft für Publizistik- und Kommunikationswissenschaft 69 (2019), H. 2, 19.

0

Von Bayreuth nach Nürnberg
Eine psychoanalytische Reminiszenz

Martin Ott

„Mir scheint, daß die Uhren der Seele im Grunde rückwärts laufen, so daß wir mit dem äußerlichen Älterwerden die Möglichkeit gewinnen, innerlich näher an die Anfänge zurückzugehen. In Momenten der Erregung springen alte Schränke auf, und zum Vorschein kommen die am tiefsten eingeschlossenen Verführungen und Verletzungen."[1]

Während seiner Studienzeit in Freiburg besuchte Rainer Bucher das germanistische Seminar der Dozenten Bolz und Kittler, damals die Avantgarde der Literaturwissenschaft in Deutschland. Das Thema war Tristan und Isolde. „Auf dem Weg von Bayreuth nach Nürnberg liegt kurz hinter der Stadtgrenze der Judenfriedhof." Dieser Satz „springt aus dem alten Schrank der Erinnerungen", wenn ich an die gemeinsame Studienzeit und an seine Seminararbeit über Richard Wagner in Bayreuth zurückblicke. Ich möchte der Frage nachgehen, ob, und wenn ja, welche Verführungen oder Verletzungen sich – im Sinne des Sloterdijk-Zitats im Motto – da angedeutet haben. Und weil Rainer Bucher immer eine gewisse Distanz zur Psychoanalyse gezeigt hat, lege ich mich für ihn die nächsten paar Seiten auf die Couch. So viel Erinnerungsarbeit unter Freunden muss sein!

Einem jungen Menschen, der in Bayreuth aufgewachsen ist, gibt das Leben gleich ein ganzes Paket von biographischen Belastungen mit auf den Weg. Der grüne Hügel, das Festspielhaus, die Villa Wagner, die jährlichen Festspiele und die Familie Wagner sind allgegenwärtig. Dann die Erkenntnis: Hitler liebte die Musik von Richard Wagner und war oft ein besonderer Gast in Bayreuth. War er nicht auf dem Reichstagsgelände zum Rienzi und zum Meistersinger von Nürnberg geworden? Wieviel Hitler steckt also in Wagner? Wie kann man den genialen Musiker

---

1 Sloterdijk, Der Zauberbaum, 115.

Wagner lieben und zugleich den Antisemiten Wagner verachten? Was ist eigentlich in der Heimatstadt passiert, als nach dem 2. Weltkrieg Thomas Mann die Anfrage, als Ehrenpräsident einer Stiftung zur Wiedergründung der politisch diskreditierten Bayreuther Festspiele vorzustehen, abgelehnt hat, zumindest „bis alles, was Bayreuths Sünden betrifft, auf dem Tisch liegt"? Und natürlich drängen sich auch all jene Namen, Größen und Traditionen in die eigene Biographie, die sich im Umkreis Wagners etablieren: Schopenhauer und Nietzsche, deutsche Restauration und Revolution, das bayerische Königshaus und die deutsche Romantik in Musik und Literatur. Bucher formuliert einmal selbst: „Heimat identifiziert Orte personal und Personen über Orte."[2] Dann sind diese Bayreuther Figuren nicht nur harmlose Vektoren im „Es" der anonymen Deutungskräfte; sie setzen sich – psychoanalytisch gesprochen – als gewaltige Überväter im Unterbewussten fest. Wer mit so einer Heimat beladen ist, der ist sich der symbolischen Lage des Judenfriedhofs am südlichen Ortsausgang Bayreuths an der Bundesstraße 2 bewusst: Den Weg aus Bayreuth, der Stadt Wagners, nach Nürnberg, der Stadt der Meistersinger, der Reichsparteitage und der Nürnberger Prozesse, kann heute nur beschreiten, wer der toten Juden gedenkt.

„Wenn man in Bayreuth aufwächst und halbwegs sensibel ist, kann man dieser Seite der Stadt nicht ausweichen. Zumindest dann nicht, wenn Wagners Villa Wahnfried und das ehemalige nationalsozialistische ‚Haus der deutschen Erziehung' auf dem Schulweg liegen, wenn die Eltern vom Krieg berichten und die katholische Pfarrjugend bei einer Polenfahrt auch die Gedenkstätte des KZ Auschwitz besucht. Wagners Festspielhaus, das ich mit 13 Jahren zum ersten Mal besuchte, war während meiner Jugend in Sichtweite: es selbst wie seine übermächtigen Geschichten von Gewalt, Liebe und Tod. Irgendwann fragte ich mich: Was hat das alles miteinander zu tun: mein behütetes katholisch-bürgerliches Leben, Richard Wagner und Hitlers Hinterlassenschaften?"[3]

Und noch ein weiteres Detail aus der Freiburger Zeit steigt aus der Erinnerung auf. Der junge Bucher verwies auf den bekannten Anspruch

---

2 Bucher, „Ins Land der Franken fahren", 25.
3 Bucher, „Es hilft nichts, man muss erst Wagnerianer sein …".

Wagners, ein Gesamtkunstwerk zu schaffen, das Musik und Sprache, Oper und Theater miteinander verbindet. Er schilderte aber auch im Detail, wie beim Bau des Festspielhauses die Auswahl des Holzes bei den Sitzen so geplant war, dass sich Vibrationen und Resonanzen über das Holz der Sitze (die deswegen bis heute nur sehr dünn gepolstert sind) direkt in den Körper des Zuschauers übertragen. Wagners Anspruch war es nicht nur, über das Auge und das Ohr, sondern über und durch den Körper buchstäblich in den Besucher hineinzuwirken. Ich glaube mich zu erinnern, dass ich in Freiburg Rainer Bucher aufforderte, mit seinen Zähnen den Gitarrenkopf zu berühren, während ich spielte, damit er erfahren konnte, was Musikübertragung durch den Körper bewirkt und bedeutet. Der Zuhörer ist dann nicht mehr Zuhörer (weil das Ohr nicht mehr gebraucht wird), sondern er wird physisch Teil der Musik, die ihn ganz in Besitz nimmt und von der er vollkommen erfüllt ist. „Wer Irrationalität inszenieren will, muss ein vollkommener Rationalist sein", so Rainer Bucher im Jahre 1978.

In Wagners Verständnis von Musik geht es nicht (nur) um „Erhabenheit" oder „Ergriffen-Sein", sondern um die In-Besitznahme des Rezipienten. Er darf der Musik und ihrer Wirkung nicht auskommen, er soll ihr ausgeliefert sein. Mit den Worten Nietzsches: „Meine Einwände gegen die Musik Wagners sind physiologische Einwände: [...] In der älteren Musik musste man tanzen. [...] Richard Wagner wollte eine andre Art Bewegung. Schwimmen und Schweben – nicht mehr Gehn, Tanzen"[4]. Ein Bayreuther Unterbewusstsein zwingt somit zur Auseinandersetzung mit einem schwimmend-schwebenden Ausgeliefertsein an Übermächte, an Beziehungsstrukturen, die Züge göttlicher Allmacht mit menschlicher Unterwerfung und/oder Hingabe verbinden. Ein Grundzug des Bucherschen Suchens und Denkens ist deswegen, so meine These, die Auseinandersetzung mit totalitären Strukturen und deren Auswirkungen auf den Einzelnen. Während in der „normalen" Psychoanalyse die Übermacht von Vater und Mutter erinnert und durchgearbeitet wird, geht es Rainer Bucher auch um eine Auseinandersetzung mit dem Totalitarismus in der Ästhetik (Wagner), in der Geschichte der Kirche (seine Auseinan-

---

4 Nietzsche, Nietzsche contra Wagner, 487ff.

dersetzung mit der pianischen Epoche[5], dem Klerikalismus[6] und den Missbrauchsfällen[7]), in der Geschichte Deutschlands (sein Hitlerbuch[8]) und in der modernen Gesellschaft (seine Kritik am Kapitalismus[9]). Da, wo Staat oder Kirche die totale Hoheit über Körper, Seele und Geist des Menschen einfordern, ist der Weg zum Judenfriedhof vorgezeichnet. Bayreuth und Nürnberg, Musik und Politik, Theologie und Geschichte gehören zusammen. „Am Anfang steht das neuerrichtete Bayreuth, am Ende das zerbombte Nürnberg." Aber führen alle Wege von Bayreuth nach Nürnberg? Rainer Buchers Lebensweg führte ihn über Bamberg, Würzburg, Bonn nach Graz. Seinen christlichen Glaubensweg beschreibt er als einen Prozess der „Freisetzung und der Individualisierung"[10]. Für sich selbst macht er das in seinen Erfahrungen in der Kunst, in der Liturgie und im Blick auf die Armen fest.

„Erinnern, Wiederholen, Durcharbeiten." So lautet das Mantra eines psychoanalytischen Prozesses. Immer wieder von neuem und aus jeweils anderen Blickwinkeln werden Erfahrungen und Erinnerungen verbalisiert und so vom Unterbewussten ins Bewusste gestellt, auf ihre Assoziationen hin abgeklopft, man geht den Regressionen im eigenen Verhalten und den Projektionen im Verhältnis zu anderen nach. Und irgendwann stellt man dann fest: Wo „Es" war, ist tatsächlich „Ich" geworden. In vielen Publikationen Rainer Buchers ist diese Auseinandersetzung mit totalisierendem Denken und die Freisetzung des Individuums nachzuvollziehen. Immer wieder zitiert er dabei Alfred Whitehead. Religion, so der amerikanische Philosoph, sei das, was der Einzelne aus seinem eigenen Solitärsein mache. Sie sei die Einsicht in das Einzig-Sein, in das Auf-sich-gestellt-Sein, in das Mit-sich-zuletzt-Alleinsein des Menschen. Was die Ästhetik angeht, distanziert Bucher sich von einer Wagnergemeinde, die dem Komponisten

---

5 Vgl. Bucher, Kirchenbildung in der Moderne.
6 Vgl. Bucher/Pock, Klerus und Pastoral.
7 Vgl. Bucher, Verrat; Bucher, Versprechen.
8 Vgl. Bucher, Hitlers Theologie.
9 Vgl. Bucher, Christentum im Kapitalismus; Bucher, Pastoral im Kapitalismus.
10 Bucher, Christentum im Kapitalismus, 181.

„affirmativ kunstreligiösen Erlösungsstatus zubilligt, wenn sie sein Werk nicht an den Realitäten der Gegenwart bricht, sondern umgekehrt die Realitäten der Gegenwart an den thematischen Motiven von Wagners Opern ausrichtet und totale Räume medialer Überwältigung inszeniert"[11].

Aber auch in einer Bemerkung zu den Auswirkungen der Coronakrise lesen wir:

> „Denn wenn ein starkes, homogenisierendes Wir-Gefühl herrscht, obwohl es nicht wirklich überlebensnotwendig ist, wenn Meinungsstreit und Pluralität also suspendiert sind und sich die Vielfalt der Zivilgesellschaft kaum mehr Raum verschaffen kann, dann befänden wir uns auf dem Weg in eine totalitäre Gesellschaft"[12].

Rainer Bucher ist kein Liturgiker und kein Sozialethiker und er ist klug genug, sich nicht in anderen theologischen Disziplinen zu Wort zu melden. Aber es ist einen Versuch wert zu assoziieren, was denn passieren würde, blickte man auf mögliche Freisetzungsmechanismen in der Liturgie. Doch kann das gelingen? Liturgie setzt doch gemeinschaftliches Feiern und von außen vorgegebene Rituale in Szene. Wo ist da Individualisierung und Freisetzung von Übermächten? Geschieht in der Liturgie nicht eher die Einordnung des Einzelnen in ritualisierte Narrative, also die Einwilligung des Einzelnen in totalisierende Zugriffe? Die Züricher Psychoanalytikerin Verena Kast bemerkte, dass über Spiritualität zu reden mit mehr Scham besetzt ist als über Sexualität. Das ist aus therapeutischer Sicht zunächst einmal eine Selbstverpflichtung zu Intimität und Sensibilität, mit der dieses Thema angegangen werden muss; es verweist aber auch auf die Notwendigkeit, die der Scham zugrunde liegenden „Verletzungen" zu identifizieren und verstehen. Sind wir einer Scham auf der Spur?

An den Anfängen der Psychoanalyse gab es eine polemische Diskussion zwischen S. Freud und C. G. Jung, beide Pioniere im „Neuland" Psychoanalyse. Freuds Position ist unmissverständlich: „Es gibt keine Instanz über der Vernunft [...] Die Religion [ist] einer Kindheitsneu-

---

11 Bucher, „Es hilft nichts, man muss erst Wagnerianer sein...".
12 Bucher, Pandemische Pastoralmacht, 4.

rose vergleichbar [...] [und] die Menschheit wird diese neurotische Phase überwinden, wie so viele Kinder ihre ähnlichen Neurosen auswachsen."[13] Jung dagegen erklärte: „Religiöse Erfarung ist absolut, man kann darüber nicht diskutieren. Man kann nur sagen, dass man niemals eine solche Erfahrung gehabt habe. Wer sie hatte, wird sagen: ‚Ich bedauere, aber ich hatte sie.'" Jung fährt fort: „Es ist gleichgültig, was die Welt über die religiöse Erfahrung denkt, derjenige, der sie hat, besitzt den großen Schatz einer Sache, die ihm zu einer Quelle von Leben, Sinn und Schönheit wurde."[14]

Die Frage, wie „Gott" die Psychodynamik des Einzelnen formt, war – neben anderen Gründen – ein Auslöser, warum sich die Wege Freuds und Jungs getrennt hatten. Auch Rainer Bucher arbeitete sich an der Gottesfrage ab; er tat dies in der Auseinandersetzung mit einem Denker, der biographisch – freilich auf andere Weise als er – lange Jahre mit Wagner verbunden war und sich schließlich von ihm und seiner totalisierenden Pseudoreligion abwandte: Friedrich Nietzsche.[15] Es ist ein Narr, dem Nietzsche im Aphorismus 125 der *Fröhlichen Wissenschaft* den Ausruf „Gott ist tot!" in den Mund legt und der am helllichten Tag mit einer Laterne suchend über die städtischen Plätze irrt. Dieser Narr leidet schwer an dem Gottesverlust, aber eben nicht wegen der epistemologischen Antinomien, Dichotomien und Paradoxien eines Traktats über Gott. Mit Gott ist der Richtungs- und der Handlungssinn des Lebens verloren. Ohne ihn gibt es kein Oben und kein Unten mehr, „das Heiligste und Mächtigste, was die Welt bisher besaß." Der Horizont des Menschen ist „wie mit einem Schwamm" weggewischt. Für Nietzsche kann nur ein lebendiger Gott der Garant für den Sinn des menschlichen Lebens sein. Sollte es die göttliche Macht in dieser Stellung nicht mehr geben, dann ist nicht zu erkennen, was ihn ersetzen könnte. War das Programm seiner „fröhlichen Wissenschaft" für Nietzsche selbst ausreichend? Die Kunstfigur eines persischen Predigers, der auf den Spuren des Jesus von Nazareth wandelt, erscheint uns heute als eine überanstrengte literarische

---

13 Freud, Die Zukunft einer Illusion, 186.
14 Jung, Gesammelte Werke, 112.
15 Vgl. Bucher, Nietzsches Mensch.

Koketterie. Es scheint, dass Rainer Bucher erkannt hat: Nietzsche stellt sich der vielleicht wichtigsten Frage des Menschen mit einer Wucht, Eindringlichkeit und einem intellektuellen Mut wie nur wenige vor ihm. Aber auf die Frage nach einem lebendigen Gott vermag er letztendlich keine Antwort zu geben. Vielleicht gibt es diese Antwort auch nicht. Es bleibt ein Paradox, dass sich der Mensch durch Reflexion und Verstand in seiner Kultur als Mensch definiert und gleichzeitig ein nur geglaubtes Verhältnis zum Nicht-Messbaren und Unendlichen offenhält; dass er den lebendigen Gott nicht findet und doch diese Suche nicht aufgibt. Es ist eine der bewegendsten Stellen im Zarathustra, als der Seiltänzer, ein Symbol des suchenden Menschen nach dem Tod Gottes, abstürzt und im Sterben liegend sein sinnloses Leben beklagt. „‚Nicht doch‘, sprach Zarathustra; ‚du hast aus der Gefahr deinen Beruf gemacht; daran ist nichts zu verachten. Nun gehst du an deinem Beruf zugrunde: dafür will ich dich mit meinen Händen begraben.'"[16] Hat Nietzsche damit nicht auch sein Programm einer Gottessuche nach dem Tod Gottes zu Grabe getragen?

Vielleicht, und es bleibt in diesem Essay ein „Vielleicht", ist es die Scham über die intellektuelle und existentielle Unzulänglichkeit der Gottesfrage gegenüber, die Rainer Bucher so seltsam schweigsam hat werden lassen, wenn es um religiöse Erfahrungen geht. In den doch umfangreichen Veröffentlichungen findet man nur verstreut Hinweise zum Thema religiöse Erfahrung, interessanterweise verbunden mit dem Thema Heimat[17] – und eben den Verweis auf die Liturgie als eine befreiende Praxis seines Glaubens. Die Psychoanalyse stützt den Prozess der Individuation, wehrt aber alle Bezüge auf Kategorien wie „Unendlichkeit" ab. Die Kategorie des Numinosen, des „umfassenden Großen" ist eng mit der Dynamik des Ichs und seinen Kompensationsversuchen angesichts des eigenen Todes verbunden und kann sehr schnell zu narzisstischen Entgleisungen führen. Aber wir können annehmen, dass für einen Menschen, der in seiner eigenen physischen und psychischen Stärke gesichert ist – denn das ist ja der Gewinn und das Fruchtbare an einem geglückten Solitärsein – das Numinose nicht mehr als das beängstigende ganz

---

16 Nietzsche, Also sprach Zarathustra, 560.
17 Vgl. Medienwerkstatt Bonn, Glaube und Heimat.

Andere erscheint, sondern als das gehalten Erhabene und Schöne. Das „Außer sich"-Sein, das Sprengende des Numinosen wird zu Innigkeit, Tiefe und innerem Reichtum und steht nicht mehr im Konflikt mit anderen Ich-Dynamiken. Für Rainer Bucher ist die Liturgie zu solch einem Erlebnisraum geworden.

Aber Rainer Bucher wäre nicht Rainer Bucher, würde er diese Momente des Angekommen-Seins nicht noch einmal dialektisch reflektieren. Liturgische Erfahrungen sind nur kurze Momente des „glücklichen nunc stans, im zeitlosen Jetzt […]. Das eigentliche Heimatgefühl ist das Heimweh"[18]. Die Bewältigung des tragischen Urtraumas des Menschen, der sich von seinen Schöpfern, von Vater und Mutter, lösen muss, um frei zu sein, ist eben nicht die Schaffung einer neuen Heimat, was eine Form der Regression wäre, sondern das Aushalten von Fremde und Heimatlosigkeit. Das, so scheint es mir, weist auf die – im Sinne Sloterdijks – ursprüngliche Verletzung und die sich daraus erhebende Verführung.

Der Verführung nicht nachzugeben, bedeutet, die eigene Heimatlosigkeit zu „internalisieren" und dem regressiven Drang, nach Franken zurückzukehren, zu widerstehen. Denkerisch impliziert das den Widerstand gegen alle Bemühungen, Kunst und Politik, aber auch die Religion zu Pseudoheimaten, d.h. zu Ideologien oder Totalitarismen werden zu lassen. „Heimat, wirkliche Heimat, gibt es nur bei Gott", resümiert Rainer Bucher. Er ruft dabei ein Lied in Erinnerung, das er als Ministrant oft gesungen hat, wenn er sich bei Beerdigungen das Taschengeld aufgebessert hat.

„Wir sind nur Gast auf Erden und wandern ohne Ruh mit mancherlei Beschwerden der ewigen Heimat zu. Die Wege sind verlassen, und oft sind wir allein. In diesen grauen Gassen will niemand bei uns sein. Nur einer gibt Geleite, das ist der Herre Christ. Er wandert treu zur Seite, wenn alles uns vergisst."

Rainer Bucher und ich sind gleich alt; die Uhren unserer Seelen laufen nun rückwärts, so dass wir mit dem äußerlichen Älterwerden die Möglichkeit gewinnen, innerlich näher an unsere Anfänge zurückzugehen. Wie Rainer Bucher bin auch ich in Franken aufgewachsen, wie

---

18 Bucher, Geborgen und unbehaust.

Rainer Bucher war auch ich Ministrant mit dem gleichem Gotteslob in der Hand, wie Rainer Bucher habe ich bei Beerdigungen ministriert. Es ist unser beider Kindheitserinnerung, dass wir dieses Lied oft auf dem Friedhof gesungen haben. Schon als junger Mensch haben Melodie und Text bei mir eine melancholische Gefühlsmischung aus Trauer und Frieden erzeugt. Ich schulde Rainer Bucher den Hinweis, dass das Lied im Jahre 1935 mit einem Subtext gegen die Ideologie des Nationalsozialismus („mit mancherlei Beschwerden", „diesen grauen Gassen") geschrieben wurde. Aber noch mehr danke ich ihm für eine Theologie, die totalisierendes Denken im Christentum überwindet. Und ich stimme mit ihm überein: Nicht alle Wege in Franken führen nach Nürnberg!

Literaturverzeichnis

Bucher, Rainer: Nietzsches Mensch und Nietzsches Gott. Das Spätwerk als philosophisch-theologisches Programm, Berlin u. a. 1993.

Bucher, Rainer: Kirchenbildung in der Moderne. Eine Untersuchung der Konstitutionsprinzipien der deutschen katholischen Kirche im 20. Jahrhundert, Stuttgart 1998.

Bucher, Rainer: Hitlers Theologie, Würzburg 2008.

Bucher, Rainer: „Ins Land der Franken fahren". Über Heimat, in: Bechmann, Ulrike – Böhm, Manfred – Kügler, Joachim (Hg.): Wohlauf, die Luft geht frisch und rein. Deologische Dragdade zum Lied der Franken. Mit Illustrationen von Ottmar Fuchs, Würzburg 2010, 22–26.

Bucher, Rainer – Pock, Johann (Hg.): Klerus und Pastoral (Werkstatt Theologie 14), Münster 2010.

Bucher, Rainer: „Es hilft nichts, man muss erst Wagnerianer sein …" (Nietzsche), in: feinschwarz.net, 27.6.2016, online: http://www.feinschwarz.net/es-hilft-nichts-man-muss-erst-wagnerianer-sein-nietzsche/ [Zugriff: 8.7.2021].

Bucher, Rainer: Geborgen und unbehaust, in: Publik Forum, 26.7.2018, 26–29.

Bucher, Rainer: Christentum im Kapitalismus. Wider die gewinnorientierte Verwaltung der Welt, Würzburg 2019.

Bucher, Rainer: Verrat. Zum Missbrauchsskandal in der katholischen Kirche, in: feinschwarz.net, 2.12.2019, online: https://www.feinschwarz.net/verrat-zum-missbrauchsskandal-in-der-katholischen-kirche/ [Zugriff: 8.7.2021].

Bucher, Rainer: Versprechen. Zum Missbrauchsskandal in der katholischen Kirche, in: feinschwarz.net, 3.12.2019, online: https://www.feinschwarz.net/versprechen-missbrauch-in-der-kirche/ [Zugriff: 8.7.2021].

Bucher, Rainer (Hg.): Pastoral im Kapitalismus, Würzburg 2020.

Bucher, Rainer: Pandemische Pastoralmacht, in: Die Furche, 10.12.2020, 4.

Freud, Sigmund: Die Zukunft einer Illusion, in: Gesammelte Werke 1927, Bd. IX.

Jung, Carl G.: Gesammelte Werke, 1940, Bd. II.

Medienwerkstatt Bonn: Glaube und Heimat. Ein Gespräch mit Prof. Bucher, Podcast, online: https://soundcloud.com/medienwerkstattbonn/folge-25-glaube-und-heimat-2018-im-gesprach-mit-prof-rainer-bucher?in=medienwerkstattbonn/sets/nachgefragt-das-intensive-radiogesprach [Zugriff: 8.7.2021].

Nietzsche, Friedrich: Also sprach Zarathustra (Werke II. Hg. v. Karl Schlechta), Frankfurt a. M. – Berlin – Wien 1979.

Nietzsche, Friedrich: Nietzsche contra Wagner (Werke III. Hg. v. Karl Schlechta), Frankfurt a. M. – Berlin – Wien 1979.

Sloterdijk, Peter: Der Zauberbaum. Die Entstehung der Psychoanalyse im Jahr 1785, Berlin 1987.

P

Klerus und Pastoral – und die Macht der symbolischen Kommunikation

Johann Pock

Kaum ein Thema durchzieht das Werk von Rainer Bucher so sehr wie jenes des Priestertums. Das mag überraschen, da er dies als Laie tut. Wenn man seine Biographie und seine Schriften kennt, ist es jedoch verständlicher, was ihn hier beschäftigt: Biographisch geprägt von einzelnen Priestergestalten ringt er um ein Verständnis von Priestern und Laien vor dem Hintergrund der Volk-Gottes-Theologie des II. Vatikanums. Die Verhältnisbestimmung von Priestern und Laien bzw. die Frage, was denn nun die jeweiligen Propria sind, durchzieht sein Werk.[1]

Und Bucher begründet auch, warum er das ganz bewusst macht: weil sich die bisherige Definitionsmacht zum Priester-Laien-Verhältnis beim Klerus befand – und dies hat sich gewandelt. Auch Laien dürfen und müssen hier zur Verhältnisbestimmung beitragen. Und umgekehrt geht es in dieser Frage natürlich auch darum, den Laienbegriff zu klären – denn das II. Vatikanum hat deutlich gemacht, dass beides zusammengehört.

Ich möchte in diesem kleinen Beitrag einige Aspekte hervorheben und verstärken, auf die Bucher hinweist – und einen Aspekt ergänzen, der meines Erachtens zentral ist für das Verständnis des Status quo, nämlich die Frage der symbolischen Kommunikation. Ich fokussiere dabei (wie auch Rainer Bucher) vor allem auf die Situation in Mitteleuropa im Wissen darum, dass die Herausforderungen regional sehr unterschiedlich sein können.

1. Die vielfältigen Gefährdungen

In der kirchlich-öffentlichen Wahrnehmung sind die Priester jene Personen in der Kirche mit den Privilegien; jene, die die Macht haben: Ihnen

---

[1] Hier sei nur verwiesen auf Bucher, Priester des Volkes Gottes.

stehen grundsätzlich alle hierarchischen Stufen und alle Ämter offen. Sie sind in Seelsorgeteams bisher automatisch die Leiter. Sie stehen bei allen Festen vorne und repräsentieren. Sie haben Letztentscheidungskompetenzen etc.

Umso erstaunlicher ist die mehrfache Feststellung von Bucher, dass sie „gefährdet" seien – und dies nicht im Blick auf die Diskussion zu den Missbrauchsfragen, sondern im Blick auf ihre priesterliche Identität und ihre Existenzformen.[2] Und er spricht von den „Lieblingssöhnen", die jedoch von der kirchlichen Hierarchie gleichzeitig schlecht behandelt würden. Wie geht das zusammen? Denn dass es ihm nicht um eine Klerikalisierung geht, hat er vielfach deutlich gemacht.

Bucher legt in seinen Publikationen zu Recht den Finger auf die Wunde: dass es verschiedenste Probleme priesterlicher Existenz gibt – die aber nicht in hilfreicher Weise aufgegriffen werden. Vor allem benennt er die Diskrepanz zwischen Selbst- und Fremdwahrnehmung; zwischen dem eigenen Amtsverständnis und den Erwartungshaltungen aus unterschiedlichen Richtungen:

> „Entscheidend ist dann, wie das eigene Selbstverständnis, das eigene Handeln und die Fremdwahrnehmung zusammenspielen und welche Wirkungen dieses Zusammenspiel entfaltet. Ohne realistische innerkirchliche Wahrnehmung der aktuellen Probleme priesterlicher Existenz jenseits vertuschender Harmoniediskurse oder realitätsfremden Beharrens auf frühere Vormachtstellungen ist man da zu Hilflosigkeit verdammt."[3]

Diese Gefährdung zeigt sich meines Erachtens an mehreren konkreten Punkten, ohne sie zu werten.
– Die erste Gefährdung liegt im massiven Anerkennungsverlust. Bucher spricht dabei vom „strukturellen Anerkennungsdefizit"[4]: Die unterschiedlichen Verzichtshaltungen (sexuelle Selbstbestimmung etc.) führten früher zu Status und Ansehen. Heute gibt es zwar weiterhin unterschiedliche Erwartungshaltungen – der Priester „besitzt

---

2 Zuletzt z. B. in Bucher, Ziemlich schutzlos und offenkundig gefährdet; siehe auch Bucher, „Opfern und geopfert werden, …".
3 Bucher, Offenkundig gefährdet, 573.
4 Bucher, … wenn nichts bleibt, wie es war, 115.

aber keine entsprechenden Einflussmöglichkeiten und Machtmittel mehr"[5].
- Eine zweite Gefährdung sehe ich in der tendenziellen Vereinsamung. Die „Pfarrfamilie" gibt es nicht mehr, immer seltener auch die „Pfarrhaus-Gemeinschaft" mit einer Haushälterin und mehreren im Pfarrhof wohnenden Personen (Pfarrer, Kapläne, Pensionist …).[6] Ersetzt soll das nun werden durch Priester-Wohngemeinschaften, die immer größere Seelsorgeräume seelsorglich „versorgen".
- Und schließlich sehe ich eine Gefährdung in der Zerreißprobe zwischen dem persönlichen Priesterbild, dem vielfältigen Wunsch, (Einzel-)Seelsorger zu sein, – und den realen Erfordernissen eines Managers, Teamleiters, Koordinators, Mystagogen etc.

Bucher hat daher Recht, wenn er schreibt: „Niemand kann auf Dauer, gar ein Berufsleben lang, ein strukturelles Anerkennungsdefizit durch Idealismus oder extrinsische Motivationen ausgleichen. Und niemand darf das von ihm verlangen."[7] Diese Gefährdungen werden zwar auf den verschiedenen kirchlichen Ebenen wahrgenommen, führen jedoch zu sehr unterschiedlichen Strategien des Umgangs damit.

2. Dienstpriestertum im Bezug zum Volk Gottes

Wie kommt man also aus diesen von Bucher aufgezeigten Dilemmata heraus? Teilweise wird dazu auf die Erfordernisse der Ausbildung verwiesen. So wichtig es ist, möglichst früh auf die realen Anforderungen und Herausforderungen der Praxis vorzubereiten – eine Vorwegnahme der Erfahrungen ist nicht möglich. Solange strukturell keine anderen Rahmenbedingungen für priesterliche Existenzen gelegt werden, ist die

---

5 Bucher, … wenn nichts bleibt, wie es war, 116.
6 Das ist im Übrigen eine der Gefährdungen, die Bucher explizit benennt (vgl. Bucher, Priester des Volkes Gottes, 67–76) – unter Bezugnahme auf die einschlägige Dissertation von Beck, Die unerkannte Avantgarde im Pfarrhaus.
7 Bucher, Priester des Volkes Gottes, 121.

Bewältigung dieser Dilemmata in die persönlichen Kompetenzen der einzelnen Personen verlegt.

Der theologische Ausweg wird vom II. Vatikanum gelegt: Dieses geht vom gemeinsamen Priestertum des Volkes Gottes aus – und ordnet das Weiheamt als Dienstamt diesem Volk Gottes zu. Ottmar Fuchs bringt die sakramententheologischen Grundlegungen für dieses Verständnis.[8] Hierbei wird deutlich, dass das Weiheamt dem gemeinsamen Priestertum zugeordnet ist.

Dies macht auch das Kirchenrecht deutlich, wenn es im c. 519 CIC heißt:

„Der Pfarrer [...] nimmt die Hirtensorge für die ihm anvertraute Gemeinschaft unter der Autorität des Diözesanbischofs wahr, zu dessen Teilhabe am Amt Christi er berufen ist, um für diese Gemeinschaft die Dienste des Lehrens, des Heiligens und des Leitens auszuüben".

Thomas Schüller hält dazu fest, dass dieses Amt somit nur von der Gemeinschaft her seinen theologischen Wert erhält. Es „ist nicht um seiner selbst willen da oder dient gar der eigenen klerikalen Selbstbespiegelung im Sinne des alten Pfarrherrenmodells."[9]

Vielmehr ist das priesterliche Amt ein sichtbarer Ausdruck der Unverfügbarkeit Gottes und seiner unbedingten, barmherzigen, heilsamen Zuwendung zum Menschen. Vor diesen sakramententheologischen Grundlegungen sieht Ottmar Fuchs das zentrale Profil darin gegeben, „dafür zu sorgen, dass die Beziehungen der Gläubigen untereinander, auch die Beziehungen der verschiedenen kirchlichen Gruppen und dass die kirchlichen Strukturen nicht gnadenlos sind, sondern vom Zuspruch der Liebe Gottes getragen werden."[10] Die Gnade und Zuwendung, die Gott dem ganzen Volk zukommen lassen will, ist die kritische Leitinstanz für das Amt. Dieses wird mit Macht ausgestattet – nicht, um über das Volk zu herrschen, sondern um sich „mit aller Macht" einzusetzen, nicht sich selbst groß zu machen, sondern das Evangelium.

---

8 Vgl. Fuchs, „Ihr aber seid ein priesterliches Volk."
9 Schüller, Von Ämtern oder doch Diensten, 99.
10 Fuchs, „Ihr aber seid ein priesterliches Volk", 217.

Diese theologische Grundlegung des Priesteramtes ist meines Erachtens jedoch noch lange nicht in die persönliche Theologie der Priester und auch nicht jener der Bischöfe übergegangen. Dies zeigt eindrucksvoll und paradigmatisch Richard Hartmann in einer Analyse von bischöflichen Weihepredigten im Jahr 2020.[11] Hier zeigt sich relativ viel Idealisierung und relativ wenig Bezugnahme z. B. auf das Volk Gottes – und wenn, dann als „Hineingestelltwerden" in dasselbe, nicht als Herkunftsort:

> „[Auf] die Beziehung zwischen der Taufberufung aller und der Berufung zum sakramentalen Priesteramt [wird] kaum reflektiert. Auch kann man die Tendenz erkennen, dass Berufung eher spirituell und individuell angenommen wird als einem präziseren Prozess der Unterscheidung der Geister und der Frage nach der Eignung für diesen Dienst."[12]

Nur wenige Bischöfe gehen auf den Wandel des Priesterbildes ein. Und Hartmann zeigt zu Recht auf, welche wichtigen Themen überhaupt nicht vorkommen: so z. B. die veränderten pastoralen Strukturen, die Leitungsaufgaben und die „Veränderungen für das Leben der Priester, ihre Rolle und Aufgaben"[13]. Und das Resümee von Hartmann lautet: „Weihepredigten dürfen m. E. gerade nicht zeitlos sein, nicht allgemeine spiritualistische Themen wiederholen und die Kandidaten in ihrer Sonderstellung als Berufene weiter in Sonderrollen stilisieren."[14]

3. Die Symbolische Kommunikation

Und damit kommt der zentrale Aspekt meiner Überlegungen in den Blick: Die Überlegungen sowohl von Rainer Bucher als auch von Ottmar Fuchs bringen wesentliche Aspekte eines zeitgemäßen Verständnisses von priesterlichem Amt bzw. Klerus in der Pastoral der Kirche. Ich

---

11 Vgl. Hartmann, Predigt zur Priesterweihe.
12 Hartmann, Predigt zur Priesterweihe, 19.
13 Hartmann, Predigt zur Priesterweihe, 26.
14 Hartmann, Predigt zur Priesterweihe, 27.

möchte dazu noch die Bedeutung der symbolischen Kommunikationen ergänzen, die mit dem Amt aus meiner Sicht einhergehen.

Das erste Beispiel dafür ist die Feier von Primizen. Ich habe gerade Primizbilder aus den 1950er Jahren durchgeschaut, wo der Primiziant eine Primizkrone aufgesetzt bekam, umgeben von „Primizjungfrauen" und einer „Primizmutter". Der Großteil dieser Rituale ist nach dem Konzil sukzessive abgeschafft worden – aber Reste halten sich immer noch. Viele der symbolischen Handlungen im Umfeld von Primizen widersprechen dem, was die Theologie des Priesteramts im Gefolge des II. Vatikanums hervorhebt: nämlich ein Dienstamt zu sein. Wenn aber die symbolischen Akte eher die große Verehrung, das Emporheben aus dem Volk betonen, wird der Priester wieder dem „Heiligen" bzw. dem sakralen Bereich zugeordnet. Vom Dienst bleibt in diesen symbolischen Handlungen dann höchstens ein Wort übrig.

Ähnliches könnte man z. B. auch bei den Einführungsfeiern von Pfarrern bei der Übernahme einer neuen Pfarre feststellen: Bis in jüngste Zeit wurde dabei eine herrschaftliche Symbolik verwendet. Dem „Pfarrherrn" werden die Schlüssel der Pfarre und die Amtsgewalt überreicht, verbunden mit dem Gehorsamsversprechen der Mitarbeiter:innen. Dass es mittlerweile in vielen Diözesen auch andere und stärker auf Kooperation zielende Feierformen gibt, macht deutlich, dass es auch anders ginge.

Ich möchte hier nicht falsch verstanden werden: Ich wende mich nicht gegen die Freude einer Pfarre über einen Neupriester oder über einen Pfarrer. Aber ist die Freude über eine/n Ordensgeistliche/n, eine Pastoralassistentin, eine Jugendleiterin aus der Pfarre auch so groß? Es wäre eine lohnenswerte Studie, die unterschiedlichen Einführungs- und Verabschiedungsrituale von Klerikern und (hauptamtlichen) Laienmitarbeiter:innen in den Pfarren zu analysieren auf die verschiedenen dabei verwendeten Symbole und symbolischen Handlungsweisen hin – und zu schauen, was damit jeweils implizit ausgedrückt wird.

Aber auch die Frage der priesterlichen Gewänder gehört in diese Kategorie der symbolischen Kommunikation.[15] Sind Talar und Kolarhemden alltägliches Dienstgewand, um die Erkennbarkeit in einer pluraler

---

15 Vgl. z. B. Kunzler, „Kleider machen Liturgen".

werdenden Welt zu steigern – oder sind es Distanzierungssignale zwischen weltlich und kirchlich? Auch hier ist natürlich zu unterscheiden zwischen Selbst- und Fremdwahrnehmung: Das, was Priester persönlich mit ihrer Kleidung ausdrücken (möchten), und das, was bei anderen als symbolische Kommunikation ankommt, ist in vielen Fällen nicht deckungsgleich. Gerade Kleidung ist auch kontextabhängig und sendet je nach Kontext ganz unterschiedliche Signale aus.

Symbolische Kommunikation ist aus meiner Sicht ein wichtiger Punkt nicht nur der öffentlichen Wahrnehmung, sondern auch der Verkündigungspraxis der Kirche. Das Thema des Verhältnisses von Klerus und Pastoral bzw. von Klerus und Laien hat aus meiner Sicht daher nicht nur z. B. in der theologischen Aufarbeitung der Vorgaben des II. Vatikanums zu bestehen, sondern könnte durch eine intensivere Analyse der Symbolkommunikation (und daraus folgenden praktischen Konsequenzen) neue Impulse bekommen.

Literaturverzeichnis

Beck, Wolfgang: Die unerkannte Avantgarde im Pfarrhaus. Zur Wahrnehmung eines abduktiven Lernortes kirchlicher Pastoralgemeinschaft (Werkstatt Theologie 12), Berlin – Wien 2009.

Bucher, Rainer: Priester des Volkes Gottes. Gefährdungen – Grundlagen – Perspektiven, Würzburg 2010.

Bucher, Rainer: … wenn nichts bleibt, wie es war. Zur prekären Zukunft der katholischen Kirche, Würzburg 2012.

Bucher, Rainer: Offenkundig gefährdet. Zur Lage des Weihepriestertums im priesterlichen Gottesvolk, in: Herder Korrespondenz 68 (2014), 572–576.

Bucher, Rainer: „Opfern und geopfert werden, ist des Priesters Los auf Erden." Aktuelle Verflüssigungsprozesse des katholischen Amts-Priestertums, in: Pastoraltheologische Informationen 34 (2014 [erschienen 2015]), 115–129.

Bucher, Rainer: Ziemlich schutzlos und offenkundig gefährdet. Lage und Perspektiven des Weihepriestertums in der aktuellen Transformationskrise der katholischen Kirche, in: Garhammer, Erich – Lohausen, Michael (Hg.): Mehr als Theologie. Der Würzburger Hochschulkreis, Würzburg 2017, 137–163.

Fuchs, Ottmar: „Ihr aber seid ein priesterliches Volk." Ein pastoraltheologischer Zwischenruf zu Firmung und Ordination, Mainz 2017.

Hartmann, Richard: Predigt zur Priesterweihe – Impuls für die Gegenwart. Analyse der Weihe-Predigten 2020, online: https://kidoks.bsz-bw.de/frontdoor/deliver/index/docId/2127/file/Hartmann_Das_Bild_des_Priesters.pdf [Zugriff: 25.6.2021].

Kunzler, Michael: „Kleider machen Liturgen". Überlegungen zum liturgischen Gewand, in: Heiliger Dienst 64 (2010), H. 3, 176–191.

Schüller, Thomas: Von Ämtern oder doch Diensten? Kirchenrechtliche Perspektiven auf die pastoralen Dienste in der Kirche, in: Kim-Schwope, Samuel – Knop, Julia – Kranemann, Benedikt (Hg.): Die Kirche und ihr Personal. Auf der Suche nach zukunftsfähigen Profilen und Identitäten seelsorglicher Berufe (Erfurter Theologische Schriften 99), Würzburg 2020, 93–104.

Kirche ins Offene denken?
Praktisch-theologische Lehre als Förderung von Innovationskompetenz.
Ein Werkstattbericht

Uta Pohl-Patalong

1. Theologiestudium und Kirchenreform

Das universitäre Fach der Theologie – egal ob katholischer oder evangelischer Orientierung – besitzt einen doppelten Charakter. Einerseits eröffnet es einen theologischen Bildungsraum, in dem Studierende und auch Lehrende sich denkerisch mit theologischen Gedankenfiguren auseinandersetzen und in Auseinandersetzung mit Bibel und Tradition idealerweise zu reflektierten eigenständigen Positionen gelangen. Andererseits bildet das Theologiestudium die Grundlage für ein professionelles Handeln in der Kirche. Theologie ist (auch) – in der Terminologie von Friedrich Schleiermacher – eine positive Wissenschaft zum Zwecke der Kirchenleitung. Zwar ist verantwortliches Leitungshandeln in den beiden großen Kirchen in Deutschland – wenn auch mit unterschiedlichen Begründungen und in unterschiedlichen Partizipationskonstruktionen – nicht auf Absolvent:innen des universitären Theologiestudiums beschränkt. Gleichwohl sind sich beide darin einig, dass den pastoralen Berufen, aufbauend auf einem solchen Studium, diese Dimension in besonderer Weise eigen ist.

Das lange an die zweite Ausbildungsphase delegierte Thema „Leitung" hat in den letzten Jahrzehnten in vielen theologischen Studiengängen an Bedeutung gewonnen (auch wenn es gegenüber den klassischen pastoralen Handlungsfeldern wie Seelsorge, Liturgie, Predigt, Unterricht und Diakonie nach wie vor unterrepräsentiert ist). Allerdings werden darunter meist die pastoralen Leitungsfunktionen im Kontext der gemeindlichen Arbeit verstanden. Sowohl in der ersten als auch in der zweiten Ausbildungsphase wird (zumindest in der evangelischen Kirche) jedoch nur selten thematisiert, dass die pastorale Leistungsrolle heute auch eine Gestaltungsrolle ist. Angesichts des gravierenden Rückgangs der finanziellen, vor allem aber personellen Ressourcen, der nach der katholischen nun auch die evangelische Kirche massiv betrifft, ist die Gestalt der Kirche bereits stark im Wandel und wird es künftig noch stärker sein. Diesen Prozess gilt es wissenschaftlich zu begleiten und in der unlösbaren Verbindung von Forschung und Lehre auch die Studierenden in diese Zukunftsüberlegungen einzubeziehen. „Kirchenleitung" als Sinn des theologischen Studiums kann heute nicht ohne die massiven Veränderungsprozesse in der Gestalt der Kirche gedacht werden, denn dass diejenigen, die heute Theologie studieren, in den gegenwärtigen Kirchenstrukturen ihre berufliche Tätigkeit beenden werden, scheint ausgeschlossen. Auf welche Kirche hin wir Studierende ausbilden, ist daher gegenwärtig ein Schritt ins Offene.

Die Veränderungen in den kirchlichen Strukturen vollziehen sich jedoch nicht selbstläufig, sondern die jetzigen Studierendengenerationen werden diese maßgeblich gestalten. Ihnen kommen damit in höherem Maße als anderen Theolog:innengenerationen nicht nur Aufgaben der Kirchenleitung, sondern vor allem auch der Kirchengestaltung zu.

2. Konsequenzen für die praktisch-theologische Lehre

Diese Erkenntnisse bildeten für mich den Anlass, die didaktischen Ziele meiner kirchentheoretischen Veranstaltungen zu überdenken und zu präzisieren. Wichtig ist mir, dass die Studierenden frühzeitig die Gelegenheit bekommen, sich mit der gegenwärtigen Situation der Kirche, den sich wandelnden Rahmenbedingungen und den daraus resultierenden Herausforderungen wissenschaftlich auseinanderzusetzen. Sie sollen mögliche Zukunftsszenarien und Modelle der Gestalt von Kirche kennenlernen, sie zu den gegenwärtigen Reformtendenzen in Beziehung setzen und Kriterien entwickeln, sie praktisch-theologisch zu beurteilen. Dabei sollen sie sich als künftige Akteur:innen der Veränderungen kirchlicher Sozialformen begreifen und diese Aufgabe gut annehmen können.

Und schließlich sollen sie die Möglichkeit haben, sich spielerisch in der Entwicklung innovativer Ideen zu erproben.

Diese Aspekte lassen sich meines Erachtens recht gut mit dem Begriff der „Innovationskompetenz" beschreiben. Der Begriff wird bislang vor allem in ökonomischen Zusammenhängen verwendet.[1] Er hat aber auch Eingang in den pädagogischen Bereich gefunden und beschreibt dort die Fähigkeiten von Lehrkräften, neben ihrer unterrichtlichen Tätigkeit auch die Schulentwicklung voranzutreiben.[2] Dabei werden Parallelen zu kirchlichen Reformprozessen deutlich, die eine eingehendere Wahrnehmung dieser Diskurse für die Aus-, Fort- und Weiterbildung von Theolog:innen nahelegen. So zeigen die pädagogischen Studien beispielsweise, dass Innovationskompetenz einerseits „erlernbar" ist, gleichzeitig aber „abhängig von der Einstellung, Motivation und Bereitschaft zur Entwicklung und Kooperation […] der einzelnen Lehrkraft und den jeweiligen Kontextfaktoren"[3]. Zu fördern sind in diesem Prozess besonders „Reflexionsfähigkeit sowie die kritische Distanznahme"[4] gegenüber den bestehenden Strukturen, was deren aufmerksame Wahrnehmung, Hintergrundwissen über ihre Entstehung, aber auch die Kenntnis von Alternativen zu diesen erfordert.

Aus diesen Überlegungen ergibt sich die Frage, welche universitären Veranstaltungsformate „Innovationskompetenz" fördern können. Wenn es um die „Einstellung, Motivation und Bereitschaft" der Theologiestudierenden geht, dann sind die in den akademischen Gepflogenheiten üblichen Elemente Wissensvermittlung, Reflexion und kritische Auseinandersetzung ein wichtiger Baustein dafür, sie reichen jedoch nicht aus. Die Studierenden müssen vielmehr Gelegenheit haben, sich in die Rolle der Subjekte von kirchlichen Veränderungsprozessen zu begeben, sich in dieser zu erproben und bestärkende Resonanz in diesem Prozess zu bekommen.

---

1 Vgl. beispielsweise Wannke u. a., Innovationskompetenz.
2 Vgl. beispielsweise Gröschner, Innovation als Lernaufgabe. Vgl. auch Koltermann, Innovationskompetenz.
3 Koltermann, Innovationskompetenz, 153.
4 Ebd.

Ein universitäres Seminar zur Kirche ins Offene

Einen ersten Versuch dazu habe ich im WS 2019/2020 mit dem praktisch-theologischen Hauptseminar „Vertraut den neuen Wegen …? Kirche 2030" gestartet. Angekündigt habe ich es folgendermaßen:

> „Das Hauptseminar widmet sich der Herausforderung der nächsten Jahrzehnte, die Kirche neu zu gestalten, die für die heutige Studierendengeneration zentral werden wird.
>
> Im ersten Teil des Seminars beschäftigen wir uns mit Themen, über die gegenwärtig praktisch-theologisch und kirchlich intensiv nachgedacht wird, und lernen dabei Modelle und Ideen für die Zukunft der Kirche kennen.
>
> Die Teilnehmenden wählen dann einen dieser Aspekte, mit dem sie sich eigenständig intensiv beschäftigen, und entwickeln eine Idee für seine Umsetzung in der künftigen Gestalt der Kirche. Auf einem Studientag im Christian-Jensen-Kolleg in Breklum stellen Sie diesen kirchlich engagierten Menschen vor und diskutieren ihn."

Der erste Teil des Seminars gestaltete sich damit relativ klassisch. Die wöchentlichen Seminarsitzungen widmeten sich – in Absprache mit den Interessen der Studierenden – Themen, die gegenwärtig in der (evangelischen) Kirche virulent sind: den Aufgaben der Kirche, der Frage nach der Gemeinde und ihren neuen Formen, der Gemeinwesenorientierung, der Zukunft des Pfarrberufs, der Rolle und den Aufgaben von Ehrenamtlichen, Inklusion sowie Migrations- und Kultursensibilität in der Kirche. Dafür wurden – ebenfalls klassisch – Texte gelesen, Impulse gegeben, Aufgaben gestellt, Diskussionen im Plenum und in Kleingruppen angeregt etc.

Gleichzeitig enthielt auch der erste Seminarteil bereits Elemente zur Förderung der Innovationskompetenz. So wurde die eigene Haltung zu den kirchlichen Reformprozessen bereits in der ersten Sitzung ausführlich thematisiert, wofür methodisch das „semantische Differential" gewählt wurde: Zu Thesen wie „Die junge Generation muss die Kirche neu gestalten", „,Gemeinde' wird in 2030 etwas anderes bedeuten als heute" oder „Die Kirche muss ihr Handeln deutlich verändern" wurden gegensätzliche Adjektive vorgegeben, zwischen denen sich die Studierenden auf einer Skala von 1–4 verorten sollten. Dies sah z. B. so aus:

„Die junge Generation muss die Kirche neu gestalten."

hell	1	2	3	4	dunkel
motivierend	1	2	3	4	hemmend
vertrauenserweckend	1	2	3	4	erschreckend
klar	1	2	3	4	unklar
attraktiv	1	2	3	4	unattraktiv

Das ermöglichte nicht nur eine Klärung der eigenen Einstellung und Motivation zur Reform kirchlicher Strukturen, sondern auch den Austausch darüber mit teilweise neuen Aspekten.

Zum anderen wurde am Ende jeder Sitzung jeweils passend zum Thema ein innovatives kirchliches Projekt vorgestellt, um die Perspektive kreativer Ideen von vornherein mitzuführen, beispielsweise der Rosengarten im Uckerland[5] oder das Raumschiff-Ruhr[6].

Schließlich wurden die Aufgabenstellungen im Seminar zunehmend kreativer und konkreter. So sollten die Teilnehmer:innen zum Thema Inklusion drei konkrete Konstellationen entwerfen, die sich durch Inklusion verändern würden, und reflektieren, was dafür genau geschehen müsste und was dann theologisch passieren würde. In Bezug auf die migrations- und kultursensible Kirche sollte in Kleingruppen ein konkretes Projekt kreiert werden, bei dem man selbst gerne mitarbeiten würde.

Währenddessen entwickelten die Studierenden einzeln oder in Gruppen bereits Ideen für eigene Projekte, die in der letzten Sitzung vor Weihnachten besprochen und in den darauffolgenden Wochen mit Beratung durch mich ausgearbeitet wurden. Diese sollten sie auf drei bis vier Seiten ausarbeiten: Nach einer kurzen Skizze der Projektidee sollten sie die konkrete Herausforderung benennen, auf die das Projekt reagiert, dessen theologische, soziologische und historische Hintergründe erarbeiten, das Projekt ausführlich beschreiben und theologisch reflektieren und einige Gedanken zur Umsetzung und zu möglichen Problemen mit ersten Lösungsideen notieren.

---

5 Vgl. Evangelisch.de, Hetzdorf: „Lass es wachsen!".
6 Vgl. raumschiff.ruhr. Sowie Evangelische Kirche in Deutschland, Konzerte unter der Stehlampe.

Einige Beispiele:

„Blinddates mit Andersdenkenden"

Die Kirche lädt Menschen zu einer Auseinandersetzung mit Andersdenkenden an einen Tisch ein und trägt damit dazu bei, gesellschaftliche Spaltungen und Intoleranz zu überwinden. In einem eigens dafür gemieteten Café oder Restaurant werden die Teilnehmenden mit Gesprächspartner:innen oder in Gruppen zusammengesetzt und haben für die Dauer einer Mahlzeit ein „Blinddate" mit politischen Meinungen, Religionen oder Lebensentwürfen, die ihnen fremd sind. Gesprächsimpulse wie „Finden Sie bitte zunächst gemeinsam heraus, warum Sie an einem Tisch sitzen" und Gesprächsregeln, aber auch das Angebot zur Gesprächsbegleitung mit entsprechend geschulten Personen unterstützen und flankieren diesen heiklen Prozess.

„Raum für achtsames Arbeiten"

Einige Räume des Gemeindehauses werden Menschen im Homeoffice für eine begrenzte Zeitspanne zur Verfügung gestellt. Dadurch wird eine Trennung von Berufs- und Privatsphäre erleichtert und gleichzeitig einer Vereinsamung vorgebeugt. Dieses Angebot kommt vor allem Menschen zugute, die sich kommerzielle Coworking-Spaces nicht leisten können oder diese v. a. im ländlichen Raum nicht vorfinden. Die Arbeitszeit wird strukturiert durch Pausen, in denen entweder Kontakte zu anderen Raumnutzer:innen gepflegt werden können oder aber an kurzen Achtsamkeitsübungen und Momenten des Innehaltens teilgenommen werden kann.

„Kasualkirche"

Ein Kirchengebäude, das nicht mehr für den regelmäßigen Gemeindegottesdienst genutzt wird, steht nach einem entsprechenden Umbau für Kasualgottesdienste und gleichzeitig für die sich anschließende Feier zur Verfügung. Gottesdienst und private Feier werden damit als ein ineinander übergehendes Ereignis begriffen. Eine eigene Pfarrstelle gestaltet die Kasualgottesdienste und ist auch Teil des Organisationsteams, das die Organisation und Verwaltung der anschließenden Feier und die Vermietung der Räumlichkeiten handhabt.

Diese Projekte stellten die Studierenden am Semesterende im Christian-Jensen-Kolleg, in einem evangelischen Tagungshaus an der Nordsee, im Rahmen eines Seminartages einer kirchlichen Öffentlichkeit vor. Der Einladung des Tagungshauses waren ca. dreißig Haupt- und Ehrenamtliche gefolgt, die teils den kirchlichen Reformen aufgeschlossen gegenüberstanden, teils aber auch sehr skeptisch waren, wie in der Vorstellungsrunde deutlich wurde. Die Studierenden standen damit vor der Herausforderung, ihr innovatives Projekt einem nicht nur wohlwollenden Publikum überzeugend zu präsentieren. Nach den Plenumspräsentationen wählten die Teilnehmenden ein Projekt, mit dem sie sich näher beschäftigen sollten und konnten mit den Urheber:innen der Idee ins Gespräch kommen, Rückfragen stellen, aber auch gemeinsam weiterdenken, ob und wie die Idee umsetzbar ist und was das in dem jeweiligen Kontext bedeuten würde. Dieser Prozess gestaltete sich ausgesprochen produktiv und viele prinzipielle Bedenken gegenüber Veränderungen der kirchlichen Sozialgestalten lösten sich in der gemeinsamen Arbeit an einem konkreten Projekt rasch auf.

In der abschließenden Seminarsitzung wurde bei dem erneuten Ausfüllen des „semantischen Differentials" eine signifikante Veränderung in der Haltung zu den kirchlichen Veränderungsprozessen und der eigenen gestaltenden Rolle in diesen deutlich. Die ausführliche Evaluation zeigte, dass die Entwicklung eines eigenen Projekts mit Unterstützung durch die Seminargruppe und die Dozentin, vor allem aber die Präsentation der eigenen Idee vor einer (auch skeptischen) Öffentlichkeit mit vielen positiven Rückmeldungen und gemeinsamem Weiterdenken als sehr hilfreich empfunden wurden. Offensichtlich wurden Lernprozesse angestoßen, die praktisch-theologische Inhalte und Impulse mit der späteren beruflichen Praxis konstruktiv in Beziehung setzten. Ob damit wirklich nachhaltig „Innovationskompetenz" entwickelt worden ist, ist damit natürlich noch nicht zu beurteilen, aber es scheint eine Basis dafür gelegt worden zu sein.

Kirche interkulturell ins Offene denken – eine weitere Seminaridee

Ein Jahr später habe ich ein ähnlich ausgerichtetes Seminar angeboten, allerdings mit einem anderen Fokus. Kern dieses Seminars waren zwei halbe Seminartage mit brasilianischen Studierenden der evangelisch-lutherischen Theologie und ihrem Dozenten. Dies hatten wir bereits vor der Coronasituation geplant, die technische Organisation wurde durch die Umstellung auf die digitale Lehre in diesem Fall jedoch erleichtert. Nachdem die erste Blocksitzung einem Kennenlernen der kulturellen und kirchlichen Kontexte und einem Austausch über die aktuellen Herausforderungen sowie der als reformbedürftig identifizierten Aspekte gewidmet war, entwickelten die Studierenden zwischen den Treffen ebenfalls eigene Projektideen, die sie sich bei der zweiten Sitzung gegenseitig vorstellten. Auch hier wurden die Innovationskompetenz und die probeweise Übernahme der gestaltenden Rolle gefördert. Noch eindrücklicher waren jedoch, wie die Evaluation zeigte, der interkulturelle Austausch und die Erfahrung, dass die Herausforderungen für die Kirchen und auch die Lösungsansätze der Studierenden sich sehr viel paralleler gestalteten, als die doch sehr differenten kulturellen und kirchlichen Kontexte dies erwarten ließen. Kirche wurde hier interkulturell ins Offene gedacht und dies als gemeinsame Aufgabe begriffen. Auf Wunsch der Studierenden wurden auch hier Rückmeldungen aus dem hiesigen kirchlichen Kontext eingeholt, allerdings in einem deutlich kleineren digitalen Rahmen. Für zwei der hier entwickelten Projekte laufen gegenwärtig Umsetzungsüberlegungen.

3. Kirche ins Offene denken – eine Aufgabe universitärer Lehre?

Selbstverständlich kann man fragen, ob die Förderung kirchlicher Innovationskompetenz wirklich Aufgabe universitärer Lehre ist. Ist die nicht zu praktisch und/oder zu kirchlich?

Meiner Überzeugung nach ist es durchaus Aufgabe des Theologiestudiums, den Bildungsraum auch auf die Formen kirchlicher Organisation zu beziehen und die Konsequenzen der Studieninhalte für die späteren Tätigkeitsfelder der Studierenden mitzubedenken. Faktisch werden immer bestimmte Konstruktionen der kirchlichen Praxis in dem darauf vorbereitenden Studium impliziert. Gerade in einer Situation einer offenen Zukunft erscheint es mir wichtig, Studierende zu einem kreativen Denken kirchlicher Sozialgestalten zu ermutigen und eine Basis dafür zu bereiten, dass sie in ihren späteren beruflichen Feldern wahrnehmungsstark, theologisch reflektiert und ebenso mutig wie umsichtig Kirche ins Offene gestalten.

Literaturverzeichnis

Evangelische Kirche in Deutschland: Konzerte unter der Stehlampe, Steuererklärung, Kaffee gratis. raumschiff.ruhr bietet jungen Erwachsenen eine Gemeinde in Wohnzimmeratmosphäre, online: https://www.ekd.de/projektion-2060-raumschiff-ruhr-45701.htm [Zugriff: 30.1.2021].

Evangelisch.de: Hetzdorf: „Lass es wachsen!", online: https://www.evangelisch.de/inhalte/95267/17-06-2014/hetzdorf-lass-es-wachsen [Zugriff: 30.1.2021].

Gröschner, Alexander: Innovation als Lernaufgabe. Eine quantitativ-qualitative Studie zur Erfassung und Umsetzung von Innovationskompetenz in der Lehrerbildung (Empirische Erziehungswissenschaft 29), Münster 2011.

Koltermann, Saskia: Innovationskompetenz? Eine qualitative Exploration des Handelns von Lehrkräften in Innovationsprozessen – rekonstruiert am Beispiel von schulischen Netzwerken, Dissertation zur Erlangung des akademischen Grades Doktor der Philosophie (Dr. phil.) in der Fakultät Erziehungswissenschaft und Soziologie an der Technischen Universität Dortmund, 2013.

raumschiff.ruhr, online: https://raumschiff.ruhr/ [Zugriff: 30.1.2021].

Wannke, Michael u. a.: Innovationskompetenz in Unternehmen, Wiesbaden 2012.

Q

Pastoraltheologischer Ungehorsam und seine fränkischen Quellen

Andrea Qualbrink und Sr. Katharina Ganz OSF

Am 15.3.2021 machte die Glaubenskongregation ihr „Responsum" öffentlich, dass die Kirche nicht befugt sei, homosexuelle Partnerschaften zu segnen. In dem Schreiben heißt es, Segnungen menschlicher Beziehungen seien nur möglich, wenn damit den Plänen Gottes gedient sei. Unzulässig sei daher jede Segnungsform, die homosexuelle Partnerschaften anerkenne. Die christliche Gemeinschaft sei aber aufgerufen, Menschen mit homosexuellen Neigungen zu respektieren.[1]

Das „Nein" aus Rom zur Segnung gleichgeschlechtlich liebender Paare hat deutschlandweit für Protest gesorgt. Mit Regenbogenfahnen an Kirchenfassaden machten Pfarreien ihre Position und Solidarität öffentlich, Professor:innen der Theologie kritisierten, das Lehramt untergrabe seine eigene Autorität, wenn es wissenschaftliche Erkenntnisse ignoriere[2], etwa 2600 Seelsorger:innen bekundeten in einer Petition, weiterhin Segensfeiern mit und für gleichgeschlechtlich liebenden Paaren zu feiern[3], und Bischöfe äußerten öffentlich, eben dies nicht zu ahnden, und forderten eine Neubewertung der Sexualität.[4] Bemerkenswert ist die große öffentliche Befürwortung von Segensfeiern. Vier Perspektiven seien darauf geworfen:

---

1 Vgl. Kongregation für die Glaubenslehre, Responsum ad dubium.
2 Vgl. Kirche und Leben: Rom-Kritik. 200 Theologie-Lehrende unterstützen Münsteraner Erklärung, online: https://www.kirche-und-leben.de/artikel/rom-kritik-200-theologie-lehrende-unterstuetzen-muensteraner-erklaerung/print.html [Zugriff: 10.4.2021].
3 Vgl. u. a. Tag des Herrn: 2600 Seelsorger protestieren gegen Rom, 29. März 2021, online: https://www.tag-des-herrn.de/2600-seelsorger-protestieren-gegen-rom [Zugriff: 10.4.2021].
4 Vgl. u. a. katholisch.de: Bischof Overbeck für kirchliche Neubewertung von Homosexualität, 19. März 2021, online: https://www.katholisch.de/artikel/29154-bischof-overbeck-fuer-kirchliche-neubewertung-von-homosexualitaet [Zugriff: 10.4.2021].

1. Schon längst wurde und wird „Ja" zu Segensfeiern für gleichgeschlechtliche Paare gesagt – aber heimlich, „unter dem Radar", wie es so hässlich heißt. Viele Bischöfe und Priester dulden die Praxis contra legem. Zugleich muten sie den Paaren, die einen Segen erbitten, und den Spender:innen des Segens zu, dass die Feier ohne öffentliche Aufmerksamkeit in der Gemeinschaft der Gläubigen stattfindet. Eine Zumutung für alle Beteiligten – entgegen ihrer Überzeugung.

2. Die Überzeugung ist theologisch gut begründbar. Seit Jahren schon gibt es einen theologisch-argumentativ geführten Diskurs über Segensfeiern für gleichgeschlechtlich liebende Paare. In einigen (Erz-)Bistümern gibt es Organisationseinheiten für Regenbogenpastoral und Projektgruppen, die das Thema ventilieren, namhafte Theolog:innen verschiedenster Disziplinen haben auf Tagungen und in Publikationen argumentativ Stellung bezogen[5], das Zentralkomitee der deutschen Katholiken (ZdK) hat ihre Stimmen und einen Vorschlag für Segensfeiern schon 2019 in einem Heft veröffentlicht[6] sowie die Arbeitsgemeinschaft für Katholische Familienbildung e. V. (AKF) ein Buch, in dem Praxisvorschläge für Segensfeiern vorgestellt werden[7], und schon längst liegt das Thema auf dem Tisch des Synodalen Wegs. Der schmerzhafte Dissens in der Praxis und der argumentative Dissens zur kirchlichen Lehre liegen offen, hatten aber bislang keine Auswirkungen.

3. Angefragt durch einen sogenannten „Zweifel" hat die Glaubenskongregation eine Antwort gegeben: Die Kirche sei nicht befugt, homosexuelle Partnerschaften zu segnen. Überraschen kann diese Antwort eigentlich nicht. Die Glaubenskongregation äußert sich als Bewahrerin der Lehre. Sie hat nur noch einmal explizit gemacht, was die geltende Lehre der Kirche ist. In dem Responsum geht es nicht um Argumente. Ginge es um Argumente, wäre es der Kongregation und dem Papst möglich gewesen, den theologischen Diskurs zu suchen. Es wäre möglich gewesen nachzufragen: Welche Praxis, welche Analyse, welche theologischen Argumente führen zu

---

5 Vgl. etwa Stephan Loss u. a., Mit dem Segen der Kirche.
6 ZdK, Segen schenken. Segensfeiern für gleichgeschlechtliche Paare, 11. November 2019, online: https:/ /www.zdk.de/veroeffentlichungen/erklaerungen/detail/Segen-schenken-Segensfeiern-fuer-gleichgeschlechtliche-Paare-253M/ [Zugriff: 17.4.2021].
7 Diefenbach u. a., Paare. Riten. Kirche.

dieser Frage? Warum ist sie so dringlich? Der Papst hätte die Anfrage als Zeichen der Zeit wahrnehmen und dazu einladen können, diese im Licht des Evangeliums zu beleuchten. Vermutlich war die zweifelnde Anfrage gar kein Zweifel, sondern der Wunsch, die Glaubenskongregation möge den schwelenden Diskurs in Deutschland durch ein Einschärfen der Lehre definitionsmächtig beenden. Gelungen ist das nicht. Im Gegenteil.

4. Ein schwuler Freund erklärt zum deutschlandweiten Protest, dass gleichgeschlechtlich liebende Paare, die ausgerechnet in der katholischen Kirche um einen Segen bitten, ja eine verschwindende Minderheit seien. Und doch handelt es sich ganz offenbar nicht um ein Minderheiten-Thema. Vielmehr scheint dieses „Nein" aus Rom viele Katholik:innen und Verantwortungsträger:innen in der Kirche auf verschiedenen Ebenen zu tangieren: bei der Frage nach der Relevanz von Argumenten, überdrüssig der immer wieder in den Ohnmachtsgestus gekleideten Definitionsmacht des römischen Lehramts und vor allem im ständigen Dissens mit den eigenen, tiefen Überzeugungen, wie Kirche in den Spuren Jesu Christi zu leben und zu gestalten ist. Die Kirche, die nicht realisiert, dass sie ihre Definitionsmacht verloren hat, verliert ihre Glaubwürdigkeit und Anschlussfähigkeit an gläubige Christ:innen.

Ähnlich verhält es sich mit dem Thema der Zulassung von Frauen zu den Weiheämtern. Hier wurde seitens des römischen Lehramts 1994 mit dem Schreiben „Ordinatio Sacerdotalis" versucht, den Diskurs durch die größtmögliche Autorität – verbunden mit dem bekannten Gestus der von Gott selbst gebundenen Hände – zu beenden. Tatsächlich ist dies auch über Jahre hinweg gelungen. Das Drohszenario berufsbiografischer oder verbandlicher Nachteile aufgrund der öffentlichen Forderung der Zulassung von Frauen zu allen Weiheämtern sorgte für Vorsicht und Rückzüge im Diskurs. Geändert hat sich dies im Fahrwasser des Themas sexualisierter Gewalt. Die Perversion der frohen Botschaft durch Machtmissbrauch und seine Vertuschung insbesondere durch Kleriker sorgte für so großen Druck auf die Institution Kirche in Deutschland, dass im Zuge dessen auch andere Themen Dynamik aufnahmen, in denen Machtmissbrauch und/oder ein Dissens zwischen der Lehre der Kirche und theologischer Argumentation, zwischen der Praxis der Kirche und ihrem Auftrag wahrgenommen wird. Die Forderung nach Frauen in allen Weiheämtern wird nun nicht mehr hinter vorgehaltener Hand formuliert, sondern an die Türen von Kirchen geheftet[8], auf Plakaten demonstriert, in Interviews gestellt, in biografischen Zeugnissen der eigenen Berufung deutlich[9] und auf dem synodalen Weg diskutiert. Offen ist die Frage, was ein „Nein" in einem Responsum aus Rom in diesem Fall auslösen wird.

Daniel Bogner fordert in der aktuellen Situation zum „pastoralen Ungehorsam" auf: „Es wäre wichtig, dass die Kirchenmitglieder ihren Schäfchen-Gehorsam ablegen. Wir brauchen einen ‚pastoralen Ungehorsam'. Menschen müssen nicht gleich aus der Kirche austreten, aber: Sie können die Platzanweisung verweigern, die ihnen vom System gegeben wird." Er meint damit eine „Rebellion im Namen der richtigen Anliegen": „... nämlich der biblischen Werte Gerechtigkeit, Barmherzigkeit und Nächstenliebe – dann verträgt die Kirche nicht nur Rebellion. Wir brauchen eine Revolution der Kirche."[10]

Rainer Buchers Analysen sind wie seine Wortwahl messerscharf. Er verweigert vorschnelle Vorschläge für die Praxis, vor allem dann, wenn sie sich als Optimierungsstrategien entlarven lassen. Er nimmt aber für die Pastoraltheologie in Anspruch, „mutig Optionen vorzuschlagen für die Zukunft des Volkes Gottes"[11]. Gehorsam kann man von Rainer Bucher nicht lernen, wohl aber, dass Pastoraltheologie alles andere als harmlos ist, sich weder materiell noch methodisch einschränken lässt. Man könnte das „ungehorsame Pastoraltheologie" oder „pastoraltheologischen Ungehorsam" nennen. Darum seien einige Spots auf die „ungehorsame Pastoraltheologie" bzw. den „pastoraltheologischen Ungehorsam" geworfen, verbunden mit einer abschließenden Option.

– Pastoraltheologischer Ungehorsam wurzelt in einer offenen Auseinandersetzung mit dem eigenen Glauben und den gehegten Überzeugungen und rechnet mit dem:der Unverfügbaren.

---

8 Vgl. online: http://www.mariazweipunktnull.de/thesenanschlag-2-0/ [Zugriff 10.4.2021].
9 Vgl. Rath, „Weil Gott es so will".
10 „Wir brauchen einen pastoralen Ungehorsam", online: https://www.t-online.de/region/koeln/news/id_89631618/koeln-theologe-stellt-woelki-fatales-zeugnis-aus-und-fordert-revolution-der-kirche.html [Zugriff: 10.4.2021].
11 Bucher, Wer braucht Pastoraltheologie wozu, 196.

- Pastoraltheologischer Ungehorsam geht bei der kreativen Konfrontation von Evangelium und Existenz an die Grenzen und darüber hinaus. „Sich aussetzen" heißt dann immer erst Hinschauen, Beobachten, Zuhören, Zulassen und Analysieren und nicht Hinnehmen, Zugreifen und Definieren.
- Pastoraltheologischer Ungehorsam wird gefördert durch Neugierde und Interesse – an Menschen und an den Funktionsweisen von Systemen und Störpotenzialen.
- Pastoraltheologischer Ungehorsam wird getriggert durch die permanente Erinnerung an den Auftrag der Kirche, Zeichen und Werkzeug der Liebe Gottes zu sein.
- Pastoraltheologischer Ungehorsam wächst in guten Settings.

Rainer Bucher betreibt in diesem Sinne ungehorsame Pastoraltheologie und weckt pastoraltheologischen Ungehorsam. Er setzt sich, seine Überzeugungen und seine Kirche aus, stellt Systeme in Frage, hat eine unerschöpfliche Neugier für Menschen und Freude daran, sie zu fördern, und er hat eine Begabung für Settings, in denen pastoraltheologischer Ungehorsam wachsen kann, seien es Privatissima oder cusanische Ferienakademien.

Ungehorsame Pastoraltheologie hat Sprengkraft, weil sie „Gesetztes" hinterfragt und sich aussetzt. So muss beispielsweise der Diskurs über die Hierarchisierung des Volkes Gottes aufgrund von Geschlecht, Stand und sexualisierter Enthaltsamkeit über die Binarität und Heteronormativität der Geschlechter hinausgehen. So muss die Diskussion über die Zulassung zu den sakramentalen Weiheämtern die gegebene Weiheamtsstruktur überschreiten. So muss die Frage nach zukünftigen Sozialstrukturen von Kirche weit über gängige territoriale und kategoriale Formen hinausgehen. So muss ...

Ungehorsame Pastoraltheologie ist die Schwester ungehorsamer Pastoral. Beiden geht es um Disruption und Entwicklung – um Gottes, um der Menschen und um der Kirche willen. Hier gibt es viel Disruptives und Kreatives zu denken und zu tun.

Andrea Qualbrink

Es gibt fränkische Wurzeln dieses pastoraltheologischen Ungehorsams. Der Frank:e, von dem wir hier prototypisch (und deshalb ausnahmsweise in der männlichen Form mit Genderpünktchen) sprechen, ist in Bayreuth aufgewachsen und war – wie er selbst reflektiert – von Kindheit an konfrontiert mit der nationalsozialistischen Versuchung zu Antisemitismus und Hitlertreue in seiner Stadt, die sich in Gebäuden links und rechts seines Schulweges manifestierten.[12] Das Hinterfragen und den Ungehorsam lehrte ihn seine katholische Gegenwelt mit einer diskutierfreudigen Jugendgruppe und einer Fahrt nach Polen, in der die Realität Hitlers und seine Opfer nicht ausgeblendet wurden. Als prägendes drittes Schlüsselelement benennt Rainer Bucher den gekreuzigten Jesus als Proprium des christlichen Glaubens und der Liturgie, um mit dem Bekenntnis zu enden: „Es ist nicht gleichgültig, welche Theologie man treibt, es ist nicht gleichgültig, an welchen Gott man glaubt."[13] Rainer Bucher treibt pastoraltheologischen Ungehorsam und ungehorsame Pastoraltheologie als Frank:e. Diese Theologie ist durch und durch praktisch. Sie ist scharfsinnig-analytisch, biografisch und religiös rückgebunden und alltags- wie welttauglich. Genauso wichtig wie der intellektuelle Diskurs ist dem Frank:en die Gaumenfreude beim gemeinschaftlichen Mahl – eine Kunst, die in Klöstern seit jeher gelehrt und kultiviert wird. Auf den Punkt gebracht, heißt das in seinen Worten: „Man muss denken können wie die Jesuiten und leben wie die Franziskaner."

Um die Lage der katholischen Kirche in spätmodernen Gesellschaften zu erkunden und sich dabei in ziemlich neuen Gegenden zurechtzufinden, macht sich der Frank:e nicht nur intellektuell, sondern kulturbeflissen, spirituell und wandernd regelmäßig auf den Weg. Er besucht versteckte Wallfahrtsorte wie die Adelgundiskapelle auf dem Staffelberg eher als die barocke Wallfahrtsbasilika Vierzehnheiligen. Lieber als nach Rom pilgert er jährlich auf den Spuren des gehorsam-ungehorsamen *poverello* nach Assisi. Die „ars vivendi" führt ihn zu den Bayreuther Festspielen am grünen Hügel sowie zu Wanderungen in der fränkischen Schweiz und lässt ihn die fränkische Küche samt oberfränkischer

---

12 Bucher, Hitlers Theologie, 171–173.
13 Bucher, Hitlers Theologie,173.

Biere und unterfränkischer Weine genießen. Die „ars moriendi" lässt ihn auf Sonntagsspaziergängen das für ihn und seine Frau bestimmte Grab und leere Kirchenräume aufsuchen, um sich an das Weiter, Danach und Darüberhinaus heranzutasten.

Um in den vielfältigen, krisenhaften, dynamischen und unübersichtlichen Lagen Orientierung zu geben, wäre es ein wissenschaftliches Forschungsdesiderat, noch eine SUMMA THEOLOGICA FRANCONIA vorzulegen – einen Sammelband über das Fränkische an der (Pastoral-)Theologie. Den Reiz und den Widerspruch, die diese Quellen und Fundorte bieten, hat Rainer Bucher von seinen (pastoral-)theologisch ungehorsamen Lehrern Elmar Klinger und Ottmar Fuchs übernommen. Nicht zuletzt achtete der Frank:e sowohl als Referent und stellvertretender Leiter im Cusanuswerk als auch als Professor selbst auf die Einhaltung einer informellen fränkische Quote bei Geförderten und Promovend:innen.

So gilt für den gebürtigen Franken, der seinen pastoraltheologischen Ungehorsam nun über zwei Jahrzehnte schwerpunktmäßig im Nachbarland Österreich ausagierte:

Derhamm bis dorthinaus // Ich bin ins Ausland / Walli sei hobb wolln wie alle annern / Wirri dord woor, hobbi gmergt / Ich bin ganz annersch // Ich bin ins Ausland / Um meeglids need deitsch zu sei / Wirri doord wor, hobbi gmergt / Wie deitsch dassi bin // Ich bin ins Ausland / Um meegligsd vill zu derfohrn / Wossi gfunna hobb / Wor des Fränkische in mir // Im Ausland hobbermi gfunna / In der Browinz finni die Welt / Wer nedd fordfährd / Kummd nedd hamm.[14]

Sr. Katharina Ganz OSF

---

14 Haberkamm, Gräschkurs Fränkisch, 160.

Literaturverzeichnis

Bucher, Rainer: Wer braucht Pastoraltheologie wozu? Zu den aktuellen Konstitutionsbedingungen eines Krisenfaches, in: ders. (Hg.): Theologie in den Kontrasten der Zukunft. Perspektiven des theologischen Diskurses (Theologie im kulturellen Dialog 8), Graz u. a. 2001, 181–197.

Bucher, Rainer: Hitlers Theologie, Würzburg 2008.

Diefenbach, Stefan – Lang-Rachor, Lucia – Walbelder, David – Wolf, Barbara (Hg.): Paare. Riten. Kirche. Wenn eine katholische Trauung nicht möglich ist: liturgische Beispiele gesammelt und kommentiert, Paderborn 2020.

Haberkamm, Helmut: Gräschkurs Fränkisch, Cadolzburg 2020.

Kongregation für die Glaubenslehre: Responsum ad dubium der Kongregation für die Glaubenslehre über die Segnung von Verbindungen von Personen gleichen Geschlechts, 22. Januar 2021, veröffentlicht am 15. März 2021, online: https://press.vatican.va/content/salastampa/it/bollettino/pubblico/2021/03/15/0157/00330.html#ted [Zugriff: 10.4.2021].

Loss, Stephan – Reitemeyer, Michael – Trettin, Georg (Hg.): Mit dem Segen der Kirche? Gleichgeschlechtliche Partnerschaft im Fokus der Pastoral, Freiburg i. Br. 2019.

Rath, Phillipa (Hg.): „Weil Gott es so will". Frauen erzählen von ihrer Berufung zur Diakonin und Priesterin, Freiburg i. Br. 2021.

Volgger, Ewald – Wegschneider, Florian (Hg.): Benediktion von gleichgeschlechtlichen Partnerschaften, Regensburg 2020.

S

Die Macht der Pastoraltheolog:innen
Ein Plädoyer für die Kunst der Revolte

Hans-Joachim Sander

Seit fast 250 Jahren gibt es zwei gegenläufige Entwicklungen in der katholischen Kirche. Sie lassen sich mit Zentralisierung und Pastoralisierung benennen. Seit 1979, also mit dem Pontifikat von Johannes Paul II., hat sich ihre Konfrontation verschärft und das bestimmt gegenwärtig den binnenkirchlichen Diskurs fast vollständig. Beide drehen sich darum, wie im kirchlichen Leben des Glaubens Fehler zu vermeiden sind.

Es handelt sich also zunächst nicht um erklärte Programme von miteinander ringenden Parteiungen. Aber natürlich sind sie leicht für den in der Kirche bestehenden Tribalismus zu nutzen. Zunächst stehen sie einmal für eine unterschiedliche Disziplinierung des kirchlichen Lebens. Neben der schieren Lust an der Macht besteht ein wichtiges Moment bei Disziplinierungen darin, Fehler zu vermeiden. Zentralisierung und Pastoralisierung beschreiben also unterschiedliche Grammatiken, um Fehlformen im katholischen Glauben aufzuspüren und abzustellen. Mit „Grammatik" sind die Zuordnungsregeln von Glaubenspraktiken und Glaubensaussagen, von Kirche und Gläubigen gemeint sowie jene Ausdrucksformen, die diese Zuordnungsregeln nicht hinreichend beachten.

1. Warum es ein Problem ist, kirchliche Fehler zu vermeiden

Beim Glauben sind Fehler nicht einfach nur Falschheiten im Wissens- und Erkenntnisbereich, die sich nach entsprechender Einsicht künftig vermeiden lassen. Es sind ausnahmslos Anlässe dafür, die die Glaubwürdigkeit des Glaubens auflösen. Fehler lösen Distinktionsverluste aus, die nicht einfach mit gutem Willen, etwas Glück und besserer Einsicht wettzumachen wären. Sie bringen die Gläubigen in die prekäre Lage, mit eigenen Defiziten konfrontiert zu werden. Fehlermeldungen sind hier immer Disziplinierungsansagen. Deshalb gehen die binnenkirchlichen Vermeidungsstrategien auch aufeinander los, sobald diese Fehler zu einer existentiellen Krise der Kirche werden.

Dann stellt sich eine Entweder-oder-Situation: Sollen die Lebensäußerungen des Glaubens und seine Aktivitäten eher zentralisiert gesteuert werden, um endlich eine sichtbare Durchschlagskraft gegen die eigene Existenzbedrohung zu haben? Oder sollen sie pastoralisiert werden entsprechend den jeweils vor Ort, in Regionen, für kulturell vergleichbare Teile vordringlichen Problemlagen? Sind Freude und Hoffnung, Trauer und Angst heutiger Menschen leitend für die Fehlervermeidung, weil sie von den Gläubigen geteilt werden und gravierende Resonanzen auf ein gemeinsames Mehr erzeugen? Oder sind lehramtliche Verlässlichkeit, ihre Katechismusweisheiten und global auf dieselben Formate gehobene Liturgien das Gebot der kirchlichen Gethsemani-Stunde?

Das eine verträgt sich nicht mit dem anderen und deshalb entstehen unweigerlich neuralgische Kontaktzonen, in denen dann Gegensätze auftreten. Fehlervermeidung bedeutet innerkirchlicher Konflikt. Warum kann man sich dem nicht einfach entziehen, also „zwischen Zentralisten und Pastoralisten herrscht Krieg und keiner geht hin"? Das klappt dann nicht mehr, wenn die Fehler ruinös geworden sind. Dann schleichen sie sich in die Kapillare auch des persönlichen Glaubensmodus ein.

Eine Grammatik des Glaubens ersetzt die tatsächliche Glaubensausübung nicht, aber belegt sie mit einer formalen Disziplin, um Fehler zu vermeiden. Und die Vorschläge auf der Linie der Zentralisierung sind sehr verschieden von jener auf der Linie der Pastoralisierung. Gemeinsam sind ihnen nur zwei Dinge: Erstens verlangen beide Unterwerfung, und zweitens sind beide in einer binären Welt von innen und außen verortet. Es gibt also jeweils eine Präferenz für das eine und gegen das andere und auf diese Präferenz hin wird diszipliniert.

So verlangt die Zentralisierung eine Unterwerfung unter eine höhere, von einer sichtbaren Glaubensgemeinschaft bestimmte Größe, während die Pastoralisierung eine Selbstunterwerfung unter anerkennungswürdige und prinzipiell für alle aufklärbare Einsichten einrichtet. Der Zentralismus ist nach innen zur Kirche gerichtet und an ihrer übernatürlich garantierten Wahrheit ausgerichtet. Sie steht über allem. Die Kirche soll durch Zentralisierungen innerlich gestärkt in die Konfrontation mit dem Außen gehen, also der zeitgenössischen Zivilisation. Diese wird als prekärer Raum voller unchristlichen Verhaltensweisen angesehen, die mindestens unwillig gegen die kirchlich erklärte Wahrheit des Glaubens steht. Pastoralisierung ist dagegen im Wesentlichen nach außen gerichtet und an den Freuden und Hoffnungen, der Trauer und den Ängsten heutiger Menschen orientiert. Ihre Devise ist, dass diese Selbstkonfrontation mit den eigenen Unzulänglichkeiten die Kirche bestärken wird, ihre hausgemachten Schwächen zu erfassen und in alternativen Praktiken abzustellen. Die Öffnung zu Einflüssen von außen und vor allem zu Konfrontationen mit unausweichlichen Entwicklungen in Gesellschaft und an den von den Zentralisten unbeachteten Rändern von Kirche ist das Drehmoment ihrer Disziplinierungen.

Beide Strategien sind daher pastoralmächtig, wobei nur die Zentralisierung das mit dem Brustton der Überzeugung auch zu ihrem Banner gemacht hat. Die Pastoralisierung ist immer etwas verdruckst pastoralmächtig, weil sie ja in Dissens zu den zentralistischen Machtanwandlungen steht. Dieser Unterschied lässt sich an der Bestimmung von Pastoralmacht festhalten, wie sie der Erfinder des Diskurses, Michel Foucault, vorschlägt. Pastoralmacht verlangt, zugleich alle Menschen wie jede einzelne Person im Blick zu haben, sich integral mit beidem auf Augenhöhe zu verbinden und sich dadurch in einer dauerhaft prekären Lage zu befinden, immer eines zu Gunsten des anderen zu vernachlässigen. Pastoralmacht individualisiert daher zwangsläufig, weil das Scheitern an ihren Disziplinierungen unvermeidlich ist und deshalb eine konfrontative Selbstrelativierung auslöst. Es gilt „omnes et singulatim"[1].

Sowohl Pastoralisierung wie Zentralisierung konzentrieren sich auf eine der beiden Nöte der Pastoralmacht. In der zentralistischen Variante werden nur stets alle unterworfen, um damit die singuläre Abweichung des Individuums entweder abzustellen oder zu ignorieren. Die einzelne Person darf sie niemals auf Augenhöhe mit allen behandeln,

---

1 „Le pastorat chrétien suppose une forme de connaissance particulière entre le pasteur et chacune de ses brebis. Cette connaissance est particulière. Elle individualise. Il ne suffit pas de savoir dans quel état se trouve le troupeau. Il faut aussi connaître celui de chaque brebis." (Foucault, „Omnes et singulatim", 965)

weil sie diese dann eben nicht mehr behandeln kann, sondern sich ihr unterwerfen müsste. Das käme einer Selbstaufgabe gleich. Darin liegt ein struktureller Selbstwiderspruch, weil der katholische Zentralismus ja in einer singulären Person kulminiert, eben dem Papst. Aber der Papst ist gerade nicht pastoralmächtig im Sinne der Kritik an der Königsmacht, woher die Pastoralmacht ja kommt. Der Papst ist königsmächtig und deshalb nur auf die „omnes" hin eingeschränkt pastoralmächtig. Aber genau deshalb kann sich der päpstliche Zentralismus nicht mit dem abfinden, wofür ihn alle pragmatisch in der Kirche akzeptieren würden, also irgendwie eine Einheitsidee zu erhalten. Er muss darüber hinausgehen, um an sich selbst überhaupt glauben zu können.

Das sieht man an der Renaissance des Papsttums in der Folge des Zweiten Vatikanischen Konzils. Es ist auf ein globales Niveau befördert worden, aber damit war es nicht zu saturieren. Seine neue Stellung verlangte nach Neuevangelisierung ganzer Kontinente sowie nach lehramtlich koordiniertem Widerstand zu einer kirchlich ausgemachten Diktatur des Relativismus in der spätmodernen Zivilisation. Aus dieser Sicht wäre es ein großer Fehler, sich zu sehr auf diese Welt einzulassen, weil die Zentralisierung sonst auf eine Weise scheitern würde, die den ganzen Glauben für alle gefährdet. Diese Gefahr zeigt sich daran, was ihn derzeit gravierend und verschärft herausfordert, der sexuelle Missbrauch der katholischen Kirche. Zentralismus stellt sich ihm dadurch entgegen, dass er alle Fälle an einer Zentrale konzentriert, um die Deutungshoheit darüber zu erlangen, dass er zweitens den Glauben von seinen Verweltlichungen und seinen regionalen Verweichlichungen reinigen will und drittens den Missbrauch lediglich als eine Störung der Kirche zulässt. Um diese drei Ziele zu erreichen, muss er unterstellten, dass die Ursachen des Missbrauchs außerhalb der Kirche liegen.

Der Zentralismus muss sich entgegenhalten lassen, dass seine Disziplinierungsstrategie in keiner Region der Weltkirche den sexuellen Missbrauch verhindert hat. Sie hat ihn weder aufhalten können noch aufarbeiten wollen. Vielmehr hat er ihn in Gestalt des Vertuschens der Skandale verschärft, weil die Ordnung des Zentralismus geradezu dazu nötigte, die Taten rein binnenkirchlich abzuarbeiten und unter allen Umständen vor der öffentlichen Skandalisierung zu bewahren oder mindestens auszusitzen. Das ist der schwerwiegendste Fehler der letzten Jahrzehnte in der Kirche gewesen. Das wiederum verschärft diesen Zentralismus aber. Aus einer generellen Strategie wird eine Erwartungshaltung an die höheren Führungsebenen der Kirche, sich ihm wegen der Missbrauchsskandale zu unterwerfen. Daraus ergeben sich gravierende Differenzen innerhalb der katholischen Hierarchie. Während die einen für entschiedenes Durchhalten plädieren, weil nur so eine Wende zu erreichen wäre, wollen die anderen der Skepsis entsprechen und Zentralismus abbauen. Das bedeutet aber zugleich, der Pastoralisierung den Vorzug geben.

Sexueller Missbrauch ruft Pastoralisierung nicht nur unweigerlich auf den Plan, weil der Missbrauch sich als gravierende Fehlerquelle erwiesen hat, sondern weil hier kirchliche Praktiken vor Ort Opfer gefordert haben. Eigentlich ist die Pastoralisierung darauf ausgerichtet, sich mit den lebensgeschichtlich-existentiellen und kulturell-politischen Kontexten heutiger Menschen auseinanderzusetzen. Es ist die Strategie des letzten Konzils, das Dogma von einer Pastoral her zu begleiten, die aus der Verbindung der Zeichen der Zeit mit der Deutung im Evangelium stammt. Sie ist eigentlich nicht auf die Verteilungskämpfe der binnenkirchlichen Macht hin geeicht. Pastoralisierung ist von ihrem Selbstverständnis her nicht pastoralmächtig unterwegs, weshalb viele ihrer Exponenten der Pastoralmacht misstrauen. Sie wollen entdisziplinieren.

Durch den sexuellen Missbrauch aber steht die Pastoralisierung mit einem Mal vor der Frage, wie weit ihre Protagonisten selbst Pastoralmacht über die Kirche und vor allem dort über deren Führungspersonal anstreben müssen. Schließlich wird von den klerikalen Tätern missbraucht mit einer schamlosen Undiszipliniertheit gegenüber schwächeren Einzelnen. Und es wird von den klerikalen Entscheidern vertuscht mit einem unverschämten Ignorieren der einzelnen Opfer. Pastoralmacht anzustreben würde schließlich dazu führen, die jeweiligen Einzelnen, also die Opfer, auf dieselbe Ebene zu heben wie die Angehörigen des mächtigen Führungsstandes, also des Klerus. Daher kann die Pastoralisierung dem sexuellen Missbrauch der eigenen Kirche nicht nur nicht ausweichen, sondern muss dieser Kirche zumuten, sich elementar anders zu strukturieren, um weitere Opfer zu verhindern. Die Pastoralisierung gerät daher unausweichlich in einen Konflikt mit der Zentralisierung, weil diese mindestens für das Vertuschen verantwortlich ist. Sie wird darin jene Zeichen der Zeit auszumachen, die nicht einfach als Stärkung des Glaubens umgedeutet werden können, sondern eine gravierende selbst verschuldete Unglaubwürdigkeit der Kirche offenbaren.

Die Diktatoren des Relativismus sitzen also in der Kirche selbst, und zwar von ganz oben angefangen; mit Hilfe des Zentralismus hatten sie eine Kultur der Relativierung der Übergriffe etabliert, die jetzt die Renaissance des Papsttums gravierend torkeln lässt. Seine Fähigkeit zur Pastoralmacht löst sich auf, wie an der freimütigen Nicht-Rezeption der letzten Sozialenzyklika *Fratelli tutti* weltweit zu erkennen war. Das wird kein Einzelfall bleiben. In der Pandemie ist die Pastoralmacht fast vollständig auf den gouvernementalen Staat übergegangen. Entsprechend kann die Pastoralisierung den Zentralismus kirchlich auch nicht länger mit der Sehnsucht nach besseren Zeiten aussitzen, also einem „das wird schon". Sie ist genötigt, hier und jetzt tiefgreifende Reformen zu verlangen und in die Wege zu leiten, um die es dann zwangsläufig mit den Protagonisten des Zentralismus innerkirchliche Abnutzungsschlachten gibt und ein zäher Stellungskrieg geführt wird.

2. Zwei Muster zur Kultivierung des Glaubens

Die Differenz der beiden Grammatiken ist in so gut wie allen Zeichen der Zeit extrem angespannt, mit denen eine wachsende Unglaubwürdigkeit der Kirche verdrillt ist. In den jeweiligen Zeichen werden unübersehbare kirchliche Fehler sichtbar: die breite Anteilnahme am sexuellen Missbrauch von Abhängigen in so gut wie allen Gesellschaften und die schamlosen kirchlichen Altlasten dabei, eine gewissenhaft gesuchte sexuelle Diversität und die kirchliche Beschuldigungstheologie dazu, der dynamische gesellschaftliche Aufstieg der Frauen und die kirchliche Widerspenstigkeit dagegen, das wachsende Auseinanderdriften von Arm und Reich und die hohen Vermögenswerte der kirchlichen Institutionen, die wachsende Sorge um demokratische Teilung von Macht und die autoritäre kirchliche Entscheidungskultur. Die Zeichen der Zeit legen jeweils Krisen in der Kirche frei und verschärfen sie; sie lassen sich nicht so schön ideal mit dem Glauben deuten, ohne einen Streit um falsche Glaubenspositionen auszulösen. Daher stehen alle Versuche, auf der Linie der Zentralisierung die Kirche wieder zurück zur Glaubwürdigkeit zu bringen, fast diametral gegen jene, die auf der Linie der Pastoralisierung als notwendig angesehen werden.

Das verschärft sich durch den sexuellen Missbrauch der katholischen Kirche. Hier sind die Zeichen der Zeit für den Glauben mehr als kritisch; sie sind existenzbedrohlich. Menschen nehmen sexuellen Missbrauch nicht mehr unwidersprochen hin und das ist eine globale Tatsache, die überall die katholische Kirche unter starken Druck bringt. Die Zeitgenossen lassen mangelnde Aufarbeitung von Schuld und Verantwortung, aber auch offenkundiger Schamlosigkeit im Vertuschen der Taten nicht mehr auf sich beruhen und diese Zeitgenossenschaft hat weite Teil der Gläubigen erfasst. Das hat die Kirche bitter lernen müssen, weil beides, der Mangel an Aufarbeitung und die Schamlosigkeit des Vertuschens, für sie über quälende Jahrzehnte hinweg leitend gewesen war, um den Zentralismus weiter durchhalten zu können. Entsprechend benötigt sie dringend Auswege aus der prekären Lage, in der sie sich befindet. Das verschärft das Gegeneinanderlaufen der beiden Strategien, Fehler zu vermeiden. Das Ringen zwischen ihnen wird sich daher auf diesem Feld entscheiden: Was ist erfolgreicher, endlich aus dem Missbrauchsskandal herauszukommen – Zentralisierung oder Pastoralisierung? Wie lange dieses Endspiel dauert, ist noch nicht klar, weil auch die Spielregeln erst allmählich erkennbar werden, wenn es überhaupt welche gibt. Sie werden nicht von denen festgelegt, die in dieser Arena stehen, aber sie werden davon betroffen. In der Arena stehen alle gläubigen Katholikinnen und Katholiken, für die ihre Kirche mehr als einen Pfifferling wert ist.

In der Gegenläufigkeit von Zentralisierung und Pastoralisierung verdrillen sich Macht und Ohnmacht, Innen und Außen, Religion und Glaube, Gemeinschaft und Freiheit, die Herrschenden und das Volk, die Kirche und die Gläubigen wie auf einem Möbiusband. Dabei werden differente Muster zum Glauben sichtbar. Schauen wir zunächst auf die Akteure und Akteurinnen. Es geht um Bischöfe, Kardinäle und Papst als die sichtbaren Repräsentanten einer zentralistisch organisierten Weltkirche auf der einen Seite, also die höhere Hierarchie der katholischen Kirche. Der stehen auf der anderen Seite diejenigen mit pastoralen Tätigkeitsbereichen lokalen, regionalen oder nationalen Zuschnitts gegenüber, die eine dynamische Melange aus klerikalem und nicht klerikalem Seelsorgepersonal, deren Begleitung durch pastoraltheologische Expertise sowie hochidentifizierten professionellen Medienschaffenden bilden. Sie sind der Pastoralisierung verschrieben und bestehen aus Personen, die mit Glaubensaktivitäten professionell oder mit hohem ehrenamtlichem Engagement beteiligt sind, sowie aus jenen professionellen Medienleuten, die mit ihrer Berichterstattung über das Gegenlaufen dieser beiden Linien in das Geschehen eingebunden sind.

Zwischen den beiden Gruppierungen gibt es Diffusionen und Osmosen vom zweiten zum ersten Bereich, aber so gut wie nie umgekehrt. Man kann von der Pastoralisierung in die Zentralisierung wechseln, was dort dann als Aufstieg angepriesen wird, also einem Karriereschritt, aber in vielen Fällen eher zu einem (nicht zuletzt intellektuellen) Distinktionsverlust an Autorität führt, der auf dem pastoralisierten Feld auch sehr genau registriert wird. Andererseits sind die Möglichkeiten einer zentralisierten Macht so stark, dass es kaum jemand von der Zentralisierung zurück in die Pastoralisierung von Kirche schafft, auch wenn bei manchen Beteiligten die Sehnsucht danach authentisch zu spüren ist. Ob das an den Versuchungen der Macht hängt oder eher an ihrem Einschwören auf Homogenität, sei dahingestellt.

Die großen Ordensgemeinschaften sind in sich nach diesen beiden Seiten hin gespalten und können deshalb von beiden Seiten auch beansprucht werden. Die Anteile sind jeweils nach Ordensgemeinschaft sehr unterschiedlich. Die Neuen Geistlichen Bewegungen dagegen sind überwiegend auf der ersten Seite als von der zentralisierten Hierarchie einsetzbare Ressource platziert und deshalb in ihren Leitungsgremien auch ganz entschieden auf innerkirchliche Geländegewinne vor allem im Bereich der römischen Kurie ausgerichtet. Keine Ordensgemeinschaft und keine Geistliche Bewegung ist nicht in die gegenläufige Entwicklung eingebunden, weshalb auch keine von ihnen eine dauerhafte Alternative dazu entwickelt hat. Das wird mit großer Wahrscheinlichkeit auf absehbare Zeit auch nicht geschehen.

In dem Gegenlaufen zeigen sich zwei unterschiedliche Muster der Kultivierung des christlichen Glaubens. Das erste Muster markiert eine katholische Religionsgemeinschaft, die auf sichtbare und mittlerweile globalisiert realisierbare Repräsentanz ausgerichtet ist. Sie war in der Zeit, in der sich Kirche selbst als *societas perfecta supernaturalis* begriffen hat, auf ein Gegenüber zum Staat festgelegt und ist nun auf eine dekadent imaginierte Weltzivilisation angewiesen, in der Bedrohungen für humane Lebensbedingungen ausgemacht werden. Das zweite Muster, Glauben zu kultivieren, bildet eine Pastoralgemeinschaft der katholischen Glaubenskultur mit prinzipiell allen Menschen aus und ist auch auf eine Weltzivilisation hin idealisierbar. Im Fokus dieser Kultivierung des Glaubens stehen die Solidarisierung mit diesen Menschen, die Teilhabe an ihrer jeweiligen Lage und der Respekt vor ihrer Religionsfreiheit.

Die beiden Muster relativieren sich derzeit nicht wechselseitig, wie es eigentlich beim Aufeinandertreffen von Kulturen geschieht. Sie schaukeln sich vielmehr wechselseitig auf zu einem Tribalismus. Das führt zu einer Sehnsucht nach einer Alternative, die irgendwie typisch katholisch ist.

3. Die Sehnsucht nach dem Dritten Weg

Zwei Fragen stehen natürlich sofort im Raum: Ist das Gegenlaufen der beiden Glaubenskulturen zufällig oder unvermeidlich? Gibt es eine dritte Größe dazwischen, die einen Clash of Cultures zwischen diesen beiden Linien verhindert und die der Pluralisierung einen möglicherweise gemeinsamen Fokus geben könnte? Dafür lassen sich Argumente aus jenen Phasen aufbringen, in denen Teile der Hierarchie dieses Gegenlaufen entschieden zugunsten einer dritten Größe unterlaufen haben wie im Fall der Befreiungstheologie und ihrer vorrangigen Option für die Armen. Auch Äußerungen und Aktvitäten des gegenwärtigen Papstes Franziskus sind für dieses Gegenargument verwendbar. Und nicht zuletzt scheint das letzte Konzil hierher zu gehören, hat es doch mit allen zentralistischen Mitteln die integrale Pastoralisierung des kirchlichen Glaubens eingesetzt.

Rainer Bucher hat immer für die Existenz einer dritten Größe plädiert und sieht sie im Volk Gottes realisiert. Bei ihm gibt es eine Art harten Kern des Volkes Gottes mit der katholischen Glaubensgemeinschaft, die nach allen Seiten hin offen ist und daher an keinen Begrenzungen als Katholisches Milieu oder als Laienkatholizismus mehr leiden muss. Daher hat er diese Begrenzungen und jenes Leiden oft thematisiert, um herauszufinden, warum das Volk Gottes nicht die Rolle spielt, die seiner Bedeutung entspricht.[2] Wenn Rainer Bucher Recht hat, dann dürfte eigentlich aus dieser Entwicklung keine binäre Codierung entstehen, die wie jede solcher Codierungen unweigerlich zu einem innerkirchlichen Machtkampf führt. Es ist auf jeden Fall klar, wie der Machtkampf entschieden wird, sobald er unausweichlich geworden ist. Ihn wird die zentralisierte Macht in der Kirche aufgrund ihrer kirchenrechtlichen und symbolischen, finanziellen und staatskirchenrechtlichen Präpotenz an verfügbaren Ressourcen immer gewinnen.

Mit jedem Schritt der Abklärung, mit dem sich dieser Gewinn sichtbar abzeichnet, wird sie dabei allerdings die Unterwerfung vor Ort bei denen verlieren, die für die Kirche arbeiten. Das würde sie noch leicht zu verschmerzen glauben, weil eine Zentralisierung immer allein um sich selbst kreist. Aber eine weiter betriebene Zentralisierung wird insbesondere ihre Autorität bei den Gläubigen verlieren, weil diese darin keinen Respekt vor ihrer jeweils sehr speziellen Lage wahrnehmen können. Dieser Respekt ist nun aufgrund der Lasten unvermeidlich geworden, die vom sexuellen Missbrauch der Kirche auf die kirchlich identifizierten Gläubigen abgeladen werden. Sie stehen in der Arena des Missbrauchs. Daher werden die, die den Machtkampf binnenkirchlich sicher gewinnen, jenes Volk Gottes verlieren, das als dritter Weg eigentlich aus der Tribalisierung herausführen würde. Von daher wird sich Rainer Buchers implizite Befürchtung bewahrheiten, dass der mangelnde Respekt vor dem Gottesvolk die Kirche nach unten zieht. Zentralisierung wird nun einmal nicht zum Wohl des Volkes Gottes betrieben, sondern zum Wohl derer, die sie betreiben.

---

2 Vgl. Bucher, ... wenn nichts bleibt, wie es war.

Dieses Phänomen ist nicht kirchenspezifisch, sondern lässt sich in vielen Regierungszentralen auf diesem Planeten beobachten. Darum erreicht die Kirche nun auch die Politikverdrossenheit im säkularen Bereich. Auch die größte Papstverehrung kann über den Verfall der Glaubwürdigkeit nicht hinwegtäuschen und auch nicht hinwegtrösten. Damit ist aber noch nicht ausgemacht, ob die Pastoralisierung nicht ebenfalls daran scheitern wird. Dafür ist ihr historischer Auftakt sprechend.

4. Die Pastoralisierung im aufgeklärten Episkopalismus

Die Zentralisierung der für den Glauben Geltung beanspruchenden Muster betrifft besonders die oberste Macht in der Kirche, also das Papstamt; es ist ihr Hauptnutznießer. Es geriet seit dem Beginn des Pontifikats von Pius VI. 1775 in schwere Fahrwasser aufgrund von mindestens vier Gegenkräften: dem Staatskirchenwesen des österreichischen Josefinismus, dem Gallikanismus aus dem Ancien Régime Frankreichs sowie seiner episkopalistischen Variante im Deutschen Reich, also dem Febronianismus, der langsam aus intellektuellen Eliten auch in breitere bürgerlich-katholische Schichten hineintröpfelnden Aufklärung und schließlich der allgemeinen Religionsfreiheit aus der Französischen Revolution.

Alle vier Bewegungen wollten nicht hinnehmen, dass der Papst in jeder Hinsicht eine Oberherrschaft ausübte und sie über Nuntiaturen umsetzen wollte. In der Reichskirche führte das schon vor der Revolution zu einer durchaus nicht unbedrohlichen Opposition aus dem deutschsprachigen Episkopat heraus, die sich in den sog. Koblenzer Gravamina von 1769 ankündigte, als sich Vertreter der Erzbischöfe von Köln, Mainz und Trier unter der Leitung von Johann Nikolaus von Hontheim, also Febronius, zu 31 Beschwerdepunkten gegen Anmaßungen der päpstlichen Nuntiaturen verständigten. Diese Gravamina beriefen sich auf die Konzilien von Konstanz und Basel, um dem Papst grundsätzlich das Recht zu bestreiten, in Deutschland Nuntiaturen einzurichten und so die bischöflichen Rechte zu beschneiden.

Die neu errichtete Nuntiatur in München brachte dann das Fass zum Überlaufen, weil sie beanspruchte, dass künftig alle Dispense in geistlichen Dingen, die üblicherweise von Erzbischöfen ausgesprochen wurden, nur mehr von ihr zu erteilen wären. Das Gezerre um die Indizierung des Febronius, also der episkopalistischen Streitschrift *De statu ecclesiae* des Nikolaus von Hontheim von 1763, um Hontheims Widerruf ohne sein eigenes Zutun von 1778 und schließlich seine Selbsterklärung in einem Kommentar zu seinem Widerruf von 1781 taten ein Übriges; der Widerruf des Febronius beförderte eben nicht die Unterwerfung unter den anlaufenden Zentralismus. Vielmehr erhoben sich dagegen die vier Erzbischöfe von Köln, Trier, Mainz und Salzburg, also die drei geistlichen Kurfürsten sowie der Primas Germaniae. Sie verboten nicht nur ihren Untertanen, sich überhaupt an den Nuntius zu wenden, sondern erklärten öffentlich und förmlich, dieser von Rom anvisierten Praxis nicht nur zu widerstehen, sondern sich ihr umfassend nicht zu unterwerfen. Die sog. Emser Punktuation von 1786 warnte in 22 Artikeln den Papst davor, ihre Jurisdiktion durch Exemtionen, ihre Dispensierungsvollmacht durch Reservationen und ihre gesetzgebende Macht durch päpstliche Verordnungen zu beschränken. Für den Fall, dass Rom das doch anstrebte, drohten sie mit einem allgemeinen deutschen Nationalkonzil. Auch die Forderung, das Zölibat abzuschaffen, wurde von Mainz aus erhoben, worüber aber keine Einigkeit unter den vier zu erzielen war. Interessant ist der argumentative Dreh- und Angelpunkt der Punktuation: So wie der Papst hätten auch sie ihre bischöfliche Gewalt direkt von Gott verliehen. Die Theologie dafür stammte aus dem Febronius. „In den vier Vorreden [an Papst Clemens XIII., die christlichen Könige und Fürsten, die Bischöfe sowie die Theologie- und Kanonistikprofessoren, H.-J. S.] stellt Hontheim heraus, daß das Bischofsamt göttlichen Rechtes sei und sich daher einer Veränderung oder Beschränkung durch die Kurie entziehe."[3]

Die Emser Punktuation ist zugleich der Höhepunkt des Episkopalismus im deutschen Reich wie von der Aufklärung geprägt.[4] Durch die Revolution 1789 und die weiteren umwälzenden Folgen, nicht zuletzt den Reichsdeputationshauptschluss 1803, ist sie jedoch zur Fußnote der

---

3 Lehner, Nikolaus von Hontheim und sein Febronius, XXII.
4 Vgl. Weber, Febronius und Voltaire; Schönfeld, Kurfürsten und Führungskräfte.

Kirchengeschichte geworden. Sie hatte nie eine Chance, sich zu einer Art katholischer Emser Depesche auszuwachsen. Es war also dem deutschen Episkopalismus kirchlich niemals möglich, wozu später die Emscher Depesche von Bismarck politisch umgeschrieben wurde: der welschen Dekadenz mit nordischer Disziplin endgültig die Grenzen aufzuzeigen und dabei mit der Eleganz des Nebenbei eine Revolution von oben durchzusetzen.

Es war ausgerechnet ein Vertreter dieser „welschen" Kultur, Napoleon, der dem deutschen Episkopalismus diese Chance nahm. Und er tat es mit der hohen Disziplin des permanenten Ausnahmezustandes, die alle preußischen Urteilen über südländische Dekadenz Lügen straft. Paris war nun nicht mehr nur eine Messe wert, sondern steht bis heute jeder Selbstdisziplinierung offen, die sich Distinktionsgewinne aus der Zentralisierung erwartete, was natürlich auch für die päpstliche Zeugenschaft bei der Pariser Kaiserkrönung galt. Als Korse war Napoleon viel näher an der Fassadenkultur des Katholizismus als die Jakobiner mit ihrer Tugendherrschaft. Der Ultramontanismus akzeptierte den unleugbaren Erfolg einer zentralisierten Macht und verdrillte sie mit jenem päpstlichen Glaubenszentralismus, der sich gegen jede regionale Relativierung verwahrt. Das Amt des Papstes wurde ab Mitte des 19. Jahrhunderts zum restaurativen Maß der katholischen Dinge. Sie schufen die Pianische Epoche, die gegen den regionalen Einheitsstaat Italien die Universalisierung der päpstlichen Homogenisierung des Katholischen betrieb. Dieser innerkirchlichen Einheit waren nun keine politischen Grenzen mehr gesetzt, wohl aber diejenigen des verengten Blicks einer Denomination.

Diese Kirche stand zwar gegen eine Nationwerdung – Italiens Risorgimento – mit der geistlichen Überlegenheit des Glaubens, ohne zu verstehen, dass sie lediglich mit denselben binären Strukturierungen des „Wir gegen die anderen" das Gleiche schuf. Es wurde nur nicht Nation genannt, aber es war wenig anderes, eben die einzig wahre katholische Kirche, die identisch mit allem ist, was Jesus, der christliche Glaube und die Tradition des Christentums jemals gewollt hätten. Daraufhin konzentrierten sich ihre Disziplinierungen. Eine katholische Kirche wurde geschaffen, die sich damit identifizierte, unter den Katholiken eine päpstlich begründete Einheit zu erreichen, damit nie wieder ein Gallikanismus, Febronianismus oder sonstiger Episkopalismus sich an die Spitze einer Bewegung setzt, den Glauben von denen her zu verstehen, die ihn tatsächlich leben müssen, und nicht von der Zentralisierung her zu verstehen, dessen Metonymie der Papst nach dem Ersten Vatikanischen Konzil geworden ist.

Dieses neue Kirchenformat behauptete zwar, die Repräsentantin des kulturellen Gedächtnisses aller Kirchenformen des christlichen Glaubens zu sein, aber vollzog wahrscheinlich doch nur eine weitere „invention of tradition", wie sie im Nationalisierungsprozess von Identitätskulturen der damaligen Zeit häufig zu beobachten war.[5] Ihr Modell eines übernatürlichen Staates verlangt die vollständige Disziplinierung unter die sichtbaren Vorgaben aus dem päpstlichen Zentrum. Demgegenüber heißt „Nationalkirche" bis heute der Leviathan, gegen den schon Robert Bellarmin literarisch zu Felde zog und vor dem sich die Kurie in Rom ständig wappnet. Der Synodale Weg der deutschen Katholik:innen bekommt das gerade zu spüren.

Für einen von Nationalgrenzen befreiten Glauben genügt es allerdings nicht, nur so zu tun, als wolle man eine äußere Einheit aus Leben und Glauben schaffen. Es muss vielmehr auch erreicht werden, dass die Verhältnisse des Glaubens sich vor Ort und für die verbessern, die ihn leben, und sich nicht nur bei ihnen die Zentralisierung bessert. Hier hatte die einzig wahre Kirche, also die katholische, sogar einen entscheidenden Vorteil. Ihr stand mehr als bloß die äußere Identifizierung mit innerem Pathos

---

5 „Inventing traditions, it is assumed here, is essentially a process of formalization and ritualization, characterized by reference to the past, if only by imposing repetition. […] However, we should expect it to occur more frequently when a rapid transformation of society weakens or destroys the social patterns for which ‚old' traditions had been designed, producing new ones to which they were not applicable, or when such old traditions and their institutional carriers and promulgators no longer prove sufficiently adaptable and flexible, or are otherwise eliminated: in short, when there are sufficiently large and rapid changes on the demand or the supply side. Such changes have been particularly significant in the past 200 years, and it is therefore reasonable to expect these instant formalizations of new traditions to cluster during this period." (Hobsbawm, Introduction: Inventing Traditions, 4–5) Für ein prekäres katholisches Beispiel vgl. Wolf, Der Unfehlbare.

zur Verfügung. Ihr öffnete sich das Innere von Menschen. Wenn Kirche mehr ist als die eigene religionsgemeinschaftliche Umgebung oder eine katholische nationale Kultur, dann erwacht sie in den Seelen, wie es Romano Guardini beschrieben hat. Allerdings war die nordisch-protestantische Disziplin in diesem Vorgang von unabsehbarer Tragweite dem päpstlichen Zentralismus unheimlich. Entsprechend misstraute die Pianische Epoche einer durchgängigen Pastoralisierung des katholischen Milieus und kam über die Disziplinierung von Sexualität und Frömmigkeit in Gestalt des katholischen Milieus nicht hinaus. Die Pianische Kirche hatte ihre Chance und nutzte sie nur zu einem (mehr oder weniger sehnsuchtsvollen) Blick durchs Schlüsselloch in die Räume des Intimen. Daraufhin konzentrierten sich die Disziplinierungen und daraufhin hatte die Pastoral der zentralen Lehre auf den Fuß zu folgen. Pastoraltheologie war bloße Anwendungsdisziplin zur besseren Disziplinierung. Das genügte und deshalb war die Sichtbarkeit des Glaubens ausreichend. Niemand musste dort in diesem Milieu wirklich tun, was sie oder er meinte, tatsächlich zu glauben zu haben. Es genügte, so zu tun, als glaubte man das, was man meinen sollte. Unterwerfung war wichtiger als Selbstdisziplinierung.

Zu mehr Pastoralmacht als jener über alle („omnes") war der katholische Zentralismus in der Vergangenheit nicht fähig. Er behielt immer alle im Blick, aber misstraute der einzelnen Person und ihren Selbstdisziplinierungen zur Erreichung von sich heraushebender Individualität. Die wurde aber immer wichtiger in der Pastoralisierung, die sich durch das antimodernistische Misstrauen immer stärker als alternatives Muster zur Kultivierung des Glaubens entwickelte. Daher kommen wir noch einmal zur Konfrontation von Zentralisierung oder Pastoralisierung zurück, wie sie in der katholisch aufgeklärten Emser Opposition der feudalen Episkopalisten bereits erstaunlich präzise zu fassen ist. In Bad Ems entstand 1786 bei genannten Treffen der vier erzbischöflichen Dissidenten neben der hochpolitischen Punktuation

> „eine zweite, zwölf Artikel umfassende ‚Disziplinar-Punktuation'. Darin ging es im Geist der kath. Aufklärung um Verbesserung der Seelsorge, um die Gestaltung der Gottesdienste, bei denen auf jede Punktentfaltung verzichtet werden sollte, um Verminderung von Prozessionen und Wallfahrten sowie um Einschränkung

des Heiligenkultus, ferner um Fragen der Klosterreform, Abschaffung der Klosterstrafen, Neuordnung des weiblichen Ordenswesens und um den Einsatz von Stiftskanonikern in Seelsorge und Schulwesen. [...] Man war sich ‚darüber im Klaren, dass die mit religiöser Argumentation begründete Zurückdrängung des römischen Einflusses nur dann berechtigt war, wenn man gleichzeitig daranging, die seelsorgliche Verwaltung der Diözesen zu intensivieren' (v. Aretin). Dabei war der Wettstreit mit dem Staatskirchentum von vornherein zum Scheitern verurteilt, weil die Reichskirche hier an die Grenzen ihrer eigenen Existenz stieß, bevor durch die Säkularisation von 1803 ganz neue Verhältnisse entstanden."[6]

Hier steht eine ganze Reihe von Punkten, die für die Gegenläufigkeit der Bemühungen um einen päpstlich-römischen Zentralismus zur Pastoralisierung der kirchlichen Glaubensverhältnisse auf der anderen Seite bis auf den heutigen Tag bedeutsam ist. Wer würde heute die pastoralen Verhältnisse beim Volk Gottes über Heiligenverehrung, straffere Klosterdisziplin oder Wallfahrten verbessern wollen? Und wer hat dagegen über eine Unzahl von neuen Heiligen, eine als straffer aufgefasste Disziplin Neuer Geistlicher Gemeinschaften und mittels globalisierter Wallfahrten die katholischen Verhältnisse verändern wollen? In diesem zweiten Emser Dokument ist eine strategische Einsicht gewonnen, deren Bedeutung nicht zuletzt die innerkirchlichen Konfrontationen heute offenbaren. Wer dem Zentralismus Einhalt gebieten will, muss eine Pastoralisierung vorantreiben und dabei den Teil des „singulatim" in der Pastoralmacht aus „omnes et singulatim" besonders beachten, auf deren Linie Foucault die Selbstdisziplinierung des Individuums im Pastorat und die Gouvernementalität im modernen Staat verdrillt sieht.[7] Im vergessenen Bad Ems zeigte sich schon vor Revolution und Restauration, dass die Zentralisierung des katholischen Glaubenslebens geradezu zwangsläufig mit der modernen Selbstidentifizierung von Menschen zusammenstößt.

Dabei steht nicht katholische Ordnung gegen revoltierende Unordnung, sondern es ringen zwei Disziplinierungen miteinander. Wenn es eine dritte Größe zwischen diesen beiden Linien tatsächlich geben sollte, dann muss man sich fragen, womit sich jenes Volk Gottes dann

---

6 Klueting, Art. Febronianismus, 209.
7 Vgl. Foucault, Sicherheit, Territorium, Bevölkerung, 278–368.

eher identifiziert – mit der Zentralisierung aufgrund autoritärer Disziplinierung oder der Pastoralisierung aufgrund moderner Selbstdisziplinierung? Das ist identisch mit der Frage an die Pastoraltheologinnen und -theologen von heute, von welcher Seite her sie die Pastoralmacht verhandeln – von „omnes" oder „singulatim".

5. Die Macht der Pastoraltheolog:innen

Hontheim schätzte Rautenstrauch sehr; sein Febronius zitiert den Abt ausführlich.[8] Maria Theresia dagegen war strikt gegen Febronius.[9] Es gibt also in der Innovation der Pastoraltheologie 1777 offenkundig eine Differenz zwischen dem Episkopalismus, der für seine Absetzbewegung vom Zentralismus das pastorale Drehmoment benötigt, und dem Staatsinteresse an einer Professionalität der Seelsorge vor Ort. In gewisser Weise diente die Pastoraltheologie ursprünglich einem regionalen Zentralismus, was vielleicht erst mit Sailer sich grundlegend änderte.[10] Es war ihr Glück, dass sie für die Unterstützung des Episkopalismus oder eben seine dezidierte Bekämpfung nicht mehr in Frage kam. Eine – Pardon! – Gnade der späten Geburt hatte ihr diese Konfrontation erspart, was für die anderen theologischen Disziplinen nicht gilt. Vor allem die Systematik, insbesondere die Dogmatik, ließ sich auf Aufspüren und Attackieren des Antizentralismus abrichten. Wenn ich die heftigen Debatten in der Pastoraltheologie richtig verstehe, dann waren die Pfarrgemeinde und die Gemeindetheologie die stärkste Versuchung, doch noch in die Zentralisierungsgrammatik aufgrund von Selbstdisziplinierungen im Fach eingepasst zu werden.[11]

Aber das sind *tempi passati*. Das muss auch davon gesagt werden, mit Pastoraltheologie das Zweite Vatikanische Konzil aufzugreifen und glaubenspraktisch werden zu lassen. Das hatte seine Zeit und es wurde zu einem Generationenprojekt, von dem wir heute theologisch profitieren. Aber

---

8 Vgl. Lehner, Nikolaus von Hontheim, XVIII.
9 Vgl. Reinalter, Art. Maria Theresia, 404.
10 Vgl. Seip, Der weiße Raum, 51–69.
11 Vgl. Bucher, Die Gemeinde nach dem Scheitern der Gemeindetheologie; Bucher, 1935–1970–2009; Bucher, Einige Anmerkungen.

es gibt kein Zurück in die Nachkonzilszeit. Wir stehen in der Arena des sexuellen Missbrauchs und auch der Katakombenpakt wurde nicht über denen des Kolosseums geschlossen. Das Bergend-Katholische ist Ruine geworden und das ist das Thema auf der Linie der Pastoralisierung heute. Daher bedeutet, Theologie nach dem Konzil zu betreiben, theologisch die Muster für eine Kultur der Vermeidung der ruinösen Fehler zu entwickeln, die offenbar geworden sind. Es ist nicht die Zeit, über die Fehler hinwegzusehen und sich an Restaurationsarbeiten am Bergend-Katholischen zu machen. Wer sich daran beteiligen will, wird sich den Disziplinierungen der Zentralisierung unterwerfen müssen, gleich ob sie/er es möchte oder nicht. Denn diese ist die Allegorie im Reiche des Katholischen für das, was die Ruine im Reiche der Dinge ist, um Walter Benjamin zu verfremden.[12] Ruinen lassen sich nicht restaurieren, ohne jemals über das Bemühen hinauszukommen. Sie verbleiben immer Allegorien des Scheiterns.

Das ist nun die Chance, aber auch die Stunde der Pastoraltheolog:innen, also der professionellen Unterstützer:innen der Pastoralisierung. Ihre Stunde der Macht ist nun gekommen. Haben sie Disziplinierungen anzubieten, die mit den ruinösen Fehlern positiv arbeiten lassen? Stecken sie in der Ohnmacht davor fest oder sind sie eine Macht, diese Fehler ebenso markant zu präsentieren wie sich nicht von ihnen ins Bockshorn jagen zu lassen? Oder bearbeiten sie doch lieber die möglichen Neubauten nach der Ruine? Das ist eine Frage nach der Pastoralmacht, die von den Ruinen ausgeht, die der sexuelle Missbrauch geschaffen hat. Sie betreffen in der Kirche alle, weil alle, die katholisch glauben, in der Arena des Missbrauchs stehen, und sie betreffen jede/n Einzelne/n, weil niemand in der Glaubensgemeinschaft mehr ausschließen kann, Opfer kirchlich ruinöser Praktiken zu werden. Das gilt in den Zeiten des religiösen Terrorismus auch darüber hinaus, was aber ein anderes Thema ist, aber an dieser Stelle wohl gesagt gehört.

Das Volk Gottes sollte eine Alternative sein, so das Plädoyer von Rainer Bucher. In der Arena des Missbrauchs bedeutet das, welchen Disziplinierungen sich die Mitglieder dieses Volkes unterwerfen wollen. Bisher

---

12 „Allegorien sind im Reiche der Gedanken was Ruinen im Reiche der Dinge" (Benjamin, Ursprung des deutschen Trauerspiels, 354).

ist die Pastoralmacht pastoraltheologisch eher nach der Seite von „omnes" hin untersucht und verhandelt worden. Vielleicht ist nun die Zeit, an ihrem „singulatim"-Anteil anzusetzen. Welcher Disziplin muss sich jemand unterwerfen, der oder die positiv mit den ruinösen Fehlern der Kirche glauben kann? Wenn es diese Disziplin gibt, dann hätte das für die Pastoren, also die Profis des katholischen Glaubens, große Vorteile. Aber die Disziplin beginnt beim Individuum und seinen Selbstdisziplinierungen. Sie können sich nicht mit den ruinösen Fehlern abfinden, aber sie können den Zentralisierungsangeboten auch nicht mehr vertrauen.

Was bleibt dann noch? Die Pastoralmacht ist nicht nur einfach eine ausübende Herrschaft, sondern ein Widerstand gegen königsmächtige Unterwerfungen. Sie hat einen Anteil von Revolte, weil weder die Unterwerfung aller unter die Einzelnen noch der Einzelnen unter alle von ihr unterstützt wird. Für die Revolte gegen ruinöse Fehler gibt es zwei wichtige Einsichten: Sie geschieht in der Anonymität. Von dort kommt sie her, ehe sie sich zu expliziten Widerstandsaktionen aufbäumt. In dieser Anonymität ereignet sich ein Vorgang von unabsehbarer Tragweite darin, dass Menschen zugleich ins Außen der Größe wechseln, mit der sie sich weiterhin identifizieren, weil sie sich nicht mehr von ihr disziplinieren lassen. Sie entwickeln einen doppelten Ort – zugleich drinnen und draußen. Das macht diese Anonymität theologisch so weiterführend. Wie sehen die Glaubenspraktiken derer aus, die zugleich zum Binnenbereich gehören, wie ständig in den Außenbereich wechseln? Wer dazu gehört, verhält sich wie jemand, der/die nicht dazu gehören muss und deshalb die ruinösen Fehler wie Whistleblower offenbaren und ihnen wie Dissidenten widerstehen kann.

> „Nun besteht aber die Besonderheit der Praxis der Anonymität gerade darin, daß sie in der Lage ist, jedes Mitglied einer Institution zu einer Person zu machen, die *potentiell* gleichzeitig oder wahlweise *in* und *out*, konform und politisiert sein, die Institution unterstützen oder gegen sie protestieren kann. Diese Situation schwächt die Institution zweifellos viel stärker als die rituellen Auseinandersetzungen zwischen ausgewiesenen Partnern nach kodifizierten Verfahren."[13]

---

13 Lagasnerie, Die Kunst der Revolte, 101.

Für die Pastoraltheolog:innen – wie auch für andere professionelle Theolog:innen – bedeutet das eine veränderte Aufmerksamkeit: zugleich drinnen in der Kirche wie draußen zu sein und mit dem scheinbaren Gegensatz kein Problem zu haben. Unter dieser Voraussetzung können sich die pastoraltheologischen Auseinandersetzungen mit der ruinösen Krise der Kirche mit der Anonymität der schweigenden Mehrheit verbinden und dort ein Angebot machen. Diese Mehrheit fragt sich gerade, wie sie anders glauben kann als das, was die Arena des Missbrauchs gebaut hat. Und für diese Mehrheit sind die Glaubensgebote der Zentralisierung weder bindend noch überzeugend; sie haben keine Autorität mehr. Pastoralisierung dagegen bedeutet gegenwärtig den Mut, es zu befördern, anders zu glauben. Dieser Mut wird die Zumutung der Anonymität wertschätzen, zugleich innen wie außen zu sein, und er wird der Demütigung des sexuellen Missbrauchs nicht ausweichen, nur mehr in Ruinen glauben zu können. Dieser Mut wird Hoffnung in der katholischen Kirche machen können, dass anders zu glauben geht, als es in der kirchlichen Gegenwart geschieht.

Literaturverzeichnis

Benjamin, Walter: Ursprung des deutschen Trauerspiels, in: Schweppenhäuser, Hermann – Tiedemann, Rolf (Hg.): Gesammelte Schriften, Bd. I·1. Hg. v. Schweppenhäuser, Hermann – Tiedemann, Rolf, Frankfurt a. M. 1980, 203–430.

Bucher, Rainer: Die Gemeinde nach dem Scheitern der Gemeindetheologie. Perspektiven einer zentralen Sozialform der Kirche, in: Ritzer, Georg (Hg.): „Mit euch bin ich Mensch …". FS Friedrich Schleinzer, Innsbruck 2008, 19–46 (parallel veröffentlicht in: Pastoraltheologische Informationen 28 (2008), 66–90).

Bucher, Rainer: 1935–1970–2009. Ursprünge, Aufstieg und Scheitern der „Gemeindetheologie" als Basiskonzept pastoraler Organisation der katholischen Kirche, in: Scherzberg, Lucia (Hg.): Gemeinschaftskonzepte im 20. Jahrhundert zwischen Wissenschaft und Ideologie, Münster 2010, 289–316.

Bucher, Rainer: Einige Anmerkungen zu Herbert Haslingers, Norbert Mettes und Andreas Wollbolds Überlegungen zur Gemeindetheologie, in: Sellmann, Matthias (Hg.): Gemeinde ohne Zukunft? Theologische und praktische Modelle, Freiburg i. Br. 2013, 105–121.

Bucher, Rainer: … wenn nichts bleibt, wie es war. Zur prekären Zukunft der katholischen Kirche, Würzburg ³2017.

Foucault, Michel: „Omnes et singulatum": vers une critique de la raison politique, in: ders.: Dits et écrits II, 1976–1988. Hg. v. Defert, Daniel – Ewald, François, Paris 2001, 953–981.

Foucault, Michel: Sicherheit, Territorium, Bevölkerung. Geschichte der Gouvernementalität I, Frankfurt a. M. 2006.

Hobsbawm, Eric: Introduction: Inventing Traditions., in: ders. – Ranger, Terence (Hg.): The Invention of Tradition, Cambridge 2018, 1–14.

Klueting, Harm: Art. Febrionianismus, in: Reinalter, Helmut (Hg.): Lexikon zum aufgeklärten Absolutismus in Europa, Wien 2005, 209–212.

Lagasnerie, Geoffroy de: Die Kunst der Revolte. Snowden, Assange, Manning, Berlin 2016.

Lehner, Ulrich L.: Nikolaus von Hontheim und sein Febronius, in: Lehner, Ulrich (Hg. und eingel.): Johann Nikolaus von Hontheim: Justini Febronii Commentarius in suam Retractationem (1781), Nordhausen 2008, I–LIX.

Reinalter, Helmut: Art. Maria Theresia, in: ders. (Hg.): Lexikon zum aufgeklärten Absolutismus in Europa, Wien 2005, 402–408.

Schönfeld, Gudrun: Kurfürsten und Führungskräfte. Herkunft, Qualifikation und soziale Verflechtung der kurtrierischen Führungsschicht im 18. Jahrhundert, Marburg 2011.

Seip, Jörg: Der weiße Raum. Prolegomena einer ästhetischen Pastoraltheologie, Freiburg i. Br. 1967.

Weber, Sascha: Febronius und Voltaire. Das Kurfürstentum Mainz zwischen reichskirchlichem Episkopalismus und französischer Aufklärung, in: Beutel, Albrecht – Nooke, Martha (Hg.): Religion und Aufklärung. Akten des Ersten Internationalen Kongresses zur Erforschung der Aufklärungstheologie (Münster, 30. März bis 2. April 2014), Tübingen 2016, 193–203.

Wolf, Hubert: Der Unfehlbare. Pius IX. und die Erfindung des Katholizismus, München 2020.

EVAlution.
Frauen-Symbole belarussischer Proteste

Valeryia Saulevich

Für Rainer, mit Dankbarkeit für die Räume der Freiheit

Am Abend nach den Präsidentschaftswahlen in Belarus, dem 9. August 2020, las ich in den Nachrichten, dass auf den Straßen von Minsk Blendgranaten zerplatzen und Schüsse zu hören sind. Das Internet wurde im ganzen Land stillgelegt. Das war die Reaktion der aktuellen Regierung auf den friedlichen Protest von Belarussinnen und Belarussen für eine ehrliche Stimmenauszählung. In den darauffolgenden Tagen kamen aus Minsk und anderen belarussischen Städten mehr Berichte über die brutale Vorgehensweise gegen Demonstrierende. Die Einsatzkräfte verletzten, verhafteten, folterten und ermordeten Menschen.

Die rohe Gewalt, die an die Oberfläche kam, war nicht mehr zu verstecken oder zu übersehen. Jedoch zeigten sich die schöpferische Kraft und die Solidarität unter den Menschen mit der gleichen Heftigkeit. Frauen spielten dabei die leitende Rolle. Nach den gewalttätigen Angriffen und Verhaftungen der ersten Tage bildeten sie, weiß gekleidet und mit Blumen in den Händen, Solidaritätsketten auf den Straßen. Diese Aktionen des weiblichen, friedlichen Widerstandes regten landesweit Massen von Menschen zu weiteren Protesten an.

Die Wucht der aufeinanderprallenden Wellen machte bald klar, dass es sich nicht nur um eine politische Krise mit einer ideologischen oder programmatischen Agenda handelt. Von nun an ging es um die fundamentalen Prinzipien des Menschseins und der Gesellschaftsordnung in der Spannung von Frieden und Gewalt, Gutem und Bösem, Leben und Tod. Belarussinnen und Belarussen befanden sich an einem Punkt ohne Wiederkehr.

Die fundamentale Bedeutung der mittlerweile sechs Monate dauernden Proteste drückt sich in ihrer vielschichtigen, archetypischen Symbolik aus. Ereignisse und Figuren der letzten sechs Monate verflechten sich mit kulturgeschichtlichen Bildern und Gestalten, neue Bedeutungen entstehen und die alten nehmen neue Dimensionen an. Die tragenden Elemente dieser Symbolik haben einen weiblichen Charakter.

Der belarussische Protest begann mit „Eva" von Chaim Soutine, einem Gemälde aus der Kunstsammlung einer russisch-belarussischen Bank, das im Juni 2020 in Minsk verhaftet wurde. Der Vorstandsvorsitzende der Bank, Viktor Babaryka, der für seine Förderinitiativen im Bereich belarussischer Kultur bekannt ist, wurde kurz nach diesem Vorfall ebenso festgenommen. Dies geschah, nachdem er seine Entscheidung ankündigte, sich als Wahlkandidat aufstellen zu lassen. Beide Verhaftungen lösten eine starke gesellschaftliche Resonanz aus. Künstlerinnen und Künstler verbreiteten diverse Interpretationen von „Eva" mit dem Hashtag #евалюцыя (#evalution). Die Abbildung des Gemäldes verbreitete sich auf bedruckten T-Shirts und Tragetaschen und wurde somit zum Symbol des Protestes.[1]

Eva, die Frau der biblischen Urgeschichte, hinterfragte die bestehende Realität und verlangte nach Weisheit und einer tieferen Erkenntnis. Das Kosten von Früchten des Baumes inmitten des Gartens erfüllte ihren Wunsch und führte sie in ihrer Lebensführung zur Unabhängigkeit von der übergeordneten Autorität.[2] Eva stand an einem Punkt ohne Wiederkehr. In der gewonnenen Erkenntnis von Gut und Böse lag der Weg zum Fortschritt und zur Daseinssteigerung (vgl. Gen 3,22). Es wurde möglich, Verantwortung zu übernehmen und eigenständig zu handeln. Dies hatte aber eine Kehrseite. Die Wirklichkeit konnte nicht mehr wie vorher erscheinen: Das Leiden und der Schmerz offenbarten sich als Teile der Existenz.[3]

Mit dem Beginn der Proteste in Belarus kam die enorme physische, verbale und soziale Gewalt in voller Stärke zum Vorschein. Sie enthüllt sich nicht nur als Kennzeichen eines autoritären Staates, sondern als Kernproblem der patriarchalen Ordnung. Sie ist selbst das Ergebnis von Schmerzen und Verletzungen, die in diesen Systemen wenig bis keinen Raum bekom-

---

1 Vgl. Божков, „Ева".
2 Vgl. Meyers, Discovering Eve, 87, 91.
3 Vgl. Schüngel-Straumann, Die Frau am Anfang, 102.

men. So wird die Gewalt an den besonders vulnerablen Stellen ausgelassen, die sonst ignoriert, versteckt und diskriminiert werden: an Frauen jeden Alters, Studierenden, Menschen mit Behinderungen, Kindern.

Dass der Protest den Brocken des Patriarchats im gesellschaftlichen Bewusstsein verschoben hat, belegen sowohl die aussagekräftigen Bilder, als auch die Rhetorik um die Proteste. Belarus wird oft mit einer Frau verglichen, die einem Missbraucher entkommen will. Lukaschenko selbst greift auf diese Rhetorik zurück. Bei einem Propaganda-Event sagte er: „Wir werden Belarus nicht aufgeben! Denn wir lieben sie, und wir geben die Geliebte nicht auf!"[4] Eva erhebt ihre Stimme dagegen auf den Protestplakaten von Frauen: „What is love? Sasha don't hurt me!!!"[5], „Liebe lässt sich nicht erzwingen"[6], „Eine Geliebte schlägt man nicht"[7], „Kein Sex in der Diktatur!"[8]

Die Leitstimme und das Hauptsymbol des belarussischen Widerstandes ist Sviatlana Tsikhanouskaya. Sie registrierte sich als Präsidentschaftskandidatin, nachdem ihr Mann, Siarhei Tsikhanouski, als ein potenzieller Wahlkandidat verhaftet wurde. Mit Maria Kalesnikava und Veronika Tsepkalo – zwei Frauen aus den Zentralen anderer suspendierter Kandidaten – führte sie eine Wahlkampagne unter dem Motto: „Wir lieben! Wir können! Wir werden siegen!"[9] Laut unabhängigen Umfragen muss Tsikhanouskaya die Wahl am 9. August gewonnen haben. Am 10. August wurde sie gewaltsam aus Belarus vertrieben.

Für mich war es neu und beeindruckend zu sehen, wie diese Frau mit ihrer Kampagne den gesellschaftlichen Umbruch bewirkte. Es freute mich, dass sie sich trotz mangelnder Erfahrung in der Politik und Drohungen des Regimes für ihre leitende Rolle im Exil verantwortlich erklärte. Des-

---

4 Zit. nach Belta, 17.9.2021, https://www.belta.by/president/view/lukashenko-belarus-my-ne-otdadim-potomu-chto-ee-ljubim-a-ljubimuju-ne-otdajut-407224-2020/ [Zugriff: 28.1.2021].
5 Siehe Михно, 100 лучших мемов и плакатов с беларуских протестов.
6 Link zum Bild: https://rus.azattyq.org/a/a-battle-of-wits-demonstrators-get-creative-at-anti-government-protests-in-belarus/30790462.html [Zugriff: 29.1.2021].
7 Link zum Bild: https://www.svaboda.org/a/30788576.html?fbclid= IwAR0r16J1a5EO JGP0xKL04tbdnat4HqQ SwLSONwt1jjYwOAiLkGgwwo7qeA [Zugriff: 29.1.2021].
8 Ebd.
9 Vgl. Gessen, Sviatlana Tsikhanouskaya Is Overcoming Her Fears.

halb, als ich über ein Treffen mit Sviatlana Tsikhanouskaya für Belarussinnen und Belarussen in Wien erfuhr, wollte ich sie unbedingt erleben.

So wartete ich auf ihre Ankunft an einem kalten, windigen, aber sonnendurchstrahlten Herbst-Nachmittag mit einer kleinen Gruppe von Frauen und Männern am Maria-Theresien-Platz. Tsikhanouskayas Auto blieb vor dem Kunsthistorischen Museum stehen. Sie stieg aus und näherte sich in Begleitung von Leibwächtern dem Kaiserin-Monument. Eine junge Frau in einem langen, weißen Mantel und einem drüber gelegten roten Schal, mit strahlenden, lächelnden Augen. Sie stellte sich zu uns und wurde bald von Menschen umringt, die sie ansprechen wollten.

Obwohl Sviatlana wegen ihrer leisen Stimme kaum zu hören war, sprach ihre ruhige und sichere Präsenz für sich. Es war ein Erlebnis der Politikerin, die sich auf eine authentische Art und Weise für eine bodenständige, gleichwertige, freie Existenz und Frieden einsetzt. Der kleine Fleck unter dem Monument von Maria Theresia wurde für eine Viertelstunde zu einem Platz der Freiheit. An diesem Ort gab es keine Angst. Ich nahm eine solche Normalität zum ersten Mal in meinem Leben wahr. Sie war selbstverständlich und gerade dadurch überraschend. Im Licht dieser Erkenntnis wurde die Sinnlosigkeit der Angst und der Brutalität in Belarus noch deutlicher und schmerzhafter spürbar.

Die Stille und die Kraft verbinden sich in einer weiteren biblischen Figur, die ebenso ihre Stimme an einem entscheidenden Punkt der Geschichte erhebt – Maria aus Nazareth. Eine lange Deutungstradition stellt diese Frau als ein gehorsames, schweigsames und selbstloses Gegenbild zu Eva dar. Das ist aber nur eine Betrachtungsweise. Die Worte Marias zeugen von einer großen Kraft und einem starken politischen Bewusstsein. Sie spricht sich für die Befreiung und Autonomie von unterdrückenden sozialen, wirtschaftlichen und politischen Verhältnissen aus. Sie nimmt eine eigene zentrale Rolle in der Herstellung einer neuen gesellschaftlichen Ordnung durch ihre Schwangerschaft und die Geburt Jesu wahr.[10]

Maria drückt auch die Solidarität und Verbundenheit von Frauen über die Generationen hinweg aus. Sie steht in der Linie der Stammmütter

---

10 Vgl. Schottroff, Mariologie biblisch, 393; Spendel OP, Maria heute, 397; Janssen/Lamb, Das Evangelium nach Lukas, 519–520.

Israels Tamar, Rahab, Batseba und Rut. Diese Frauen verkörpern die Verheißung Gottes für das ganze Volk und stören die patriarchale Ordnung.[11] Zusammen mit Elisabet bildet Maria eine solidarische, auf gegenseitiger Unterstützung und Hilfe basierende Gemeinschaft. Zwei Frauen singen unter der repressiven römischen Vorherrschaft im Palästina des 1. Jahrhunderts ein Protestlied – das Magnificat –, in dem sie sowohl ihre persönlichen Erfahrungen der Gewalt und Unterdrückung als auch die Erfahrungen des ganzen Volkes zur Sprache bringen.[12]

Zuerst interpretierte ich die Proteste als eine Angelegenheit meiner Generation, ihr Verlangen nach einem erfüllten, vorwärtsbringenden Leben. Doch alle Generationen bekunden den Wunsch nach Veränderung. Die Bilder weißgekleideter Frauen auf den Straßen strahlen eine unbändige, unzerbrechliche Kraft aus. Mir wird es bewusst, dass Frauen unter dem Druck des Systems schon immer viel geleistet haben. Ihre Kraft war schon immer da, nur jetzt bekommt sie allmählich einen Ausdruck, verlangt nach Raum und will sich durchsetzen.

Ich stelle mir vor, belarussische Frauen stehen in einer zeit- und raumübergreifenden Solidaritätskette, die sich immer weiterbildet. Ich denke an Frauen, die ihre Stimme erheben und ihre ganze Macht einsetzen, um Freiheit für sich und andere zu erlangen. Ich denke an mir bekannte und unbekannte Frauen, die verhaftet wurden oder verhaftet sind, während ich diese Worte schreibe. Ich denke an meine Freundinnen und an zwei Frauen, die mich großgezogen haben. Ich weiß nicht, was uns erwartet, aber wir stehen alle eng beieinander: Sviatlana, Veronika, Nina, Yelena, Olga, Karina ... Die biblischen Frauen Eva und Maria stehen in dieser Kette vor uns.

Literaturverzeichnis

Божков, Роман: Почему картина «Ева» Хаима Сутина стала символом белорусского протеста, Гидра, 18.11.2020, online: https://hydra-journal.ru/eva [Zugriff: 11.1.2021]. (Bozhkow, Roman:

---

11 Vgl. Schottroff, Mariologie biblisch, 393.
12 Vgl. Janssen/Lamb, Das Evangelium nach Lukas, 519–520.

Warum das Gemälde „Eva" von Chaim Soutine zum Symbol des belarussischen Protests wurde, in: Hydra Magazin, 18.11.2020.)

Gessen, Masha: Sviatlana Tsikhanouskaya Is Overcoming Her Fears, The New Yorker Interview, 13.12.2020, online: https://www.newyorker.com/news/the-new-yorker-interview/sviatlana-tsikhanouskaya-is-overcoming-her-fears [Zugriff: 20.1.2021].

Janssen, Claudia – Lamb, Regene: Das Evangelium nach Lukas: Die Erniedrigten werden erhöht, in: Schottroff, Luise – Wacker, Marie-Theres (Hg.): Kompendium Feministische Bibelauslegung, Güterloh 1998, 513–526.

Meyers, Carol L.: Discovering Eve. Ancient Israelite women in context, New York 1991.

Михно, Ирина: 100 лучших мемов и плакатов с беларуских протестов. Да-да, целая сотня, in: KYKY, 28.8.2020, online: https://kyky.org/cult/100-luchshih-memov-i-plakatov-s-belaruskih-protestov-da-da-tselaya-sotnya [Zugriff: 19.1.2021]. (Mikhno, Irina: 100 beste Memes und Plakate von belarussischen Protesten. Ja, ja, ein ganzes Hundert, in: KYKY Magazin, 28.8.2020.)

Schottroff, Luise: Mariologie biblisch, in: Gössmann, Elisabeth (Hg.): Wörterbuch der Feministischen Theologie, Gütersloh ²2002, 392–393.

Schüngel-Straumann, Helen: Die Frau am Anfang. Eva und die Folgen, Münster ³1999.

Spendel OP, Stefanie Aurelia: Maria heute, in: Gössmann, Elisabeth (Hg.): Wörterbuch der Feministischen Theologie, Gütersloh ²2002, 396–398.

Laboratorien des Denkens und Glaubens

Annette Schavan

In der Zeit der Pandemie hat sich viel geklärt und wurde ebenso viel aufgedeckt. Das gilt auch für die Kirchen, für das Christentum und für Religionen generell. Es gibt viele Zeichen dafür, dass wir in einer Zeitenwende leben.[1] So eine Zeit ist ein Kairos für die Theologie. Es deuten sich umfassende Transformationen an. Es braucht einen Perspektivenwechsel in den Kirchen. Das Christentum sucht neue Wege.[2] Religionen werden aufgefordert, gemeinsam mehr für den Frieden zu tun, zuletzt von Papst Franziskus während seiner Reise in den Irak.

Für die Lage der Theologie im Haus der Wissenschaft wird wesentlich sein, welche Gesprächskulturen sich an den Hochschulen entwickeln, an denen die akademische Theologie beteiligt ist. Ebenso interessant ist die Einbindung der europäisch geprägten Theologie in globale wissenschaftliche Kontexte.

Wenige Hinweise zu Selbstverständnis und thematischen Schwerpunkten will ich anfügen, die für die Zukunft der Theologie interessant sein können:

1. Die Einordnung der Theologie als ein „kulturelles Laboratorium" ist auf große Zustimmung gestoßen. Papst Franziskus hat davon in seinem Dokument *Veritatis gaudium* gesprochen und damit der Theologie eine Rolle gegeben, die weit über die akademische Theologie hinausgeht.[3] Er denkt an kulturelle Prägungen, die theologisch verstanden werden sollten, und an solche, die vom Christentum ausgehen. Es ist ja heute eher vom Ende solcher Prägungen die Rede, wenn über das Christentum geredet wird. So wirkt das Bild wegwei-

---

1 Vgl. zu den Anzeichen der Zeitenwende: Schavan, geistesgegenwärtig sein.
2 Eine gute Analyse zu neuen Wegen liefert Halík, Die Zeit der leeren Kirchen.
3 Vgl. zu der Rezeption des Dokumentes: Schavan, Relevante Theologie.

send für theologische Innovationen. Das Problem, das sich häufig zeigt, betrifft die Rolle des Lehramtes in diesem Laboratorium. Soll also der umfassende und anspruchsvolle Auftrag auf Interesse stoßen – was gut wäre –, dann braucht es auch innovative Regelsysteme für die Beziehung zwischen der wissenschaftlichen Theologie und dem Lehramt. Das wird ein Prüfstein für die Glaubwürdigkeit der Kirche im Blick auf ihr Interesse an Wissenschaft generell. Es könnte der Theologie einen Schub geben, wenn sie sich als kulturelles Laboratorium entwickelte, das ein gefragter Ort des Gespräches innerhalb der Hochschule und darüber hinaus ist. So kann die Theologie auch über die Hochschule hinaus in das Gemeinwesen wirken.

2. *Christentum im Kapitalismus* ist ein Buch, das Rainer Bucher vor wenigen Jahren veröffentlicht hat.[4] Er zeigt darin auf, wie sich das Christentum gegenüber einer „gewinnorientierten Verwaltung der Welt" behaupten kann. Seine Gedanken sind Teil einer umfassenden Debatte darüber, wie tragfähig unsere heutigen Paradigmen sind. Unser Verständnis von Wohlstand, Wachstum und Fortschritt wirkt zunehmend einsilbig und schwächelnd. Impulse aus der katholischen Soziallehre und aus päpstlichen Enzykliken werden in wissenschaftliche Debatten aufgenommen. Das hat es selten zuvor gegeben. Das ist vor allem in der Intensität neu und kann zu bislang nicht gekannten Allianzen für Erneuerungsprozesse und mehr Tragfähigkeit der Leitideen in der globalen Welt führen. Das ergibt eine interessante Perspektive, die Theologie mitten in gesellschaftlichen, kulturellen und sozialen Erneuerungsdebatten zu finden. Das hilft vielleicht auch der Kirche, ihre eigene Erneuerung voranzubringen.

3. „Das Denken der Kirche muss wieder Genialität gewinnen und muss immer besser begreifen, wie der Mensch sich heute versteht, um so ihre eigene Lehre besser zu entwickeln und zu vertiefen."[5] Das ist eine Feststellung von Papst Franziskus am Beginn seines Pontifikates. Die Genialität steckt eher in den Anfängen, weil die Angst zu groß ist, dem Fortschritt in der Kirche Raum zu geben. Das Selbstverständ-

---

4 Vgl. Bucher, Christentum im Kapitalismus.
5 Borghesi, Papst Franziskus, 30.

nis des Menschen als eine relevante Größe für die Lehren der Kirche zu werten, ist der Ansatz des II. Vatikanischen Konzils gewesen, dem der Papst eine hohe Bedeutung beimisst. Wenn nicht wahrgenommen wird, wie das Leben den Glauben prägt, auch die Sprachen des Glaubens, dann vermag der Glaube auch nicht das Leben zu prägen. Genau dies ist ein Schlüsselthema unserer Tage. Damals sprachen die Konzilsväter von den Zeichen der Zeit. Es geht heute um weit mehr, vielleicht ist Genialität ja das richtige Wort. Sie geht einher mit Geistesgegenwart und manchmal vielleicht auch mit einer Freude an neuen Ideen und Wegen, ohne gleich Gefahr zu wittern. Einen Wechsel der Perspektive von der Institution auf die Opfer braucht es nicht nur beim Thema sexualisierte Gewalt. Der Blick von den Peripherien dieser Welt schärft auch das Verständnis für andere Lebenswelten, übrigens auch die der Eliten in ihrer Einsamkeit und ihrer Verschlossenheit gegenüber den ihnen fremden Welten.

4. Der eingangs genannte globale Kontext ist noch auf eine andere Weise bedeutsam. Damit meine ich die Beziehungen zwischen den theologischen Traditionen in den verschiedenen Kulturen und Regionen der Welt. Papst Franziskus ist in Europa von namhaften Vertretern der Theologie – auch in Teilen der Kurie – als ein Papst bezeichnet worden, der halt kein Theologe sei. Damit wird in der Regel erklärt, was in die eigenen akademischen Kontexte nicht passt. Das geschieht auch heute noch. Anders sprechen jene Vertreterinnen und Vertreter des Faches, die sich in anderen theologischen Traditionen auskennen, die vor allem kundig in Lateinamerika sind. Eine bislang eher unbekannte „intellektuelle Biographie des lateinamerikanischen Papstes"[6], die im Jahre 2020 in deutscher Sprache erschienen ist, lässt erahnen, wie interessant die Brücken zwischen den kulturell so verschiedenen Traditionen sein können. Für das Verständnis dieses Pontifikates in Europa sind solche Brücken unverzichtbar.

Die sehr verschiedenen Geschichten der Rezeption des 2. Vatikanischen Konzils schließlich, die nun aufgearbeitet werden, können wich-

---

6 Ebd.

tige Hinweise geben, an welchen Themen zukünftig verstärkt gemeinsam gearbeitet werden sollte.
5. Ein Ausblick auf Themen muss die Etablierung der wissenschaftlichen Reflexion der Religionen enthalten. Gute erste Ansätze gibt es nun auch in Deutschland.[7] Die Erwartung geht aber weiter, die möglichen Interaktionen in den Blick zu nehmen. Judentum, Christentum und Islam im Haus der Wissenschaft werden gemeinsame Forschungsthemen entwickeln und bearbeiten. Bedeutsame Universitäten machen sich auf den Weg zum einem „Campus der Religionen". Damit sind große Chancen verbunden, die weit über akademische Interessen hinausgehen. Sie können positive Wirkungen auf manche festgefahrene kulturelle, integrations- und gesellschaftspolitische Debatte zeigen.

Rainer Bucher ist ein leidenschaftlicher Theologe. Er ringt mit den ungelösten Fragen.

Er vermeidet, Kitt anzubieten, wo der Riss offenkundig ist. Er hat – aus seiner intensiven Beschäftigung mit Hitler – wichtige Erkenntnisse über die Mechanismen der Mobilisierung religiöser Ressourcen publiziert. Er ist ein ausgesprochen neugieriger Mensch, am Puls der Zeit und mit einem liebevollen Blick auf die katholische Welt, ihre Traditionen und ihre globalen Möglichkeiten wie auf ihre Grenzen. So wird er auch zukünftig wirken. Auf unsere Gespräche in Zukunft freue ich mich und wünsche ihm Wohlergehen beim Start in eine neue Lebensphase.

Literaturverzeichnis

Borghesi, Massimo: Papst Franziskus. Sein Denken, seine Theologie, Darmstadt 2020.
Bucher, Rainer: Christentum im Kapitalismus. Wider die gewinnorientierte Verwaltung der Welt, Würzburg 2019.

---

7 Der Wissenschaftsrat hat 2010 eine Stellungnahme zur Weiterentwicklung von Theologien und religionsbezogenen Wissenschaften an deutschen Hochschulen veröffentlicht. Eine wichtige Maßnahme war danach die Einrichtung von Zentren für islamische Theologie an mehreren Universitäten in Deutschland.

Halík, Tomáš: Die Zeit der leeren Kirchen. Von der Krise zur Vertiefung des Glaubens, Freiburg i. Br. 2021.

Schavan, Annette (Hg.): Relevante Theologie. „Veritatis gaudium" – die kulturelle Revolution von Papst Franziskus, Ostfildern 2019.

Schavan, Annette: geistesgegenwärtig sein. Anspruch des Christentums, Ostfildern 2021.

„Gegen die Realität hilft kein Wünschen."
Zur gemeindetheologischen Karriere einer existenziellen Einsicht

Michael Schüßler

Rainer Bucher bezeichnet sich ab und an als Hobby-Kirchengeschichtler, was nicht ganz richtig ist. Schließlich war er einige Jahre Assistent von Ernst Ludwig Grasmück, einem wenig bekannten, aber für alle, die ihn persönlich kennengelernt und seine Vorlesungen gehört haben, großartigen und hochgeschätzten Kirchenhistoriker.[1] Buchers Habilitation entwickelte entsprechend auch einen pastoralhistorischen Ansatz zu den Konstitutionsprinzipien der deutschen katholischen Kirche im 20. Jahrhundert. Nun hatte ihm die Fakultät in Bamberg für den Habilitationsvortrag ein, sagen wir, maximal kontrastierendes Thema zu seinen damaligen Qualifikationsarbeiten und Forschungsinteressen gestellt: die Zukunft der christlichen Gemeinde. Niemand, auch nicht wir Studierende damals im Bamberger Hörsaal 1, hatten damit gerechnet, dass ausgerechnet dieses Thema eines der profiliertesten seiner beginnenden professoralen Karriere werden würde.

Ich nehme das zum Anlass für eine kleine zeithistorische Diskursrecherche. Man kann daran nämlich schön sehen, wie sich in Theologie und Kirche Macht-Wissen-basierte Diskurshegemonien verschieben und sich veränderte Perspektiven durchsetzen.

Leider ist mir das Manuskript des Habilitationsvortrags aus den späten 1990ern nicht zugänglich. Einige wesentliche Aussagen aber finden sich wohl in einem Text, der über die Schriftenreihe des Cusanuswerks publiziert ist. Die für den intellektuellen Habitus zentrale Einsicht darin lautet:

---

1 Vgl. Bucher/Grasmück/Fuchs, In Würde leben.

„Gegen die Realität hilft kein Wünschen und soll es auch gar nicht, denn wenn es eine pastoraltheologische Tugend gibt, dann ist es die Aufmerksamkeit, die nüchterne, ehrliche, analytische, zuletzt solidarische Aufmerksamkeit."[2]

Diese Treue zum Realen ist entscheidend. Indem Individualisierung und Pluralisierung unausweichliche Lebensbedingungen geworden sind, verlassen die Einzelnen „gerade auch in Sachen Religion alle schlüsselfertigen Sinngebäude und basteln an eigenen, individuellen Wohnmobilen, deren Ausstattungsvarianten je nach Lebenswegstrecke gewählt werden. Und dies gilt eben nicht nur für sog. ‚Kirchenferne', sondern auch für praktizierende Katholiken und Katholikinnen"[3] – und auch für das Nadelöhr aller Kirchlichkeit, die Pfarrgemeinde. In dem kurzen Text sind fast alle Intuitionen enthalten, mit denen Bucher in den kommenden zwanzig Jahren die heutige Diskurslandschaft vorbereitet und prägt. Nach dem Konzil sollte aus der klerikalen Pfarrei eine lebendige Gemeinde mit demokratisch-partizipativen Strukturen werden: Wer mitmacht, erlebt Gemeinde. Doch Pfarrei wie Gemeinde versuchen „katholische Kirche durch Inszenierung homogener Räume zu gestalten" (52). Analytische Aufmerksamkeit bedeutete damals die ebenso schlichte wie einschneidende Erkenntnis:

„Niemand kann heute aber irgendjemanden mehr dazu zwingen, sich seinen religiösen Erfahrungsraum ausschließlich oder auch nur primär in einem sozialen Raum, gar noch an seinem Wohnort zu suchen. […] Gemeinden werden von selbstverständlich aufgesuchten, integrierenden Orten von Religion zu einem von vielen religiösen Orten." (52)

Theologischer Dreh- und Angelpunkt ist für Bucher das konziliare Programm des II. Vatikanums,

„dass Kirche sich nicht mehr zuerst für ihre eigenen Rechte, sondern für die Menschenrechte einzusetzen hat, dass sie nicht länger eine Option für die Macht, sondern die Ohnmächtigen vertritt und dass ihr Weg nicht die doktrinäre Moral, sondern die solidarische Lebensbegleitung ist." (59–60)

---

2 Bucher, Kirche in postmodernen Zeiten, 43.
3 Bucher, Kirche in postmodernen Zeiten, 46. Die folgenden Seitenangaben im Text beziehen sich auf diesen Beitrag.

Das alles ereignet sich, aber es ereignet sich eben an vielen Orten. Deshalb gelte es „angstfrei zu akzeptieren", dass „zunehmend an die Stelle des exklusiven religiösen Ortes ‚Gemeinde' das flexible Netzwerk pluraler kirchlicher Erfahrungsorte in ihrer wechselseitigen Bereicherung, aber auch Kritik treten wird – und auch treten kann." (57)

An der Schwelle zum neuen Jahrtausend allerdings war das alles andere als Mainstream. Die nachkonziliare Kirchengemeinde war als programmatische Vollform von Kirche am Ort konzipiert. Alles andere waren davon abgeleitete „kategoriale" Formen. Die Würzburger Synode hatte alle pastoralen Dienste aus der Gemeindeidee heraus entwickelt, wie Walter Kasper in der Einleitung zum entsprechenden Synodenbeschluss programmatisch schreibt:

> „In einer zunehmend säkularisierten Gesellschaft kommt der Gemeinde für die Verlebendigung des Glaubens an Jesus Christus besondere Bedeutung zu. [...] Die Synode geht deshalb von der Erwartung aus, daß die Bildung und Erneuerung lebendiger Gemeinden eine der wichtigsten Aufgaben und Ziele der kirchlichen Reformbemühungen ist."[4]

Auch in der Pastoraltheologie galt es als selbstverständlich, dass „Orte christlicher Praxis" unter dem konzeptionellen Einheitsbegriff „Gemeindepastoral" verhandelt werden[5]:

> „Die Gemeinde-Idee besagt also: Die Bestimmung der Christen besteht darin, ihren Glauben gemeinsam im Zusammenschluss einer Gemeinde zu leben; wer in rechter Weise Christ sein will, muss sich bewusst für die Gemeinde entscheiden und für sie einsetzen; weil es das Ziel der Christen ist, Gemeinden zu bilden, stellt Gemeinde die umfassende Denkwelt der Pastoral dar, auf die alles hinzuordnen und außerhalb derer nichts gedacht werden kann."[6]

Was Herbert Haslinger hier zusammenfasst, galt auch für pastoral ausgerichtete Ekklesiologien. Jochen Hilberath entwickelt die beruflichen

---

4 Kasper, Einleitung: Dienste und Ämter, 585–586.
5 Vgl. Zulehner, Gemeindepastoral.
6 Haslinger, Lebensort für alle, 7.

Profile kirchlicher Dienste 1999 noch völlig selbstverständlich „ausgehend vom Leben der Gemeinde"[7].

Karl Gabriel hatte 1992 auf die Pluralisierung des Katholizismus[8] hingewiesen und Michael Ebertz diagnostizierte 1997 unter dem Stichwort der Milieuverengung, dass „sich Kirche heute weitgehend selbst reduziert auf ‚Gemeinde' und ihre Pastoral [...] beinahe exklusiv durch dieses parochiale ‚Nadelöhr' presst"[9].

Entsprechende Analysen und Interventionen von Rainer Bucher oder Michael Ebertz wurden denn auch als Frontalangriff auf all das gewertet, was einem in der Pastoraltheologie lieb und teuer war. Und das heißt, sie wurden als interessante Beobachtungen einsortiert und anfangs freundlich ignoriert. Das war auch leicht möglich. Ebertz war von Haus aus Soziologe. Und Rainer Bucher hatte bei Elmar Klinger in Fundamentaltheologie promoviert, war dann Assistent in der Kirchengeschichte und später beim Cusanuswerk. Ziemlich wenig pastoraltheologischer Stallgeruch also.

Exemplarisch zeigen das die gleichermaßen ablehnenden Reaktionen aus dem konservativen wie dem progressiven Lager. 2004 kam es in der Zeitschrift *Lebendige Seelsorge* zur Kontroverse zwischen Michael Ebertz und dem Systematischen Theologen Jürgen Werbick. Dieser befürchtete bei einer Verflüssigung von überschaubaren Ortsgemeinden, dass der Reformdruck für eine geöffnete Zulassung zum Priesteramt nachlässt. Damit Kirche weiterhin Gemeinde sein kann, also das „geschwisterliche Zusammenwirken von priesterlichen Amtsträgern, haupt- und ehrenamtlichen Laien in den Pfarrgemeinden", sei eine „Veränderung der Zulassungsbedingungen zum Weihesakrament"[10] notwendig. Ebertz plädiert dagegen für eine Spezialisierung und Profilierung verschiedener kirchlicher Orte, die sich in einem Netzwerk gegenseitig ergänzen könnten, während Fragen nach der theologischen Amts- und Kirchenstruktur wenig aufgegriffen werden. Diese Kontroverse wurde auf Seiten des pastoraltheologischen Diskurses quasi in zweiter Ordnung beobachtet.

---

7 Hilberath, Zwischen Vision und Wirklichkeit, 92.
8 Vgl. Gabriel, Christentum zwischen Tradition und Postmoderne.
9 Ebertz, Kirche im Gegenwind, 138.
10 Werbick, Plädoyer für die Verörtlichung des Glaubens, 2.

Norbert Mette hält die Kritik an der Gemeindezentriertheit für sekundär, denn „örtlich strukturierte Gemeinden" und „pastorale Verbundsysteme mit vielfältigen Knotenpunkten" müssten sich „nicht widersprechen"[11]. Der eigentlich wunde Punkt sei die Amtsfrage bei der Gemeindeleitung. Bucher beobachtet das Ganze zeitgleich zu Mette ähnlich und doch entscheidend anders. Werbick und Ebertz argumentierten aneinander vorbei, indem sie sich jeweils „weniger mit der realen Argumentation des Kontrahenten befassen, sondern mit möglichen kirchenpolitischen Konsequenzen seiner Position"[12]. Das zeige die *„politische Ablenkbarkeit des theologischen Diskurses"*[13]:

> „Werbick sieht in der massiven Gemeindekritik von Ebertz und seiner Vernetzungsoption zuletzt die Klerikalisierung der Kirche auf modernisiertem Niveau und er stellt dem, schon ein wenig paradox, ein deutlich priesterzentriertes Vergemeinschaftungskonzept von Kirche auf Basisebene gegenüber, ein Konzept, das zu retten und zu erneuern wäre, wenn man nur die Zulassungsbedingungen zum Priesteramt ändern würde und so mehr Priester bekäme."[14]

Hier allerdings setzte die Kritik einer zu idyllischen Gemeinderomantik an.

Ganz anders reagierte dann Andreas Wollbold 2006 auf Rainer Bucher in einer nächsten Kontroverse der gleichen Zeitschrift. Für Wollbold ist das Scheitern der reformorientierten, nachkonziliaren Gemeindetheologie kein Problem. Dies treffe nämlich „nicht die Pfarrei mitsamt ihrer kleinen Kinder Pfarrverband, Seelsorgeinheit, Pfarreiengemeinschaft usw"[15]. Schließlich „sind für die meisten engagierten Christen Jahre in einer Pfarrei prägend gewesen"[16]. Manches verändere sich vielleicht, aber die Pfarrei sei „ein katholischer Markenartikel, den man nicht wie Hans im Glück gegen andere Modelle eintauschen sollte"[17].

---

11 Mette, Praktisch-theologische Erkundungen 2, 58.
12 Bucher, Kirchenpolitik und pastoraltheologischer Diskurs, 328.
13 Bucher, Kirchenpolitik und pastoraltheologischer Diskurs, 329.
14 Bucher, Kirchenpolitik und pastoraltheologischer Diskurs, 328.
15 Wollbold, Die Pfarrei ist ein Markenartikel, 71.
16 Ebd.
17 Wollbold, Die Pfarrei ist ein Markenartikel, 72.

Auch sei gar nicht klar, was nach Buchers Meinung überhaupt alternativ zur bekannten sakramentalen Gemeindepastoral in der Pfarrei zu tun sei.

Ein Höhepunkt der Debatte um das Scheitern der Gemeindetheologie war dann der Kongress der Arbeitsgemeinschaft für Pastoraltheologie im Jahr 2007 zum Thema „Plurale Wirklichkeit Gemeinde". Einiges von dem, was Judith Könemann als Prozessbeobachterin festgehalten hat, wirkt heute zumindest befremdlich. Denn der wissenschaftliche Kongress wollte sich in weiten Teilen selbst als Gemeinde verstehen und reflektieren, als vertrautes, familiäres Setting von Fachcommunity und Pastoralpraktiker:innen: „Gemeinde versteht sich auch heute vielfach als Familie, die möglichst harmonisch zusammenlebt und es gut miteinander hat, so wurde es auch mehrfach auf diesem Kongress formuliert"[18]. Wenn Könemann dann an die faktisch zu beobachtende Kongressdynamik die Fragen stellt, wie offen man eigentlich wirklich war für neue Personen und neue Perspektiven, wie sehr die hegemoniale Dynamik der Insider auch unthematisierte Ausschlussprozesse beinhaltet, dann ist man tatsächlich bei gemeindetypischen Problemen angelangt. Sich also selbst als Gemeinde verstehen und zugleich über Gemeinde fachlich und diskursiv diskutieren, wie geht das zusammen? In den Referaten standen die Kontroversen nebeneinander, ohne dass es Raum für Gespräch und Debatte gab. Wie Könemann elegant festhält, veränderte sich mit der Zeit „die deutlich zu Tage tretende Konfliktlinie zwischen Vertretern einer Gemeindetheologie und ihres Scheiterns [...] hin zu einer emotionalen Aufgeladenheit."[19] Aus der Distanz wundert einen das nicht. Die Kritik von Bucher und der evangelischen Kollegin Uta Pohl-Patalong an der Gemeindetheologie war offensichtlich nicht einfach ein fachlicher Diskurs zu einem zentralen kirchlichen Thema. Es war zugleich Kritik an einer tief eingelebten Identität, also am zentralen Selbstverständnis der überwiegenden Anzahl von katholischen Pastoraltheolog:innen. Ausgetragen wurde das informell in den Grüppchen beim Bier, nicht aber im Konflikt des akademischen Diskurses. In gewisser Weise nachgeholt

---

18 Könemann, Plurale Wirklichkeit Gemeinde, 168.
19 Könemann, Plurale Wirklichkeit Gemeinde, 166.

hat das dann Matthias Sellmann 2012 mit dem klug kompilierten Sammelband *Gemeinde ohne Zukunft?*[20].

Und heute? „Gegen die Realität hilft kein Wünschen", so der Slogan von Rainer Bucher aus seinen frühen Texten. Die klerikale Amtstheologie ist nicht mehr im Rahmen gemeindetheologischer Leitungsmodelle unter Druck, sondern nach den Fällen sexuellen und geistlichen Missbrauchs aufgrund ihrer pastoralmachtförmigen Gewaltanfälligkeit, also einer zunehmenden geschlechter- und machtpolitischen Untragbarkeit. Und was die Gemeinde angeht, so ist die „informelle Gleichsetzung von Pastoraltheologie und Gemeindetheologie"[21] heute weitgehend passé. Nicht nur urbane Diözesen wie Essen, die massenweise ehemalige Gemeindekirchen abgestoßen oder umgewidmet haben, sondern auch sehr heterogene Diözesen wie Rottenburg-Stuttgart sind in einer Wirklichkeit angekommen, die vom „Projekt Gemeinde" auf eine „Kirche an vielen Orten"[22] umstellt. Rainer Bucher hat die dafür hilfreiche „Roadmap ins Offene" schon früh und in produktiver Distanz zum Mainstream seines Faches skizziert. Der Franke sagt dazu in einem maximal postheroischen Habitus anerkennender Zustimmung: „Passt scho!"

Literaturverzeichnis

Bucher, Rainer – Grasmück, Ernst L. – Fuchs, Ottmar (Hg.): In Würde leben. Interdisziplinäre Studien zu Ehren von Ernst Ludwig Grasmück (Theologie in Geschichte und Gesellschaft 6), Luzern 1998.

Bucher, Rainer: Kirche in postmodernen Zeiten. Pastorale Herausforderungen der religiösen Situation der Gegenwart, in: Bischöfliche Studienförderung Cusanuswerk (Hg.): Jahrestreffen 1999 / Abend im Cusanuswerk (Schriften 13), Bonn 2000, 41–61.

Bucher, Rainer: Kirchenpolitik und pastoraltheologischer Diskurs. Beiläufige Beobachtungen über ihren Zusammenhang am Beispiel einer jünge-

---

20 Sellmann, Gemeinde ohne Zukunft?
21 Ebertz, Anmerkungen zum Scheitern der Gemeindebewegung, 108.
22 Vgl. dazu: https://www.an-vielen-orten.de/ sowie Schüßler/Schweighofer, Kirche im Netzwerk.

ren Kontroverse zwischen M. N. Ebertz und J. Werbick zur Gemeindeproblematik, in: ders. – Krockauer, Rainer (Hg.): Pastoral und Politik. Erkundungen eines unausweichlichen Auftrags, Münster 2006, 322–332.

Ebertz, Michael N.: Kirche im Gegenwind. Zum Umbruch der religiösen Landschaft, Freiburg i. Br. 1997.

Ebertz, Michael N.: Anmerkungen zum Scheitern der Gemeindebewegung. Plädoyer für die Entflechtung von Pastoraltheologie und Gemeindetheologie, in: Pastoraltheologische Informationen (Zeitschrift für Pastoraltheologie) 28 (2008), 92–109.

Gabriel, Karl: Christentum zwischen Tradition und Postmoderne, Freiburg i. Br. 1992.

Haslinger, Herbert: Lebensort für alle. Gemeinde neu verstehen, Düsseldorf 2005.

Hilberath, Bernd Jochen: Zwischen Vision und Wirklichkeit. Fragen nach dem Weg der Kirche, Würzburg 1999.

Kasper, Walter: Einleitung: Dienste und Ämter, in: Bertsch, Ludwig u. a. (Hg.): Gemeinsame Synode der Bistümer in der Bundesrepublik Deutschland. Beschlüsse der Vollversammlung (Offizielle Gesamtausgabe), Freiburg i. Br. 1976, 581–596.

Könemann, Judith: Plurale Wirklichkeit Gemeinde. Ein Kongress schaut sich selbst zu, in: Pastoraltheologische Informationen (Zeitschrift für Pastoraltheologie) 28 (2008), 162–170.

Mette, Norbert: Praktisch-theologische Erkundungen 2 (Theologie und Praxis 32), Münster 2007.

Schüßler, Michael / Schweighofer, Teresa (Hg.): Kirche im Netzwerk vieler Orte und Ereignisse, Ostfildern 2021.

Sellmann, Matthias (Hg.): Gemeinde ohne Zukunft? Theologische Debatte und praktische Modelle (Theologie kontrovers), Freiburg i. Br. 2013.

Werbick, Jürgen: Plädoyer für die Verörtlichung des Glaubens, in: Lebendige Seelsorge 55 (2004), 2–6.

Wollbold, Andreas: Die Pfarrei ist ein Markenartikel. Die Antwort von Andreas Wollbold auf „Wider den sanften Institutionalismus der Gemeinde", in: Lebendige Seelsorge 57 (2006), 71–72.

Zulehner, Paul M.: Gemeindepastoral. Orte christlicher Praxis (Pastoraltheologie 2), Düsseldorf 1995.

„Ihr Mächtigen, ich will nicht singen."[1]
Gedanken zu einer wissenschaftlichen Pastoraltheologie, die Menschen entfaltet

Marion Schwermer

„Promotion ist Persönlichkeitsentwicklung." Dieser Satz von Rainer Bucher im Privatissimum 2009 in Bonn war der Beginn unserer Zusammenarbeit und beschreibt den Weg, der mein wissenschaftliches Arbeiten bis heute prägt. Dass die Person entschieden dazugehört, war bei allen, die sich auf eine wissenschaftliche Arbeit am Lehrstuhl für Pastoraltheologie und Pastoralpsychologie der Katholisch-Theologischen Fakultät der Universität Graz einlassen, eine unhinterfragte Voraussetzung. Doch wie kann diese Prämisse Menschen zur Entfaltung bringen? Wie dient das anspruchsvolle, formal strenge, der Theorie verpflichtete, zeitraubende wissenschaftliche Arbeiten der Selbstfindung und Handlungsfähigkeit von Menschen?

Im Rückblick auf zehn Jahre Forschungs- und Weggemeinschaft, die sich in halbjährlichen, dreitägigen Treffen aller Schreibenden konstituierte, möchte ich einige Faktoren ausführen, die wissenschaftliche Pastoraltheologie für Menschen bedeutsam und wirksam machen. Diese innovative kreative Methode wissenschaftlicher Lehre ist mit Rainer Bucher und Maria Elisabeth Aigner fest verbunden. Die Analyse spiegelt meine subjektive Sicht wider und erhebt keinen Anspruch auf Objektivität und Vollständigkeit. Als reflexives, gegenwartssensibles, machtkritisches Format sollte sie im Wissenschaftsbetrieb und im Ausbildungs- und Fortbildungssektor weitere Verbreitung finden.

---

1 „Ihr Mächtigen, ich will nicht singen", Neues geistliches Lied, Text: Christine Heuser, Melodie: Naomi Shemer-Sapir.

1. Menschen fischen

„Sex sells." Theologie wohl eher weniger. Menschen für wissenschaftliche Theologie zu interessieren, braucht etwas Lustvolles, Anziehendes, Grenzüberschreitendes. Der Geschmack dafür will geweckt werden. Eine Gemeinschaft von Gleichgesinnten entsteht durch das Versprechen, innovative, kreative, reflexive und realitätsgesättigte Theologie zu treiben.
Dazu gehört die Erlaubnis, alles frei und kritisch denken zu dürfen. Jeder Ort kann Ausgangspunkt des Denkens werden, der Horizont des Theologietreibens wird weit gespannt. Viele Frauen lassen sich ansprechen. Die Kränkungen und Verletzungen durch die Kirche werden zur Motivation für eine wissenschaftliche Auseinandersetzung. Die meisten Teilnehmenden stehen im Beruf und betreiben ihre wissenschaftliche Arbeit neben der Erwerbstätigkeit.
Bei aller „Verführungskunst" braucht es eine freie Entscheidung, ob dieser wissenschaftliche Weg passt. Kosten und Nutzen des Einsatzes sind auch eine ökonomische Frage. Und es braucht unbedingt die Verantwortung der Fakultät, die notwendigen Studienleistungen auch berufsbegleitend machbar zu halten.

2. Die Verbindung von Thema und Person finden

Um Menschen zur Entfaltung zu bringen, müssen sie auf eigenen Füßen stehen dürfen. Das persönliche Forschungsinteresse steht im Mittelpunkt. Es gilt, das Thema zur Person zu finden. Diese Beziehung zwischen dem eigenen Werden, der darin sichtbaren Vulnerabilität und der leitenden Hoffnung birgt die treibende Kraft für einen langen, manchmal krisenhaften Weg. Zentral ist allerdings auch, das Thema einzugrenzen, empirisch an die Realität zu binden und auf eine Forschungsfrage zu fokussieren. Das braucht individuelle, engagierte persönliche Betreuung.
Der Forschungsweg und der Forschungsgegenstand werden gleichwertig betrachtet. Der äußere Rahmen der Forschungsbedingun-

gen sowie der innere Rahmen mitgebrachter Kompetenzen werden einbezogen und dürfen – auch während des Privatissimums – zum Thema gemacht werden. So entsteht eine Forschungsgemeinschaft, die von Vertrauen geprägt ist, einen ehrlichen Austausch pflegt, sich über Erfolge Einzelner freut und Hindernisse zu überwinden hilft.

3. Den wissenschaftlichen Rahmen für Distanz und Sicherheit nutzen

Das Gegengewicht zu der engen Beziehung zwischen Thema und Person liegt in der Strenge und Disziplin wissenschaftlichen Arbeitens. Der Auftrag ist Reflexion und Tiefenbohrung, Analyse und Verstehen, Verallgemeinerung und theologische Einordung. Dieser Rahmen ist für alle verbindlich und sorgt für Orientierung und Sicherheit. Um dem Ideal des herrschaftsfreien Diskurses nahezukommen, gibt es einen Ablaufplan mit gleichem Zeitkontingent für jede:n Vortragende:n sowie eine wechselnde Moderation, die für gleiches Rederecht und abgestimmte Redefolge aller sorgt. Fünfzehn Minuten Vortrag sind maximal vorgesehen, der Schwerpunkt liegt auf 45 Minuten Diskussion, fokussiert auf die Fragen des:der Vortragenden.

Dieser Rahmen bewirkt als Gegenbewegung zur Nähe von Thema und Person die notwendige innere und äußere Distanz. Sie schützt vor Betroffenheit und einer unangemessenen Subjektivität der Bearbeitung. Methoden werden reflektiert und kritisiert, Vorannahmen hinterfragt. Diskursfähigkeit wird eingefordert und eingeübt. Die wissenschaftliche Denk- und Redefreiheit wird gegenüber systemimmanenten Vorbehalten und Risiken abgesichert.

Selbst etwas zur Diskussion zu stellen, ist Eintrittskarte in den Diskurs und Bedingung der Teilnahme. Was thematisiert wird, wählen die Teilnehmenden selbst: Gliederungsfragen stehen neben Motivationsproblemen, Verwirrung aufgrund empirischer Ergebnisse neben der Suche nach der Forschungsfrage, die Vereinbarkeit von Beruf und Promotion neben der Bewertung erster Ergebnisse. Dass die Betreuerin bzw. der Betreuer der wissenschaftlichen Arbeit erst zum Ende der Diskussionszeit ihre bzw. seine Sicht einbringt, stärkt die Spontanität, die Assoziationsbereitschaft und den Mut für innovative Gedanken aller Teilnehmenden. Der Diskurs gelingt zwischen Erfahrenen und jungen Gesichtern, Promovierenden und Studierenden, die ihre erste Abschlussarbeit schreiben. Ergänzende Einzelberatungen sind allerdings unabdingbar und der Preis für diese Diskurskultur.

4. Die Faszination kultivieren an dem, was andere denken

Wenn die enge Bindung von Person und Thema nicht gelöst wird, sondern gewollt ist, geht es um das eigene Werden, um verletzende und heilende, hoffnungsvolle und enttäuschende Erfahrungen. Es gilt, das „Ich" des Forschungsinteresses mit dem „Wir" der Forschungsgemeinschaft in Balance zu bringen. Das geht nicht ohne Reibungen, die in vielen kleinen informellen Zirkeln geklärt und emotional verarbeitet werden müssen. Die Rolle der/des wissenschaftlichen Mentors bzw. Mentorin ist hierbei oft Katalysator.

Die Gleichwertigkeit von Erfahrung und Wissen, Pastoraltheologie und Dogmatik, die Interkulturalität verschiedener Herkunftsländer, diverse Lebensformen und geschlechtliche Orientierungen beleben und vervielfältigen die Sicht- und Denkweisen. Dass dabei die Leidenschaften für und die Leiden an der Kirche sowie die persönliche Glaubensweise aus dem Diskurs herausgehalten werden, gehört zum gesetzten Rahmen. Fundament sowie Auftrag stetiger Aktualisierung ist die Theologie des 2. Vatikanischen Konzils. Faszinierend sind die Dynamiken, die durch die Verortung der Teilnehmenden in theologischen Denkschulen entstehen (z. B. Elmar Klinger). Da wird auf hohem Niveau theologisch reflektiert und argumentiert. Und die regelmäßigen Einladungen anderer Lehrstühle und eines breiten Spektrums wissenschaftlich bedeutsamer Personen bereichern das Programm.

Neben dem hohen Inklusionspotential dieses Gesprächsformates sind allerdings auch immer wieder Ausgrenzungstendenzen zu beobachten. Sie betreffen bestimmte Tabuthemen, bestimmte Positionen und auch die Vertrauenswürdigkeit einzelner Personen. Sie gehen von der Gruppe aus und sind durch die Verantwortlichen nur begrenzt steuerbar.

5. Hingehen, wo es wehtut

Pastoraltheologie braucht eine Realitätssensibilität, aber auch eine Realitätsprüfung. Um die Transformationsprozesse von Kirche abzubilden, müssen alte und vertraute Bilder zerstört und idealistische Vorannahmen hinterfragt werden. „Hingehen, wo es wehtut", war öfter das Diktum. Der Kontakt mit der Pluralität und Widersprüchlichkeit christlicher Existenz öffnet den Blick. Die kirchliche Definitionsmacht eines innen und außen, von Kirchennah und Kirchenfern gilt es zu dekonstruieren. Die Realität und das Befremdliche werden sich selbst und den anderen zugemutet, um in der Konfrontation mit dem Evangelium die Engführung zu überwinden und die Präsenz Gottes in der heutigen Welt zu entdecken und sprachfähig zu werden.

Machtsensibel und machtkritisch wirkt auch immer wieder eine radikal gnadentheologische Sichtweise. Der Vorbehalt der Liebe und der Gnade Gottes ist anzuerkennen. Er übersteigt das menschliche Denken und unterfängt die Wirklichkeit (Ottmar Fuchs).

Manche Rückmeldungen wirken befremdlich und werden als Zumutung erlebt. Doch gerade existentielle Auseinandersetzungen sorgen dafür, Theologien durchzuhalten und sich zu positionieren. Wenn man sich durch die Niederungen und die Wüsten der Forschungslandschaft durchgekämpft hat, steht man irgendwann überraschend der Forschungsgemeinschaft selbstbewusst und diskurskritisch gegenüber. Die Forschungsfrage ist gedanklich durchdrungen, der Erkenntnisgewinn zeichnet sich ab. Die Gedankengänge zu verschriftlichen und die Komplexität wissenschaftlicher Analyse in die Zweidimensionalität von Sprache einzuhegen, in ein Vorher und Nachher, in Relationen und Resonanzen, ist noch einmal harte Arbeit. Doch nach dem verführerischen Einstieg, dem Fragenden und dem Verstehen, dem Sich-Verweigern und dem mühsam Durchlittenen kommt das Ziel in Sicht. Die Frage, ob es die Zeit und die Energie wert war, verblasst.

6. Die Brillanz des Eigenen finden

Wer die Jahre des Forschens und Schreibens durchhält, wird belohnt. Die Promotion abzuschließen, stellt den Menschen in einer neuen Weise auf die eigenen Füße. Die Kunst des Weglassens aller offengebliebenen Fragen und das Streichen aller noch geplanten Exkurse ist ein Befreiungsschlag. Der Schwung der Machete, die durch den Urwald der relevanten und gelesenen Fachliteratur den eigenen Weg bahnt, lässt eine Souveränität erfahrbar werden, mit der Autoritäten des Faches eingeordnet und kritisiert werden. Die Brillanz des Eigenen wird sichtbar und erfahrbar. Ob dies etwas Starkes oder Schwaches ist, aufragt oder erschüttert, kreativ oder nüchtern daherkommt: es ist meins, es ist durchdacht, begründet und anerkannt.

Dass Forschungsarbeit zum großen Teil Selbstklärung und Selbstvergewisserung ist, bewirkt gerade die anfänglich genannte Persönlichkeitsentwicklung.

Daraus entsteht eine Selbstermächtigung, ein Empowerment in Wissenschaft und Praxis. Nicht das Standesbewusstsein, allerdings schon ein Machtbewusstsein verbindet sich damit. Manchmal könnte man meinen, der Doktortitel ersetzt bei Laiinnen und Laien die Weihe. Doch jenseits solcher kirchlicher Binnenfragen bleibt das Bewusstsein, Person und Thema durchdrungen und in eine Form gebracht zu haben, die den weiteren Lebensweg prägen wird.

Diese Form des Theologietreibens bringt dem Volk Gottes eine machtkritische, geschlechtersensible Perspektive, die die Welt ernst nimmt. Sie drückt das Vertrauen aus, dass die Zusage Gottes an die Menschen auch heute gilt. Sie lässt eine christliche Gemeinschaft entstehen, die Theologie in der Kirche verortet und einbindet, ohne die Wissenschaftsfreiheit aufzugeben. „Ihr Mächtigen, ich will nicht singen eurem tauben Ohr." Sondern dem eigenen kirchlichen Gestaltungswillen und der persönlich geprägten christlichen Hoffnung auf das neue Jerusalem Ausdruck verleihen. Dieses Format führt die Kirche weiter – möge es in vielen Kontexten weitergeführt werden.

Von der „Wahrheit" zur „Bedeutung" kommen: Pflicht oder Kür der Pastoraltheologie?

Matthias Sellmann

1. Ein zentrales Anliegen: Die Neubegründung der Pastoraltheologie

Es ist keine Übertreibung zu sagen, dass die theologische Disziplin der Pastoraltheologie durch Rainer Buchers Wirken eine neue Präzisierung und Formatierung erfahren hat. Dies geschah nicht nur (aber auch!) durch die Förderung sehr vieler Qualifizierungsarbeiten und wissenschaftlicher Karrieren; nicht nur (aber auch!) durch den Einbau seines anspruchsvollen wissenschaftsbiografischen, näherhin kirchenhistorischen und systematisch-theologischen Werdegangs in seine Arbeiten; nicht nur (aber auch!) durch viele Einzelstudien zu fast sämtlichen Traktaten des Faches. Vielmehr hat Bucher auch eigene wissenschaftstheoretische Grundlegungen des Faches vorgenommen, die nun wirklich vielfach aufgegriffen und weiterbedacht wurden.

Sucht man für diese These einen Beleg, findet man ihn schnell, wenn man Buchers populäre Kurzformel „Pastoraltheologie ist die kreative Konfrontation von Evangelium und Existenz" in die Suchmaske von Google eingibt. Hier hat Bucher eine Formel geschaffen, die faktisch als erste Visitenkarte des Fachs fungiert – und zwar sowohl hinsichtlich seines Inhaltes wie seiner Ambition. Etwas pathetisch (und mit Google) kann man sagen: Auf diese Formel bezieht sich das ganze Volk Gottes, sei es in Gestalt von Akademien, Pastoralkonzepten, Tagungsausschreibungen, Masterarbeiten, Homepage-Statements, bischöflichen Arbeitsstellen, Gemeindeberatern, Kirchenzeitungen oder Lexika.

Recherchiert man mehr akademisch (und nun ohne Google), findet man die Rezeption der mit der Bucherschen Formel angeleiteten Fachsystematisierung in vielen aktuellen Publikationen. So etwa in einer neuesten Habilitation innerhalb der Pastoraltheologie: Jan Loffeld, Kollege der Tilburg School of Catholic Theology, verortet sich in seinem (sehr inspirierenden) Buch in dem sogenannten begriffsorientierten Ansatz.[1] Das Angebot dafür bezieht er von Buchers bekanntem Aufsatz „Wer braucht Pastoraltheologie wozu?", in welchem Bucher aus seiner sozialphilosophischen Pluralitätsanalyse heraus die auseinanderstrebenden Pole „Subjekt", „Tradition" und „Situation" mit den Ansätzen einer personzentrierten, gesellschaftszentrierten und eben begriffszentrierten Pastoraltheologie korrespondiert. Dieser Aufsatz wiederum kennzeichnet nicht irgendeine Stelle im Werk Rainer Buchers. Vielmehr handelt es sich um nichts Geringeres als um die überarbeitete Fassung seiner Antrittsvorlesung vom 10.10.2000 an der Katholisch-Theologischen Fakultät von Graz.[2] Wir stoßen hier also an jene Stelle, an der ein Neuling in universitätsüblicher Zeremonie das Zentralthema benennt, auf das hin vor allem die akademische Umwelt künftig ihre Erwartungen aufbauen soll.

Halten wir also fest: Einer der wichtigsten und von Rainer Bucher auch zentral angestrebten und realisierten Beiträge für das Fach Pastoraltheologie ist ihre disziplinäre und konzeptionelle Neubegründung.

2. Pastoraltheologie als Kulturwissenschaft und Wahrnehmungslehre

Diese Beobachtung muss sich der Vollständigkeit halber mit einer zweiten Einordnung verbinden. Denn schon in seiner Antrittsvorlesung, später aber in vielen weiteren Beiträgen, hat Bucher die genannte Trias aus Person-, Gesellschafts- und Begriffszentrierung überwölbt mit einer Fundamentalannahme: dass nämlich die Pastoraltheologie „Kulturwissenschaft" sei und als solche Beobachtungswissenschaft; Beobachtung eben in den drei genannten Strängen.

---

1 Vgl. nur: Loffeld, Der nicht notwendige Gott, 8 (u. ö.).
2 Vgl. Bucher, Wer braucht Pastoraltheologie wozu. Ein nahezu identischer Wiederabdruck liegt vor mit demselben Titel in: Bucher, Theologie im Risiko der Gegenwart, 176–189. Es wäre eine eigene Studie wert, die wenigen, aber instruktiven Korrekturen dieser späteren Fassung zu kommentieren.

Diese Überwölbung wird mit recht hohem spekulativem Aufwand begründet. In der Antrittsvorlesung heißt es, die Pastoraltheologie habe die Aufgabe der Dekonstruktion; Aufmerksamkeit sei ihre Kardinaltugend; ihre Leistung sei die Freisetzung von Zukunftsoptionen. Ein Schlüsselsatz: „Pastoraltheologie muss die relative Methodenfreiheit, die sie besitzt, mit wirklicher Lust auf das Abenteuer der Wahrnehmung beantworten."[3] Im späteren und die Argumentation weiter entwickelnden Beitrag zur „Kulturwissenschaft" gesellen sich zu den Anfangsmodulen des Denkansatzes mehr explizit kulturtheoretische Wendungen.[4] Auch diese legen Pastoraltheologie aber auf „Beobachtung" und „Wahrnehmung" fest, ja, fixieren hierin sogar ihren eigentlichen Anspruch auf den Status als (Geistes-)Wissenschaft.[5]

3. Erntedank

Ich kann für meine pastoraltheologische Arbeit nun persönlich sagen, dass ich von der so fundierten theologischen Wahrnehmungsleistung bei Rainer Bucher enorm profitiert habe und weiter profitiere. In aller Schlichtheit seien hier einige und ausgewählte Aufsatzbeispiele genannt, die mir für meine eigene pastoraltheologische Formation in den einzelnen Traktaten wichtige, teilweise sogar geradezu paradigmatische Erkenntnisgewinne zugetragen haben:
- in der Gemeindetheologie die These, dass eine wie auch immer erfolgende Behebung des Priestermangels das grundlegende Problem einer nur halbierten Rezeption von religiöser Selbstbestimmung im Gemeindemodell verschärfen statt abfedern würde;[6]

---

3 Bucher, Wer braucht Pastoraltheologie wozu, 196; vgl. auch 195–197.
4 Vgl. Bucher, Pastoraltheologie als Kulturwissenschaft, sowie Bucher, Theologie im Risiko der Gegenwart (Kapitel „Pastoraltheologie als Kulturwissenschaft des Volkes Gottes, 190–202).
5 Bucher, Theologie im Risiko der Gegenwart, 199f.: „Die Pastoraltheologie aber als ‚Kulturwissenschaft' in diesem Sinne zu definieren, würde dann den reflexiven Beobachtungscharakter der Pastoraltheologie benennen, der es ihr erlaubt, sich nichtkolonial mit potentiell allem in Beziehung zu setzen."
6 Vgl. nur Bucher, Die Gemeinde nach dem Scheitern der Gemeindetheologie.

- in der sakramententheologischen Frage nach den Kasualienfrommen die schöne, öffnende Formulierung, dass sich hier „die Kirche" anders genutzt sieht, als sie das eigentlich will;[7]
- in der Frage rund um eine milieusensible Pastoral, dass man im Volk Gottes niemals nur Adressat sein kann;[8]
- in der Debatte um § 517,2 die wichtige Einsicht, dass mit der Schaffung einer laienfreundlichen Ausnahme die klerikale Regel nur bestätigt wird;[9]
- insgesamt die sehr hilfreiche Tendenzangabe, in der Ekklesiologie von einer „Sozialform-" zu einer „Aufgabenorientierung" zu kommen.[10]

Diese kleine und persönliche Liste ist keine von beiläufigen Einsprengseln, von Bucherschen Geistesblitzen oder gewohnt gekonnter Grazer Sprachkunst. Vielmehr resultieren alle fünf Beispiele aus dieser eben skizzierten programmatischen Beobachtungsgabe, die sich in kritische Distanz zum Geschehen bringt, um Linien und Konstellationen in den Blick zu bekommen, die in Widerspruch stehen zu dem, was Kirche kann und soll.

4. Die offene Frage und der daraus folgende kollegiale Wunsch

Nun ist der Auftrag an die Beiträge dieses Buches aber gerade nicht der des reinen Erntedankes. Er würde sonst ausführlicher ausfallen. Vielmehr sind die Autor:innen von der Regie gebeten, jene ihrer Meinung nach offenen Gebiete der Bucherschen Pastoraltheologie zu benennen, die eventuell seine ausstehenden Projekte inspirieren können. Dies können Themen sein, Referenztheorien, Stile, literarische Formen – wie auch immer.

Tatsächlich – und Rainer Bucher weiß das aus unserem kollegialen Gespräch sehr genau – habe ich eine solche Frage und einen daraus erwachsenen Wunsch. Und dieser geht weit über einzelne Themen hinaus; er betrifft die ganze wissenschaftstheoretische Anlage, wie sie Rainer Bu-

---

7 Vgl. nur Bucher, Die Entdeckung der Kasualienfrommen.
8 Vgl. nur Bucher, Die Provokation annehmen.
9 Vgl. nur Bucher, Der lange Weg vom Erlaubnis- zum Ermöglichungsdiskurs.
10 Vgl. nur Bucher, … wenn nichts bleibt, 169–185.

cher der Pastoraltheologie erfolgreich empfohlen hat. Ich möchte deutlich anfragen, ob die universitäre Pastoraltheologie so selbstverständlich im Status einer Wahrnehmungslehre verbleiben sollte – ja, sogar: ob sie es überhaupt von ihrer Aufgabe im theologischen Kanon her überhaupt darf. Bekanntlich führe ich diese Debatte unter dem Label, dass man Pastoraltheologie auch als Anwendungswissenschaft betreiben und mit der amerikanischen Pragmatismusphilosophie auch sauber begründen kann.[11] Und ich meine normativ, dass sie es immer mehr sollte.

Mein Wunsch an das weitere Wirken von Rainer Bucher ist daher sehr schlicht: Das hohe Auflösungsniveau seiner Pastoraltheologie möge stärker methodisch-empirisch gegengelesen und stärker interventionsempfehlend präzisiert werden. Kürzer: Wer so kristallklar wahrnimmt wie Rainer Bucher, und wer so einflussreich formulieren kann, der lässt den Wunsch entstehen, was nun folgen kann und soll. Welche Konkretion ergibt sich empirisch, wenn man der überzeugenden Wahrnehmung nun auch intervenierend folgt? Als Nutznießer von Rainer Buchers Analysen sehe ich: Die Antwort auf die Frage: „Was zeigt sich hier?" wird umfassend gegeben; die Antwort auf die Frage „So what?!" steht aus.

5. Der Hintergrund des Wunschzettels

Es gibt für diese Position und den daraus resultierenden Wunsch strategische und konzeptionelle Gründe.[12]

Fachpolitisch wiederhole ich kurz, was an anderer Stelle in die Debatte eingebracht wurde:[13] Es wäre aufzudecken, warum man alternativlos nur die Operationen von Beobachtung und Distanz als Ausweis von theologischer Wissenschaftlichkeit anerkennt. Der Befund ist für die Sektion der praktischen Theologie noch zuzuspitzen: Welches Praxisdenken liegt dem

---

11 Vgl. nur Sellmann, Pastoraltheologie als „Angewandte Pastoralforschung".
12 Wobei zu beachten ist, dass pragmatistisch begründete Anwendungsorientierung die Pole von „Konzeption" und „Strategie" gar nicht trennen will und auch nicht kann.
13 Vgl. ausführlich die Debatte mit Wolfgang Beck, etwa: Sellmann, Was hat die Pastoraltheologie mit einer Kirche in Krise zu tun? Vgl. auch die ähnlich gelagerte Debatte mit Herbert Haslinger: Sellmann, Sprecht über Macht; Haslinger, Sprecht über Macht.

zugrunde? Und wie verhindert man, dass man eigentlich Fundamentaltheologie wird, die sich nur statt mit Diskursen mit Praxisereignissen befasst – dies aber weiter ausschließlich spekulativ? Weiter: Ist kooperativer Feldkontakt mit Entscheider:innen gleichbedeutend mit dem Verlust von Distanz? Und wenn man sich programmatisch für die Enthaltsamkeit von Interventionsinteressen entscheidet: Merkt man, wie man genau deswegen eine Figur auf dem Feld wird – eben gerade, weil man sich raushält? Kommt es zu einer Art Burgfrieden mit der realen Exekution pastoraler Programme, wenn die Pastoraltheologie sich aufs Beobachten beschränkt? Und schließlich: Wenn die Pastoraltheologie die Meso-Ebene von religiöser Organisation analytisch vernachlässigt und stattdessen vor allem Makro- (gesellschaftstheoretischer Ansatz) und Mikroebene (personzentrierter Ansatz) vorantreibt – kann dieser Ansatz die spezifische Situation einer hochgradig konkordatär gesteuerten Kirche überhaupt erfassen? Wäre nicht statt der Dauerkritik an kirchlicher Bürokratie genau eine analytische Tiefenschärfe für Organisation das, woran es fehlt? Und hat man das Recht, sich von der kirchlichen Organisation vernachlässigt zu fühlen, wenn diese epochale Strukturänderungen durchführt, dabei aber aus besagten Gründen keine Kompetenzerwartung an die Pastoraltheologie ausbilden kann?

Dies ist der eine Horizont, vor dem ich mir wünsche, dass die Wahrnehmungstheorie sich auch von der Dimension der Intervention herausfordern lässt.

In mehr spekulativer Hinsicht sei ein zweiter Gedanke skizziert. Dieser ist typisch pragmatistisch und betrifft den Unterschied von „Wahrheit" und „Bedeutung". Ich meine, dieser Unterschied ist für das Fach Pastoraltheologie gerade in der Spur der hervorragenden Definition („kreativer Kontrast von Evangelium und Existenz") von Rainer Bucher sogar zwingend.

John Dewey hat zu diesem Begriffspaar überaus wichtige Analysen beigetragen. Hier ist nicht der Platz, sie zu entfalten.[14] Sein Gedanke kul-

---

14 „Wahrheiten sind nur eine Klasse von Bedeutungen, nämlich diejenigen, in denen ein Anspruch auf Verifizierbarkeit durch Konsequenzen ein immanenter Teil ihrer Bedeutung ist. Jenseits dieser Insel von Bedeutungen, die ihrer eigenen Natur nach wahr oder falsch sind, liegt ein Ozean an Bedeutungen, für die Wahrheit oder Falschheit irrelevant sind." (Dewey, Philosophie und Zivilisation, 8) Diese These, die nur so hingeworfen natürlich hochgradig missverständlich sein kann, wird sekundär und

miniert aber in der Alltagsbeobachtung, dass „Wahrheiten" ‚nur' der Unterfall der höheren Klasse der „Bedeutungen" sind; und dass wir gerade im Existenzvollzug erheblich häufiger aus „Bedeutungen" leben als aus „Wahrheiten". Vor allem Praxis also generiert und orchestriert: „Bedeutungen", und dies sowohl individuell wie kollektiv. Und Praxis heißt hier: Bewertung; Engagement; Parteilichkeit; starke Werte (Harry Frankfurt, Charles Taylor); Zweckrationalität; Instrumentalität; Verstrickung von Tat und Urteil; Vorläufigkeit; Leben auf Sicht.

Interessanterweise ist die Empfehlung an die Pastoraltheologie, sich nach pragmatistischem Konzept in reale Akteursinteressen und kontingente Intervention verstricken zu lassen, eigentlich ganz nah dran am Theologieverständnis Rainer Buchers. Denn der Würzburger Konzils- und Fundamentaltheologe Elmar Klinger gehört zu den hochgeschätzten und oft zitierten Referenzfiguren seiner Ekklesiologie. Klinger nun hatte in der Festschrift für Ottmar Fuchs von 2005 einen kleinen Text beigetragen, der nach wie vor ebenso lesenswert wie selten ist.

Klinger warnt hier deutlich vor dem drohenden Extrinsezismus einer Pastoraltheologie, die „zum Handeln selber in einem nur äußeren Verhältnis" steht. Es fallen Sätze wie die folgenden:

> „Wer instrumentelles Denken mit dem Machbarkeitswahn verwechselt, begeht den Irrtum der falschen Verallgemeinerung. […] Man kann sie [die Theologie, M. S.] instrumentell einsetzen, ohne sie zu instrumentalisieren. […] Praktische Theologie könnte oder sollte ein inneres Verhältnis zum Handeln der Akteure haben, auf die sich bezieht. Sie wird im Fall, dass sie diesen Bezug herstellt, pragmatisch. Der Begriff ihrer Wahrheit ist deckungsgleich mit dem Begriff eines jeweiligen Verhaltens."[15]

Meine Anfrage: Kann eine Pastoraltheologie, die sich aufs „Wahrnehmen" beschränkt und die (immer selektive, angreifbare, grauzonige) Interventionsperspektive vermeidet, etwas zu den real wirkenden „Bedeutungen" beitragen, die sich eben vor allem im Handeln und Entscheiden zeigen – oder nimmt sie eben nur „Wahrheiten" wahr?

---

ausführlich justiert bei dem neopragmatistischen Religionsphilosophen Matthias Jung (vgl. Jung, Symbolische Verkörperung, 117–163, v. a. 147–152).
15 Klinger, Ein Grundlagenproblem, 400f. Zum Verhältnis Bucher/Klinger vgl. natürlich: Klinger/Bucher, Mich hat an der Theologie.

6. Das Potenzial der Differenz

Ich weiß: Rainer Bucher schätzt es, wenn man so beisammen ist, dass die Verschiedenheit trotzdem dazu führt, noch einiges voneinander zu lernen. Wie oben dargestellt, profitiere ich sehr von Buchers Werk und werde ihm weiter folgen. Gerade weil das so ist, reiche ich dem Kollegen aber die Frage herüber: Ist nicht die Transformation von systematisch-theologischer „Wahrheit" in existenzielle „Bedeutung" exakt das, wofür es Pastoraltheologie geben sollte? Und wenn das stimmt: Ist dann die mit dem „Feld" ko-kreativ erzeugte theologische Empfehlung von Praxisinterventionen und die gemeinsame empirische Evaluation ihrer Durchführungen eben nicht nur Kür – sondern Pflicht?

Literaturverzeichnis

Bucher, Rainer: Wer braucht Pastoraltheologie wozu? Zu den aktuellen Konstitutionsbedingungen eines Krisenfachs, in: ders. (Hg.): Theologie in den Kontrasten der Zukunft. Perspektiven des theologischen Diskurses, Graz – Wien 2001, 181–197.

Bucher, Rainer: Pastoraltheologie als Kulturwissenschaft des Volkes Gottes, in: Pastoraltheologische Informationen 24 (2004), 182–191.

Bucher, Rainer: Die Provokation annehmen. Welche Konsequenzen sind aus der Sinusstudie zu ziehen?, in: Herder Korrespondenz 60 (2006), 450–454.

Bucher, Rainer: Die Entdeckung der Kasualienfrommen. Einige Konsequenzen für Pastoral und Pastoraltheologie, in: Först, Johannes – Kügler, Joachim (Hg.): Die unbekannte Mehrheit. Mit Taufe, Trauung und Bestattung durchs Leben?, Berlin 2006, 77–92.

Bucher, Rainer: Die Gemeinde nach dem Scheitern der Gemeindetheologie. Perspektiven einer zentralen Sozialform der Kirche, in: Ritzer, Georg (Hg.): „Mit euch bin ich Mensch". FS Friedrich Schleinzer, Innsbruck – Wien 2008, 19–46.

Bucher, Rainer: Theologie im Risiko der Gegenwart. Studien zur kenotischen Existenz der Pastoraltheologie zwischen Universität, Kirche und Gesellschaft, Stuttgart 2010.

Bucher, Rainer: Der lange Weg vom Erlaubnis- zum Ermöglichungsdiskurs. Die Gemeindeleitungsproblematik im Kontext der Konstitutionsprobleme der katholischen Kirche in den entwickelten Gesellschaften Deutschlands und Österreichs, in: Böhnke, Michael – Schüller, Thomas (Hg.): Gemeindeleitung durch Laien? Internationale Erfahrungen und Erkenntnisse, Regensburg 2011, 34–57.

Bucher, Rainer: … wenn nichts bleibt, wie es war. Zur prekären Zukunft der katholischen Kirche, Würzburg ²2012.

Dewey, John: Philosophie und Zivilisation (1931), in: ders. (Hg.): Philosophie und Zivilisation, Frankfurt a. M. 2003, 7–15.

Haslinger, Herbert: Sprecht über Macht – aber so, dass es den Menschen hilft. Eine Replik auf Matthias Sellmanns Vorschlag einer Theologie kirchlicher Organisation, in: Herder Korrespondenz 73 (2019), H. 9, 48–51.

Jung, Matthias: Symbolische Verkörperung. Die Lebendigkeit des Sinns, Tübingen 2017.

Klinger, Elmar: Ein Grundlagenproblem der Praktischen Theologie – der Pragmatismus, in: Bucher, Rainer – Nauer, Doris – Weber, Franz (Hg.): Praktische Theologie. Bestandsaufnahme und Zukunftsperspektiven. FS Ottmar Fuchs, Stuttgart 2005, 389–401.

Klinger, Elmar – Bucher, Rainer: Mich hat an der Theologie immer das Extreme interessiert: Elmar Klinger befragt von Rainer Bucher, Würzburg 2009.

Loffeld, Jan: Der nicht notwendige Gott. Die Erlösungsdimension als Krise und Kairos des Christentums inmitten seines säkularen Relevanzverlustes, Würzburg 2020.

Sellmann, Matthias: Pastoraltheologie als „Angewandte Pastoralforschung". Thesen zur Wissenschaftstheorie der Praktischen Theologie, in: Pastoraltheologische Informationen 35 (2015), 105–116.

Sellmann, Matthias: Was hat die Pastoraltheologie mit einer Kirche in Krise zu tun? Wider den Vorwurf einer „panischen Kopflosigkeit" angewandter Pastoralforschung, in: feinschwarz.net, 10.6.2019, online: https://www.feinschwarz.net/was-hat-die-pastoraltheologie-mit-einer-kirche-in-krise-zu-tun/ [Zugriff: 2.7.2021].

Sellmann, Matthias: Sprecht über Macht! Für eine Theologie kirchlicher Organisation, in: Herder Korrespondenz 73 (2019), H. 8, 14–16.

Der Begriff Zeit in Afrika

P. Mathew Thazhathukunnel MSFS

„Europäer haben die Uhr, aber die Afrikaner haben die Zeit", ist ein Sprichwort, das vom Unterschied des Zeitverständnisses in verschiedenen Kulturen spricht. Alle menschlichen Aktivitäten beinhalten eine Dimension der Zeit. Was ist das Wesen der Zeit? Ist Zeit eine Realität? Gibt es Zeit? Das sind Fragen, die seit jeher gestellt werden. Die Philosophie der Zeit prägt die Religion, Wirtschaft, Haltungen und Bestrebungen eines bestimmten Volkes und seiner Kultur.

Die westliche Kultur hat ein lineares Konzept der Zeit. Es ist vielleicht auf den Einfluss des Christentums zurückzuführen, das die Zeitrechnung als historisch annahm. Sie hat ihren Ursprung in der Schöpfung und hat ein endgültiges Ende im Jüngsten Gericht. Die Zeit gehörte Gott und sie zu verschwenden, galt als schwere Sünde. Es gibt Vergangenheit, Gegenwart und Zukunft im westlichen Zeitverständnis. Die alte Verachtung für die manuelle Arbeit änderte sich im Mittelalter, als Mönche in Klöstern körperliche Arbeit zusammen mit dem Gebet einschlossen; so „ora et labora". Der Übergang von der Agrarwirtschaft zur Industriewirtschaft, die von der Uhr beherrscht wurde, machte die Zeit zu einem wertvollen Gut mit Pünktlichkeit und Zeitbewusstsein.

Die östliche Kultur wird von einem zyklischen Zeitverständnis dominiert. Jeden Tag geht die Sonne auf und unter, die Jahreszeiten folgen einander, die Himmelskörper drehen sich um uns, die Menschen werden alt und sterben, aber ihre Kinder stellen den Prozess wieder her. Im zyklischen Zeitverständnis ist Zeit kein knappes Gut. Es scheint immer ein unbegrenztes Angebot davon zu geben. Im Osten sagen sie, als Gott die Zeit schuf, machte er viel davon. In der Vergangenheit und bis heute spiegelt sich diese Haltung in motivationslosen Gewohnheiten der Arbeitskräfte, niedriger industrieller Produktivität, regelmäßigen Verzögerungen bei der Durchführung wirtschaftlicher Projekte und vor allem im langsamen Wirtschaftswachstum wider. Kulturen, die sowohl lineare als auch zyklische Zeitkonzepte beobachten, betrachten die Vergangenheit als etwas, das wir hinter uns gelassen haben, und die Zukunft als etwas, das vor uns liegt.

Das afrikanische Zeitverständnis variiert von Ort zu Ort. In diesem Essay möchte ich das Konzept der Zeit in Afrika nach John Samuel Mbiti[1], einem renommierten afrikanischen Philosophen und Theologen, demonstrieren.

1. Mbitis Ansichten zum afrikanischen Zeitbegriff

In der traditionellen afrikanischen Kultur ist Zeit einfach eine Komposition von Ereignissen, die stattgefunden haben – von Ereignissen, die jetzt stattfinden und die, die sofort eintreten. Nach John Mbiti fehlt in der afrikanischen Kultur im wesentlichen Denken das lineare Konzept der Zeit mit einer bestimmten Vergangenheit, Gegenwart und einer unendlichen Zukunft. Ihm zufolge ist die Zeit in der afrikanischen Kultur zweidimensional, mit einer langen Vergangenheit und Gegenwart. Die Zukunft ist praktisch nicht vorhanden, weil die Ereignisse nicht stattgefunden haben. Dies steht im Gegensatz zum westlichen dreidimensionalen Zeitbegriff: Vergangenheit, Gegenwart und Zukunft. Mbiti unterscheidet zwischen potentieller Zeit und tatsächlicher Zeit: Potenzielle Zeit ist das, was in den Rhythmus der Naturphänomene fällt. Die tatsächliche Zeit ist das, was Vergangenheit und Gegenwart ist. Ihm zufolge bewegt sich das Konzept der Zeit eher „rückwärts" als „vorwärts". Die Menschen entscheiden sich nicht für zukünftige Dinge, sondern vor allem für das, was bereits geschehen ist.

Das zweidimensionale Konzept der Zeit bestimmt das Leben des Einzelnen als auch der Gemeinschaft sowie ihr Verständnis von Universum und Religion. Die Zeit muss im persönlichen Leben gegenwärtig und durch die Gemeinschaft erlebt werden, die mehrere Generationen vor seiner Geburt zurückreicht. Die Zukunft kann jetzt nicht erlebt werden,

---

1 John Samuel Mbiti (1931–2019) ist ein kenianischer anglikanischer Priester. Er hat mehrere Bücher geschrieben und mehrere Essays in verschiedenen Publikationen veröffentlicht. Er lehrte auch an verschiedenen Universitäten Afrikas und Europas.

und sie macht für ihn keinen Sinn, und deshalb ist sie nicht Teil der Zeit. Eine Ausnahme davon ist der Rhythmus der Naturphänomene.

In Madagaskar stellen sich die Madagassen vor, die Zukunft sei Vergangenheit. Die Vergangenheit ist vor ihren Augen, weil sie sichtbar, bekannt und einflussreich ist. Sie können sie sich ansehen, sich daran freuen, daraus lernen. Das madagassische Volk verbringt übermäßig viel Zeit damit, sich auf seine Vorfahren zu besinnen, ihre Knochen zu exhumieren und sogar mit ihnen zu feiern.

2. Sasa and Zamani

Mbiti analysiert das Zeitkonzept weiter auf der Grundlage ostafrikanischer Sprachen, insbesondere Kikamba- und Gikuyu-Sprachen. Ihm zufolge stellt ein Zeitwort für die Zukunft eine kurze Zeitspanne als Erweiterung der Gegenwart dar und es gibt keine Beschreibung der Zeitspanne für eine unbestimmte Zukunft in diesen Sprachen. Er illustriert das Konzept der Vergangenheit, Gegenwart und Zukunft mit zwei Swahili-Wörtern, nämlich *Sasa* und *Zamani*. *Sasa* deckt die „Jetzt-Periode" und *Zamani* deckt eine „unbegrenzte Vergangenheit" ab. Die Zukunft wird auch von *Sasa* abgedeckt. Die Zukunft ist eine unmittelbare Zukunft und keine ferne Zukunft. Linear gesehen umfasst sie etwa sechs Monate. Wenn ein Ereignis in zwei Jahren ist, gibt es keine Sprache, um über eine so ferne Zukunft zu sprechen. Die *Sasa*-Dimension spricht von Ereignissen, die sich im Prozess des Auftretens oder der jüngsten Erfahrung befinden. *Zamani* deckt alles in der Vergangenheit ab. „Es ist ein Friedhof der Zeit." Es ist Lagerhaus aller Ereignisse der Vergangenheit. *Sasa* bindet Individuen und ihre unmittelbare Existenz, während *Zamani* die Periode des Mythos ist, die der *Sasa*-Zeit ein Gefühl der Gründung und Sicherheit verleiht.

3. Die Zeitrechnung

Phänomen-Kalender: Zeit wird nicht in mathematischen Begriffen verstanden: Sekunden, Minuten, Stunden, Tag, Monat, Jahr usw. Die Zeit wird in Begriffen gerechnet, für bestimmte Ereignisse und für einen bestimmten Zweck. Zeit ist eine Komposition von Ereignissen. Die Zeit basiert eher auf einem Phänomen-Kalender als auf einem numerischen Kalender. Die Zeit wird im Verhältnis zum natürlichen Rhythmus der Natur gezählt. Zum Beispiel: Der Sonnenaufgang ist ein Ereignis, das von der ganzen Gemeinschaft anerkannt wird. Es spielt keine Rolle, ob die Sonne um 5 Uhr oder um 7 Uhr aufgeht, solange die Sonne aufgeht. Wenn also jemand sagt, dass er dich bei Sonnenaufgang treffen wird, dann kann das jederzeit von 5 bis 7 Uhr sein.

Rinderuhr: Im traditionellen Leben wird der Tag nach bestimmten bedeutenden Ereignissen gerechnet. Für das Ankore-Volk Ugandas und das Nuer-Volk Südsudans sind die Rinder die Quelle ihres Lebensunterhalts. Für Nuer ist die Zeit ein Verhältnis zwischen Aktivitäten. Es gibt keinen gleichwertigen Begriff für Zeit in der Sprache der Nuer. Sie haben keine Sekunden, Minuten, Stunden usw. Sie rechnen mit Aktivitäten im Zusammenhang mit Rindern und haben somit eine Rinderuhr: Melkzeit (6 Uhr), Weidezeit (bis 12 Uhr), Zeit für das Ziehen von Wasser (13 Uhr), Trinkzeit (14 Uhr), Weidezeit (15 bis 17 Uhr), Zeit zum Betreten der Schlafbereiche (18 Uhr), Melkzeit (19 Uhr) und Ruhezeit.

Der Monat: Monate sind Namen nach wichtigen Ereignissen dieser Zeit oder der Wetterbedingungen. Zum Beispiel: Es gibt einen heißen Monat, Regenmonat, Pflanzmonat, Unkrautjätenmonat, Erntemonat oder Jagdmonat usw.

Das Jahr: In den traditionellen landwirtschaftlichen Gesellschaften Afrikas wird ein Jahr nach den saisonalen Aktivitäten definiert. In Gebieten in der Nähe des Äquators gibt es zwei Regenperioden und zwei Trockenzeiten. Wenn diese vier Jahreszeiten abgeschlossen sind, ist ein Jahr abgeschlossen. Das Jahr wird nicht mathematisch, sondern in Bezug auf die Ereignisse gerechnet. Die Anzahl der Tage im Jahr ist unerheblich, da sie sich je nach Saisonabschluss unterscheidet. Daher kann es manchmal im Jahr 350 Tage und ein anderes Mal 390 Tage geben. Ein Jahr ist abgeschlossen, wenn die landwirtschaftlichen Aktivitäten – Regen, Pflanzung, Unkraut jäten und Ernten – abgeschlossen sind. Jedes Jahr kommt und geht, um die Zeitdimension der Vergangenheit zu ergänzen. Endlosigkeit oder Ewigkeit ist etwas, das in der Vergangenheit liegt.

4. Das Konzept der Geschichte

Die Menschen in Afrika haben ihr eigenes Verständnis von Geschichte. Die Geschichte bewegt sich rückwärts von der *Sasa*- (Jetzt-)Periode zur *Zamani*- (Vergangenheits-)Periode. In traditionellen afrikanischen Gesellschaften gibt es keine Bewegung in Richtung eines zukünftigen Höhepunkts oder gegen ein Ende der Welt, da die Zukunft nicht über wenige Monate hinaus existiert. Daher haben die Menschen keine Erwartung auf ein goldenes Zeitalter; es gibt keine Vorstellung von messianischer Hoffnung oder Zerstörung der Welt oder einer neuen Welt, die kommen wird. Mbiti sagt, dass die Menschen nicht „an Fortschritt glauben", da sie nicht für eine ferne Zukunft planen. Alle menschlichen Aktivitäten konzentrieren sich auf die Vergangenheit, und die Gegenwart bewegt sich in die Vergangenheit. Das gegenwärtige Zeitalter basiert auf der Vergangenheit. Es ist die Vergangenheit, die Erklärungen über die Erschaffung der Welt, den Tod, die Evolution der Sprache usw. gibt.

5. Der Begriff der Zeit in Bezug auf das menschliche Leben

Das menschliche Leben hat einen natürlichen Rhythmus. Für den Einzelnen umfasst es Geburt, Pubertät, Initiation, Ehe, Fortpflanzung, Alter, Tod, Eintritt in die Gemeinschaft der Verstorbenen und schließlich Eintritt in die Gesellschaft der Geister. Auch wenn eine Person körperlich geboren ist, wird eine Person nur dann zu einem vollen Menschen, wenn man den ganzen Prozess der Benennung von Zeremonien, Initiationsriten, Ehe und Fortpflanzung durchläuft. Der Tod ist ein Prozess, wenn man von *Sasa* nach *Zamani* zieht. Auch nach dem Tod ist eine Person in der *Sasa*-Zeit, solange die Person bei Kindern und Verwandten in Erinnerung bleibt. Eine solche Person wird als *lebend-tot* bezeichnet. Der oder die *Lebend-Tote* ist eine Person, die, auch wenn sie körperlich tot ist, aber lebendig im Gedächtnis derer ist, die sie kannten. Die Opferhandlungen, das Anbieten von Essen, die Namensgebung von Kindern nach den toten Eltern usw. sind Symbole der Gemeinschaft mit den Toten. Solange von den Lebenden an sie gedacht wird, befindet sich die Person im Zustand der persönlichen Unsterblichkeit. Persönliche Unsterblichkeit wird durch Kinder und Enkelkinder garantiert. Daher hat die Ehe in afrikanischen Gesellschaften eine religiöse Bedeutung, und der Nachwuchs ist der absolute Weg, um zu versichern, dass eine Person nicht von der persönlichen Unsterblichkeit abgeschnitten ist. Eine Person wird in die *Zamani*-Zeit versenkt, wenn der Tote nicht mehr im Gedächtnis der Menschen ist. In diesem Stadium ist der Prozess des Sterbens abgeschlossen und die Person tritt in die kollektive Unsterblichkeit ein, wo die Person Teil der Gemeinschaft der Geister wird.

6. Raum und Zeit

In afrikanischen Gesellschaften sind Raum und Zeit eng miteinander verbunden. Es gibt für das Volk Kinyarwanda (Ruanda) keinen Unterschied zwischen Zeit und Raum. Sie verwenden für beide das gleiche Wort *Aho*. Die Menschen haben eine persönliche und emotionale Bindung an das Land (Ahnenland), in dem sie geboren werden. Es ist ein konkreter Ausdruck von *Sasa* und *Zamani*. Das Land erzählt von der Wurzel ihrer Existenz und bindet sie an ihre verstorbenen Vorfahren. Es ist eine schwere Beleidigung, die Menschen zu bitten, ihr angestammtes Land zu verlassen. Selbst wenn Menschen woanders sterben, werden sie zur Bestattung ins angestammte Land zurückgebracht. Es ist ein lebendiger Ausdruck ihrer Vergangenheit und Gegenwart und ihres Wunsches, Teil ihrer Ahnengeschichte zu sein.

7. Eine Kritik an Mbitis Ansichten zum Begriff der Zeit in Afrika

Laut John Mbiti gibt es in Afrika nur zwei Dimensionen der Zeit, nämlich Vergangenheit und Gegenwart. Er erkennt eine unmittelbare Zukunft an, die nicht länger als wenige Monate dauert. Ihm zufolge ist das Fehlen einer zukünftigen Dimension der Zeit der Grund für den Mangel an Fortschritten in Afrika. Doch nicht alle afrikanischen Philosophen stimmen seinen Ansichten zu.

Sprache: Mbiti argumentierte, dass es in ostafrikanischen Sprachen keine Verben gibt, um die zukünftige Dimension der Zeit zu bezeichnen. Aber in westafrikanischen Sprachen gibt es eine zukünftige Dimension der Zeit. Kwame Gyekye (ghanaischer Philosoph) sagt, dass es unter den Akan-Leuten in Ghana das Verb Zukunft in ihrer Sprache gibt. In Afrika gibt es Tausende von Sprachen und sie unterscheiden sich in ihrer Grammatik. Es ist nicht gerechtfertigt zu sagen, dass die Menschen in Afrika kein Verständnis für die Zukunft haben, wenn diese Aussage auf einigen wenigen ostafrikanischen Sprachen beruht.

Konsultation von Wahrsagern („Zukunft-Erzählern"): Gyekye sagt weiter, dass afrikanische Menschen oft Wahrsager konsultieren, um über ihre Zukunft Bescheid zu erhalten. Wahrsagen ist im Grunde auf Zukunft ausgerichtet. Warum sind die Menschen neugierig und wollen etwas über ihre Zukunft wissen, wenn es kein Verständnis für diese gibt? Ob diese unmittelbar oder fern ist, hängt von der Art der Ereignisse oder Handlungen ab.

Oberstes Wesen/Gott: Die meisten Afrikaner:innen haben eine Vorstellung von einem Obersten Wesen/Gott als einem unendlichen Wesen. D. A. Masolo (kenianischer Philosoph) meint, wenn Menschen eine ewige Vorstellung von Gott konzipieren können, dann können sie sich eine Dimension der Zukunft vorstellen.

Leben nach dem Tod: Der Volksstamm der nigerianischen Igbo glaubt an ein Leben nach dem Tod. Das zeigt, dass es eine zukünftige Dimension der Zeit gibt. Sie übernehmen ein lineares Zeitkonzept und kein zyklisches Zeitverständnis.

Kinderengagement: Die Eltern einiger westafrikanischer Gesellschaften wählen Partner für ihre Kinder, wenn sie noch sehr jung sind. Dies geschieht, wenn der Junge drei Jahre und das Mädchen einige Tage alt ist. Ein Engagement für Kinder ist ein Beispiel dafür, dass die Menschen für die Zukunft planen.

Progressive Zeit: Byang H. Kato (nigerianischer Theologe) ist der Ansicht, dass Menschen nicht rückwärts leben können. Er sagt, wenn Mbiti eine nahe Zukunft akzeptiert, sollte er die Abfolge von Ereignissen von der Vergangenheit bis zur Zukunft akzeptieren, denn die Zukunft, ob nah oder fern, bleibt die Zukunft. Wenn die Ereignisse einander in eine nahe oder ferne Zukunft führen, können wir uns eine progressive Zeit vorstellen. Daher leben Menschen in die Zukunft schauend, anstatt in die Vergangenheit zu blicken.

Die Kritik an Mbitis Ansichten zum Konzept Zeit zeigt, dass es in Afrika kein allgemein gültiges Verständnis von Zeit gibt. In einigen Gesellschaften Afrikas gibt es ein dreidimensionales Verständnis der Zeit mit Vergangenheit, Gegenwart und Zukunft, aber in einigen anderen Gesellschaften haben die Menschen ein zweidimensionales Verständnis von Zeit: Vergangenheit und Gegenwart. Das Verständnis von Zeit ist ein komplexes Phänomen und variiert von Ort zu Ort in Afrika. Wir können in Afrika nicht zu einem universellen Zeitbegriff kommen.

Mbiti räumt ein, dass sich aufgrund des christlichen missionarischen Einflusses, der westlichen Bildung und der modernen Technologie das traditionelle Zeitverständnis verändert. Die Menschen freuen sich auf eine Zukunft. Sie planen wirtschaftlichen Fortschritt, eine bessere Infrastruktur und arbeiten für das Wohlergehen des Einzelnen und der Nation. Die zukünftige Dimension der Zeit wird in den Entwicklungen gesehen, die in Afrika stattfinden. Mbitis Ansichten über das traditionelle Zeitkonzept sind jedoch wichtig, um die Menschen und die Kultur Afrikas zu verstehen.

Literaturverzeichnis

Beyaraza, Ernest: The African Concept of Time, Kampala 2004.
Mbiti, John: African religions and philosophy, Nairobi 1995.
Mbiti, John: Introduction to African Religion, Nairobi 2003.
Turaki, Yusufu: Foundations of African Traditional Religion and Worldview, Nairobi 2006.

U

Die Segel hissen.
Oder: Eine persönliche Spurensuche

Marian Lukas Ureutz

Aufzubrechen und neu anzufangen ist wesentlicher Bestandteil unseres menschlichen Lebens. Es ist eben weder eine Gerade und auch keine Linie mit ganz konkretem Ausgangs- und Endpunkt. Eine zeitgemäße Theologie muss diese Erkenntnis verinnerlicht haben und dabei Anfang und Ende selbst wohl noch einmal überdenken. Was ich also damit sagen möchte ist, dass unser Leben viele Veränderungen kennt und ein ständiges Werden und Vergehen, einen Entwicklungsprozess bedeutet. Das trifft auf alle Bereiche des menschlichen Lebens zu, wir leben ja schließlich, etwas überspitzt gesagt, nicht im Vakuum. Für Rainer Bucher hat ein neues Lebensjahr begonnen, an dessen Ende ihn ein solcher Aufbruch erwartet, der ihn vielleicht nicht in ein ganz und gar neues Leben, aber zumindest in einen neuen Lebensrhythmus führen wird. Viel Gewohntes, bisher Alltägliches wird er hinter sich lassen und Neues entdecken. Als einschneidend könnte man diesen Aufbruch bezeichnen, auch wenn diesem Wort wohl etwas zu viel an Wehmut innewohnt. Denn womöglich wird er viel weniger schmerzhaft sein, als es sich so mancher, der noch weit von diesem Schritt entfernt ist, vorzustellen vermag. Wahrscheinlich wird die (Vor-) Freude über die neu geschenkte Zeit für Familie, für die Pflege von Freundschaften und seine persönlichen Leidenschaften schlussendlich überwiegen. *Negotium* und *otium* werden in jedem Fall neu zueinander finden.

Natürlich wird diese Veränderung nicht nur für ihn selbst spürbar sein. Vielmehr wird die Universität Graz in naher Zukunft einen intellektuellen Vordenker und Theologen loslassen, der die geistige Landschaft dieser Stadt, dieses Landesteils und nicht weniger Generationen an Theologinnen und Theologen wesentlich mitgeprägt hat. Die großen Denkerinnen und Denkern, Kunst und Kultur, das II. Vatikanische Konzil oder der Kapitalismus als entscheidend verändernde Kraft in unserer Gesellschaft, immer geht es in seinem Schaffen um Wandel, um Prozesshaftes, um zukunftsorientierte, vorausschauende Auseinandersetzung mit Vergangenheit und Gegenwart.

Geistig weit zu werfen, vernetzt und großflächig zu denken, aber trotzdem die Verbindung zum Einfachen, zur Basis nicht zu verlieren, das habe ich mir von Rainer Bucher für meinen Lebensweg mitgenommen, ist er für mich doch ein Denker, der Gegenwart und Zeitgeschichte in einer Weise miteinander zu verknüpfen weiß, die Theologie nicht selbstzentriert werden lässt, keine Abkoppelung bewirkt, sondern sich durch diese Offenheit und Vernetzung vielmehr bereichern und sich von neuen Ideen – und seien sie auch ganz anders – inspirieren lässt.

Mit der Auseinandersetzung und Rezeption zeitgenössischer Kunst und einem wachen Auge für politische Entwicklungen arbeitet Rainer Bucher an zwei Polen unserer Kultur, die von der Nähe zum Puls der Zeit leben und sensible Detektoren für Veränderungen in unserer Gesellschaft darstellen. Das sind zwei große Themenkreise, die nicht nur meinen persönlichen Interessen entsprachen, sondern die mich darüber hinaus auch herausgefordert und meinen eigenen Horizont erweitert haben. Dabei lässt das Auge des Theologen oder der Theologin natürlich das Verhältnis von Kirche und akademischer Theologie nicht aus dem Blick, wie könnte es das auch bei aller Rückkoppelung und wechselseitigen Durchdringung. Gerade die Pastoraltheologie ist mit ihrem Fokus auf die Kirchenentwicklung und die Gestaltung menschlichen Lebens in all seinem komplexen Facettenreichtum auf der Höhe der Zeit. Anders kann sie es auch gar nicht, wenn sie ernst genommen werden möchte.

Die akademische Auseinandersetzung und Ausbildung von jungen Menschen stellt eine der Hauptaufgaben eines Universitätsprofessors dar. In diesem regen Austausch mit Studierenden stand und steht Rainer Bucher durch seine gesamte Schaffenszeit hindurch. Das bringt mich unweigerlich dazu, an die zukünftigen Generationen von Theologinnen und Theologen zu denken. Hier spreche ich nicht nur als junger Theologe, den Rainer Bucher auch für einige Jahre in sein Team aufgenommen hat und der an seinem Institut arbeiten konnte, sondern auch als Studierendenvertreter, der über Jahre hindurch das Geschehen an der Grazer Theologischen Fakultät hautnah miterlebt hat. Veränderungen in Gesellschaft, Kirche oder an der Universität, seien sie auch noch so diskret vollzogen, bleiben nicht unbemerkt und hinterlassen Spuren. Und wenn das „letzte Berufsjahr" eines Professors anbricht, dann ist das eben keine kleine, unbedeutende Veränderung, sondern durchaus ein nahender Bruch in der relativen Kontinuität des akademischen Universitätslebens, der auch Studierende nachhaltig beeinflusst. Da kann dann schon auch die Frage aufkommen, was denn wohl bleiben wird. In dieser Frage bin ich zuversichtlich, dass die nächsten Generationen an Theologinnen und Theologen es in jedem Fall mitzunehmen verstehen werden, dass Theologie nicht einseitig, sondern offen ist und nicht in die Enge, sondern in die Weite führt. Weite, Offenheit und Vielfalt sind nicht gefährlich, sie sind höchstens schwierig und machen Mühen, zumal der Umgang mit Diversität und Pluralität doch wesentlich anstrengender ist als jener mit Monotonie. Lösungen zu finden und sich mit Neuem, Unbekanntem, Fremdem auseinanderzusetzen bedeutet eben auch den Geist herauszufordern. Schließlich wird das Individuum dadurch auf sich selbst zurückverwiesen und seine Fähigkeit zur Selbstreflexion gestärkt. Auf diese Weise wird der Blick aus der Provinz in die Welt hinausgeführt.

Eine Theologie, die so verstanden wird, ist nichts für Ängstliche und auch nichts für jene, die sich in die Gemütlichkeit und Behaglichkeit der eigenen vier Wände und ihrer Sprache zurückziehen möchten. Sie ist auch nichts für jene, die es lieber wohlig warm und einfach haben möchten und die Anstrengungen des (Nach-)Denkens scheuen. Was bleibt, ist eine Theologie, die an neue Ufer aufbricht, die sich durchaus pointiert positioniert und sich ihres politischen Charakters sowie der Unabdingbarkeit ihrer gesellschaftlichen Verantwortung bewusst wird. Dieser Verantwortung muss Theologie in unserer Zeit aber auch erst einmal gerecht werden. Und das wiederum ist ein großer Auftrag an ihre Vertreterinnen und Vertreter.

Was Theologie aber auch beständig nötig hat – und vor allem eine Theologie in einer säkularisierten, vielfältigen Gesellschaft – ist, ihr Verhältnis zur Kirche, ohne in eine plumpe Kirchenkritik zu verfallen, zu überdenken und aus der Tiefe wissenschaftlicher Reflexion heraus ein neues Zueinander zu finden, ohne dabei Nationalkatholizismen oder

Nationaltheologien zu bilden. In ähnlicher Weise muss Theologie aber auch ihre Position an der Universität hinterfragen und sich hinterfragen lassen, denn auch hier bedarf es eines Paradigmenwechsels.

Mein eigener Studienanfang stellte für mich einen Aufbruch zu einer Entdeckungsreise dar, die der Intellektualität des Christentums nachzugehen versuchte. Als junger Student war ich am Anfang meiner persönlichen Begeisterung für die Theologie auf der Suche nach Professorinnen und Professoren, die mir eben den Geschmack dieser Weite des Denkens vermitteln konnten, gerade auch vor dem Hintergrund eines doch sehr bürgerlichen, traditionsverbundenen und zuweilen provinziellen Katholizismus österreichischer Provenienz. Immer wieder musste ich mir also die Frage stellen, unter welchen Segeln ich schließlich mein Schiff lenken und die hohe See, hinaus aufs offene Meer, bereisen möchte, vorbei an jenen, die das Inseldasein bevorzugen. In meinem Fall kommt natürlich noch hinzu, dass sich diese Suchbewegung vor dem Hintergrund entwickelte, dass ich weder in herkömmlicher Weise in einer Pfarre sozialisiert wurde noch unmittelbar für die Kirche arbeiten wollte und damit entgegen der „klassischen" Bestrebungen meiner Kommilitoninnen und Kommilitonen stand. Eine Rückkehr in die heimelig anmutende Pfarratmosphäre stand daher außer jeglicher Frage. Mir war es vor diesem Hintergrund umso wichtiger, mich von Menschen ausbilden zu lassen, die mitunter den Horizont über die eigene Kirchlichkeit hinaus zu spannen vermögen, wobei Toleranz sowie Respekt anderen Lebensentwürfen gegenüber umso stärker ins Gewicht fielen.

Kirche im Kontext der jeweiligen gesellschaftlichen Entwicklungen als Teil eines vielfältigen Mosaiks zu begreifen war daher schon eher ein Zugang, der mir gefiel. Der zwischenmenschliche Umgang, die Geduld und die sichtbare Wertschätzung für Studierende haben es mir neben den behandelten Themen schließlich nicht schwer gemacht, Rainer Buchers Seminare regelmäßig zu besuchen. Kreativität und die Leidenschaft, sich von Neuem begeistern zu lassen, haben meine Suchbewegung bereichert. Im eigenen Denken pluralitätsfähig zu bleiben und allen Gefahren einer Abkapselung zu trotzen, die lediglich doktrinär werden können, neue Wege und Alternativen vermittelt zu bekommen, waren Ansätze von hoher Bedeutung für mich.

Mit der neuen Realität von Corona ergeben sich nun natürlich ganz andere Herausforderungen. Und wenn Theologie und Kirche diese nicht verschlafen möchten, dann werden sie sich auch diesen stellen müssen. Zwischenmenschlich-sozial, aber auch schlichtweg universitär bedarf es neuer Formen des Lehrens und Lernens, des Interagierens. Und wie die Post-Corona-Welt aussehen wird, wissen wir zum jetzigen Zeitpunkt, wenn überhaupt, nur annäherungsweise. In jedem Fall hat sich die Welt innerhalb kürzester Zeit gewaltig verändert mit teils drastischen Auswirkungen auf jedes einzelne menschliche Leben. Rainer Bucher wird in dieser veränderten Welt in eine neue Lebensetappe eintreten und in diesem Prozess mit ziemlicher Sicherheit viele neue Orte entdecken oder alte Orte wiederentdecken.

Was wünsche ich mir nun aber für ihn selbst? An erster Stelle natürlich, dass er die stressigen Momente seines beruflichen Daseins Schritt für Schritt hinter sich lassen kann, vor allem die entbehrlichen Dinge des Alltags, damit schließlich und endlich mehr Zeit für jene bleibt, die er persönlich für wichtig hält. Dabei hoffe ich, dass er sein Wissen als profilierter Theologe, seine Denk- und Sichtweise auch weiterhin Theologinnen und Theologen sowie Interessierten weitergeben, seine forscherische Natur beständig pflegen und die eine oder andere Blüte zu Tage bringen wird. Wie auch immer er diesen Prozess gestaltet, er ist in jedem Fall eine Reise, ob mit oder ohne Roadmap.

Rufzeichen und Fragezeichen.
Ein Brief an Rainer zum Amt des
Ständigen Diakons

Franz Weber

Für einen Pastoraltheologen gibt es wahrscheinlich kein schöneres Kompliment als ihm zu bescheinigen, er habe in der Fülle seiner Publikationen den „Lebensnerv" von Menschen in Gesellschaft und Kirche getroffen, aktuelle Herausforderungen mit Scharfblick wahrgenommen und sie im Licht des Evangeliums und einer guten katholischen Tradition einer kritischen und auf eine veränderte Praxis zielenden Reflexion unterzogen. Diese „Nachrede" kann ich dir, lieber Rainer, fürwahr genauso wenig ersparen wie die Feststellung vieler deiner theologisch-wissenschaftlichen „Seitensprünge" in „Reflexzonen", die wir als pastoraltheologische „Fachidioten" nie oder nur mit äußerster Vorsicht zu berühren gewagt haben. Andererseits kann man dir keineswegs vorwerfen, du hättest dich in deinen Vorträgen und Veröffentlichungen nicht gerade auch mit „erzkatholischen" Themen auseinandergesetzt, wovon etwa die lange Liste deiner Stellungnahmen zur Theologie und zu den Lebensfragen des Priesteramtes ein beredtes Zeugnis ablegt.

Doch auf diesen Zug, in dem ich selbst ja auch als persönlich betroffener Mitreisender unterwegs bin, will ich in diesen Zeilen, die ich dir aus gegebenem Anlass widme, nicht aufspringen, obwohl mich als Priester vieles von dem, was du dazu geschrieben hast, auch persönlich angeht und bewegt. Ich möchte mich hier mit dir auf eine Schiene katholischer Ämtertheologie begeben, auf der du Signale gesetzt hast, die du – um im Bild zu bleiben – auf Rot, Gelb oder Grün gestellt hast. Als Bischöflich Beauftragter für die Ständigen Diakone der Diözese Innsbruck stehe ich seit Jahren in direktem Kontakt mit Diakonen, ihren Frauen und ihren Familien. In vielen Begegnungen mit ihnen durfte ich auch pastoraltheologisch bedenkenswerte Wahrnehmungen sammeln, die mir den

Zugang zu einer neuen Sicht aller kirchlicher Ämter eröffnet haben. Ja, Rainer, und genau darüber möchte ich mit dir hier in ein kurzes, aber engagiertes Fachgespräch eintreten, in dem wir auf diesem Weg vielleicht auch anderen aus unserer Zunft auf den Sprung zu einer veränderten und weiterführenden Perspektive einer seit Jahren stagnierenden Diskussion verhelfen könnten ...

Ein freies Amt – in der gegenwärtigen und zukünftigen Sozialgestalt der Kirche

Als solches hast du schon vor zehn Jahren das Diakonat charakterisiert – wahrscheinlich sehr zum Erstaunen der 170 Teilnehmerinnen und Teilnehmer an der Österreichtagung 2011 –, auf der dein Referat mit einem langen Applaus bedacht wurde. Offensichtlich hast du damals den Diakonen und ihren Frauen aus dem Herzen gesprochen und für sie nachvollziehbare Perspektiven für die Weiterentwicklung ihres Amtes aufgezeigt.

Deine Ausführungen sind dann in der Zeitschrift *Ruf!Zeichen* erschienen.[1] Das Diakonat – ein freies Amt? Ja, das war es in seiner wechselvollen Geschichte und das könnte es auch in Zukunft noch stärker sein. Welche verschiedenen Gestalten der durch Handauflegung übertragene Dienst von Diakonen in den urchristlichen und frühchristlichen Gemeinden angenommen hat, ob und in welcher Form es auch Frauen als Diakoninnen gegeben hat und vieles mehr, was wir gerne genau darüber wissen möchten, lässt sich auch nach vielen Forschungen weder aus den Schriften des Neuen Testamentes noch aus den Quellen der ersten Jahrhunderte eindeutig erschließen. Sicher ist allerdings, dass sich die Kirche im Zuge der spätantiken Sazerdotalisierung ihrer Ämter „frei" fühlte, das Amt der Diakone, die mancherorts eine zentrale, ja vielleicht schon eine zu mächtige Rolle spielten, aussterben bzw. zu einer bloßen Durch-

---

1 Vgl. Bucher, Das freie Amt (2011). Zu den Reaktionen auf das Referat in der gleichen Ausgabe von Ruf!Zeichen Franz Ferstl (S. 4); vgl. auch Bucher, Das freie Amt (2014).

gangsstufe zur Priesterweihe verkommen zu lassen. Das war zweifellos in mehrfacher Hinsicht ein folgenschwerer Verlust.

Auch nach der Wiedereinführung des Diakonats durch das 2. Vatikanische Konzil blieb es den territorialen Bischofskonferenzen freigestellt, „verheirate Männer reiferen Alters" zu Diakonen zu bestellen. Wenn es auch schon lange vor dem Konzil gerade im deutschsprachigen Raum und in Frankreich weitsichtige Theologen und Bischöfe gab, die aus guten ekklesiologischen Gründen eine Neubelebung des Diakonats forderten, so war es doch vor allem die durch den Priestermangel hervorgerufene pastorale Notsituation, die Bischöfe aus den Kirchen des Südens, besonders aus Lateinamerika, dazu veranlasste, vehement die Weihe ihrer Katechisten und Gemeindeleiter zu Diakonen zu fordern. Manche von ihnen hofften schon damals darauf, auf diesem Weg auch bald die Priesterweihe verheirateter Männer zu erreichen.

Prekär – aber frei für eine kreative Entfaltung

Prekär sei ihr Amt, so hast du dich seinerzeit den Diakonen selbst zu sagen getraut, deshalb, weil es von seiner geschichtlichen Entwicklung und Verdrängung und seinem gegenwärtigen Profil eher als unsicher und von der Amtskirche vielleicht gar nur auf Widerruf gewährt einzustufen sei. Aber liegt nicht gerade in dieser seiner „prekären Identität" eine Chance zu einer kreativen, zukunftsoffenen und zukunftsfähigen Ausgestaltung? Ich stimme dir uneingeschränkt zu, wenn du mit Blick auf das Diakonat feststellst, dass die ständigen Diakone die Kirche „in geradezu exemplarischer Weise mit der Geschichtlichkeit ihrer eigenen Ämter" konfrontieren, die bis heute – allerdings im Widerspruch zu historischen Fakten – „so gerne als situationsenthoben und quasi ewig" postuliert werden.

Ob die Tatsache, dass Diakone im überwiegenden Normalfall als verheiratete, sexuell legitim aktive Kleriker leben, von ihnen und ihren Frauen, wie du meinst, auch heute noch als Stigma erlebt wird, müssten wir sie selbst fragen. In den Anfangszeiten des Diakonats vor fünfzig Jahren mag es für manche Gläubige in traditionell katholischen Milieus schon eine Zumutung gewesen sein, wenn da auf einmal ein allen bekannter Ehemann und Familienvater mit dem Pfarrer am Altar stand – und da und dort bekamen es der Geweihte und vor allem seine Frau auch zu spüren. Die alten Vorstellungen von kultischer Reinheit spielen da wahrscheinlich noch immer – meist uneingestanden – eine Rolle. Aber unter dem Kirchenvolk hat sich diesbezüglich das Blatt gewendet, was sich heute landauf landab daran zeigt, dass Diakone als Spender der Taufe und als Assistenz bei kirchlichen Trauungen oft mehr gefragt sind als wir Priester, weil sie – wie die Leute gerne sagen – „wissen, wovon sie reden".

Worin ich dir, lieber Rainer, aber voll zustimmen möchte: Jenseits der Grenzen, die einem Diakon vom Kirchenrecht – oder manchmal auch von einem eifersüchtigen und um den Erhalt seiner uneingeschränkten Leitungsvollmacht besorgten Pfarrer – gesetzt sind, bietet das Diakonat sehr viel Raum für die kreative Gestaltung dieses in vieler Hinsicht „freien Amtes" in der Kirche.

Etabliert und geschätzt – und trotzdem ein „Grenzgängeramt"

So hat Stefan Sander, der im letzten Jahr leider zu früh verstorbene Geschäftsführer des internationalen Diakonatszentrums das vom Konzil wieder freigegebene „etwas andere" kirchliche Amt charakterisiert.[2] Sander benennt zum einen sehr klar einige weithin offen gebliebene theologische Grundfragen, die an das Diakonat von verschiedener Seite gestellt werden und auch weiterhin zu stellen sind, und skizziert andererseits auch die Amtsmodelle, die sich inzwischen mehr oder weniger und oft lokal verschieden herausgebildet haben.

Diakone sollten gerade deshalb versuchen, „frei von den alten Festlegungen und vordefinierten Aufgabenfeldern" und „frei von den patriarchalen und sexistischen Traditionen des kirchlichen Amtes" und von „Klerikalismus und seiner Versuchung der Macht"[3] ihr je eigenes Charisma in die Gestaltung ihres Amtes einzubringen. Was du, lieber Rainer,

---

2 Sander, Die Marginalisierten, 36.
3 Bucher, An neuen Orten, 9.

den Diakonen seinerzeit diesbezüglich als Ermutigung ins Stammbuch geschrieben hast, kann zweifellos so etwas wie eine Grundorientierung für die Ausübung ihres „freien Amtes" sein. Wer als Diakon vor Ort seine diakonische Berufung in seinem „Sitz im Leben" in Ehe und Familie, in den Anforderungen eines zivilen Berufes, im Kontext einer konkreten Diözese und ihrer pastoralen Notsituation und innerhalb einer oder mehrerer Pfarren mit überforderten Seelsorgern und immer weniger zur Verfügung stehenden ehrenamtlichen Mitarbeiterinnen und Mitarbeitern, zu verwirklichen versucht, stößt immer wieder an Grenzen, die nur in einer Haltung gereifter geistlicher Gelassenheit ganz bewusst angenommen werden können. Sie sollten aber auch nach Möglichkeit in einer professionellen Begleitung bearbeitet werden. Das ist die durchgehende Erfahrung derer, die Diakone und ihre Familien während der Zeit der Ausbildung und später in ihrem beruflichen, familiären und diakonal pastoralen Alltag begleiten.

Ein Amt von „Gottes und nicht der Kirche Gnaden"

Das Diakonat stößt seine Träger in der Tat aus vielerlei Gründen permanent an Grenzen: Darf man es trotzdem nach wie vor als eines der „kostbarsten Geschenke des Konzils" (Balthasar Fischer) an die Kirche der Gegenwart und der Zukunft ansehen? Stefan Sander lässt in seiner kritisch differenzierten Analyse keinen Zweifel daran, dass Männer, die sich mit Herzblut vom Herrn der Kirche selbst in Dienst nehmen lassen, ein großer Gewinn für Mensch, Gesellschaft und Kirche sind.[4] Damit sie das auch menschlich verkraften, braucht es, und das scheint mir unser beider Grundanliegen zu sein, über ein Klima wertschätzender Akzeptanz hinaus eine gnadentheologisch fundierte Theologie und Spiritualität des Amtes.

Und hier, lieber Rainer, verbindet uns wieder zutiefst etwas, was wir bei Ottmar Fuchs gelernt haben und was wir an die Diakone und an alle Amtsträger weitergeben dürfen: Von einer „personalen Institutionali-

---

4 Sander, Die Marginalisierten, 36.

sierung des Glaubens des Volkes Gottes an die größere Gnade Gottes" hat unser Lehrer und Freund gesprochen und er folgert daraus, dass es Aufgabe jedes Weiheamtes ist, diese „Vorgegebenheit der Liebe Gottes tatsächlich in den Strukturen der Kirche selber"[5] darzustellen und zu verwirklichen. An diese zutiefst katholische Amtstheologie hast du die Diakone seinerzeit in deinem Vortrag in Wien erinnert und ihnen Mut gemacht, ihr Amt gewissermaßen im „Freiraum der Gnade" kreativ zu gestalten und damit etwas „auszustrahlen von der Liebe, Menschenfreundlichkeit und verändernden Kraft unseres Gottes"[6]. Welch befreiende Botschaft, die wir hier als Theologen aus dem Zentrum unseres Glaubens nicht nur an die Diakone, sondern an alle Amtsträger:innen, ob sie nun Bischöfe, Priester oder hauptberufliche oder ehrenamtliche Laien sind, weitersagen dürfen! Denn viele von ihnen leiden zweifellos an einem „verkrampften" Amtsverständnis, weil sie sich – oft auch mit theologisch sehr fragwürdigen Argumenten – angstvoll an längst überholte, klerikale und wenig glaubwürdige Rollenmuster klammern und sich vor allem selbst zu wichtig nehmen.

Das Diakonat – ein Fragezeichen an die Kirche

Anfragen an die historisch gewachsene Gestalt der Ämter hagelt es seit Jahrzehnten und in letzter Zeit verstärkt und von vielen Seiten. Wenn – wie im Fall der Amazonassynode (6. bis 27. Oktober 2019) – so klar und als Ergebnis eines vom Papst selbst angestoßenen großflächigen synodalen Prozesses die Forderung nach einer inkulturierten Form des Amtes für Männer und Frauen gestellt wird, weil die traditionellen Formen der Ämter den sakramentalen Grundbedürfnissen und den brennenden sozialen Anforderungen an die Kirche einfach nicht mehr gerecht werden, wenn in diesem Zusammenhang die Priesterweihe für verheiratete Männer und ein Diakonat für Männer und Frauen in lokaler Gestalt gefordert wird und darauf eine Antwort ausbleibt, dann muss dem Papst

---

5 Fuchs, Es geht nichts verloren, 222.
6 Bucher, Das freie Amt, 9.

und der römischen Kirchenleitung und vielen anderen Entscheidungsträgern bescheinigt werden, dass ihnen fürwahr „das Hören und Sehen" auf die vielen Stimmen aus dem Volk Gottes vergangen ist.

„Rufzeichen" in diese Richtung sind gerade deshalb zurzeit vor allem auch überall im deutschsprachigen Raum zu hören. Die Zeitschrift der Ständigen Diakone Österreichs hat wohl für sich nicht umsonst diese Bezeichnung für ihr Titelblatt gewählt und sich damit in mehrfacher Hinsicht im Blick auf Gesellschaft und Kirche ein prophetisches Profil gegeben. Seit fünfzig Jahren sind Diakone in der österreichischen Kirche unterwegs. Sie versuchen, ihrem Amt immer wieder von Neuem – ganz im Sinn deines Impulses und deiner Vision, lieber Rainer – eine „freie", flexible und zukunftsfähige Gestalt zu geben.[7]

Ihr Wiener Neustädter Manifest, das auf der Jahrestagung der österreichischen Diakone am 13. Oktober 2019 unterzeichnet wurde, ist im besten Sinn des Wortes ein unüberhörbares „Fragezeichen", ein „Aufruf zur Weiterleitung an Papst Franziskus": „Auf dem Hintergrund unserer […] Erfahrung als berufstätige und verheiratete Männer rufen wir die österreichische Bischofskonferenz auf, eine Veränderung der Zulassungsbedingungen zu den Ämtern der Kirche zu prüfen und dafür erste Schritte zu setzen". Die Diakone und ihre Frauen berufen sich dabei auf ihre „durch Ehe und Familie geprägte Grunderfahrung in der Ausübung des diakonalen Dienstamtes". Sie sprechen von einer „zweifachen Sakramentalität von Ehe und Diakonenweihe", die sich nach ihrer Überzeugung sowohl auf die partnerschaftliche Beziehung selbst als auch auf das kirchlich diakonale Engagement auswirkt.

Ein in vielerlei Hinsicht „freies Amt" wie das des Diakons braucht, wie schon Yves Congar, ein großer Theologe der Konzilszeit, gefordert hatte, den Mut zum Experiment, „auch wenn die […] Theologie des Diakonates noch weithin offen und problemgeladen ist."[8] Eine Weiterentwicklung und Vertiefung dieses Amtes, zu der du, Rainer, einen bedenkenswerten Beitrag geleistet hast, schulden wir als Theologinnen und

---

7 Vgl. dazu die Bilanz des langjährigen Sprechers der österreichischen Diakone: Ferstl, Im Dienst der Zuversicht.
8 Zitiert nach Ferstl, Dienst der Zuversicht, 51.

Theologen den Diakonen und der Kirche, zu deren Dienst an den Menschen geweihte Diakone (und Diakoninnen) einen glaubwürdigen Beitrag leisten.

Literaturverzeichnis

Bucher, Rainer, Das freie Amt. Der Diakon in der zukünftigen Sozialgestalt der Kirche, in: Ruf!Zeichen. Zeitschrift der Ständigen Diakone Österreichs, Dezember 2011, 7–15.
Bucher, Rainer: An neuen Orten. Studien zu den aktuellen Konstitutionsproblemen der deutschen und österreichischen katholischen Kirche, Würzburg 2014.
Bucher, Rainer: Das freie Amt. Der Diakon in der zukünftigen Sozialgestalt der Kirche, in: ders.: An neuen Orten. Studien zu den aktuellen Konstitutionsproblemen der deutschen und österreichischen katholischen Kirche, Würzburg 2014, 351–359.
Ferstl, Franz: Im Dienst der Zuversicht. Das Amt des Diakons. Entwicklungen. Erfahrungen. Perspektiven, Innsbruck – Wien 2019.
Fuchs, Ottmar: Es geht nichts verloren. Im Gespräch mit Rainer Bucher und Rainer Krockauer, Würzburg 2010.
Sander, Stefan: Die Marginalisierten. Sorgenvolle Bestandsaufnahme des Diakonats, in: Herder Korrespondenz 74 (2020), H. 9, 32–36.

Über Aufforderungen und Heraus-Forderungen. Eine ethnologische Haltung und Differenzerfahrungen als Chance für die pastorale Arbeit

Melanie Wurzer

In dieser Festschrift sollen öffnende und weiterführende Überlegungen in Anlehnung an das Denken und Wirken von Rainer Bucher ihren Platz finden. Zwei konkrete (Auf-)Forderungen Buchers dienen als Leitlinien für die folgenden Überlegungen, nämlich (1) zu Differenzerfahrungen als Ausgangsort für Erkundungen, (2) zu einer ethnologischen Haltung als Ermöglichung eines Zugangs zu neuen bzw. anderen Orten.

Den Kontext zu den Überlegungen bilden Erfahrungen und Beobachtungen in einem oberösterreichischen Einkaufscenter. Die Arbeit der Autorin als Pastoralassistentin, an diesem so ganz „anderen" Ort, bezogen auf klassisch kirchlich formatierte Orte, war geprägt von einer ethnologischen Grundhaltung und der Spurensuche nach den dortigen Zeichen der Zeit.

Leitlinie 1:

Einleitend zu seinem Kompendium *An neuen Orten. Studien zu den aktuellen Konstitutionsproblemen der deutschen und österreichischen katholischen Kirche*[1] hält Rainer Bucher in der Rückschau zu seinen gesammelten Überlegungen fest:

> „Sie [die Überlegungen, M. W.] erkunden das Neue von den Differenzerfahrungen der herkömmlichen Akteure an neuen Orten her. Ein kommendes Projekt

---
1 Bucher, An neuen Orten.

müsste diese von der Vergangenheit bestimmte (Zentral-)Perspektive verlassen und endgültig von den neuen Orten her denken"[2].

Dieses Projekt hat Rainer Bucher, wie er selbst schreibt, in seiner neueren Publikation *Christentum im Kapitalismus. Wider die gewinnorientierte Verwaltung der Welt* unternommen.[3] Hier sollen nun zwei Wahrnehmungen und Beobachtungen aus einem Einkaufscenter reflektiert werden. Von diesem Punkt aus werden weiterführende Überlegungen deutlich.

Beobachtungen im Einkaufscenter

(1) Samstage, insbesondere jene vor Weihnachten, stellen hochfrequentierte und eigentlich, so will man vermuten, auch umsatzstarke Tage in Einkaufscentren dar. Menschen aller Couleur finden sich, an diesem, für viele erwerbsarbeitsfreien, Wochentag, an diesem Ort zusammen. Überraschend ist allerdings: Die Geschäfte im Center sind eher spärlich frequentiert. Dafür tummeln sich die Menschen in den Freiflächen zwischen den Geschäften. Schlendern durch das Haus, nutzen die dortigen Bänke zum Rasten, Kinder turnen dazwischen herum. Die Menschen nutzen also weniger die Zeit im Center um zu konsumieren, sondern vielmehr den überdachten, warmen Raum für Zeit gemeinsam mit der Familie oder Freund:innen.[4]

(2) An einem gewöhnlichen Wochentag im Einkaufscenter wird eine Intervention aufgebaut: Zwei Stühle werden platziert. Einer wird durch eine Person besetzt, der andere ist frei und markiert durch die Aufforderung „Erzähl mir was, ich hör dir zu". Viele Gespräche finden im Stehen, im Vorbeigehen statt. Wenige Personen nehmen auf dem

---

2 Bucher, An neuen Orten, 2.
3 Vgl. dazu: Bucher, Christentum im Kapitalismus, 9.
4 Hier handelt es sich um eine Beobachtung, die in vielen, vor allem soziologischen Publikationen, insbesondere in Bezug auf Jugendliche, bereits festgehalten wurde. Exemplarisch und generell als weiterführende Literatur zu Shopping Malls seien hier genannt: Wehrheim, Shopping Malls; Hellmann/Zurstiege, Räume des Konsums; Hellmann/Schrage, Das Management der Kunden.

angebotenen Stuhl tatsächlich Platz. Zwei Begegnungen haben einen nachhaltigen Eindruck hinterlassen: Eine sehr adrett gekleidete Frau, vermutlich um die 60. Sie huscht einmal vorbei. Gibt kurz ein positives Feedback, erklärt aber, dass sie ein Date hätte und deshalb weitermüsste. Wenn das Date nicht gut verläuft, sagt sie, kommt sie wieder. Ungefähr zwanzig Minuten später ist sie wieder da. Der Mann, mit dem sie verabredet war, ist nicht gekommen, das Date ist geplatzt. Sie setzt sich und beginnt zu erzählen. Erst von den „Männern" im Allgemeinen, dann vertieft sich das Gespräch. Sie erzählt von Arbeitsunfähigkeit, Notstandshilfe und der damit verbundenen finanziellen Not, starken Einschränkungen, Sorgen und Kämpfen mit Behörden. Ein oberflächlicher Blick hätte diese Hintergründe auf Grund ihres Auftretens nie vermutet. Danach kommt ein junger Mann, der schnell erzählt, als Asylbewerber in Österreich zu sein. Er spricht über Langeweile, das Warten, die Hoffnung auf einen positiven Bescheid, aber auch über die große Angst vor einer negativen Entscheidung. Suizidgedanken werden geäußert. Verzweiflung und große Einsamkeit sind zu spüren. Er findet in der Asylunterkunft keinen Bezug zu den Mitbewohnern. Er möchte etwas tun, aktiv sein, sich einbringen. Kann und darf aber nicht. Für den Besuch im Einkaufscenter hat er einen weiten Weg zurückgelegt. Im Winter könne man ja sonst nichts tun, also vertreibt er sich die Zeit dort. Der Ort ist für ihn vorrangig ein warmer Ort, an dem er sich bewegen kann, Luft bekommt und etwas anderes (als seine Unterkunft) sieht und erlebt.

Diese zwei exemplarischen Beobachtungen sind Ausschnitte aus den Erfahrungen, die in der Zeit der Anstellung dort gemacht wurden. Voraussetzung, um diese Erfahrungen überhaupt machen zu können, war die Möglichkeit, die Zentralperspektive (Bucher) zu verlassen, aber auch die Heraus-Forderung, sich auf diesen Ort voll und ganz einzulassen, um in weiterer Folge von dort aus denken zu können (Bucher). Dazu war es notwendig, neugierig zu sein und mit einem Vertrauen in die Perspektive, die sich eröffnen wird, einen möglichst unvoreingenommenen, vorurteilfreien Blick anzunehmen.

Leitlinie 2:

Im Beitrag zur pastoralen Professionalität in der Transformationskrise der Kirche schreibt Bucher:

> „Die pastorale Grundkompetenz ist die Fähigkeit, die Botschaft des Evangeliums auf heutiges soziales wie individuelles Leben kreativ beziehen zu können, so dass dieses Evangelium immer wieder neu entdeckt wird und jenes Leben von ihm her neue, ungeahnte Perspektiven bekommt. Auf Grund der spätmodernen Individualisierung des Innen/Außen-Kontrasts auch in Sachen Religion ist dazu der regelmäßige und theologisch-geistlich verarbeitete Kontakt zu außerkirchlichen kulturellen Wirklichkeiten notwendig, weil man nur so eine Ahnung bekommen kann von der Lebenswirklichkeit des Volkes Gottes heute und davon, was das Evangelium in diesen vielfältigen Lebenswirklichkeiten bedeutet."[5]

Das Hauptinteresse liegt hier auf dem zweiten Teil des Zitats, weil es den Anschein macht, als würde in der Aus- und Weiterbildung der in der Pastoral Tätigen vor allem auf die hier genannte pastorale Grundkompetenz wert gelegt. Weniger im Blick ist der genannte regelmäßige und reflektierte Kontakt zur außerkirchlichen Welt, der nun stark gemacht werden soll.

Die Chance einer ethnologischen Haltung

Eine besondere Art des Wahrnehmens wird, in methodisch ausgereifter Form, seit einigen Jahren in der Pastoraltheologie vermehrt praktiziert: Theolog:innen machen sich für eine ethnologische Herangehensweise bzw. die Verwendung der Ethnographie stark. Rainer Bucher spricht etwa von der Pastoraltheologie als einer „Kulturwissenschaft des Volkes Gottes" und meint hier Kulturwissenschaft im Sinne des „Beobachtungs- und Vorschlagcharakters der Pastoraltheologie"[6]. Christian Bauer

---

5 Bucher, Nicht Selbstzweck, 320.
6 Bucher, Kulturwissenschaft des Volkes Gottes.

schreibt von einer „Ethnologie des Volkes Gottes"[7]. Die Frage ist nun, wie diese Art der Wahrnehmung geschult, gebildet, begleitet und in die pastorale Arbeit integriert werden kann. Wie kann man sich einer trivialen Alltagskultur mit offenen Augen, Ohren und Herzen zuwenden? Dabei sind Orte wie Einkaufscenter Lernfelder, wie die oben geschilderten Beobachtungen zeigen sollten. Es geht um eine Haltung, die einen unvoreingenommenen Blick auf das, was man zu sehen, hören und fühlen bekommt, ermöglicht. Es geht um ein Sich-Einlassen auf solche Orte, ohne sogleich zu bewerten, um eine ehrliche Neugierde und ein absichtsloses Interesse.

Dann erkennt man auch, um wieder auf die Beispiele aus dem Einkaufscenter zurückzukommen, was die Menschen *wirklich* an diese Orte bewegt. Die Beobachtungen haben gezeigt, die Menschen finden dort viel mehr als den augenscheinlichen Konsum, nämlich: Gemeinschaft mit Freund:innen und Familie, Austausch, sie essen dort gemeinsam. Suchen Zerstreuung, Abwechslung oder einfach einen warmen Ort. Sie treten aus dem Alltag heraus. Der samstägliche Familienausflug in das Einkaufscenter ist für viele ein Ritual.

Es geht darum zu verstehen, was die Menschen an diesen Orten suchen, aber auch finden. Denn ein Sich-Aussetzen an diese Orte sowie deren theologische Reflexion – damit kommen wir wieder zur oben genannten zweiten Leitlinie – ermöglichen erst ein adäquates kirchliches Handeln.

Differenzerfahrungen als Lernorte

Mit dem Verlauf der Bildungs-, aber auch Berufsbiografie nehmen Differenzerfahrungen, also Erfahrungen an diesen neuen oder anderen Orten, üblicherweise ab, weil man sich immer mehr in einem bestimmten, in diesem Falle kirchlichen, Umfeld bewegt. Umso fremder werden die anderen Orte und umso distanzierter empfindet man sich. Gleichzeitig

---

7 Bauer, Schwache Empirie.

wird es auch immer schwieriger, sich diesen Orten auszuliefern. Insofern ist es notwendig, sich diesen Differenzerfahrungen bewusst zu stellen, um sie überhaupt zu erleben. Diverse Spaziergänge und Exkursionen im Zuge von Fort- und Weiterbildungen sind da zu wenig und die langfristigen Wirkungen gering. Es bleibt bei einer kurzfristigen Irritation, bei dem Gefühl, dass da noch etwas ist, dem man sich auch widmen könnte.

Ein Versuch, der Entfremdung der Kirche von der Welt entgegen zu steuern, könnten etwa Projekte sein, ähnlich den seit 2019 in der Diözese Linz beschäftigten Kundschafter:innen. Dabei sind pastorale Mitarbeiter:innen konkret dafür angestellt, dorthin zu gehen, wo sie „heiligen Boden" vermuten, in aber auch außerhalb der Kirche. Eine Idee, die im Prozess des Zukunftsweges entstanden ist. Leider bleiben auch diese Kundschafter:innen hauptsächlich kirchenintern, von den insgesamt acht Kundschafter:innen derzeit ist es nur eine, die im offenen, nicht kirchlichen Raum arbeitet.[8]

Ausblick

Um ein Denken von neuen Orten (Bucher) überhaupt möglich zu machen, braucht es das Sich-Aussetzen, ja -Ausliefern an diese anderen Orte. Das ist vielfach bedingt durch Differenzerfahrungen, die im kirchlichen Ausbildungsbetrieb, aber auch im Rahmen pastoraler Anstellungen aktiv ermöglicht, aber auch begleitet und reflektiert werden müssen (Bucher). Dieses Sich-Ausliefern ist nicht einfach, vielmehr herausfordernd, und kann bisweilen unangenehm sein. Insofern, aber auch um diese Erfahrungen wirklich fruchtbar machen zu können, könnte die in diesem Beitrag beschriebene ethnologische Grundhaltung hilfreich sein. Diese, begleitet mit einem ausführlichen Zeitkontingent und ohne Erfolgsdruck, aber mit Zutrauen in die Mitarbeiter:innen, könnte die Qualität der pastoralen Arbeit, aber auch die Anschlussfähigkeit der Kir-

---

8 Näheres dazu etwa in einem von der Autorin recherchierten Online-Beitrag, siehe: Wurzer, Wundersucherin.

che an die Welt „da draußen" wesentlich erleichtern und neue Potentiale eröffnen. Man müsste sich nur trauen ...

Literaturverzeichnis

Bauer, Christian: Schwache Empirie? Perspektiven einer Ethnologie des Volkes Gottes, in: Pastoraltheologische Informationen 33 (2013), 81–117.
Bucher, Rainer: An neuen Orten. Studien zu den aktuellen Konstitutionsproblemen der deutschen und österreichischen katholischen Kirche, Würzburg 2014.
Bucher, Rainer: Nicht Selbstzweck. Pastorale Professionalität in der Transformationskrise der Kirche, in: ders. (Hg.): An neuen Orten. Studien zu den aktuellen Konstitutionsproblemen der deutschen und österreichischen katholischen Kirche, Würzburg 2014, 315–321.
Bucher, Rainer: Christentum im Kapitalismus. Wider die gewinnorientierte Verwaltung der Welt, Würzburg 2019.
Bucher, Rainer: Kulturwissenschaft des Volkes Gottes, in: feinschwarz. net, 23.7.2019, online: https://www.feinschwarz.net/kulturwissenschaft-des-volkes-gottes/ [Zugriff: 12.1.2021].
Hellmann, Kai-Uwe – Schrage, Dominik (Hg.): Das Management der Kunden. Studien zur Soziologie des Shopping, Wiesbaden 2005.
Hellmann, Kai-Uwe – Zurstiege, Guido (Hg.): Räume des Konsums. Über den Funktionswandel von Räumlichkeit im Zeitalter des Konsumismus, Wiesbaden 2008.
Wehrheim, Jan: Shopping Malls. Interdisziplinäre Betrachtungen eines neuen Raumtyps, Wiesbaden 2007.
Wurzer, Melanie, Was macht eine Wundersucherin?, online: https://www.dioezese-linz.at/institution/8109/article/158506.html [Zugriff: 12.1.2021].

Besitz bindet.
Kirchengebäude als Zumutung

Hildegard Wustmans

Kirchen sind sprechende Gebäude.[1] Und jede Kirche hat ihre eigene Klangfarbe.[2] Diese Rhythmen erfassen nahezu automatisch jene, die eintreten, die Betenden, die Feiernden, aber auch die Tourist:innen. Im Klang der Rhythmen des Raumes verlangsamen sich in der Regel die Eindrücke. Ruhe kehrt ein. Es zählt der Moment. Vielfach fällt Hektik ab und der Straßenlärm bleibt außen vor. Kirchen sind leise Orte, dennoch sind sie beredt. All dies sind wohl Gründe, warum Menschen Kirchen als bergende, als schutzgebende Orte erfahren. Sie sind Anlaufstellen für Menschen. Orte, zu denen sie ihre Sorgen und Hoffnungen tragen, sich selbst ins Wort bringen, leise, stumm oder singend. Brennende Kerzen erzählen davon. Natürlich sind Kirchen ebenso Orte des liturgischen Feierns. Und in jeder Liturgie verbindet sich die Sprache der liturgischen Texte mit den Klangfarben der Menschen. Somit ist jeder Kirchenraum tatsächlich ein einzigartiger Raum und „nicht bloß Objekt liturgischer Feier, sondern auch Subjekt: Er spielt mit, er ist selbst ‚Liturge'."[3] Diese Verbindungen aus Kirchenraum, liturgischen Handlungen in ihm und den Sorgen und Sehnsüchten der Beter:innen machen eine Kirche zu dem, was sie ist: ein heiliger Raum.[4]

---

1 Vgl. Wustmans, Kirchen: Heilige Räume.
2 Auf den Zusammenhang von Menschen, Pflanzen, Orten und spezifischen Rhythmen machen die Autor:innen Henri Lefebvre und Catherine Régulier aufmerksam. „You at once notice that every plant, every tree has its rhythm. And even several rhythms. Leaves, flowers, fruits and seeds. [...] Henceforth you will grasp every being [chaque être], every entity [étant] and every body, both living and nonliving, 'symphonically' or 'polyrhythmically'. You will grasp it in its spacetime, in its place and its approximate becoming: including houses and buildings, towns and landscapes" (Lefebvre/Régulier, The Rhythmanalytical Project, 89).
3 Gerhards, Der Kirchenraum als „Liturge", 242.
4 Vgl. Wustmans, Kirchen: Heilige Räume.

1. Einblicke in die Praxis

Vielfach werden Kirchen aber auch als finanzielle Last empfunden. So ist es in Wetzlar der Fall. Seit mehreren Jahren war eine Kirche zu verwalten, die nicht mehr für gottesdienstliche oder gemeindliche Zwecke genutzt wurde. Man hatte sich schon darauf eingestellt, dass der Kirchenbau niedergelegt werden muss. Ein Kontakt mit der Koptisch Orientalen Orthodoxen Diözese Süddeutschlands kam zustande und als Mitgliedskirchen der ACK war man sich schnell darüber im Klaren, dass Gespräche lösungsorientiert geführt werden können. Befördert wurden diese von einem diözesanen Gremienbeschluss, in dem hervorgehoben wird, dass es zur Grundbestimmung eines Kirchengebäudes gehört, in ihm Lob und Dank gegenüber Gott zum Ausdruck zu bringen. Vor diesem Hintergrund kann eine Überlassung an eine andere christliche Konfession eine gute Perspektive sein. Und inzwischen sind die Verhandlungen notariell abgeschlossen.

Ein anderer Ort. Auch hier steht eine Pfarrgemeinde vor der Aufgabe, sich von einer Kirche zu trennen. Nach vielen Gesprächen findet sich ein Interessent – der Alpenverein, der den Kirchenraum als Büroraum nutzen will.[5] Pfarrei und Interessent kommen zusammen. Der Alpenverein sagt zu und vertraglich wird festgehalten, den Respekt vor dem Kirchenraum zu wahren, und dies nicht nur, weil es sich um eine denkmalgeschützte Kirche handelt, sondern weil die Mitglieder um die Bedeutung der Kirche für die Menschen am Ort wissen.[6]

Ein letztes Beispiel: Eine zu große Kirche soll Platz für eine Kita schaffen, die vor Ort dringend benötigt wird. Die Planungen nehmen Gestalt an und zustimmende Beschlüsse aus beispruchsberechtigten Gremien von Bistum und Kommune liegen vor. Pfarrgemeinde und Kita arbeiten inzwischen mit Architekten an Lösungen.

---

5 Vgl. https://wiesbaden.bistumlimburg.de/beitrag/alpenverein-erwirbt-kirche-in-rambach/ [Zugriff: 23.1.2021].

6 Vgl. https://bistumlimburg.de/beitrag/st-johannes-rambach-bleibt-ort-der-begegnung/ [Zugriff: 23.1.2021].

2. Von der Notwendigkeit, sich der Realität zu stellen, und der Spannung zwischen Macht und Autorität

Jedes dieser Beispiele steht für einen Ort, seine spezifische Geschichte sowie seine gegenwärtigen Herausforderungen. Bei aller Unterschiedlichkeit gibt es eine wesentliche Gemeinsamkeit: Sie führen vor Augen, dass die Zeiten des Aufstiegs für die Kirche vorbei sind. Der Abstieg macht sich hier darin erkennbar, dass viele ihrer Kirchengebäude zu einer Baulast geworden sind. Ein Grund dafür ist die Tatsache, dass kontinuierlich Menschen der Institution Kirche den Rücken zukehren. Diesen Schwund an Mitgliedern und Beteiligung verkraftet auf Dauer keine Organisation und eine Trendwende ist nicht in Sicht.[7] Im Gegenteil, durch die Corona-Pandemie ist von einer weiteren Verschärfung der ohnehin schon vielfach angespannten Situation auszugehen.

Dabei sind Kirchen immer auch ein religiöses Statement im öffentlichen Raum. Sie sind ein Zugang (und dies ist durchaus wörtlich zu verstehen) zur Ressource Gott. Allerdings kommen immer weniger Menschen zur Feier von Gottesdiensten in die Kirchen.[8] Eine immer größer werdende Gruppe von Mitgliedern sind sogenannte Kasualienfromme.[9] Sie suchen den Kontakt zur Kirche an Lebenswenden. Mit den Aktivitäten der Gemeinde vor Ort verbindet sie wenig. Pfarrliches Gemeinde- und Gemeinschaftsleben sind ihnen fremd und/oder unattraktiv. Dieser Befund reicht im Grunde aus, um zu der Überzeugung zu kommen, dass es so nicht mehr weitergeht. Verschärft und offenkundig wird dies inzwischen durch Abriss, Profanierung, Umbau und Umnutzung von Kirchen.

Wenn solche Vorhaben publik werden, dann ist ein interessantes, für einige unerwartetes Phänomen wahrzunehmen: Es kommt zu neuen Allianzen im Widerstand gegen solche Maßnahmen. Die Erklärung dafür liegt auf der Hand: Kirchen prägen den sozialen Raum, die Dorfmitte, den Stadtteil. Sie sind heilige Orte und als solche auch in die religiösen Biografien von Individuen und Familien eingeschrieben.

---

7 Vgl. Bucher, Unaufdringliche Antreffbarkeit, 116.
8 Vgl. Katholische Kirche in Deutschland, Zahlen und Fakten 2019/20.
9 Vgl. Först/Kügler, Die unbekannte Mehrheit.

„Sie sind auch ‚Generationenorte', in denen ‚sich das Gedächtnis des einzelnen in Richtung auf die Familie (entschränkt)'; sie sind ‚Gedenkorte', die in die Gegenwart halten, ‚was übrig bleibt von dem, was nicht mehr besteht und gilt', als ‚zersprengte Fragmente eines verlorenen oder zerstörten Lebenszusammenhangs' […], und sie sind als ‚Gräber und Grabsteine' Ruhestätte der Toten und damit Orte ‚numinoser Präsenz'."[10]

Aus diesem Grund erfahren Menschen den Umbau, die Profanierung, den Abriss von Kirchen auch als Wegnahme eines persönlichen Erinnerungsraumes. Und das führt zu Widerstand.[11] Damit ist klar angezeigt, dass Raumfragen auch Machtfragen sind.[12] Offenkundig wird dies an Fragen darüber, wer über den Raum entscheiden kann, wer ihn sozusagen abgeben muss und wer ihn gestalten darf.

Raumfragen sind im Modus der Macht vergleichsweise schnell zu lösen. Macht kann Dinge anordnen und Umsetzung einfordern. Allerdings büßt ein solches Vorgehen schnell Autorität ein. Autorisierung kann nicht verordnet werden, Autorität ist zu erwerben bei denen, die sie anerkennen. Es gilt nicht die Verordnung, sondern das Argument. Autorität setzt darauf, dass Argumenten gefolgt wird, weil sie begründet, einleuchtend und überzeugend sind.[13] Daher sind Autorisierungsprozesse immer auch Kommunikationsprozesse. Es geht um stichhaltige Begründungen. Andere müssen überzeugt werden, sie sollen dem Argument folgen können. Auch Menschen, die keine Eigentumsrechte auf eine Kirche haben, sind ein Teil der Autorisierung eines Vorschlags, was mit dem kirchlichen Raum geschehen kann. Solche Prozesse sind heikel, weil sie scheitern können. Autorisierung und Zustimmung stehen und fallen mit der Glaubwürdigkeit der Argumente.[14] Es braucht daher

---

10 Bucher, Unaufdringliche Antreffbarkeit, 120.
11 Welche Kontroversen eine Profanierung auslösen kann und wie unklug Entscheidungen gefällt werden, zeigt sich aktuell an der Dominikanerkirche in Münster, die zu einem Museum werden soll und in der ein Kunstwerk von Gerhard Richter und seine Äußerungen dazu für Debatten sorgen. Vgl. Tück, Die Wissenschaft will über die Kirche triumphieren.
12 Vgl. Sander, Der thirdspace raumbasierter Gerechtigkeit.
13 Vgl. Arendt, Zwischen Vergangenheit und Zukunft, 189.
14 Vgl. Klinger, Macht und Autorität, 170.

gute Argumente und den Willen nach einer ernsthaften Kommunikation, wenn es um so etwas wie die Umgestaltung oder Aufgabe eines Kirchenraumes geht. Kirchen sind ein Zugang zu Gott; das dürfen sie nicht genau in dem Prozess verlieren, sie zu profanieren.[15] Das ist kein Gegenrhythmus zu ihrem dann früheren heiligen Modus, sondern ein Respekt davor, der selbst noch zum Rhythmus gehört. Und eben dies autorisiert die Besonderheit von Kirchenräumen, die dann eingeräumt wird, wenn diese Besonderheit wegfällt. In diesem Sinn sind Kirchen Orte des Versprechens, mit der Frohen Botschaft in Kontakt zu kommen oder zu bleiben.

3. Heilige Räume und neue Möglichkeiten

Kirchen sind heilige Räume, die in verschiedenen Epochen entstanden, erweitert, umgestaltet und eben auch aufgegeben worden sind. Kirchen sind historisch betrachtet nicht nur Räume der liturgischen Versammlung, sondern ferner Orte der Gemeinschaftsbildung sowie der Zuwendung zu den Armen und Notleidenden.[16] Aus einer solchen Betrachtung ergeben sich Perspektiven für den Umgang mit Kirchen in der Gegenwart. Es geht dabei immer um verantwortetes Handeln für die Zukunft dessen, was sie beherbergen.

Hier setzt Kirchenentwicklung an, die danach fragt: „Für wen sind wir da?" Und diese Frage muss ergänzt werden: Wo sind die Orte der Begegnung und des Kontaktes, gerade auch mit Menschen, die die angestammten kirchlichen Orte und Angebote nicht mehr aufsuchen? Einen solchen Weg einzuschlagen, ist mit Schmerzen, Verlust- und Zukunftsängsten verbunden. Aber mit Bezug auf die Erfahrungen, die die Bibel über Gott und Menschen beschreibt, können wir den Schluss riskieren: Sei mutig, wage etwas, fürchte dich nicht, denn Gott ist mir dir, auch in Prozessen der Umgestaltung oder Aufgabe von Kirchen.

---

15 Vgl. Bucher, Unaufdringliche Antreffbarkeit, 120.
16 Gegenwärtig werden diese Aspekte z. B. beim Kirchenasyl oder den sogenannten Vesperkirchen.

Literaturverzeichnis

Arendt, Hannah: Zwischen Vergangenheit und Zukunft. Übungen im politischen Denken I, München ⁴2016.

Bucher, Rainer: Unaufdringliche Antreffbarkeit. Ein Plädoyer für kreative und multiple pastorale Kirchenraumnutzung, in: Theologisch-praktische Quartalschrift 165 (2017), 115–122.

Först, Johannes – Kügler, Joachim (Hg.): Die unbekannte Mehrheit. Mit Taufe, Trauung und Bestattung durchs Leben, 2. erw. Aufl. Berlin 2010.

Gerhards, Albert: Der Kirchenraum als „Liturgie". Anregungen zu einem anderen Dialog von Kunst und Kirche, in: Kohlschein, Franz – Wünsche, Peter (Hg.): Heiliger Raum. Architektur, Kunst und Liturgie in mittelalterlichen Kathedralen und Stiftskirchen (LQF 82), Münster 1998, 225–242.

Katholische Kirche in Deutschland: Zahlen und Fakten 2019/20, online: https://www.dbk.de/fileadmin/redaktion/Zahlen%20und%20Fakten/Kirchliche%20Statistik/Allgemein_-_Zahlen_und_Fakten/AH-315-ZuF_2019–2020_Ansicht.pdf [Zugriff: 23.1.2021].

Klinger, Elmar: Macht und Autorität. Die Unfehlbarkeit des Papstes – ein Sprachproblem, in: Delgado, Mariano – Hoff, Gregor Maria – Riße, Günter (Hg.): Das Christentum in der Religionsgeschichte. FS Hans Waldenfels SJ, Stuttgart 2011, 165–178.

Lefebvre, Henri – Régulier, Catherine: The Rhythmanalytical Project, in: Lefebvre, Henri: Rhythmanalysis. Space, Time and Everday Life, London u. a. 2015, 81–92.

Sander, Hans-Joachim: Der thirdspace raumbasierter Gerechtigkeit und die anderen Orte Gottes in liberalisierten Gesellschaften, in: Ethik und Gesellschaft. Ökumenische Zeitschrift für Sozialethik 1/2013, online: http://www.ethik-und-gesellschaft.de/ojs/index.php/eug/article/view/1–2013-art-7 [Zugriff: 27.12.2017].

Tück, Jan H.: Die Wissenschaft will über die Kirche triumphieren, in: Neue Zürcher Zeitung, 29.12.2017, online: https://www.nzz.ch/feuilleton/die-wissenschaft-will-ueber-die-kirche-triumphieren-ld.1338560 [Zugriff: 29.12.2017].

Wustmans, Hildegard: Kirchen: Heilige Räume, in: Bistum Limburg (Hg.): Umnutzung und Aufgabe von Kirchen im Bistum Limburg, Limburg 2018, 4–7, online: https://pastoral.bistumlimburg.de/fileadmin/redaktion/Bereiche/Pastorale_Dienste/Umnutzung_von_Kirchen_20181118_finale_Broschuere__Auflage2.pdf [Zugriff: 10.2.2021].

Verzeichnis der Autorinnen und Autoren

Maria Elisabeth Aigner, Mag. Dr. theol. habil., Ao. Univ.-Professorin für Pastoraltheologie und Pastoralpsychologie, Universität Graz.

Regina Ammicht Quinn, Dr. theol. Professorin für Ethik, Sprecherin des Internationalen Zentrums für Ethik in den Wissenschaften (IZEW), Direktorin des Zentrums für Gender und Diversitätsforschung (ZDG), Universität Tübingen.

Christian Bauer, Dr. theol. habil., Professor für Pastoraltheologie und Homiletik, Universität Innsbruck, Vorsitzender der Arbeitsgemeinschaft für Pastoraltheologie.

Ulrike Bechmann, Dr. theol. habil., M.A., Professorin für Religionswissenschaft, Universität Graz.

Wolfgang Beck, Dr. theol. habil., Professor für Pastoraltheologie und Homiletik, Leiter des Studienprogramms „Medien", PTH Sankt Georgen Frankfurt a. M.

Alexius J. Bucher, Lic. theol., Dr. phil. habil. em., Professor für Praktische Philosophie und Geschichte der Philosophie, Katholische Universität Eichstätt.

Ottmar Fuchs, Dr. theol. habil., em. Professor für Praktische Theologie, Universität Tübingen.

Sr. Katharina Ganz OSF, Dr. theol., Generaloberin der Oberzeller Franziskanerinnen, Zell a. Main.

Anna Gläserer, BA, Studentische Mitarbeiterin am Institut für Pastoraltheologie und Pastoralpsychologie, Universität Graz.

Hermann Glettler, Mag. theol. und Mag. phil. (Kunstgeschichte), Bischof von Innsbruck, Kunstvermittler und Künstler.

Tanja Grabovac, Mag. theol., Universitätsassistentin am Institut für Pastoraltheologie und Pastoralpsychologie, Universität Graz.

Isabella Guanzini, Dr. phil. Dr. theol., Professorin für Fundamentaltheologie, KU Linz.

Andreas Heller, Dr. theol. Mag. M.A., Professor am Institut für Pastoraltheologie und Pastoralpsychologie, Universität Graz.

Michael Hoelzl, Dr. theol., Senior Lecturer in Political Philosophy and Religion, University of Manchester.

Birgit Hoyer, Dr. theol. habil, Honorarprofessorin für Pastoraltheologie und Homiletik, PTH Sankt Georgen, Frankfurt a. M, Leiterin des Bereichs Bildung im Erzbistum Berlin.

Ursula Jüngst, freischaffende Künstlerin, Studium an der Akademie der Bildenden Künste in Nürnberg, lebt und arbeitet in Barcelona und in Nürnberg.

Helga Kohler-Spiegel, Dr. theol., Professorin für Human- und Bildungswissenschaften, Pädagogische Hochschule Vorarlberg, Psychotherapeutin, Lehrtherapeutin und (Lehr-)Supervisorin.

Alen Kristić, Mag. theol., Mitbegründer und Mitleiter des Zentrums für Friedenserziehung (CMO) in Sarajevo.

Rainer Krockauer, Dr. theol., Professor für Theologie und Ethik im Fachbereich Sozialwesen, Katholische Hochschule NRW am Standort Aachen.

Joachim Kügler, Dr. theol. habil., Professor für Neutestamentliche Wissenschaften, Universität Bamberg.

Karl Heinz Ladenhauf, Mag. Dr. theol., Ass. Prof. i. R. und Lehrbeauftragter für Pastoraltheologie und Pastoralpsychologie, Universität Graz.

Ute Leimgruber, Dr. theol. habil., Professorin für Pastoraltheologie und Homiletik, Universität Regensburg.

Franziska Loretan-Saladin, Dr. theol., Lehrbeauftragte für Homiletik, Theologische Fakultät der Universität Luzern.

Veit Neumann, Dr. theol. habil., Dipl.-Päd., Dipl.-Journ., Professor für Pastoraltheologie an der PTH St. Pölten, Leiter des Lizentiatsstudiengangs Pastoraltheologie und kirchliche Medienarbeit, PTH Heiligenkreuz.

Martin Ott, Dr. Phil., MA, Dipl.-Theol., Visiting Lecturer an der Bishop Grosseteste University Lincoln/UK, freie Beratertätigkeit.

Johann Pock, Dr. theol. habil., Professor für Pastoraltheologie und Kerygmatik, Universität Wien.

Uta Pohl-Patalong, Dr. theol. habil., Professorin für Praktische Theologie mit den Schwerpunkten Religionspädagogik, Homiletik und Kirchentheorie, Universität Kiel.

Andrea Qualbrink, Dr. theol., Referentin im Stabsbereich Strategie und Entwicklung im Bischöflichen Generalvikariat des Bistums Essen.

Hans-Joachim Sander, Dr. theol. habil., Professor für Dogmatik, Universität Salzburg.

Valeryia Saulevich, Dipl. theol., MA Religionspädagogik, Projektmitarbeiterin am Institut für Pastoraltheologie und Pastoralpsychologie, Universität Graz.

Annette Schavan, Dr. h.c. mult., Bundesministerin für Bildung und Forschung (2005–2013), Botschafterin der Bundesrepublik Deutschland beim Heiligen Stuhl (2014–2018). Gastprofessorin an der Shanghai International Studies University seit 2014.

Marion Schwermer, Dr. theol., Diplom-Psychologin, selbständige Referentin, Supervisorin und Organisationsberaterin, wertimpuls. Organisationsberatung, Bonn.

Michael Schüßler, Dr. theol. habil., Dipl.-Päd, Professor für Praktische Theologie, Universität Tübingen.

Matthias Sellmann, Dr. theol., Professor für Pastoraltheologie, Leiter des Zentrums für Angewandte Pastoralforschung (zap), Ruhr-Universität Bochum.

P. Mathew Thazhathukunnel MSFS, Mag. Dr. theol., Provinzial, Missionare des Franz von Sales, Ostafrika.

Marian Lukas Ureutz, Mag. theol., MA, Doktorand am Institut für Pastoraltheologie und Pastoralpsychologie, Universität Graz.

Franz Weber SVD, Dr. theol. habil, em. Professor für Interkulturelle Pastoraltheologie und Missionswissenschaft, Universität Innsbruck.

Melanie Wurzer, Mag.a theol, BA, Doktorandin am Fachbereich Katholische Theologie der Goethe Universität Frankfurt/Main.

Hildegard Wustmans, Dr. theol. habil, Dezernentin für Pastorale Dienste im Bistum Limburg, Apl. Professorin für Praktische Theologie, Universität Frankfurt.

Bibliografische Information der Deutschen Nationalbibliothek
Die Deutsche Nationalbibliothek verzeichnet diese Publikation in der Deutschen Nationalbibliografie; detaillierte bibliografische Daten sind im Internet über ‹http://dnb.d-nb.de› abrufbar.

© 2021 Echter Verlag GmbH, Würzburg
www.echter-verlag.de

Umschlag: wunderlichundweigand.de
Umschlagbild: Hermann Glettler,
Arrangement und Foto: MOMOOD Photography, Alexandra Neubauer
Innengestaltung: Crossmediabureau – https://xmediabureau.de
Druck und Bindung: Hubert & Co., Göttingen

ISBN 978-3-429-05700-8